赵省伟 主编
| 第十五辑 |
找寻遗失在西方的中国史

东方历史评论·影像

西洋镜

海外史料看李鸿章（上）

许媚媚　王猛　邱丽媛 译

SPM 南方出版传媒　广东人民出版社
·广州·

图书在版编目（CIP）数据

西洋镜：海外史料看李鸿章 / 赵省伟主编；许媚媚，王猛，邱丽媛译．—广州：广东人民出版社，2019.3

ISBN 978-7-218-13325-6

Ⅰ．①西… Ⅱ．①赵… ②许… ③王… ④邱… Ⅲ．①中国历史－史料－清后期－图集②李鸿章（1823—1901）－人物研究 Ⅳ．①K260.6-64②K827=52

中国版本图书馆CIP数据核字（2018）第293157号

Xiyangjing: Haiwai Shiliao Kan Li Hongzhang
西洋镜：海外史料看李鸿章

赵省伟 主编　许媚媚 王猛 邱丽媛 译　　　　　　版权所有　翻印必究

出 版 人：肖风华

责任编辑：马妮璐　刘　宇
责任技编：周　杰　易志华
封面设计：柳　菲

出版发行：广东人民出版社
地　　址：广州市大沙头四马路10号（邮政编码：510102）
电　　话：（020）83798714（总编室）
传　　真：（020）83780199
网　　址：http://www.gdpph.com
印　　刷：北京博海升彩色印刷有限公司
开　　本：787mm×1092mm　1/16
印　　张：35　字　　数：625千
版　　次：2019年3月第1版　2019年3月第1次印刷
定　　价：198.00元（全二册）

如发现印装质量问题，影响阅读，请与出版社（020-83795749）联系调换。
售书热线：（020）83795240

出版说明

这个选题的缘起首先要感谢文汇北京中心团队及他们的《绝版李鸿章》[1]一书。来自海外的图文资料让人欲罢不能，该系列图书也在当年叫好又叫座。不过由于当时自己能力有限，5年后才重启"海外史料看李鸿章"。当时还在博集天卷的马占国兄极力鼓励我启动李鸿章的操作，于是抛弃成本、不管市场的找寻之旅开始。其中滋味，只想说给李大人听。

关于李鸿章的影像资料，国内很多出版机构及网站等已披露很多，因此想再往前一步，十分困难。我主要从国内外老照片交易网站购买了一些照片、版画、明信片等。由于资金有限，只有少量影像可以称得上"绝版"，期待后续可以弥补这一缺憾。收集的重心主要在英、法等海外报纸，这类资料十分分散且庞杂。在这里我要感谢许媚媚老师，她为我们收集了很多有用的信息，并翻译了大部分篇幅。

如果确能做到解玺璋老师在序中所言的——"这批材料颇有史传材料的价值，特别是传统史料中较少涉及的李鸿章的内心活动、所思所想、情感表达，都由于西方记者敏锐的观察力而得以充分地展现和表达。有些是本国文献记述中不肯、不屑、不忍、不能给予关注的，然而却是深入理解和完整呈现李鸿章的复杂性不可缺少的"——十分之一，也算是没有辜负亲朋好友多年的鼎力相助。

一、本书资料主要来自1876年至1904年期间英、美、法、德、意等欧美各国的知名杂志报刊，共收录了近200幅图片、28万余字的原刊报道。

二、行文编排上以年代为章，每篇报道独立为节，每章节均按原杂志报刊的刊载时间先后为顺序。为保证印刷整齐精美，图片色调做了统一处理。

三、由于能力有限，书中个别报头、地名、人名无法查出，采用音译并注明原文。

四、由于原作者所处立场、思考方式与观察角度不同，书中很多观点跟我们的认识有一定出入，为保留原文风貌，均未作删改。这不代表我们赞同他们的观点，相信读者

---

[1]《绝版李鸿章》，张社生著，文汇出版社，2009年。

能够自行鉴别。

五、由于时间仓促，统筹出版过程中不免出现疏漏、错讹，恳请广大读者批评指正。

最后，还要感谢雷颐老师、解玺璋老师为本书倾情作序，并提出很多宝贵意见。浙江大学的沈弘老师、西班牙巴塞罗那加泰罗大学 Grup Alter 研究组、仝冰雪老师、盛文强兄等人提供了难得一见的影像。

编　者

他者眼中的李鸿章

雷 颐

由于观念和制度原因，在大门洞开、列强环伺的危局之中，清朝政府依然坚持"天朝上国"的传统观念，迟迟不设外交部。但严酷的现实是，即使不设专门的机构与人员负责对外交涉，清朝政府却几乎日日需对外交涉。于是乎清朝政府想出种种办法，设立一些机构、指定委派一些人员处理对外事务。"南洋大臣"和"北洋大臣"便是重要的奇葩设计之一。重要的是地方大臣参与甚至负责紧要的对外交涉，奇葩的是中央政府的外交决策，在相当程度上由"地方"处理、参与决策，甚至起一定的决定作用。外国要与清朝"外交"，却只能与清朝地方政府打交道。这种外交权下放的制度设计恰满足了清朝政府自认为的"天朝上国"的幻象。

因缘际会，李鸿章于1870年末成为首位直隶总督兼北洋大臣，此后的28年，他一直担任此职。在这28年间，因其职务职责与个人识见、能力，举凡中外重要交涉，李鸿章无不参与其间，起了重要作用，在一些交涉中甚至起了决定性作用。所以，一位英国外交官曾说，李鸿章是大清国事实上的外交部长。此说或有夸张，但确实说明李鸿章在对外交涉中的分量之重。近代中国，西方政要、新闻记者最熟悉的中国高官非李莫属，有关李的记载自然多多。尤应重视的是，由于中国报业起步较晚，在那个时代更无中国记者采访政要，所以西方杂志报纸的记者对其采访甚多，其中有些采访、提问非常尖锐、细致。看李相的"答记者问"，不仅有趣，更能从中窥探他的内心世界，更深入地了解近代中国的政治与社会。国内关于李鸿章史料的搜罗、发掘，虽不能说"净尽"，但也"近尽"。西方杂志报纸上的李鸿章，则为李鸿章研究突开又一富矿，提供了大量新史料。[1]透过"他者"的眼光，我们看到了原来看不到的另一面，使这个复杂人物的"多面相"在我们面前再多呈"一面"，对其研究距"全面"又会进一大步。

一

李鸿章在国际上曾有"清朝的俾斯麦"之称，这一美誉，来自美国前总统格兰特（Ulysses Simpson Grant）将军。1879年春，退休的格兰特将军来到清朝，与李

---

[1] 文中译文除注明外，皆为许媚媚译。

会见。此后，二人私交甚笃。在此前后，英、美报纸都曾将二人对比，认为二人的经历、地位相似，所以容易建立私谊。美国《孟菲斯每日呼声报》（The Memphis Daily Appeal）1879年9月13日的一篇文章说："镇压了强大的太平天国叛乱的李鸿章，在清朝的地位跟格兰特将军在美国的相似。""他就是通过镇压太平天国而升到目前高位的李鸿章总督。几年前，他是清朝最有才华的学者之一，现代知识、历史、地理等的造诣都很深。他和格兰特将军年纪相仿，都平定了国家的叛乱。这使两位伟人之间产生了一种亲密的友谊。没有哪个外国人像格兰特将军一样，在北京及清朝受到如此规格的接待和欢迎。"

不幸的是，"清朝的俾斯麦"并未如普鲁士的俾斯麦那样使国家强大。在格兰特将军称李是"清朝的俾斯麦"十几年后，清朝在甲午战争中惨败于日本。甲午战争后，李鸿章一度被投闲散置，但1896年5月他又时来运转，作为清朝政府"钦差头等出使大臣"来到俄国，参加沙皇尼古拉二世的加冕典礼。李鸿章访俄参加沙皇的加冕典礼仅是表面的理由，其实质是因日本打败清朝成为列强之一，改变了东亚格局，而俄国逼迫日本把辽东半岛还给清朝，趁机迅速扩大在清朝东北的影响，抵制日本，使清朝政府产生"联俄制日"的战略构想。欧美列强得悉他要访俄，生怕俄国独自得利，于是纷纷发出邀请。从1896年3月中旬到10月初，他先后访问俄国、德国、荷兰、比利时、法国、英国、美国和加拿大等欧美八国，行程9万多里。他虽长期参与甚至负责外交，但此前去日本是为了屈辱的谈判，而不是出访。从这个意义上说，这一系列出访既是他的首次出国访问，也是晚清这个层级的大员首次出国访问。而且，还是在他仕途遇挫、赋闲之后才有此出访。清王朝的封闭，由此也可略窥一斑。所以，他此次出访，更值得重视、研究。

李鸿章首先访问俄国，进行了一系列谈判，签订了《中俄密约》。当然，他也参加了沙皇的加冕仪式。尼古拉二世素喜铺张排场，所以此时俄国各地都举行了各种大小集会，庆贺沙皇加冕。然而由于组织不周，在莫斯科霍登广场举行的群众游艺会由于来人过多，混乱不堪，发生严重拥挤，造成近二千人死亡，史称"霍登惨案"。当时的俄国总理大臣维特伯爵回忆说，李鸿章见到他后，仔细向他打听有关消息，并问维特："是否准备把这一不幸事件的全部详情禀奏皇上？"维特回答说："当然要禀奏，而且我相信在这一惨祸发生后已经立即禀奏了。"哪知李鸿章听后竟连连摇头对维特说："唉，你们这些当大臣的没有经验。譬如我任直隶总督时，我们那里发生了鼠疫，死了数万人，然而我在向皇帝写奏章时，一直都称我们这里太平无事。当有人问我，你们那里有没有什么疾病？我回答说，没有任何疾病，老百姓健康状况良好。"然后李又自问自答道，"您说，我干吗要告诉皇上说我们那里死了人，使他苦恼呢？要是我担任你们皇上的官员，我当然要把一切都瞒着他，何必使可怜的皇帝苦恼？"对此，维特这样写道："在这次谈话以后，我想我们毕竟走在清朝前头了。"[1] 的确，他有理由为此骄傲。

平心而论，相较同时代官员，李鸿章还是少有的开明有识、敢于任事之人，而且从谈话中可以看出，他不仅不认为隐瞒疫情不好，没有极力掩盖这种谎报、瞒报行为，反将此作为一种值得夸耀的经验对外人宣扬。连李鸿章尚且如此识见、如此行为，遑论他人！这足以说明不管出于什么动机——无论是为了保住自己的"乌纱帽"，还是真心怕"圣上"心忧，隐瞒危情实际已成为当时官场的普遍风气，是一种被认可，甚至是被肯定的行为方式。久而久之，这种"官风"相沿成习，俨然成为清朝官场的一种"文化"或曰一种"官场秘籍"，如果不掌握这种"官场秘籍"，官员在官场可能就"玩不转"。

二

访俄之后，李鸿章在 6 月 13 日到达德国，住在恺撒大酒店（Kaiserhof）。恺撒大酒店是柏林首个大都会酒店，也是当时设施最现代、最豪华的酒店。

说到这家酒店，禁不住要闲话一笔，因为它后来见证了将给人类带来巨大浩劫的历史一幕。在纳粹接掌德国政权前夕，这家酒店是纳粹党的大本营、希特勒的住处。纳粹宣传部长戈培尔写的一本吹捧希特勒如何一步步夺取政权的书，书名就是《从恺撒大酒店到总理府》。1933 年 1 月 30 日星期一，兴登堡总统在此酒店对面的总理府接见希特勒，最后确定是否同意他接任总理。据说 29 日到 30 日的夜间，希特勒紧张得通宵不寐，在酒店的房间里踱来踱去。当希特勒进入总理府后，戈培尔、罗姆和纳粹的其他头目齐集恺撒大酒店的窗口，焦急翘望总理府大门，等待他们的元首出来。戈培尔记下了这么一句话："我们从他脸上可以看出他是否已获成功。"二战中，此酒店与总理府被完全炸毁，荡然无存。

据林乐知（Young John Allen）等编《李鸿章历聘欧美记》所载，德方"特就'该撒好司'（旅邸名也，译言'皇帝屋'华贵无出其右矣）代备行馆，不但饩牵丰腆、供张华美已也"，还事先打听了李鸿章的嗜好，"故凡口之于味，目之于色，耳之于声，

---

[1]《俄国末代沙皇尼古拉二世：维特伯爵的回忆》，[俄]谢·尤·维特著，张开译，新华出版社，1983 年，第 52 页。

莫不投其所好。甚至中堂常吸之雪茄，常听之画眉鸟，亦复陈于几而悬于笼，则其余概可想见矣"。为迎接李鸿章，德国人真是做足了功课，德国人那种认真细致劲儿，亦可由此略窥一斑。

到柏林的第二天，李鸿章就拜见了德皇威廉二世。稍后专程到汉堡拜访前首相俾斯麦，俾斯麦设家宴招待。曾经权倾一时的俾斯麦，因与威廉二世不和，于1890年被迫辞职。此时，这两位都从权力顶峰突被赋闲的"俾斯麦"相见，或有同病相怜之感。

德国许多媒体对二人的会晤作了详细报道。其中最重要的信息是，李鸿章向俾斯麦表示，他此行最重要的目的是向其征询清朝如何改革、如何使清朝强大的意见。他甚至还说，自己的改革总是遇到来自朝廷的阻力，特向俾斯麦请教如何化解朝廷的阻力。俾斯麦回答说，首先要明白的一点是绝对不能反对朝廷，只有得到皇帝的支持，改革才能一马平川，否则就寸步难行。皇帝拥有最高权力，臣子只能向皇帝传达意见和建议，违背皇帝的意志就意味着给自己设置最高障碍。李赞同此点，但又请教如何才能在不违背朝廷旨意的前提下进行改革。俾斯麦回答说，只能以军队改革为基石，军队人数不必多，哪怕只有五万官兵，但必须精良。李鸿章回应说，他们的军队从人数上说已经有了，但确实疏于训练。自太平天国之乱以来，清军已松散不堪了。对此，他早就向朝廷提出了建议，但一直未获重视。现在看到了德国的精兵良将，他才知道世界上最强大的军队是什么样子。他表示应听从俾斯麦首相的建议，今后尽力推动此事，重整军队已成弦上之箭，普鲁士模式就是方向。俾斯麦强调，关键不在于在全国各地都有军队，而在于在需要时能迅速地调配他们。

俾斯麦从常识出发，认为一个政权无论多保守、多守旧，都不会反对增强军队战斗力的改革，因为军队强弱对自己政权的安危至关重要，所以整个改革可以从阻力最小的军队改革入手。然而他不知道，清王朝的颟顸难以理喻。19世纪40年代初鸦片战争时，林则徐等人提出用敌人新式武器的"师夷长技以制夷"都被朝廷拒绝、严斥。使用、装备新式武器都阻力巨大，军队体制改革更难推进。直到甲午惨败后，清朝才开始"练新军"、进行军事改革。

在德国，李鸿章还做了一次X光检查。一年多以前，他在日本谈判时，遭到一名日本浪人枪击，左颊中弹。1896年6月27日《柏林日报》（*Berliner Tageblatt und Handels-Zeitung*）详细报道了李鸿章的这次检查："整个过程持续了二十分钟，拍出了非常清晰的图片。在图片中可以看到非常有意思的头骨形状。这次拍照的目的是借助这种最新技术查看总督在中日战争中所受的枪伤，当时子弹从左眼下面射入。对伤口图片仔细检查之后并未发现子弹。总督带着极大的兴趣查看这张图片。

图片里可以清楚地看到子弹射入点和弹道。"李鸿章还兴致勃勃地看了德国医生展示的一些电镀屏图片,可以看到人的脊柱、肋骨和心脏区。当时信西医的国人不多,他能做 X 光检查,甚显开明。

三

离开德国后,李鸿章一行先后访问了荷兰、比利时和法国,于 8 月 2 日到达英国。正是英国发动了侵华的鸦片战争,使清朝面临"三千年未有之变局"。此时英国仍是世界头号工商强国,访问、考察英国,是李鸿章这次出访的重头戏,时间长,内容丰富。

在英国,他当然要拜会女王,并参加一系列繁忙的国务活动。但他通过随员向报界表示,他"反感宴席和娱乐招待。比起其他活动,他想看的其实是英国的工业区"。[1896 年 8 月 7 日《约克郡晚报》(Yorkshire Evening Post)]

在英国,他的主要活动就是参观、考察各类工厂,尤其是钢铁厂和制造枪炮、军舰的兵工厂。观察细致的英国媒体发现,他对艺术品不感兴趣,在以收藏各种艺术品而名噪一时的拉格赛德公馆小憩时,那些举世闻名的艺术品未能引起他的丝毫关注,反而是此馆的电气、机器设备吸引了他。"如果说艺术品不能吸引李鸿章的话,那么有几样物件显然做到了。让这位老绅士高兴的方法是向他展示机械和机械制品。对于此类物品,拉格赛德拥有的也比其他府邸都要多。这座大楼是电气照明,当然也装有电话,在阿姆斯特朗伯爵的书房和他底楼的事务员屋内都有电话机。此外,这座宅邸还特别安装了一套水压设备,以便从一个人工湖供水。另一套水压设备是用来使储藏室的大瓶里的水果树长得更好,而且可以开启它们使植物得到更多阳光。关于这些设备,李鸿章很高兴有人可以详细地解释给他听。"[1896 年 8 月 20 日《伦敦每日新闻》(London Daily News)]与对艺术品的无感相反,参观工厂时他总是兴致勃勃,连连提问,从武器原理、性能到成本等,令接待者大有应接不暇之感。

有报纸报道,在参观一家军舰制造厂时:"巨大的转台似乎使他的好奇心达到了极点。他向官员们连珠炮式地发问,后者几乎都要来不及回答了。转台是用在船板上的。台子的最上头安装有运台,再上头安装着枪炮。这些转台重达 46 吨左右。在两座炮台安装上去后,总重量可以达到大约 200 吨。其中一个转台单独放着,另一个上面已经装好了运台和重达 50 吨左右的重炮。炮管可以轻易地升降或者指向任何一个方向。这看起来使这位清朝的政治家很高兴,因为他问了大量有关制造这台机器的问题。"在参观一艘 12200 吨的巨大战舰时,李的欣赏、欢喜之情难以掩饰,对主人进行了各种各样的"审问"。他问到了钢板的厚度,接待者回答 18 英寸,他进一步问:"是哈维板吗?"回答说是的。"哈维板"即哈维法硬化钢,是美国工程师哈维于19世纪90年代初期使用表面渗碳工艺制成的镍钢装甲,从1892年开始被各国大量使用。李鸿章在1896年就知道哈维装甲,不能不令人啧啧称奇。

在参观一种新式可快速连发四颗子弹的快炮时,李鸿章仔细检查炮座,并问是否引自法国。一位接待者说是使用法式系统,但做了改进。另一位陪同的爵士则说这不是法国的,是引进瑞典的。看来李鸿章对法式系统颇为了解,或他自认为比较了解,就追问这位爵士是否了解法式系统。爵士回答说了解。李又问,法式是否比这个更加便利,爵士回答说没有。李再问快炮是否在法式基础上做了改进。爵士肯定地说,它既不是法式也不是英式,强调就是瑞典式。李鸿章在离开时,仍表示法式比这个要好。[1896年8月21日《北方回声报》(*The North Echo*)]

1872年李鸿章提出修铁路被否决,此后的十七年李鸿章一直努力不懈,想尽种种办法,直到1889年朝廷终于正式同意修造铁路。所以此次出访英国,他对铁路分外关注,不但参观了机车、铁轨工厂,还了解铁路公司的运营、调度情况,详细到了解铁路公司为何要减少二等座、增加三等座。那时清朝正准备修芦汉铁路,因此他对选用何种铁轨格外留意。他问陪同的铁路公司总经理,为什么该公司在英国某些特定的铁路上要增加铁轨的重量,且必须超过75磅/平方码。总经理回答说,他们公司正在将铁轨的重量增加到80磅/平方码,而某些铁路段铁轨的重量甚至达到了100磅/平方码。随着机车引擎和车厢重量的增加,为了公众安全考虑,有必要相应地增加铁轨的重要以增强其牢固性,他们公司已经订购了比现在使用中的这些牵引能力更强、更快的机车引擎。李鸿章表示,在清朝有一些铁路延伸段,被推荐使用75磅/平方码的重量标准。(1896年8月17日《约克郡晚报》)

当时伦敦是世界的金融中心,而清朝尚无一家国人创办的银行等现代金融机构。甲午战争爆发的时候,日本已有千余家银行和现代金融机构,中日两国政府在战争中的融资能力不可同日而语,这也是甲午战争清朝战败的重要原因之一。清朝不仅没有银行等现代金融机构,而且没有确定的币制,实际上实行落后的"银铜并行"的复本位制(Bimetallic Standard),已无法适应推行了三十余年大工业生产的洋务运动。因此,李鸿章在伦敦参观了著名的英格兰银行,向银行主管和几位经理细致入微地询问了银行业务的种种细节,还询问了银行与政府的关系。他还讨论了与清朝关系密切的汇率、银元等问题。英国媒体注意到他"看起来为了这个国家自己的利益考虑,他们拒绝采取复本位制(双金属)的标准"。[1896年8月14日《赛文欧科斯纪事报和肯特广告报》(*Sevenoaks Chronicle And Kentish Advertiser*)]虽然李鸿章有此想法，但到他去世九年后的 1910 年，清朝政府才决定实行银本位，但还未及实行就被辛亥革命推翻。清朝政府直到覆亡，都未能解决这一币制问题。

李鸿章访英期间，必不可少有英国警察随同，负责保卫。对警察，李也好奇，曾兴致勃勃地向随行警察详细询问当地政府管理和警察管理方面的问题，并表示清朝现在还没有警察制度，希望今后也引进警察制度。[1896 年 8 月 17 日《利兹信使报》(Leeds Mercury)] 五年后，经过庚子大动乱后，清朝政府在 1901 年也就是李鸿章去世的那一年，终于创办了地方性警察制度；1905 年清朝政府新政，设立巡警部，为全国性警察制度创设的标志。

英国陪同人员和媒体都发现，李鸿章喜欢发问，参观时喜欢提问，甚至接受媒体采访时，也"以攻为守"，向采访的记者频频发问，有时被采访者成为采访者，采访者反成被采访者。有次与一位英国印度殖民地内务部的官员一起，李频频发问。这位官员招架不住，承认李鸿章对英国在印度的内政管理，比自己知道得还多。看来，对于这次出访，李鸿章也认真做了一番功课。李鸿章对"包罗万象的知识所流露出的渴望"，让他们大为惊奇。有懂中文的英国人戏称中堂大人的"口"应改为"否"，因为他张口闭口就是"可否""能否""然否"。从军国大事、武器性能、机器制造等，一直到年龄、收入、在公司有多少股份、婚否、家庭、子女婚否……对这种传统的"中国式问候"，一些英方人员表示理解，但有媒体认为其实是因为李鸿章是英国的新主顾："在清朝，公私不分，以至于他的询问即使没有在欧洲人，那么至少是在所有英国人面前显得很无知。格莱斯顿先生有幸轻易逃开了总督大人的拷问。但是无论如何，公开询问海伦·格莱斯顿小姐为什么还没有结婚，即使从清朝的习惯来看，也无疑有些失礼了。然而，这一切都使我们很为难，要指责这位大人缺乏我们所理解的那种传统的礼貌是很困难的。而且，他是有底气做这些提问的。清朝是英国工业的一名顾客。为了与他签署可能的货物订单，这位大人无论走到哪里，都被小心地吹捧着。而他也足够聪明，可以看到自己被过度赞誉。对他的礼遇就像对待商店里的一名新主顾一样。"[1896 年 8 月 22 日《雷明顿温泉镇信使报》(Leamington Spa Courier)]

曾有两位女记者先后采访李鸿章。大概从未面对过职业女性，更未接受过女记者的采访，李鸿章好奇心更强，略带玩笑的反问更加直接。第一位是在英国报社工作的美国女性，报纸以"李鸿章和新女性"作为标题，报道了这次采访。这位女记者写道："总督主导性地采访了我。我结婚了吗？然后是我打算结婚吗？我多大年纪了？我做这份工作一个月可以得到多少钱？我一个美国人怎么就住在伦敦了呢？类似这些问题，一个接一个，向我提问。我开始好奇，对于东方人而言，是否他们觉得我理应接受这一系列私人的，甚至是尴尬的提问。"她明白："在这位伟大人物严肃而认真地通过翻译向我一个接一个地提问时，我发现他幽默地眨着眼睛，开始意识到这实际上是在对我开玩笑。"于是她决定向李鸿章提一些刁钻问题掌握主动，问他觉得哪个国家的女性最聪明、最漂亮。李鸿章巧妙地回答说："我在很多国家都看到过漂亮的女人、丑陋的女人、聪明的女人、笨女人、有美德的女人和没有美德的女人！"这位女记者不依不饶，马上问道："但是，大人，肯定有一个国家，在那里您发现女性比其他国家的更漂亮、更聪明，您没有回答我的问题。"从未到过美国的李鸿章不乏奉承地"幽了她一默"："美国是一个有美丽而聪明的女性的国家。"接着李鸿章又反被动为主动，向她发问："我听说，美国是一个有很多未婚女人的国家。这是真的吗？"这位女记者表示自己从未听到过这种说法。这次轮到李鸿章不依不饶："我听说那里的很多女人都不结婚。她们工作，为自己挣了很多钱！她们不应该这么做，她们应该结婚！"女记者问道："您相信所有女人都应该结婚？"李边点头边肯定地说："是的，全部。"女记者再问："您在清朝听说过'新女性'吗？"李鸿章不客气地回答说："是的，我们听说过，听说她们都住在英国和美国，但是我们不喜欢她们。清朝没有'新女性'，我们也不会有，我们的女人全都结婚。""那么没有您不喜欢的未婚女人吗？"女记者笑着问道。李回答说："一万个人里面只有一个老处女。"她再次想扭转局面，变成提问者而不是受访者，但发现"未婚女人（老处女）"这个话题似乎是李唯一愿意跟她聊的。"我相信他并不是没有理解我所说的，他再一次幽默地眨眨眼。我认为，他其实可能懂少量的英文。"［1896年8月13日《丹迪信使报》（*Dundee Courier*）］李被誉为当时"最进步""最开明"的清朝人，也无法接受"新女性"，足为那个时代对女性态度的标志。他认为中国今后"也不会有"新女性则过于自信，他确实想不到，十几年后就会有秋瑾那样的"新女性"积极参与政治活动，甚至投身革命，到二十年后的"新文化运动"，则涌现出了更多的"新女性"。社会的发展远超他的想象。

　　稍后采访他的英国女记者是位德国人，李鸿章对前一位是美国人感到好奇，对这位又是德国人更感意外，不禁问道："英国女记者都在哪里呢？难道没有吗？"然后，他又开始连连发问，询问女记者的年龄、婚否、收入等。得知她仍单身时，李鸿章以中国式关爱劝她："一位像你这样聪明的女士应该结婚。很多读书人将会很高兴有你这样一位伴侣。难道他们不想吗？"听到她的收入多少，李又直接问道："那位美国女士，也就是在前几天来的美国女士的薪资更高。为什么会这样？"女记者回答说，可能她是更好的记者。李鸿章对此不赞同，这位记者又说："可能她工作更努力。"李鸿章说可能如此,但立即赞扬她比那位美国女记者爱笑,肯定非常有天赋。女记者加重语气说:"非常非常多!"采访结束后,李鸿章用英语说了再见。[1896年8月25日《丹迪晚电报》(Dundee Evening Telegraph)]

离开伦敦前一晚到帝国剧院看芭蕾,是李鸿章此行为数不多的娱乐活动之一。剧院自然非常重视,为李鸿章一行提供了一整层装饰和布置成清朝风格的包厢,剧院经理一直陪同。李鸿章对这位经理进行了非常细致的"盘问","这些问题几乎涉及了剧院管理的每一点",了解管理是他的兴趣、重点所在,连剧院管理都不放过。在复杂的芭蕾舞表演过程当中,剧院经理一直站在总督身旁向他解释这一舞蹈的神秘之处,"而李鸿章则对芭蕾舞舞女的脚的尺寸非常感兴趣。他认为她们的脚的尺寸有些出格了"。[1896年8月29日《切尔滕纳姆纪事报》(Cheltenham Chronicle)]"三寸金莲",仍是当时中国对女性的审美标准。

凡事发问,以致有人说应把"口"改成"否"的李鸿章,对于何事可问、何事不可问其实心中有数。他参观国会上、下院时,只与人礼貌应酬、简短交谈,发问甚少,更无评论。老友郭嵩焘的命运,当使他此时仍心有余悸。清朝第一个驻外使臣郭嵩焘于1877年初赴英国就任,并应总理衙门的要求,将自己从上海到伦敦途中这51天2万多字的日记稍加整理润色,定名为《使西纪程》,钞寄一份给总理衙门。1877年春,这本书由总理衙门刊印出版。由于书中对法国和英国议会都有介绍,赞扬了西方现代物质文明与制度文明,所以总理衙门刚将此书刊行即引来朝野顽固守旧者一浪高过一浪的口诛笔伐。一时间群情汹汹,有人痛斥他对外国"极意夸饰,大率谓其法度严明,仁义兼至,富强未艾,寰海归心……凡有血气者,无不切齿""诚不知是何肺肝,而为之刻者又何心也""殆已中洋毒,无可采者"。有人以郭嵩焘"有二心于英国,欲中国臣事之"为理由提出弹劾。有人上奏,严谴郭"立言悖谬,失体辱国,请旨立饬毁禁其书,以维国体而靖人心",因为郭书"其中尤谬者,至谓西洋立国二千年,政教修明"。还有人主奏要求将郭嵩焘撤职调回:"今民间阅《使西纪程》者既无不以为悖,而郭嵩焘犹俨然持节于外""愚民不测机权,将谓如郭嵩焘者将蒙大用,则人心之患直恐有无从维持者"。虽然奕䜣、李鸿章等对郭表示支持,但是最后,慈禧在1877年6月中旬向总理衙门下发了将此书毁版的谕旨。1890年,被罢官归家已久的郭嵩焘病逝,李鸿章为老友不平,以其学行政绩上奏,希望能够援例立传赐谥,但为慈禧否决。李鸿章的奏折递上不久即奉谕旨:"郭嵩焘出使西洋,所著书籍,颇滋物议,所请着不准行。"十几年后,《使西纪程》仍是郭的罪名。宦海沉浮多年的李鸿章,当然知道此事万不可问,更不可评。

到英国，他自然不忘当年帮助他镇压太平军的"常胜军"首领戈登（Charles George Gordon）。戈登已于1885年在苏丹战败身亡，尸骨未存。李鸿章向他的塑像和衣冠冢献了花圈，并鞠躬致敬，还与他的家人见面，表示怀念。

李鸿章离开英国前，英国一家报纸对他的访问作了简短总结："在他带着对英国的美好印象离开时，他也给英国人民留下了一个好印象。像他这个年纪的人可以完成这么多工作真是不简单。他从来没有流露出疲惫之情，而且在看到什么或有什么可以学习的东西时，他不会放弃，直到他已经亲自检查过或者得到了必要的知识为止。如果清朝有更多像他一样的人，并且能够掌控足够的权力的话，那么中华帝国在几年后将会成为最可畏的力量之一。"此文进一步说，现在愿意学习英文的清朝人越来越多，但却没有多少英国人愿意学习汉语，这是英国人的短视，将是英国在清朝发展的障碍，这篇短评的标题就是"我们需要学习清朝的语言"。[1896年8月28日《苏塞克斯郡农业报》（Sussex Agricultural Express）] 虽然过于乐观，但当今世界开始出现"汉语热"还是印证了这家媒体百年前的预言。

四

离开英国后，李鸿章一行访欧结束，横渡大西洋，前往美国。美联社特别报道员随同李鸿章一行进行了本次穿越大西洋的旅行，以下是他所记录的旅途中的一些故事。

对于李鸿章，美国媒体并不陌生。因为在1879年美国前总统格兰特将军访问清朝时，美国媒体对李就有不少报道。一因格兰特在美国大名鼎鼎，在南北战争后期曾任联邦军总司令；二因他访华时，正是美国排斥华工浪潮高涨之际，禁止华工移民美国，是格兰特与李鸿章会谈的重要内容之一，也是美国媒体报道的重点。会谈中，李鸿章坚持维护华工的利益。虽然这并非两国政府间的实质性会谈，但李的态度却很明确地表明了清朝政府对此问题的态度。他在此问题上的强硬，给美国媒体留下了深刻印象。

第二年秋，美国就派一个外交使团来华，任务是与清朝政府交涉禁止华工移民美国的问题，当然主要是与李鸿章会谈解决华工移民美国问题，并修改多年前中美两国签订的有利于华工移民美国的《蒲安臣条约》。这是中美两国政府间的正式谈判。1880年11月11日美国《威灵每日知识报》（The Wheeling Daily Intelligencer）报道："他（李鸿章）说，无法想象清朝劳工的苦难，更无法理解我们的质疑和修改条约的提议。他很直白地说，除非美国政府给出充分的理由，不然清朝政府很难同意。显然，他对修改条约的提案很生气，更生气的是这个提案是由一个友好的、并不热衷于刁难东方的国家提出的。修改条约意味着，蒲安臣公使之前所做的工作都将被推翻。我们必须清楚，虽然李鸿章因为正在处理巴西事件，不会被指派参与这次条约的修改，但他与此事关系极大。他在清朝，尤其是在总理衙门里影响很大。我的意思是，李鸿章将会在幕后指挥，对每一步进展提出建议。不过这件事很有可能迅速中止。在一定的条约保护下，李鸿章将不会反对清朝人移民美国。用他的话说就是，'让我们往下看，看你们在没有清朝移民涌入的情况下，能够发展成什么样子。等你们后悔了，我们再来讨论条约的修改。我们将会阻止我们的人民前往美国，你们要多久就多久。你们肯定会求我们重建关系，到那时，将由我们来决定接受或者拒绝'。"

但 1882 年 5 月，美国依然通过了《排华法案》。此后十几年，李鸿章一直关注在美华工问题。后来与美国访华政要、媒体会见时，李鸿章仍主动谈及此问题。1889 年 1 月 27 日美国《匹兹堡电讯》(*Pittsburg Dispatch*) 记者对他作了如下采访报道："他还请我用笔告诉美国人民，他反对美国驱逐清朝人。""他说：'整个《排华法案》是违背中美两国条约精神的。这是一种犯罪。我希望《排华法案》可以被废除。我希望你能替我告诉美国人民，如果不取消《排华法案》的话，我将提议我们的政府在清朝驱逐美国人。我认为这是我们可以行使的一项正当权利。如果你愿意，你还可以对此做一些言辞上的夸张。希望你强调，我们希望美国人民对我们的国家给予公平对待。'""在我们谈话结束后的一个半小时内我将它们记录在此。我觉得没有必要进行夸大，总督的话本身已经很强烈了。"这位记者还向李鸿章提了清朝铁路问题："我问总督，他如何考虑清朝铁路的将来，这会对清朝与世界有何影响。"李鸿章是最早认识到铁路对国家具有重要战略意义的大臣，早在 1872 年就提出清朝应修建铁路，但被拒绝。以后他又不断提出修铁路的主张，屡被激烈攻击，而且朝廷拒不接受修建铁路的建议。直到此次采访半个月后，距李第一次提出修建铁路主张的 17 年后，朝廷才在 1889 年 2 月 14 日发布"懿旨"，批准修铁路。或许十几年来一直在想方设法让朝廷同意修铁路，他提前半个月就知道朝廷即将同意修铁路，所以非常乐观地回答说："半个世纪后，清朝将会被一个巨大的铁路网覆盖。清朝丰富的矿藏资源将会被开发。这个国家的许多地方会出现轧机和火炉，这是有可能的。清朝会成为世界市场的制造基地。"

当然，李鸿章可能过于乐观，也可能是对外国媒体要说些"大话"。半个世纪后中国铁路较以前确有相当发展，但中国"成为世界市场的制造基地"、高铁成为中国在世界上最具竞争力的产品，都是一个世纪之后的事情了。这些事实毕竟证明，李氏百多年前的判断大致不谬。

紧接着，李鸿章从商品流通、市场竞争、劳动力市场的角度将话题又从铁路引回华工问题，认为清朝成为世界市场的制造基地将导致与欧美的激烈竞争："在我看来，这是威胁你们国家以及欧洲劳动者的最严重问题。与世界上其他国家的人一样，清朝人已经显示出了他们的技能和才干。他们工作勤勉，生活成本比你们国家的人更廉价。当我们国家开放铁路，把注意力转向世界市场时，我相信，我们提供的产品会比你们的更好、更廉价。这些将是你们国家所要面临的问题。"这位记者回答道："我也这么认为，大人。""那么，我很好奇，"总督接着说，"你希望清朝跟你们竞争，但你们不认为这是很危险的竞争吗？"这位记者回答得非常坦率："是的，我也这么认为。但是当清朝的产品能跟美国竞争时，我们会建起一道保护屏障，以阻止你们的产品进入。"这位记者的随口而答，说明美国贸易保护主义深入人心。1894年7月1日，甲午战争前夜，美国旧金山《呼声晨报》(The Morning Call)采访了李鸿章。记者报道说："我提到了清朝的将来，问总督他认为这个国家应该由欧洲人管理还是清朝人自己发展。他回答说，毫无疑问，清朝已经有了很大的发展，铁路网将会覆盖清朝。他相信清朝最终会发展起自己的制造业，而且在将来，会像制造大国一样进军世界市场。他告诉我，中华帝国的政治家们已经开始在这方面做各种尝试，他们已经有了世界上最大的棉纺织厂，而其他的一些大型工厂也在筹备当中。虽然他没有直接说出，但他使我了解到，清朝的信条是，从现在开始将会是'清朝人的清朝'；并且威胁说，清朝的工业一定会在世界上占有一席之地。"

引入商品市场、劳动力市场竞争等观念，证明李对现代经济学知识已略知一二，且能用于与外国人谈判，实属难得。

鸦片战争后，英国资本在清朝一直独占鳌头，但此时美国正在崛起，想与英国在华角逐一番。1892年年末，一位美国商人来到清朝，"决定越过英国资本和企业在这个国家树立的种种障碍"在华进行巨额投资。来到清朝后，他受到包括李鸿章在内的高官重视，他写道："另外，我也不怀疑，给予我的这种关注，在很大程度上是由于我的巨额花销。在清朝，做什么事情都需要花钱，这是一种风俗。在那里，没有人认为官员受贿是一项罪行。事实上，他们不仅不认为这是受贿，还认为是合法要求。我从一些帮助我处理行李和与总督接触的清朝人入手，赠送了他们大量昂贵的丝绸和钻石作为礼物。在两个月的旅途之后，我发现，我的花销已经高达2500美元。""你可能会说，这只是很小一笔钱，事实上也的确是。但是，这一切只是个开始。我已经在清朝花费了20多万美元，但是肯定还需要花费更多来获得许可。这些许可价值几百万是肯定的，但具体多少，没有人能说得清。当我们考虑其价值的可能性时，甚至会喘不上气。我们只需想一想今日美国整个铁路系统的价值，以及通到这个国家的每一个角落的电报线，因为几乎每个城市都得有电报。这些价值几千亿美元——不是百万。这类事业在清朝肯定也会有同样的价值，而且那里有四亿人口，疆域是美国的四倍。"他发现"每个清朝人都在力争上游，不管官阶多小或者多年轻，每个人都在追逐着万能的钱。对于那些长辫子的绅士来说，不管是美元、英镑或者是帝国的银子，都是一样的"。原来那时的官员，已经喜欢美元、英镑了。拜见李鸿章时，他被按官衔由低到高依次介绍给各级官员，轮到向李鸿章介绍时，他已经有些精疲力竭，几乎不能再通过翻译做良好的自我介绍了，但"无论我多么紧张，都会被我所带来的丰厚礼物所抵消。它们被仪式化地放置在李鸿章的脚下"。[1892年12月23日《每日烟草纪事报》（Daily Tobacco Leaf-Chronicle）] 由此可见，清朝官员并不避讳当众收受丰厚礼品，为得到许可必须行贿，俨然成为当时清朝的官场文化。

　　李鸿章一行于1896年8月28日抵达美国纽约，开始对美进行访问。在美国访问时，无论是与政要会谈还是接受媒体采访，他仍多次谈到华工问题，维护华工权益。除了1882年的《排华法案》外，美国在1892年又通过了歧视在美华人的《格力法》[1]。《格力法》是由美国加州民主党参议员托马斯·格力（Thoms J. Geary）提出、参众两院在1894年通过的一项法案，规定在美华人不得申请保释、必须在该法案通过一年之内重新申请居留证、一年以后未获得居留证的华人将被逮捕并驱逐出境、持伪造居留证者将罚款1000美元或判五年以下徒刑。特别值得重视的是，1896年9月3日的美国《纽约时报》（The New York Times）对李鸿章在纽约会见纽约报业代表时的演讲作了报道。李鸿章以当时最经典的经济学知识，批驳了美国的华工政策。一位记者直接问道："总督阁下，您期待对现存的《排华法案》进行任何修改吗？"李回答说："我知道，你们又将举行选举了，新政府必然会在施政措施上有些变化。因此，我不敢在修改法案前发表任何要求废除《格力法》的言论，我只期望美国新闻界能助清朝移民一臂之力。我知道报纸在这个国家有很大的影响力，希望整个报界都能帮助清朝侨民，呼吁废除《排华法案》，或至少对《格力法》进行较大的修改。"报道说，李鸿章这时"不大的眼睛闪射出灼人的光芒""有点激动"地继续说："《排华法案》是世界上最不公平的法案。所有的政治经济学家都承认，竞争促使全世界的

---

[1] 即《基瑞法案》（Geary Act）。

市场迸发活力，而竞争既适用于商品也适用于劳动力。我们知道，《排华法案》是由于受到爱尔兰裔移民欲独霸加州劳工市场的影响，因为华人是他们强大的竞争对手，所以他们想排除华人。如果我们清朝也抵制你们的产品，拒绝购买美国商品，取消你们的产品销往清朝的特许权，试问你们将做何感想呢？不要把我看成大清国的什么高官，而要看成一名国际主义者；不要把我当做达官贵人，而要当做大清国或世界其他国家的一名普通公民。请让我问问，你们把廉价的华人劳工逐出美国究竟能获得什么呢？廉价劳工意味着更便宜的商品，顾客以低廉价格就能买到高质量的商品。""你们不是很为你们作为美国人而自豪吗？你们的国家代表着世界上最高的现代文明，你们也因你们的民主和自由而自豪，但你们的《排华法案》对华人来说是自由吗？这不是自由！因为你们禁止使用廉价劳工生产的产品，不让他们在农村干活。"他进一步指出，"在工艺技术和产品品质方面，你们也领先于欧洲国家。但不幸的是，你们还竞争不过欧洲，因为你们的产品比他们的贵。这都是因为你们的劳动力太贵，以至于生产的产品因价格太高而无法与欧洲国家竞争。劳动力太贵，是因为你们排除华工。这是你们的失误。如果让劳动力自由竞争，你们就能够获得廉价劳动力。""我相信美国报界能助华人一臂之力，以取消《排华法案》。"有记者问他美国资本在清朝投资的情况，李鸿章反应很快，回答道："只有将货币、劳动力和土地都有机地结合起来，才会产生财富。大清国政府非常高兴地欢迎任何资本到我国投资。我的好朋友格兰特将军曾对我说，你们必须邀请欧美资本进入清朝以建立现代化的工业企业，帮助清朝人民开发利用本国丰富的自然资源。但这些企业的管理权应掌握在大清国政府手中。我们欢迎你们来华投资，资金和技工由你们提供。但是，对于铁路、电信等事务，要由我们自己控制。我们必须保护国家主权，不允许任何人危及我们神圣的权力。我将牢记格兰特将军的遗训。所有资本，无论是美国的还是欧洲的，都可自由来华投资。"[1] 这些言论、观点和态度，与已经被符号化的"李鸿章"大相径庭。更值得注意的是，在1896年这篇短短的演讲中，李鸿章谈到了自由市场、世界市场、劳动力自由流动、商品的流动、垄断、价格、市场的行政干预等问题。在全球化的今天，这些依然是困扰各国的问题，他国廉价劳动力与廉价产品的冲击，依然是美国今日面临的重要问题。

这篇短短的演讲表明，李鸿章在当时能如此深刻地提出问题、看待问题，得益

---

[1]《帝国的回忆：〈纽约时报〉晚清观察记》（下），郑曦原编，当代中国出版社，2011年，第339—340页。

于他使用的理论分析框架。"只有将货币、劳动力和土地都有机地结合起来,才会产生财富",这是古典经济学的生产全要素理论。17世纪英国经济学家威廉·配第提出"土地为财富之母,而劳动则为财富之父和能动的要素"的观点。虽然他没有明确提出"生产要素二元论",但实际上他已经将土地和劳动作为生产的两个要素。在此之后,经济学家亚当·斯密又将资本列为生产要素之一,并在其代表作《国富论》中提出,无论在什么社会,商品的价格归根结底都分解成这三个部分(即劳动、资本和土地),形成了"生产要素三元论"。李鸿章所根据的,正是这种"生产要素三元论"。而且,李鸿章以商品的自由流通,劳工、劳动市场的自由作为废除《排华法案》的根据,这些概念与基本理论框架也都来自亚当·斯密的自由主义经济理论。今日称之为"古典"经济学,当时却是最"现代"的经济学理论。

众所周知,亚当·斯密的《国富论》由严复从1896年10月起到1901年元月末翻译完毕,出版于1901—1902年(严译本为《原富》)。在严复开始翻译《原富》之前,为何李鸿章能用亚当·斯密的理论分析、解释当时中美关系中的自由贸易、劳工移民实即劳动力市场的自由问题呢?一个合理的解释是,他的这种最现代的经济学理论知识来源于他的英文秘书罗丰禄。罗丰禄与严复同为福建人,二人一同毕业于福州船政学堂,于1877年一同到英国留学,又基本同时(相差半年)回国。罗回国后入李鸿章幕,兼任李的英文秘书、外事顾问和翻译。1889年1月27日的《匹兹堡电讯》报道说,记者在等待李鸿章采访、接见前与罗闲谈。他对罗的评论是:"罗丰禄是总督的秘书,同时也是天津最伟大的人物之一,说一口流利的英文。我发现他非常博学,所知甚多。等候时,他同我讨论了一些斯宾塞的哲学,并告诉我,他是如何地相信赫胥黎和达尔文的理论。至于后者,他说,他相信适者生存说,而不是物种起源说。"还有一些外国人的报道、回忆也表明,外国政要、新闻记者在与李鸿章会谈前后,少不得会与罗闲谈,他们也都发现罗能讲流利的英语和法语,对达尔文的进化论、亚当·斯密的经济学等都相当了解。如此推断,应是罗丰禄将西方经济学经典内容告诉了李鸿章,使其用此理论反驳美国当时的"排华"浪潮,达到以子之矛攻子之盾的效果。从这点来说,罗氏功莫大焉。多说一句,由此看来,主事者找什么样的幕僚、秘书,确实重要。

与理学大家曾国藩不同,李鸿章甚少"理论著述",访美期间,却难得谈了一次儒学与基督教的关系。1896年9月18日《夏威夷公报》(The Hawaiian Gazette)报道,在美国传教士协会(American Missionary Society)的欢迎会上,他将基督教与儒家相提并论:"就我个人感受而言,从哲学角度来看,基督教和儒家并没有太大差别。一个是以积极的方式表达着黄金法则（Golden Rule），另一个是对这些原则用消极的方式加以表达。至于这两种表达形式是否传达了同样的真理，这需要留给那些拥有更高哲学修养的人来考察。目前可以肯定的是，就根基而言，这两种伟大的学说并没有太大差别，是在同一根基上建立起来的两个道德系统。"

所谓"黄金法则"，出自《圣经·新约》的《马太福音》和《路加福音》中的两段话："所以，无论何事，你们愿意人怎样待你们，你们也要怎样待人，因为这就是律法和先知的道理。""你们愿意人怎样待你们，你们也要怎样待人"这是以"积极的方式"表达待人之道。他所说的"消极的"，是儒家"己所不欲，勿施于人"的待人准则。他巧妙地避开了信仰问题，而从哲学角度，更确切地说是从伦理角度力图说明二者"并没有太大差别，是在同一根基上建立起来的两个道德系统"。不知道他对基督教、对《圣经》究竟有多少了解，但为了这次出访欧美，他显然是做了一番准备、做了一些功课的。当然，这其中少不了罗丰禄的功劳。

李鸿章对政治、机械、工程、舰船、建筑等的性能、制作过程、价格等兴趣浓厚，不停发问，这一特点也为美国记者注意到。在从英国到美国的邮轮上，他与同船游客交谈时，向一位美国议员详细询问美国总统制、各级机构的管理方式、选举办法、不同部门领导的筛选、整个政府的架构以及分歧的处理方法；在与一位企业家交谈时，他详询了造船的各种问题、他的投资状况和美国经济问题。[1896年8月29日《印第安纳波利斯日报》（The Indianapolis Journal）] 在纽约，他们乘船经过横跨纽约东河、连接曼哈顿和布鲁克林的布鲁克林大桥，当船只靠近大桥时，包括李鸿章在内的一行人全都激动起来。这座大桥在1883年5月正式交付使用，全长1800多米，桥身由上万根钢索吊离水面40多米，是当时世界上最长的悬索桥，也是世界上首次以钢材为主材料建造大桥，落成时被夸赞为世界第八大奇迹。此时布鲁克林尚未划归纽约，还是单独一市，美方陪同人员向李鸿章详细介绍了桥梁的高度、长度、结构、成本、利润、电缆系统和人行道设计等。当听说建成此桥花费了2500多万美元时，李鸿章立即问何时才能收回成本。

与英国记者一样，美国记者也注意到在面对媒体人的采访时，李鸿章总是想方设法向对方频频提问。他对方方面面都表现出浓厚的兴趣，从家国大事、异国风俗到个人私事，甚至刚见面的人，也喜欢问他们的年龄、收入、婚姻状况等私人问题，对女士也不例外，表现出明显的"国人特点"。对此，美国媒体均对"东方文化"或"中国文化"表示理解。一家报纸就以"作为提问者的李鸿章"为标题，对李氏风格作了如下介绍、评论："李鸿章提问的特点是，他问的问题很直接，这些问题很难被避开，并且被算计好可以获取李本人想要得到的信息。""李鸿章的旅行无疑是非同寻常的，而他获取信息的方法也是别具一格的。他的提问非常坦率直接，令人耳目一新……李鸿章有勇气打破传统，问出一些在高度文明化的人群当中被认为是粗鲁的问题，但这些问题却也是这些文明人很乐意被问及并欣然作答的。李鸿章的理论是，如果听一些粗鲁问题的回答是不粗鲁的，那么问出问题的也就不是粗鲁的。这不能说他没有道理。"[1896年9月2日《盐湖城先驱报》(The Salt Lake Herald)]不过，还是有一些美国陪同者回避了他这方面的提问。

除了喜欢问个人收入，美国记者注意到他也会谈论女性。邮轮上都有节目演出，从英国到美国的邮轮也不例外。他对两位年轻的美国女歌手演唱的流行歌曲颇有兴趣："在音乐问题上，透露总督东方口味的一件有意思的事情是，他唯一点名的曲子是《你别走，露》。他看起来很喜欢这首曲子，自己柔声重复着曲名。演唱结束时，李伯爵表达出了对这首歌的喜爱，咕哝出了'divine, beautiful'，并通过翻译向歌手表达了感谢。"他也向这两位年轻的女士提了无数的问题。"她们多大了？她们能得到多少钱？她们为什么要登台？她们的职业会让她们在自己国家享有较高的地位吗，还是会被看不起？""这些和其他很多类似的问题，总督都得到了回答。然后总督仔细地打量这一对姐妹。'优美，非常优美，'这是他的评价，'还很漂亮。'"他还把自己的相片送给了这两位歌手，并在她们的签名本上题了字。题字后他还特意通过翻译问："为什么你们国家的女性比清朝的女人要聪明那么多呢？"他自言自语地补充说："我好奇这是不是因为她们没有裹小脚？"（1896年9月13日《盐湖城先驱报》）对流行歌曲的兴趣如此浓厚，与离开英国前看芭蕾舞完全没有感觉、关心的是芭蕾舞舞女的脚的尺寸恰成鲜明对照。这也难怪，欣赏芭蕾需要一定的专业知识，流行音乐更主要凭感觉。或许，这就是"流行"能成为流行的原因。此时，对西方音乐舞蹈，无论是芭蕾还是流行歌曲，清朝人都完全不了解，既没有基本概念，也不可能有高雅、低俗之分。在美国也有人问他与"新女性"有关的问题，他明确说清朝没有"新女性"。

在欧美访问，他注意到一件非常新奇的事情。他发现，参加招待会或者晚宴时，女士们总是戴着长袖手套遮盖手和胳膊，但却露出了肩膀和胸部。这种蕾丝手套的袖型多为泡泡袖，往往饰有细小发亮的珠子，长及肘部以上，是当时欧美上层社会女士社交活动中不可缺少的服饰。李鸿章认为这与清朝正好相反，清朝女性不介意露出手，但不能袒胸露肩。他明确地说，看不出这"有什么更好或者更雅致的"。在访问俄国参加俄皇加冕礼上看到许多欧美妇女，他认为英国妇女是最漂亮的，此时访问欧美已接近尾声，他面对美国媒体时仍坚持此点。（1896年9月13日《盐湖城先驱报》）明明认为英国女性最漂亮，但在英国媒体问他这个问题时，他却顾左右而言他，避而不答；在美国却不恭维美国女性最漂亮而坦承自己认为英国女性最漂亮，也是花絮一朵，令人一哂。

虽然认为英国女性在世界上最漂亮，但在美国媒体面前他还是公开批评英国人的自大，在文化上无法与中国相媲美："就文化而言，英国人比一些欧洲人要优越，比一些要低劣，但是他们无法与清朝相媲美。很多事情上都显示了这一点。在清朝，几乎每一个高年级学生都被教导要读英文原著，了解英国历史以及伟大的英国人物。英文书籍在清朝也有出版。但除非是为了商业或者外交用途，根本没有英国人学习汉语，英国学生甚至没有想过清朝的经典值得学习。他们对清朝的伟大人物也一无所知。在他们看来，只有两个伟大的清朝人——我算一个。但是如果我没有来到他们中间的话，他们根本不会听说过我，另一个是孔子。"李鸿章此话大大地言过其实，当时的中国科举仍是读书人的"正途"，洋务派与教会创办的新式学堂仍被歧视，从数理化到英文，并无多少人学习。罗丰禄的同学、留学英国的严复回国后担任北洋水师学堂总教习（相当于教务长）、总办（相当于校长），仍要回乡参加最初级的科举考试，否则会被人歧视。清朝学子普遍学习英文是在将近十年后的1905年废科举办学校才开始的，这时李已去世数年。不过，李鸿章的言过其实是当时的外交策略，也有一定收效，使美国媒体有某种程度的自省："这些评论中无疑有一些深刻的观察，显示出总督对关于他个人的很多评价也做了仔细的思考，并且断定西方世界对于清朝历史总体上是无知的。这番评论的最后将白人总结为自负。事实上，这位清朝人非常坦率地说出了其他人也在想的事情。"（1896年9月13日《盐湖城先驱报》）

管理、效率一直是他关心的问题，所以他对美国多党政治下的政府运行效率表示怀疑："总督的私人观察表明，他对于美国政府系统的效率抱有怀疑。他认为有太多的党派、太多的官员，而官员失职的代价却很小。"他的理由是，如果只有一个主人，他会小心地监管他的仆人；反过来，如果一个人有一千个主人，这些主人都会让别人去监管、承担责任，"显然总督选择一个主人的体制"。（1896年9月13日《盐湖城先驱报》）

李鸿章访美期间，美国新的总统选战已拉开帷幕，威廉·麦金利（William Mckinley）已获共和党提名，向在任总统、民主党人格罗弗·克利夫兰（Grover Cleveland）发出挑战，角逐下任总统。在李鸿章离美到达加拿大后，1896年9月11日的美国《奥马哈每日蜜蜂报》（Omaha Daily Bee）报道了一位美国记者采访的他对美国大选的看法。他反问这位美国记者是共和党人还是民主党人，这位记者回答自己是民主党人，李鸿章笑着说："哦！那太糟糕了。民主党要失势，麦金利会成为下一任总统。"几个月后，大选揭晓，麦金利赢得选战，当选美国第 25 任总统，证明李鸿章的预测准确。真不知道他作此预测的根据是什么，一般说来，在任总统竞选连任的胜算较大。就在十几天前，他刚与克利夫兰总统在纽约会晤，是与其谈话这种近距离的观察使他得出了克氏将败的结论吗？他访美总共不足十天，是他对美国政治早有深入观察和深刻了解，还是源自他对政治的敏感、直觉？人们不得而知。但在大选几个月前，他就如此斩钉截铁地断言克败麦胜，并且判断准确，自有他的道理。可惜，这家报纸未报道他是如何分析、得出这个结论的，笔者查阅了不少中文文献，也未见有关文字。如能知道他的判断依据、分析方法，当是精彩的政治分析个案。

美国西部各州排华最厉害，李鸿章向美国媒体表示，因此自己不到美国西部就到加拿大访问，然后从加拿大直接回国而不从美国西海岸回清朝。9 月 5 日，李鸿章离开华盛顿前往英属加拿大，于 9 月 14 日搭乘一美国轮船公司的轮船横渡太平洋，踏上归程。途经日本横滨，他因甲午之耻拒绝上岸，改乘清朝轮船招商局轮船回国，10 月 3 日到达天津。这次耗时 190 天、行程 9 万里的欧美之行宣告结束。

这次欧美之行的所见所闻肯定对李鸿章有相当大的影响，他认为欧美的强大是从制度上保障了"上下一心"，在觐见光绪皇帝和慈禧太后时"沥陈各国强盛，清朝贫弱，须亟设法"。但清朝政治舞台留给他演出、施展的时间、空间已经无多。回国后他依然处于投闲散居状态，并因误入圆明园受到朝廷的严厉呵责，"罚俸一年"。直到 1900 年 1 月，他南下广州任两广总督才重返政坛，但不久他就忙于处理庚子之事、辛丑缔约，于 1901 年 11 月初病逝。

雷颐：中国社会科学院近代史研究所研究员。主要著作有《李鸿章与晚清四十年》《逃向苍天：极端年代里小人物的命运沉浮》等。

如何看待西方报纸上的李鸿章

解玺璋

19世纪中叶以后，随着清朝与西方各国的交往越来越多，西方媒体对于清朝的兴趣也明显地增强了，表现之一就是各种报道层出不穷，花样翻新，大有发现新大陆而好奇心不可阻挡之势。近年来，颇有些出版界的朋友，致力于搜集整理西方报刊对于近代中国的报道，成绩十分显著，为中国近现代历史研究贡献了许多难得的资料。赵省伟便是做得有声有色的一位，他的"西洋镜""遗失在西方的中国史"系列，都在读书界产生了很大影响。这次推出的《西洋镜：海外史料看李鸿章》，相信也会给读者带来一些意外的惊喜。

就中国近代历史而言，李鸿章显然是个绕不过去的存在，尤其是在同治、光绪两代，他的位置几乎是不可替代的，无论病之誉之，都不能不面对他。多年来，官方历史叙事对李鸿章是贬多于褒，把清末几次外交败局的责任都推给他，甚至称他为汉奸、卖国贼，因为他在与列强打交道时，往往以妥协对强权。近年来，风向逆转，对李鸿章的评价水涨船高，大有成为"贤相""伟人"的可能。这种变化的发生，首先是人们的历史观正在回归历史本身，不再限于政治的、党派的层面，观察事物的角度不一样，得出的结论自然是不同的；其次是研究方法的改变，从重视观念、寻求真理、强调主观，转向重视史实、寻求真相、强调客观。于是各种"翻案"文章出现了，为李鸿章的妥协、卖国辩解。有些固然是有说服力的，有些则说服力不强，其中很重要的一个原因，是缺乏强有力的史料支持，以至于偏离了原本的观念。这几乎成为中国历史书写中无法摆脱的历史性宿命。

我无意责备历史研究者。这种局面的形成，一方面是长期形成的由官方垄断信息资源的传统，个人难以获得有价值的史料、文献和信息；另一方面，文化传统中"为尊者讳，为亲者讳，为贤者讳"的礼仪规范，使大量有价值的史传资料湮灭在历史的尘埃中，后来者只能望而兴叹。的确如这本书中所说："如果一个人想了解美国总统的个人经历，他很容易就能得到相关信息，而想要获得李鸿章总督的相关信息却并非易事。"这一点是不容置疑的。这也正是此书让我们有所期待的原因之一。书中收集了自19世纪70年代至20世纪初李鸿章病逝前西方报刊关于他的大量新闻报道和特写，其中涉及他在洋务方面的种种表现、他对美国《排华法案》的强硬态度、签订《马关条约》时的兢兢业业、处理义和团事件时的前倨而后恭，特别是出访欧美时的情景……书中对这些都有非常生动的描述，并配有新闻图片，展现了瞬间记录下来的现场感。

　　西方看东方与东方看西方有很相似的一点，即难以超越在本土文化中形成的思维方式的限制。实际上，异域形象往往都是本土文化运用其自身传统所形成的思维方式重组、重构、重写的结果，其中，不可避免地会有偏见、误读、虚构和夸张。不过，新闻报道的特殊性恰恰要求客观叙述和现场描写，只写眼前见到的东西，没有见到的少写或不写，而且尽可能地保持客观、中立的立场，较少地涉及历史和文化，谨慎地处理主观感受和评论，不受作者身份的影响，至于新闻述评则另当别论。因而，这批材料颇有史传材料的价值，特别是传统史料中涉及较少的李鸿章的内心活动、所思所想、情感表达，都由于西方记者敏锐的观察力而得以充分地展现和表达。有些是本国文献记述中不肯、不屑、不忍、不能给予关注的，然而却是深入理解和完整呈现李鸿章的复杂性所不可缺少的。当初梁启超写作《李鸿章传》，在身居海外、档案文献不易得到的情况下，就大量采用了西方记者的新闻报道。比如《绪论》开篇即提到李鸿章与德国前首相俾斯麦的那段对话，在这里就有原汁原味的报道，并有各报记者就此事所作的多篇访谈。而这段对话，恰恰透露了李鸿章难为人言的苦衷。梁启超曾明白指出："吾观于此，而知李鸿章胸中块垒，牢骚抑郁，有非旁观人所能喻者。"

　　我的意外惊喜，是在书中看到一篇1900年6月1日发表于美国《夏威夷星报》（The Hawaiian Star）上的关于李鸿章给梁启超复信的报道。虽然不见复信全文，但报道所引述的复信内容还是提供了大量有价值的信息。梁启超的《上粤督李傅相书》，相当于一封公开信，最初发表于1900年3月1日出版的《清议报》第四十册，后收录于《饮冰室文集》第五卷。信很长，有五千余字，信中分析了世界局势，以及清朝在其中的危险处境。而执政者对于这种危险却置若罔闻，大敌当前，竟置国家安危于不顾，反而谋划着废明君，不但立一个9岁乳臭未干不解汉语的孩子为储君，还把保皇爱国的海外民众视为仇雠，不惜以其家属的安危相威胁，甚至派人暗杀改革派人士。虽然他表示，这些做法或非李鸿章本意，"惮于炙手可热之权威，不得不奉行逆命"是可以理解和体谅的；但他也提醒这位行年且七十余的老翁，不能不顾及自己的晚节，并以顺应时势相劝，"天下力量最大者，莫如时势"，而当今的时势，就是倡民权而尊民意。据报道，李鸿章的复信回应了梁启超公开信中提到的一些问题，也为自己做了一些辩解,他说自己一直都是主张改革的,在平息太平天国叛乱的过程中,就与外国人有很好的合作;对法国、对日本,他都不主张开战,但朝廷中有人希望开战,他也无可奈何。至于下令追捕、处决改革者,都是太后的决策,他没有办法阻止她这么做。他劝梁启超要有耐心,因太后年事已高,不会活得太久了。

  这些蛛丝马迹,对于了解李鸿章这个人复杂的内心世界是大有帮助的,而这类材料在这本书中并不少见。对这个人物和这段历史感兴趣的读者,尽可以从中各取所需。即使作为一般性读物,它图文并茂的编排方式,也会增加阅读趣味,给人一种赏心悦目的感觉。对于这样一本书的出版,我们不能不表示感谢和祝贺。编者希望我写几句话作为序言,遂拉拉杂杂写下自己读后的感受,勉为序之。

  解玺璋:曾在《北京晚报》五色土副刊、《北京日报》文艺周刊担任编辑和主编多年。主要著作有《梁启超传》《张恨水传》等。

目录

1876
- 002　李鸿章阁下
- 004　李鸿章阁下
- 007　关于李鸿章的补叙

1877
- 010　偶发的爆炸

1879
- 012　领袖李鸿章
- 013　清朝移民

1880
- 018　李鸿章收到格兰特的 300 美元
- 019　美国谈判小组前往北京

1881
- 022　卡拉考瓦国王和清朝人

1882
- 024　李鸿章近况不佳

1883
- 026　驻扎在东京附近的清军统帅李鸿章

1884
- 030　法国和清朝
- 032　《中法简明条约》

1885
- 034　关于清朝伟大政治家的一个特别看法

1887
- 038　法国在清朝建设的第一条铁路

1888
- 042　朝鲜必须做出解释

1889
044　采访"清朝的俾斯麦"

1891
054　清朝长城
055　直隶总督李鸿章

1892
058　在天津
060　米建威伯爵

1893
064　李鸿章

1894
066　与清朝伟大政治家的对话
074　名人李鸿章总督的事业生涯
077　清朝三重臣
080　在朝鲜
081　李鸿章奉诏自杀
083　李鸿章可怕的战争宣言
084　李鸿章
089　与李鸿章一起宴饮

1895
096　直隶总督李鸿章离京
098　李鸿章被击中脸部
102　恪守孝道：李鸿章向亡母表达哀思
103　李鸿章夫人

1896
106　在莫斯科采访李鸿章
110　李鸿章在德国土地上
112　李鸿章与布瓦代弗尔
113　德国和清朝
114　李鸿章昨晚8点抵达柏林
116　李鸿章抵达柏林
118　李鸿章昨晚抵达柏林
119　李鸿章总督在柏林

121	李鸿章受到德国皇帝威廉二世的接见
124	街景
125	日本山县有朋将军访德
126	李鸿章觐见德国皇帝
127	李鸿章有意提高海关关税
128	李鸿章受到德国皇帝接见
129	李鸿章总督在柏林受到隆重接待
130	李鸿章拟定参观勒夫军工厂
131	李鸿章前往法兰克福阅兵
132	对"清朝的俾斯麦"一小时的采访
135	访问勒夫军工厂
136	李鸿章会见德国外交大臣马沙尔
137	李鸿章授予德军指挥李博特龙勋章
138	李鸿章总督参观基尔市
139	德国电气技师协会宴请李鸿章总督
139	李鸿章昨日会见科隆船业主席
141	李鸿章在德国国会
142	李鸿章抵达斯德丁参观军舰
144	李鸿章与马沙尔外长会谈
145	李鸿章在基尔参观军舰
146	基尔来电
146	李鸿章参加德国外交部宴会
147	李鸿章受邀参观波鸿的古斯塔钢铁厂
147	德国内务部部长在柏林会见李鸿章
147	法国《费加罗报》关于李鸿章在德国的报道
149	清朝传来丧讯
149	李鸿章拟游览莱茵地区
150	李鸿章按计划于昨晚抵达基尔
150	李鸿章参观基尔战舰
152	李鸿章今天下午3点半登阅"格逊"号巡洋舰
152	日耳曼尼亚造船厂接待李鸿章
153	李鸿章今日抵达汉堡
153	《东亚通讯》澄清清朝太后逝世的消息
155	清朝皇帝的母亲逝世
155	李鸿章尚未获悉清朝太后逝世
157	李鸿章参观基尔港
158	李鸿章参观克虏伯工厂
158	关于清朝皇帝母亲去世的消息
158	柏林贸易展为李鸿章准备了水船迎接
160	李鸿章
160	英国议会秘书论李鸿章在德国的访问

161	关于李鸿章在汉堡的行程安排
162	李鸿章抵达汉堡市
162	李鸿章在汉堡的风寒并不严重
164	李鸿章在柏林观看马戏表演
165	李鸿章在汉堡感染风寒
166	李鸿章抵达俾斯麦首相府邸
171	李鸿章与俾斯麦首相会面的意义
173	李鸿章做客德国首相俾斯麦府邸
173	李鸿章访德或使上海吴淞港过关手续简化
175	李鸿章与俾斯麦首相的谈话
180	清朝的外债情况
181	李鸿章会见俾斯麦首相
182	李鸿章受邀参加柏林人士的晚宴
182	李鸿章接受 X 射线检查
183	李鸿章参观柏林贸易展
185	李鸿章在贸易展上
187	李鸿章在克虏伯庄园
187	李鸿章抵达埃森的胡戈车站
188	李鸿章将访问英国三周
188	李鸿章会见日本青木大使
188	李鸿章参观柏林斯潘道的军工厂
189	德国周刊报道李鸿章
189	李鸿章取消参观波鸿市的计划
189	李鸿章昨晚在克虏伯庄园过夜
190	俾斯麦首相对李鸿章谈论其继任者
191	莱比锡银行代表谈李鸿章及对华借款问题
192	李鸿章受英国索尔兹伯里侯爵邀请赴英国
193	李鸿章参观波恩的龙岩山
194	李鸿章在科隆市
195	李鸿章抵达安特卫普
195	关于李鸿章在德国的使命
196	李鸿章抵达科隆
197	李鸿章抵达阿姆斯特丹
198	李鸿章参观科隆市
199	李鸿章总督抵达海牙
199	李鸿章在海牙赴女王晚宴
200	关于李鸿章与德意志帝国的谈判
201	李鸿章昨日抵达海牙
203	李鸿章
205	李鸿章做客俾斯麦府邸
208	李鸿章在德国
210	巴黎通讯

212	李鸿章
217	李鸿章
223	李鸿章受到法国总统接见
226	李鸿章
228	李鸿章
231	清朝伟大的老者
232	李鸿章对英国人的恭维
233	法国的宾客（清朝杰出使臣李鸿章总督）
235	李鸿章
237	李鸿章在英国
239	这位大人对巴黎的看法
240	1896年8月4日
241	李鸿章的使命
242	本日八卦
244	清朝特使在伦敦
245	李鸿章在奥斯本
247	本日八卦
249	李中堂
251	每周伦敦消息
252	插图新闻
255	李鸿章抵达南安普顿
258	李鸿章在勒阿弗尔
262	李鸿章和新女性
265	清朝总督有危险
267	李鸿章泰晤士河之旅
268	李鸿章到访
277	讽刺漫画
278	每周伦敦消息
280	李鸿章在斯皮特黑德港外检阅海军舰队
282	李鸿章到访英国
286	李鸿章的访问
289	李鸿章会见格莱斯顿先生
295	李鸿章在霍瓦登
297	令大使着迷的湖区
298	在湖区
301	李鸿章
306	李鸿章参观福斯桥
309	李鸿章拜见阿姆斯特朗伯爵
310	李鸿章在拉格赛德
313	李鸿章参观泰恩赛德
319	李鸿章和女艺术家
320	我们中的清朝人

321	李鸿章的进步
322	节目单已准备就绪
324	李鸿章在伦敦
326	采访李鸿章
329	李鸿章琼斯
330	本地闲谈
331	和李鸿章谈话半小时肯定会被问到的问题
335	李鸿章的茶是如何泡的
336	本日八卦
337	李鸿章和戈登将军的姐姐
338	本日八卦：李鸿章可怕的秘密
339	我们需要学习清朝的语言
340	李鸿章离开
340	两则小笑话
343	在帝国剧院
344	清朝的首脑
350	山姆大叔的客人
353	在船上——从南安普顿到纽约旅行中的事件
358	李鸿章和克利夫兰总统在惠特尼大厦会面
362	本日八卦：伊朗王何时就寝
363	这个老家伙
364	李鸿章怕晕船
365	李鸿章在西点军校
368	李鸿章受到荣誉接待
370	作为提问者的李鸿章
372	清朝伟人
378	格兰特的墓地
381	李鸿章一行人离开
384	我们的清朝客人
388	插图新闻
390	李鸿章在华盛顿
393	李鸿章的服饰
395	李鸿章
397	清朝总督李鸿章访问美国财政部
399	李鸿章在加拿大
400	一个坏印象
401	李鸿章预测麦金利将当选
402	李鸿章访美
406	李鸿章
412	李鸿章的美国笔记

418	如果李鸿章来旧金山
421	李鸿章特使乘坐专列抵达温哥华
422	李鸿章行程
423	李鸿章和传教士
424	李伯爵的意见
425	与李鸿章一同旅行
427	李鸿章的计划
428	李鸿章欢呼"哟嚯"
430	女王的礼物
431	李鸿章回到了清朝
433	李鸿章外套

1898

436	英国指责李鸿章被俄国用金钱收买
439	与李鸿章在北京的一次晚宴

1900

444	近期意图毒弑李鸿章的事件
447	回复梁启超
450	李鸿章再次出现在清朝政坛前沿
453	清朝事件
454	海军少将泽列诺伊与李鸿章在清朝驻圣彼得堡使馆前的合影
457	对使馆区的大屠杀
458	当今最伟大的清朝人——李鸿章
459	中国维新会请愿希望李鸿章镇压义和团暴乱
460	授予李鸿章的荣誉
462	李鸿章
464	一名清朝官员来信讲述大屠杀
466	李鸿章和他的私人军队
468	狡猾的李鸿章
470	直隶总督李鸿章
472	德国拒承认李鸿章为和谈代表导致严重后果
474	据悉李伯爵已出发赶往北京
476	清朝难题
477	清朝伟大的老人李鸿章
480	和李鸿章的一小时
482	清朝全权议和大臣
484	庚子事变
485	清朝最伟大的政治家李鸿章在他的天津衙门
486	李鸿章与随行的俄日军队

- 488 李鸿章在天津衙门
- 490 李鸿章很失望
- 491 来自清朝的东西：一张册页的故事

1901

- 494 北京的一场盛宴
- 496 老字号
- 497 各国有望赞成清朝发行债券
- 498 清朝将会怀念李伯爵
- 499 和俄国公使雷萨尔的激烈争执加速了李伯爵的死亡
- 500 李鸿章
- 505 李鸿章
- 507 李鸿章
- 510 旧金山清朝领事谈李鸿章
- 518 《北京议定书》(《辛丑条约》)的签订

1904

- 522 李鸿章的预言

1876
•••

| THE FAR EAST | （英国）《远东》1876年9月 | THE FAR EAST SEPTEMBER 1876 |

李鸿章阁下

当代历史印证了中国的一句古话："时势造英雄，寒门出孝子。"美国奴隶主们试图分裂美国联邦，结果成就了格兰特将军；太平军企图推翻清朝政府，结果成就了李鸿章。两人在平定大规模叛乱方面均做出了一番成绩，如果没有发生叛乱，他们或许仍旧默默无闻。

他们立下赫赫战功，受到政府的表彰，进而身居要职。他们一个即将退休，开始自己的私人生活；另一个却还没有脱下戎装，仍旧权倾朝野。此外，他们的经历还有很多不同之处，最明显的一点就是，如果一个人想了解美国总统的个人经历，他很容易就能得到相关信息，而想要获得李鸿章总督的相关信息却并非易事。清朝没有为英雄人物立传的传统，人物传记都很简略，传记文学从未在文学领域占得一席之地。因此本期有关李鸿章的描述，虽然缺乏资料，但也无可厚非。现在，我们手头积累了大量有关李鸿章的历史材料，并将适时地公之于众，因此，这些缺失就不足为惧了。可以肯定的是，这篇传记对于当代历史将会是非常珍贵的资料。

李鸿章，安徽合肥人，年纪轻轻便考中秀才，展现出卓越的政治才能。政府似乎也很快知悉了他的能力，任命他为"督粮道"。1862年，他从镇江前往上海执行军事任务，负责指挥军队夺回苏州。随后被任命为江苏巡抚、通商大臣、两江总督等职务。他明辨时事，清楚地认识到究竟该做些什么。他很善于利用外国人的援助、战术以及设备来为自己服务，就很好地表明了这一点。当上级遭遇悲惨结局之后，李鸿章便开始担任江苏巡抚、两江总督等职，统帅南京。四年前，他出任直隶总督一职，实质上已经掌握了清朝的外交大权。无论是政治还是军事方面，他都赢得了百姓和政府的信任。清朝百姓和认识他的外国人普遍认为，在这紧要关头，他是指导和处理公共事务最合适的人选。

他有五六十岁，精神矍铄，性格坚毅。他个头很高，仪表堂堂，威风凛凛。清朝有句古话说，人生有三件事最难达成：长命百岁、富贵吉祥、子孙满堂。可以说，这三件事李鸿章都做到了。此外，他的哥哥李瀚章也享受着似帝王般的尊严。

李鸿章仕途通达，是一个极其幸运的人。早期的成功主要得益于他治军有方，对军队给予足够的重视。在他看来，军火、炮舰都很有存在价值。不客气地说，在抵御外敌入侵方面，他的军队还很缺乏这些武器。不过他们已经尽力做到最好了。通过使用这些装备，他们已经成功地击退了海盗。在李鸿章接管沿海防务之前，那里的海盗非常猖獗，清朝政府完全闭关锁国，拒绝与任何外国船只进行海上贸易，也拒绝给予外国人任何保护，所以这些外国人最后也都变成了无情的盗匪。

　　毫无疑问，在精明的总督大人的规划之内，财政的一大部分一定会被投向工业和技术发明。他派往美国的教育代表团，尽管受到了很多人的反对，却是一项意义非常深远的事业。他还促成了舰队的组建，这支舰队将会具有非常强的示范作用。毋庸置疑，要是他有权力，他一定会做更多来开发利用清朝丰富的资源。但跟世界上其他地方一样，闭关锁国总是阻碍历史前进的车轮。由于河道堵塞，直隶省常年遭受水灾。李鸿章任职期内，一直致力于治理河务，使用与治理密西西比河水灾相似的新式挖泥机来疏通河道，为此受到直隶人民的爱戴。四千年前，大洪灾发生后，大禹带领着他的部落成功治理了全国的洪水。人们把他和上古神话故事里的大禹相提并论。

　　报纸名人专栏这种文学形式在远东还不是很流行。和李鸿章接触过的外国人，还没有人发表过这类体裁的文章。不过日本当地的一家媒体刊登了李鸿章和日本驻华公使森有礼（Mori）之间的便函，我们摘抄如下。其中，森有礼讲述了李鸿章对欧美的看法。

　　李鸿章："在你看来，什么是欧洲文明和亚洲文明的比较标准？"

　　森有礼："那我就斗胆谈谈我个人之浅见。所有写过这个主题的作家都真实地承认亚洲文明的先进性。但是，如果文明的最高程度为10，那么亚洲为3，而欧洲不会低于7。"

　　李鸿章："非常合理的比较。依你看，什么才是促进我国进步的最好的方案？"

　　森有礼："你的问题我一时很难回答。我刚刚来到这个大国，对她内部的情况还非常不了解。然而，要想使她繁荣起来，第一件事就是要选拔那些能够抓住这个问题关键的人。当然这对你来说是件很简单的事情。除非清朝有三十多个李鸿章，否则难以繁荣起来。"

　　李鸿章（微笑）："你为什么这么说？清朝有数百个李鸿章。"

　　森有礼："或许吧。但是这些人并不都能处于十八省总督或者总理衙门大臣这样的职位上啊。依我个人浅见，目前那些正在留美的学生，当他们成才以后，就可以在政府中任职晋升，获得像阁下现在拥有的功绩和影响力。"

李鸿章："我赞同你的意见。我积极促成了这些年轻人留学美国的事情，我对他们的未来抱有很大的期望。"

我们知道的关于总督大人李鸿章唯一的文学记述是在《百将图传》的前言部分，由他的下属福建船政大臣丁日昌撰写。通过这篇文章，我们可以看出李鸿章和丁日昌主张提高清朝人对于军事的热情。很多清朝人都非常喜欢听战争故事，大概从东周时期的公元前 250 年开始，一直延续到公元 1620 年的明朝，尤为有名的要数 12 世纪[1]岳飞洞庭湖水战平叛的故事。

清朝能不能不受外忧内患之苦，只能看天意了。希望在公正建立起来之后，李鸿章能有时间推动中国的科学和文化事业，来发展他的国家。

麦嘉湖（Macgowan）

李鸿章阁下

这期报纸中有三张插图，在此无需做什么特别的说明。我们相信李鸿章的肖像图当前一定会很受欢迎，因为在清朝，没有谁比他更杰出、更有权力、更懂得处理外国人事务。上一版块的短文已经简单地介绍了他的事业。本期读者看到的这张照片是去年费斯勒（Fisler）在北方时为李鸿章拍摄的。难能可贵的是，这张照片展现的是这位伟大人物日常生活的形象，并不是官场的形象。感谢费斯勒善意地允许我们刊登这张照片。目前李鸿章与威妥玛正就中英之间是战是和的问题进行谈判，所以在远东没有谁比李鸿章更让人感兴趣的了。

---

[1] 原文"13 世纪"有误。——译者注

李鸿章

曾在清朝福州和宁波海关税务司任职的美国人杜德维相册中的李鸿章

关于李鸿章的补叙

就在我们刚撰文介绍过李鸿章之后，以他和威妥玛为主导的被拖延了很久的谈判终于有了结果。这个结果令双方政府都比较满意。这更增强了李鸿章在历史上的重要性。正如之前坦诚的那样，我们对李鸿章的介绍还很不完善，因此我们补充了一篇清朝重臣李鸿章的文章。虽然这仅仅是一篇赞颂慈善的文章，但是字里行间很好地展现了他的爱国主义和政治追求。

曾国藩去世之后，直隶的文人、绅士以及官员们决定为其设立专祠，以纪念这位爱国之士的离去。专祠只纪念曾国藩，不作他用。李鸿章是曾国藩的门生和后继者，当然要为祭祀活动做准备，并向皇帝请求为曾国藩建立祠堂。李鸿章对曾国藩的悼词以深情的回忆开篇，作为曾的门生，这种亲密的感情恰到好处。

奏为津郡绅民吁恩建立已故督臣曾国藩专祠，恭折仰祈圣鉴事。窃据天津道丁寿昌、天津府知府马绳武等详称，原任大学士两江总督曾国藩，久任东南，勋劳懋著。同治八年调任直隶，正岁歉匪扰之后，地方凋敝，下车伊始，即以治河、练兵、饬吏三大端为务，次第举行，民赖以安。天津为诸河下梢、海疆要地，利益尤多，办理中外交涉事件，顾全大局，至今咸鉴其苦衷。他如清讼狱、减徭役、劝农桑、严锅夥之刑、祛盐务之弊，凡有裨于国计民生，无不尽心经营，实力兴办，委属有功于民。据绅士沈兆沄等联名吁恩于津郡择地建立专祠，以资报飨，由该道府转详请奏，声明所需经费另行集捐等情前来。臣查曾国藩前于两江总督任内因病出缺，迭荷恩施，至优极渥，并准于立功省分一体建祠，仰见圣主眷念荩臣有加无已，钦感同深。其在直隶几及两年，政绩实多可传。今津郡绅民追念旧德，吁恩祠祀，出于至诚。相应仰恳天恩，俯赐照准，以顺舆情。理合恭折具陈，伏乞皇上圣鉴训示。谨奏。

一时间，大规模纪念曾国藩的活动陆续出现，很多人撰写文章和挽联赞美他。在众多的挽联中，李鸿章的挽联被认为是最杰出的。这同时表示，如果李鸿章能够全身心投入文学创作的话，他有可能会跻身于最优秀的学者当中。中国诗歌被翻译成英语后就会大大失去它原有的韵味，尽管如此，我们还是想把李鸿章写给曾国藩的挽联呈现在此，相信持同样观点的人一定会非常赞同：

谋国之忠，知人之明，自愧不如元辅；
同心若金，攻错若石，相期无负平生。[1]

李鸿章写给曾国藩的挽联发表在《京报》（Peking Gazette）上，这副挽联的翻译最早出现在《通闻西报》（The Shanghai Evening Courier）上。上文中提到的精彩翻译出自《中国皇帝的婚姻》（The Marriage of the Emperor of China）的作者之手。

另外，这篇补充材料忽略了英国炮舰在打压沿海海盗过程中所发挥的作用。李鸿章组建的舰队维护着沿海的秩序。这样，清朝就无需依靠外国来维护海上治安了。

---

[1] 此挽联是左宗棠为曾国藩写的挽联。李鸿章挽联内容：师事近三十年，薪尽火传，筑室忝为门生长；威名震九万里，内安外攘，旷世难逢天下才。——译者注

1877

| （美国）《威灵每日知识报》 1877年6月11日·星期一 | THE WHEELING DAILY INTELLIGENCER JUNE 11 1877·MONDAY |

偶发的爆炸

4月21日那天，直隶总督李鸿章在一次偶发的枪炮爆炸中死里逃生。当时他正在天津附近阅兵。在这次爆炸中，有6人丧生，总督身边的40人受伤。

李鸿章在天津。19世纪70年代梁时泰拍摄，手工上色。

1879

(美国)《中央报道》 1879年1月16日·星期四

THE CENTRE REPORTER
JANUARY 16 1879 · THURSDAY

领袖李鸿章

　　清朝有一名领袖叫李鸿章,他是这个国家洋务派的首领。他的伟大目标是避免像日本一样受欧洲影响太深,由清朝人自己发展清朝。带着这个想法,李鸿章将两千年以来一直被遵守的习俗放置一旁,投入到许多伟大事业的筹划当中——开办轮船招商局、大量矿业公司,引进竞争上岗机制、股票制度、铁路、电报和邮政系统,鼓励投资,筹划以投资的方式改进邮政交通。不过,目前北京和天津之间的书信仍由毛驴或者马来运送,在冬天至少要花费十天。

THE MEMPHIS DAILY APPEAL
13 SEPTEMBER 1879 · SATURDAY

（美国）
《孟菲斯每日呼声报》
1879 年 9 月 13 日 · 星期六

THE MEMPHIS DAILY APPEAL

清朝移民

旧金山，8 月 28 日

在最近格兰特将军和李鸿章将军的会面中，清朝议题占据了绝大部分时间。下文是我们对此的报道，这要比清朝报纸上的报道更全面些。

镇压了强大的太平天国叛乱的李鸿章，在清朝的地位跟格兰特将军在美国的相似。清朝政府已经知会格兰特将军，如果协调得当，可能会颁布圣旨禁止清朝劳工

李鸿章与尤利西斯 · 格兰特在天津合影。1879 年梁时泰拍摄。

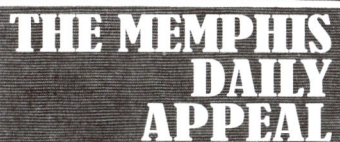

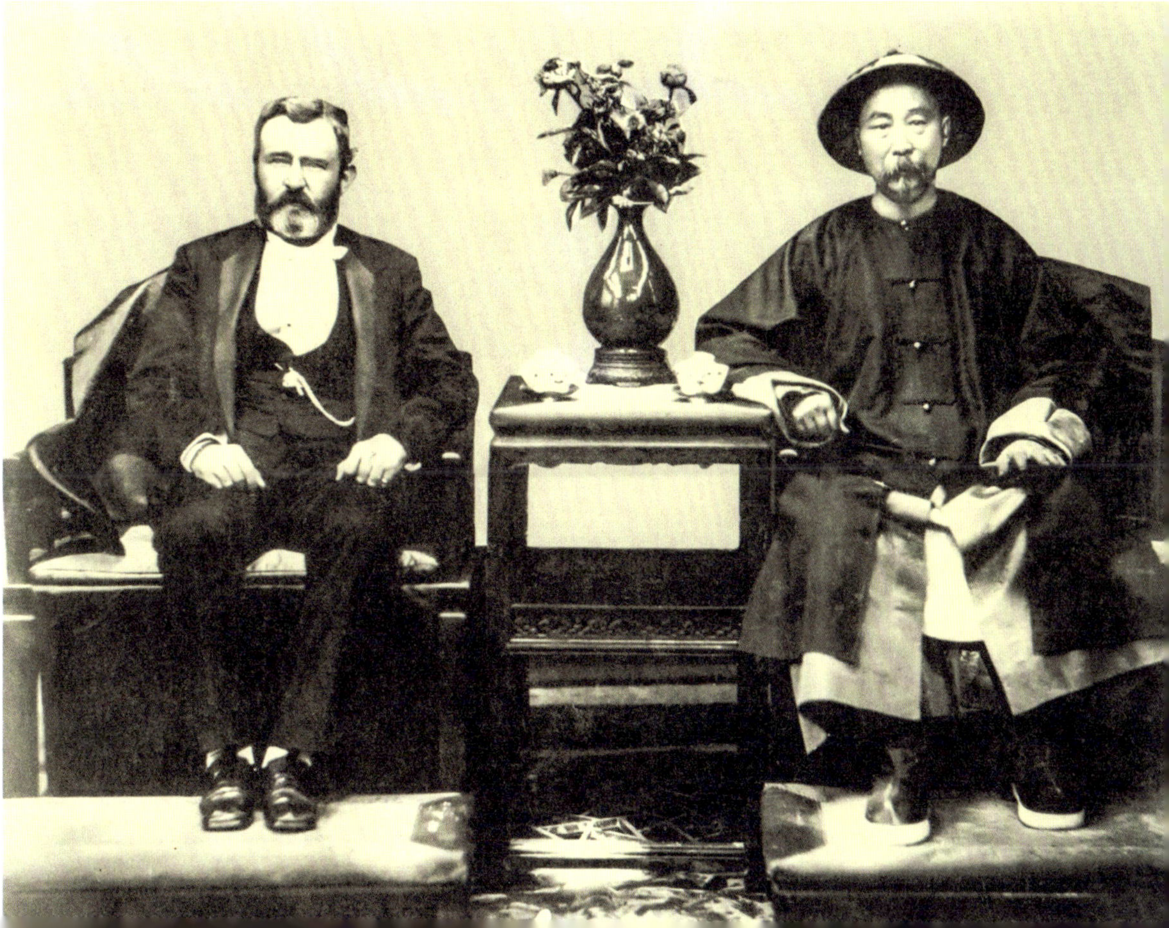

移民到美国。不过圣旨并不会影响到从香港来的清朝移民,因为那是一个英国港口。我们是不会轻易看到光明的,我们姑且相信这份声明只是一则新闻。不过,我们有信心,通过这位绅士(李鸿章)的努力,清朝政府会颁布这道圣旨,因为他有这个能力。如果我国政府强令清朝政府停止移民,很可能加重移民市场的混乱,尽管现在还不易察觉。考虑到清朝政府有办法保证圣旨的执行,这种混乱也很可能会迅速终结。以下是这则消息的内容:

根据从上一班发自清朝的邮轮上得到的可靠消息,作为格兰特将军的访华成果,恼人的清朝移民问题最终有可能解决,我们的太平洋海岸将会因此避免更多的麻烦。据说通过格兰特将军,清朝将会有特别的规定传达给美国政府。这是由中华帝国的某个高级官员提供的一种解决方式,无需借助新的条约。考虑到读者对清朝政府并

李鸿章、尤利西斯·格兰特及随从在天津合影。1879年梁时泰拍摄。

法国领事馆庆祝尤利西斯·格兰特到天津。1879 年梁时泰拍摄。

不熟悉，若要仔细解释这个问题，就必须先阐述一些事实。目前，清朝的皇帝是一个五岁左右的小孩儿，由两位太后看护。据说这两位年长的女性在皇帝还小的时候，可以代替他掌管帝国。庆亲王是清朝的内阁总理大臣，他已经掌权很多年了。

此外，对于欧洲外交官来说，与之相关的还有一个耳熟能详的名字。这位政治家是清朝对外关系的幕后推手，对现代文明的推进有着卓越才能。但他并不是满族人，而是一名汉族人。他就是通过镇压太平天国而升到目前高位的李鸿章总督。几年前，他是清朝最有才华的学者之一，对现代知识、历史、地理等的造诣都很深。他和格兰特将军年纪相仿，都平定了国家的叛乱。这使两位伟人之间产生了一种亲密的友谊。没有哪个外国人像格兰特将军一样，在北京及清朝受到如此规格的接待和欢迎。然而，这些不是最重要的成果。希望国务秘书格兰特先生或者其他美国官员能够借助与总督的私人友谊，无需签订新的条约，就能促使清朝政府颁布圣旨阻止清朝移民，特别是阻止清朝劳工涌入加州和美国其他地区。格兰特将军将在九月末抵达旧金山，据悉他也有权利向华盛顿政府提出以上建议。

大个子李鸿章侧面照

1880

| （美国）《塞迪利亚周刊》 1880年3月30日·星期二 | THE SEDALIA WEEKLY BAZOO MARCH 30 1880 · TUESDAY |

李鸿章收到格兰特的300美元

李鸿章总督将会收到格兰特将军价值300美元的银两。一则这样的通告非常不同寻常，因为礼物通常是以别的方式给予的。这次赠予的理由是李鸿章曾"隆重招待了格兰特和他的随从们三天，并在他们离开时馈赠了礼物。这花费了总督两万多美元"。与格兰特将军的其他招待者们相比，李鸿章的招待费用占了很大份额。

THE WHEELING DAILY INTELLIGENCER

《威灵每日知识报》（美国）

NOVEMBER 11 1880 · THURSDAY　　1880 年 11 月 11 日 · 星期四

美国谈判小组前往北京

天津，9 月 16 日

一队由美国政府任命的谈判小组前往清朝，试图修改中美两国已有的《蒲安臣条约》。目前他们已经抵达天津，并于今早动身前往北京。美国公使安吉利（Angell）先生陪着他们。安吉利和谈判小组于 13 日从烟台抵达此地，由于"阿什洛特"号（Ashuelot）的船舵在白河上出了点小事故而耽误了一会儿。公使一行人在"阿什洛特"号和"莫诺卡西"号（Monocacy）上住宿。安吉利先生不在期间，我与李鸿章总督举行了会面。这也是我从北京赶来的原因。

我按照李大人指定的时间来到了他的衙门。在那里，我首先受到了马（建忠）先生的接待。马先生是一位清朝绅士，在法国取得法律学位，说一口流利的法语。他是总督和我本次会面的翻译官。整个会面持续了 45 分钟。这位东方最有权势的人物十分谦逊，并用非常朴实的方式接待他所尊敬的来客们。虽然总督平易近人，但清朝政府的壁垒还是很难逾越的。在紧急情况下，有些外国官员甚至会选择冲破障碍。李大人愿意自由地谈论这个问题，同时还提到了移民问题和他设想的美国谈判代表会提的要求。

此外，关于加州的劳工问题他谈论了很多。他说，无法想象清朝劳工的苦难，更无法理解我们的质疑和修改条约的提议。他很直白地说，除非美国政府给出充分的理由，不然清朝政府很难同意。显然，他对修改条约的提案很生气，更生气的是这个提案是由一个友好的、并不热衷于刁难东方的国家提出的。修改条约意味着，蒲安臣公使之前所做的工作都将被推翻。我们必须清楚，虽然李鸿章因为正在处理巴西事件[1]，不会被指派参与这次条约的修改，但他与此事关系极大。他在清朝，尤其是在总理衙门里影响很大。我的意思是，李鸿章将会在幕后指挥，对每一步进展提出建议。不过这件事很有可能迅速中止。在一定的条约保护下，李鸿章将不会反对清朝人移民美国。用他的话说就是，"让我们往下看，看你们在没有清朝移民涌

---

[1] 1879 年巴西总理派遣喀拉多为全权代表来华，其意主要在于招募华工，遭到总理衙门和李鸿章的拒绝。经过艰难谈判，李鸿章与喀拉多于 1880 年 10 月 3 日在天津签订中巴《和好通商条约》，是李鸿章外交生涯中具有历史意义的成果。——译者注

李鸿章坐像。约 1880 年梁时泰拍摄。

入的情况下,能够发展成什么样子。等你们后悔了,我们再来讨论条约的修改。我们将会阻止我们的人民前往美国,你们要多久就多久。你们肯定会求我们重建关系,到那时,将由我们来决定接受或者拒绝"。

　　这些就是李鸿章的论调,也是他对总理衙门官员所做的指示。而且我们的条约制定者极有可能对此妥协,除非采取强制措施。我相信,清朝方面不太可能会同意这样一个条约。因此,正如我刚提到的,这项使命很可能会更早终止,比我们之前所设想的还要早,且双方都会获得满意的结果。不过,无论以何种方式结束,李鸿章都将对此提议表示蔑视。

1881

(美国)《太平洋商业广告报》 1881年9月10日·星期六

THE PACIFIC COMMERCIAL ADVERTISER
SEPTEMBER 10 1881 · SATURDAY

卡拉考瓦国王和清朝人

　　夏威夷的卡拉考瓦国王（Kalakaua）经日本来到了上海，受到了清朝方面的热烈欢迎。国王随后去了天津。李鸿章已经在那里等待他的到来。李鸿章是清朝军队的统帅，也是帝国目前的重量级人物。在晚宴上，李鸿章先为卡拉考瓦国王的健康祝酒，接着转达了清朝皇帝的感谢，感谢夏威夷政府对清朝人的友好和公正。

　　夏威夷国王对李鸿章的祝酒非常重视。他的国家有大量的清朝移民。就这一方面，以及相关的其他事务上，卡拉考瓦国王做了一番自由发言。他对当前的情形并不抱有负面的看法。双边条约为其国家的制糖产业找到了美国的巨大市场，有助于增强国力、巩固他的统治。所以他希望可以有更多的清朝劳工前来，以确保移民数量。毕竟在地球另一端的亚速尔群岛（Azores）状况不好，也不适合大量移民涌入。李鸿章很清楚，在夏威夷和在其他地方一样，清朝劳工并不受欢迎，并非各国政府所宣称的那样，清朝劳工在本国受到了公平对待。最后，在友好的氛围下卡拉考瓦国王和李鸿章告别。

《伦敦每日新闻》

1882

(美国)《洛克岛日报》 1882年10月15日·星期日

李鸿章近况不佳

旧金山，10月15日

从清朝和日本来的"海洋"号邮轮带来了李鸿章的新闻。他是清朝的总理，也是帝国中仅次于光绪皇帝的重要人物。据说他已经疯了。按照清朝的习俗，官员会面时，相关官员和仆人都要在场。在此场合掌掴下属是对其最致命的侮辱，被打的人将被免去官职，永不叙用。

据说现在李鸿章每天都会这样——在仆人面前掌掴前来拜会的下属。根据"海洋"号上乘客的说法，在邮轮即将起航时，事情已经发展到了极其糟糕的地步。一位将领在李鸿章面前做汇报时，被李扇了一巴掌。幸好被旁边的仆人扶住，将领才没有扑倒在李总督身上。之后，大家都认为直隶总督李鸿章已经疯了。不过，经过细致的调查，这种说法被证明失实，而且东方的报纸也没有任何相关报道。今晚，清朝公使宣称这种说法纯属编造。

1883

L'ILLUSTRATION	（法国）《画刊》 1883年10月13日 星期六 · 第2120期	L'ILLUSTRATION OCTOBRE 13 1883 SAMEDI · N°2120

驻扎在东京[1]附近的清军统帅李鸿章

　　李鸿章是大清帝国最有权力的人之一，也是我们在东京最坚定的对手。他负责指挥驻扎在与安南[2]接壤的清朝省份的清军。他是一个非常有才能的人，多谋善断，精力充沛，机智非凡。他深知自己的国家落后于欧洲，于是拼尽全力推动国家进步，至少在与武器相关的科技领域缩小与欧洲各国的差距。从这一点上来说，他已经做了不少事情，而且如果没有阻碍的话，他还会做得更多，因为他拥有那种让他从卑微之中崛起一直爬到今天所在的最高位置的坚韧不拔的毅力。

　　他于1823年出生于安徽省，在家中排行第二，他父亲是个穷困潦倒的文人，尽其所能抚养他长大。在他三十多岁时，一件改变他人生的事件发生了，那就是太平军叛乱。太平军占领南京后，向安徽发起进攻。李鸿章率领一支人数不多的军队抗击太平军，立下战功，引起了湘军领袖曾国藩的注意，并得到他的支持，成为他的幕僚。最艰难的部分因此过去。一旦翻身上位，机警的李鸿章便绝不会错过功成名就的机会。于是，1861年，在势力强大的曾国藩的举荐下，他被派到江苏担任巡抚，并最终从太平军手中夺回了江苏。他在打击太平军的战争中接连成功，并在肃清江苏的太平军后获得了一等肃毅伯、赏戴双眼花翎的荣誉。两年之后，他接替他的老师担任两江总督这一清朝最重要的职位。[3]从那时起，李鸿章的影响力与日俱增，他把大批心腹安插在重要岗位，所以他今天几乎可以随心所欲地决定国家的政策。他的官方头衔如下：钦差大臣、北洋通商大臣、太子太保、直隶总督和伯爵。

---

［1］越南古地名，即北圻，指越南北部大部分地区，曾被法国人控制。——译者注
［2］现为越南中部。——译者注
［3］李鸿章于1862年升任江苏巡抚，1865年署理两江总督。文中所述与史实不符，但遵照原文，未作修改。——译者注

驻扎在东京附近的清军统帅李鸿章

直隶总督、清军总指挥李鸿章，
刊于（英国）《图片报》（*The Graphic*），
1875 年 10 月 23 日。

1884

(美国)《莫里斯敦公报》
1884年5月21日·星期三

法国和清朝

伦敦，5月12日

天津传来消息，法国政府代表福禄诺中校和清朝政府代表李鸿章总督已经签署和平条约。根据条约条款，清朝承认法国对北圻、安南的保护，并享有征税权。条约还规定，条约双方将一同监管边境的海关政策。广东、广西和云南将会对一般性贸易开放。根据条约，清朝无需向法国赔款。

随后的电文证实了之前关于签署法中条约的报道。在签署之前，条约已在北京得到认可。其中一项条款规定，清朝应立即从北圻撤军。李鸿章在和福禄诺中校签约后，晚上于上海法国租界设宴款待后者。内阁总理茹费里将签署条约的消息转达给了格列夫总统，后者即刻召集内阁举行会议。《蓓尔美街报》（Pall Mall Gazette）称，法中和平条约中清朝割让给法国的比法国宣称的更多。《蓓尔美街报》的这一说法如果为真，那将使人很难理解，李鸿章为何失去了荣誉还要签署条约。如果消息得到证实，这也进一步说明，内阁总理茹费里将能够以他的能力，恢复法国在埃及的地位。

巴黎，5月12日

《官方期刊》（The Official Journal）披露了法中条约的内容。清朝承认现状，并认可以后法国和安南可能会签署的任何条约。因为清朝的怀柔态度，加上李鸿章的智慧，法国放弃了对中法两国之间这场麻烦的赔款要求。清朝同意安南、法国和清朝之间的自由贸易，并将很快开始拟定贸易协议。

法国著名报纸《费加罗报》在增刊中批评总理茹费理导致了法国在谅山的失败。
左图是茹费理,右图是李鸿章。

（法国）《环球画报》	L'UNIVERS ILLUSTRÉ
1884 年 9 月 6 日 发行第 27 年·第 1537 期	SEPTEMBRE 6 1884 27ME ANNÉE · N°1537

《中法简明条约》

　　5 月 8 日至 11 日，法国海军军官福禄诺与著名的直隶总督李鸿章就《天津条约》的签署进行了谈判。该条约确立了法国对安南和北圻享有的主权，并将给予法国大量的贸易特权，还规定清朝军队从目前驻扎的北圻地区撤军。

　　我们提供的图画非常准确地复制了一幅清朝版画。细节应该是可靠的，不过清朝画家在描绘法国人时还是加入了自己的想象。

H. V.

签署《中法简明条约》。根据一张清朝版画绘制。

1885
◆◆◆

(美国)《每日公报》
1885年4月1日·星期三
THE DAILY BULLETIN APRIL 1 1885·WEDNESDAY

关于清朝伟大政治家的一个特别看法

李鸿章在清朝的实际地位

日本白话报纸《报知新闻》(The Hochi Shimbun)报道说：在他国和日本，所有人都认为李鸿章是清朝最伟大的人物。有些人甚至将他与俾斯麦首相并举。来清朝之前，我也认为他是这个国家的第一人，他的名字被本国人奉为神圣。然而，与我的期待相反，清朝政府里有很多人的名望要超过李鸿章。进一步讲，清朝人并不像外国人那样认为李鸿章是这个国家的第一人。在清朝，比李鸿章更受推崇的人物中就有左宗棠。大部分省份的总督拥有和李鸿章相同的影响力，有些总督甚至比他更有威望。

从另一个角度来说，即不是从推崇度，而是从官衔来看，李鸿章也不是总理或者副总理，他只是内阁大学士。实际上，他只管理直隶一省。作为总督，他的权力并不比其他省的总督更大。作为大学士，他有4位同僚；而作为总督，他有18位同僚[1]；他还需要听命于在他之上的总理大臣。李鸿章的官职和我们西方所理解的总理不同，如果我们深入探讨为何他在西方国家如此知名，那么也不难理解。拿日本来说，官衔相同的人物很多，可他们并不被国人认为是伟大人物。所以我们应该判定，这不是什么太深奥的知识。西方推崇他，自有他们的秘密目的，而日本人听说了这个，也就依样画葫芦。

仇视外国人

清朝官员的固执，很难用语言来描绘。即使今日，他们仍认为西方人是野蛮人，并把跟外国人打交道当成一种羞耻。即便是清朝的外交人员，一般也不愿会见外国人，除非特别重要的事情，他们只愿意和自己人打交道。当西方人拜访总理衙门的

---

[1] 此处18位总督与史实不符，但遵照原文，未作修改。——译者注

左宗棠与李鸿章,刊于(英国)《伦敦新闻画报》,1884年1月5日。

清朝官员时，他们想不到自己会被如此轻蔑地对待——总理衙门的官员拒绝见他们，并令守卫将他们赶出房子。在他们离开后，守卫还会在门口撒盐。如果连总理衙门的官员都经常这么做的话，那么可以推想，其他人会是怎样。以上是西方人被清朝官员对待的方式。然而，几乎所有西方人都是商人，他们的目标是从清朝政府手里获得钱财，所以他们竭力攀附这些清朝官员。但是，如上所说，他们往往徒劳无功。然而，自从外国在最近的叛乱中给予清朝政府巨大帮助后，李鸿章开始同西方人交往。其实这都是借口。西方人希望通过李鸿章从清朝政府那里获得利益，自然需要贿赂、奉承他，并称他为清朝最伟大的人物。显然，他们夸大了他的重要性，并大肆宣传。

李的欺骗性

冷眼旁观这些，不免觉得病态。西方商人这么做无可厚非，毕竟，他们是为了挣钱。但是，对日本人来说，效仿西方人并对李鸿章毕恭毕敬，就很滑稽了。日本人有什么理由去颂扬李鸿章，将他当作东方最伟大的人物，而把其他伟大人物推到一旁呢？李鸿章见多识广，也经历了很多事件的发展，他肯定不是普通人物，但是我们考量他的总体能力，无疑具有一定的欺骗性。

在太平天国叛乱时期，戈登将军曾告诉李鸿章，如果他不杀害叛军首领的话，那么他会降伏所有叛乱者。李向他保证不会，但是戈登对此有所怀疑，因此又问了他两三次，而李鸿章每次都说不会伤害他们的性命。戈登因此进入叛军的堡垒，向他们保证可以确保他们的安全，使他们归降，并将他们的首领带回了大营。然后，李鸿章瞒着戈登，杀光了他们。这使戈登大为震怒，拒绝了和李鸿章的一切往来。所有这些都是事实，清楚地证明了李鸿章的秉性。李鸿章能够获得"东方第一人"的荣誉，这真是个奇迹。

1887
♦♦♦

JOURNAL DES VOYAGES

（法国）
《旅行画报》
1887年4月24日
星期日·第511期

JOURNAL DES VOYAGES
AVRIL 24 1887
DIMANCHE · N°511

法国在清朝建设的第一条铁路

尽管饱受阻挠，人类还是在不断前进，即使在最落后的国家，一旦现代文明战胜了传统，也会实现大踏步前进。在俄国，人们就实现了从蜡烛到电灯的直接转换，没有经历煤油灯。在清朝，人们也刚刚从轿子直接过渡到了火车，没有使用过公共马车以及任何小轿车，清朝人用过的车只有独轮车。这一和平演进是由一位法国人完成的，其影响不可估量。如今清朝也有了一条铁路，我们的版画可以为其佐证。

画面中描绘了天津至芦台铁路的落成仪式。直隶总督李鸿章亲自为其剪彩。他在亲信官员的陪同下坐轿来到火车站，在那里受到了法国驻天津领事林椿先生和工程师加利（Galy）先生的接待。火车头上插有法国、英国和清朝国旗。

在视察了物资装备后，总督大人登上了一节一等车厢，由林椿先生和罗丰禄先生陪同就座，然后总督下令开车。这段线路长约3公里，列车不到8分钟就通过了全线，令本地人非常吃惊。他们中的一些人大喊："这是会飞的汽车。"

在第一次通行之后，大批民众纷纷涌入车厢，来尝试新的感觉。现在列车运行已经正规化了。一等车厢的票价定在了30分钱（1.5法郎），二等车厢20分（1法郎），三等车厢10分（0.5法郎），四等车厢5分（0.25法郎）。愿意支付这么高的票价可见清朝人对乘坐这一新型交通工具是多么感兴趣。乘客们的对话也特别有意思。如果清朝真的出现一场支持火车的大型群众运动，迫使到目前为止还非常反对铁路的清朝官员屈服的话，也是不足为奇的。

《京报》在关于铁路落成仪式的报道中加入了下面的评论："铁路的落成为铁路空洞的定义提供了切实的形态。总督大人被这一展示深深地震撼了。这条小铁路也受到了官员和民众的热烈欢迎。在23年前麦克唐纳·斯蒂文生爵士没能成功展示一个完整的大型铁路规划。而现在这条全长3公里、车道才60厘米的线路比起那个规划来讲还差得远，但是'泰山不让土壤，故能成其大；河海不择细流，故能就其深'。"

《京报》以这句清朝谚语结束了评论，我们也希望这一预言能够成真。无论如何，这对于法国来说都是一种成功。而这都要归功于德科维尔（Decauville）先生，因为所有的设备都是四五个月前从他的车间运来的。

J. B.

法国在清朝修建的第一条铁路。1886年11月20日,天津卢台线路落成仪式。

1886年，李鸿章视察唐山车站。

1888 ♦♦♦

（美国）《盐湖城先驱报》 THE SALT LAKE HERALD
1888年4月17日·星期二 APRIL 17 1888·TUESDAY

朝鲜必须做出解释

伦敦，4月16日

清朝方面表示，清朝总督李鸿章已经代表政府要求朝鲜国王做出解释：为何朝鲜派遣公使去美国向克里夫兰总统呈上机密信件一事，事先没有与清朝公使商量？李鸿章宣称，这一举动已经违背了清朝同意朝鲜向海外遣使的条约规定。

1889 ❖❖❖

(美国)《匹兹堡电讯》1889年1月27日·星期日

THE PITTSBURG DISPATCH
JANUARY 27 1889 · SUNDAY

采访"清朝的俾斯麦"

天津，11月30日

李鸿章其人

我刚完成对清朝伟大的总督李鸿章的一个极其有趣的采访。李鸿章无疑是中华帝国最伟大的人物，在政治上，他和欧洲最杰出的首脑们并驾齐驱，被格兰特将军称为"清朝的俾斯麦"。实际上，他是帝国政府的总督兼北洋大臣，在过去几年间，他还是外国和天朝的沟通中介。他在夺取了1000万清朝人性命的太平天国运动中，指挥清朝军队，镇压了叛乱。他平息了1881年清朝与俄国的纷争，在危机发生时，被皇帝召回处理国家事务。

李鸿章处理了和米建威（Mitkiewicz）的所有谈判，并批准了沃顿·巴克（Wharton Barker）集团的投资，后者因为米建威的不慎而失败。此外，李鸿章还把电报系统引入清朝。在七年前，他就竭尽所能地在清朝发展铁路和能源。

李鸿章是直隶省的总督。这个清朝北方的省份涵盖了北京和天津，有3500万人口，几乎相当于英国的人口总量。统管如此多人民的总督比英国女王拥有更大的权力。与此同时，他也是北方贸易的监管者，据说他每年经手的钱财数目超过300万美元。

清朝的官员

在清朝，官位是靠学识得来的。李鸿章是清朝最显赫的学者之一，他通过三次科举考试。这意味着，在15000名竞争者当中，他有三次成了当中最成功的那1/200，并在最后一次考试中取得了最高学位。总督是清朝最有学识的机构——翰林院的成员。对清朝政府来说，他是非常重要的人物。六年前，当他希望从官位上退下来为母亲守孝时，太后拒绝给予他一百天以上的奔丧假。随后，太后以政府需要他为理由，将他召回原位。李鸿章现在住在天津。对于很多人来说，因他居住在此，使这个地方变得和北京一样重要。

天津的人口将近一百万。船只一般在距天津城大约三英里远的租界靠岸，租界里有很多西式旅馆，住着各国公使以及法国和英国商人。在租界和天津城之间有一些村庄，这些紧密相连的村庄构成了第三座城。我是被四个穿制服的轿夫抬着，穿过这些狭窄的街道去与总督会面的。外国人一般不敢走这些狭窄、人群过于密集且很脏的街道。

　　在正式拜访前，必须做到礼仪周到。天津领事馆的一名清朝雇员在轿子前头骑着白色蒙古马为我开道。他戴着黑色的大圆帽，帽子沿边翘起，上头还有一个华丽的红须顶，健壮有力的身体裹在厚厚的蓝丝绸长袍里，脑后垂着长、厚、黑的辫子。他的腿包裹在丝绸裤子里，脚踝和脚上套着白色的、鞋底足有一英寸厚的肥大靴子。

时髦的交通方式

　　我的座驾是一顶华丽的轿子，上头盖着贵重的海蓝色的绸布，边角是精致的蓝丝绸。轿子在两根长约 25 英寸的竹杠上被四个轿夫晃晃悠悠地抬着，他们两两并排地走在竹杠中间，并用一根柚木支撑着架在肩膀上。竹杠被固定在横轴上，使他们可以同步前进。我们在两城之间花了大概半小时，途中，经常被苦力们推着的独轮手推车和上面堆积的货物挡住。天气阴冷，我裹着厚重的外套直打哆嗦，我的膝盖上还盖着一条厚毯子。然而，很多苦力们都露着腰。途中看到一个乞丐，他像伊甸园里的亚当一样赤身裸体，全身上下只有一块破布遮着，正在哀嚎和颤抖。我们穿过小巷，路过上千辆人力车，经过所有最拥挤、狭窄的街道，最后才走到一堵高墙前面，那里拴着两匹马驹。

　　这堵墙环绕着整个衙门，或者说是总督的府邸。我们穿过一扇大门，进入一个满是仆人和官奴的庭院。我们在两扇涂着可怕图画的大门前稍做停留。据说这些图画画的是战神。随后，我被领入另一个庭院。这里也有一些官仆，他们都扎着辫子，服饰华美。我的轿子在这里被放了下来，我的名帖被从使馆来的清朝官员取走了。那是一条红色的、长约 8 英寸、宽约 3 英寸的红条子，上面印有两个汉字，是翻译过来的我的名字。不久，我就被领入前厅，在那里，安排此次会面的总督秘书罗丰禄接待了我。

等待总督

　　前厅的人群以及对我的接待，让我想起刚开始作为执政场所的白宫里的情形。前厅有数百位黄皮肤、杏仁眼的人物。这些人看起来像是前来谋求一官半职的。还有一些人坐在接待室里，显然他们的官职更高。他们穿着黑色丝绸长袍，沿边缝着精美的皮毛，帽子上装饰着代表官衔的顶珠。其中一人的帽子上插着很漂亮的孔雀翎，跟总督在华盛顿时戴的那种一样。在场的还有一位帽子上有红色顶珠的清朝官员。

这座房子看起来像一间木屋，大概20英尺见方，墙上糊着便宜的墙纸，用以盖住光秃秃的四壁。一个宽大的炕被红布盖着。在清朝，红色象征着富贵。炕上摆有一个小桌子，大约2英尺宽，6英寸高。那些清朝人成对地坐在炕的一旁。仆人们端来茶水，我们一边抿着这种精心挑选的清朝饮料，一边等待。在场的官员们还抽烟，每一位官员都有自己的仆人在旁侍候。仆人在烟斗空掉的时候给他装烟，在火灭掉的时候为他重新点着。每次有新的客人进来时，屋子里的所有人都会起身，鞠两三个躬，并同他握手。与此同时，笑容在他们胖胖的黄脸上蔓延开来。这是中国式的问好。

罗丰禄是总督的秘书，也是天津最重要的人物之一，说一口流利的英文。我发现他非常博学，所知甚多。等候时，他同我讨论了斯宾塞的哲学，并告诉我，他是如何地相信赫胥黎和达尔文的理论。至于后者，他说，他相信适者生存说，而不是物种起源说。当我告诉他我读过孔夫子，并说儒家学说对爱默生[1]和卡莱尔[2]有重要的影响时，他看上去很高兴。他和驻伦敦的清朝领事馆保持着长期联系，也曾被派驻过柏林。他将陪同参与我和总督的会面，并充当翻译官。

一次冰冷的接待

在前往会见总督的途中，我们不知道经过了多少间房、多少条狭窄的走廊。他们告诉我，总督府有一百多个房间。一位穿着官服的官员在我们前面，他用手高举着我的来访名帖。衙门里的房子看起来很古旧，而且陈设简陋。最后，我们被领入了一间木制的房间里，里面铺着灰不溜秋的地毯，看上去就像是从华盛顿的寄宿房里搬过来的。这是专门用来接待外国人的会客厅，里面摆放着西式的椅子和沙发。房间的一端还有一个升起的案台，后面的窗户将其照亮。房间里还有一个用红绸子盖着的炕，还有一张盖着同色绸布的桌子。我猜，这是总督会见清朝人时坐的地方。

---

[1] 拉尔夫·沃尔多·爱默生（Ralph Waldo Emerson，1803-1882），美国著名思想家、诗人，美国精神的代表之一。——译者注
[2] 托马斯·卡莱尔（Thomas Carlyle，1795-1881），英国思想家、历史作家，著有《法国大革命》等书。——译者注

清朝公使罗丰禄在罗马受到意大利外交部长的接见。
刊于（意大利）《周日邮报》第13期，发行第1年，1899年4月2日。

屋子里没有生火，冷得像一个谷棚。

总督本人的到来，顿时使这里蓬荜生辉。他高大的身躯裹在一件长袍里，袍子上有很短的海豹皮领，手缩成一团藏在袖子里。当他以这个国家的礼仪对我的到来表示欢迎时，给人一种冷冰冰的感觉，我感到一阵寒意从我的脊背升起。他示意我就坐，自己在房间另一侧15英尺远的一把椅子上落座。罗丰禄秘书坐在我们中间，当他将我们的话语从一个人传到另一个人那里时，我感觉几乎都要结冰了。

超不过两句话，我就能感觉出谈话对象李鸿章是一位非比寻常的人物。他说话快而尖锐，并用一种希望得到回答的语气，很直接地问了很多问题。当你要求他提供各种信息时，他却只给予他高兴给你的那部分作为回报。总督的外貌令人印象深刻。他身材匀称，光脚有6英尺2英寸高，他的丝绸长袍使他看上去像一个巨人。在此期间，他一直戴着帽子，这使他看起来更高了。他的肩膀很宽，但稍微有些驼背。总督今年已经66岁，但仍步履矫健。他花白的头发和胡子是唯一代表他年纪的特征。他黄色的脸庞上皱纹不多，杏仁状的眼睛在黑色的镜框后头闪烁着光芒。他的发型跟其他所有清朝人一样，在他擦汗时，花白的辫子像雪花一样舞动。虽然稀疏的山羊胡和单薄的髭须也已灰白，但是总督的脸庞瘦削，与在美国的清朝人的那种圆胖脸蛋不同。他是一位纯粹的汉族人，来自这个国家一个古老的贵族家庭，没有满族人的血统。

对哈里森[1]感兴趣

他跟我说的第一句话是关于哈里森将军的，他想知道我是否知道他。当我告诉他我知道时，他又问及将军的状况。他似乎特别在意哈里森将军对于清朝问题的看法，他还请我用笔告诉美国人民，他反对美国驱逐清朝人。他说：

"整个《排华法案》是违背中美两国条约精神的。这是一种犯罪。我希望《排华法案》可以被废除。我希望你能替我告诉美国人民，如果不取消《排华法案》的话，我将提议我们的政府在清朝驱逐美国人。我认为这是我们可以行使的一项正当权利。如果你愿意，你还可以对此做一些言辞上的夸张。希望你强调，我们希望美国人民对我们的国家给予公平对待。"

这就是中华帝国外交大臣的原话，在我们谈话结束后的一个半小时内我将它们

---

[1] 本杰明·哈里森（Benjamin Harrison，1833-1901），美国第23任总统。——译者注

记录在此。我觉得没有必要进行夸大，总督的话本身已经很强烈了。

对话随后转向了铁路问题。总督问我是否认识沃顿·巴克先生，还问我他是做什么的。我告诉他，我个人和巴克不熟，但我知道他是一位很富有、地位很高的银行家。总督随后问我是否知道米建威男爵。我告诉他我见过这位先生，并讲述了他给《纽约世界报》(*The New York World*)颁发许可证的故事。总督说，他并不喜欢米建威先生，还说他"不是一位绅士"。

据我所知，成立一家由米建威控股的美国银行的计划无疑已经失败了。这个计划可能会继续执行，但这位俄国男爵肯定是被排除在外了。我获知，总督急于知道巴克先生会不会来清朝，以及他是否有意近期考虑这件事。总督对于前一个计划的落空很失望，希望继续执行的计划可以有稳固的基础，这样也能弥补自己在这个计划中的失败。

然而，在我们的对话中，没有过多此类谈话。我问总督，是否打算再次执行这个计划，但他反问了我差不多一百零一个问题。我被这些问题弄得头昏脑涨，忙于考虑用外交辞令作答，以免将我或者我的朋友们牵连在内。我不下十次地希望我从未提到过这个话题。不过，实际上这个计划并没有完全撤销。

清朝的经济前景

我问总督，他如何考虑清朝铁路的将来，这对清朝与世界有何影响。对此，他回答说：

"半个世纪后，清朝将会被一个巨大的铁路网覆盖。清朝丰富的矿藏资源将会被开发。这个国家的许多地方会出现轧机和火炉，这是有可能的。清朝会成为世界市场的制造基地。在我看来，这是威胁你们国家以及欧洲劳动者的最严重问题。与世界上其他国家的人一样，清朝人已经显示出了他们的技能和才干。他们工作勤勉，生活成本比你们国家的人更低廉。当我们国家开放铁路，把注意力转向世界市场时，我相信，我们提供的产品会比你们的更好、更廉价。这些将是你们国家所要面临的问题。"

"我也这么认为，大人。"我说。

"那么，我很好奇，"总督接着说，"你希望清朝跟你们竞争，但你们不认为这是很危险的竞争吗？"

"是的，"我回答说，"我也这么认为。但是当清朝的产品能跟美国竞争时，我们会建起一道保护屏障，以阻止你们的产品进入。"

然后，总督问了一些关于我的旅行和工作单位的问题。他问我为什么要做这次旅行。我回答说，是为了挣钱，以及通过见识各种像他一样杰出的人物而提升自己的见识，以便有能力向美国人民介绍他们。这个回答让总督很吃惊。就在这会儿，仆人端上了三杯香槟。我们一起喝着香槟，谈话到此结束。总督往上提了提皮袖，对我伸出他指甲修长的手，和我一道走向门口，一直送我到衙门的大厅。

我们的对话持续了半个小时。在冰雪消融之后，这是一次愉快的对话。在整个对话过程中这位大人一直在抽烟。他们也给了我一种土耳其香烟。总督抽一根至少有 4 英尺长的烟管。烟管由他的仆人点着，举到他的嘴边，随后仆人取走了金属烟斗，清理烟灰后，重新装上烟管，再次点着放回总督的嘴边。这是一种水烟，烟雾通过水管时会发出咕噜咕噜的声音。在我们谈话期间，他大概消耗了 10 股烟斗中的烟草。整个过程看上去非常奇怪，而且总督一直懒洋洋的。

一场豪华婚礼

所有的天津人都在为李鸿章女儿的婚礼而激动着。这场持续三天的婚礼将在这周举行。这是今年的一桩大事。经过时，我看见衙门里摆放着鲜花。有人告诉我，婚礼的礼物装满了三个房间。玉石、珍珠、宝石，以及大量的丝绸和丝绒已经送了过来。李鸿章是清朝北方贸易的监管者，所以所有大商人都给新娘送上了礼物。

送礼物的方式是这样的：如果是小物件，就放在托盘上，一些大的礼物则放在篮子里。托盘用红丝绸盖着，这在清朝代表着好运。此外，还有大量的礼物是每样一件地奉上，意思是新娘可以根据自己的喜好来挑选。根据清朝礼仪，只有最贵重的礼物才可以送出手。在婚礼上清朝人表现出了他们对外国物品的喜爱。他们从租界的一个法国商店那里买了很多东西。一个贵族从那里买了一张很大的老式布鲁塞尔毯子，毯子上的图案已经是美国一个世纪以前流行的了。这张地毯在商店里放了很多年，没有一个外国人愿意买。看见它华丽的图案时，那位清朝人的眼睛亮了。他说："我想把它送给总督的女儿。"当然，他为此付了很多钱，这张毯子如期出现在了婚礼上。

新娘子穿着大红色礼服。据说，她的头上戴着非常沉重的珠宝，以至于在整个仪式当中，必须有人从旁搀扶。新娘现在 23 岁，据说长得很漂亮。清朝人跟美国女人一样八卦。现在在上层社会里流传的说法是，李鸿章的夫人很反对这桩婚事。据说，当李鸿章跟她说要把女儿许配给张佩纶时，这位夫人给出了一番说辞，说新郎比新

李鸿章夫人。1871年约翰·汤姆逊拍摄。
立德夫人：《李鸿章：生平与时代》，
伦敦卡斯尔股份有限出版公司，1903年。沈弘供图。

娘大20岁，而且没有什么官阶。事实上，在几年前新郎就有很高的官职，但在处理中法战争事务时，因为他的犹豫而失宠，被免了职。总督回答夫人说，他的女婿实际上拥有很高的才智，而且他会谋得另一个职位，甚至会比总督自己的官衔还要高。总督夫人虽然对总督很专制，但其实很仰慕他，她说："那么，他只能做皇帝了，因为现在在清朝没人比你的官衔更高了。" 因此，这个故事有了一个童话般的结局："他们结婚了——从此幸福地生活在一起。"

弗兰克·卡彭特（Frank G. Carpenter）

大个子李鸿章正面照

1891

(美国)《晚间公报》 1891年12月3日·星期四
THE EVENING BULLETIN DECEMBER 3 1891 · THURSDAY

清朝长城

上海，12月3日

长城将成为阻挡叛乱的屏障。未来的血战一旦在长城上展开，所有政府军将会撤回到长城内，做最后的抵抗，以拯救帝国。

来自北京方面的消息称，考虑到叛军的力量，清朝军队不会待在通往长城的通道上，长城外的军队可能会撤回到长城以内，以便利用长城建立有效的抵抗据点。在辽阳，很多军事据点被叛军占领，大量的军火，尤其是大炮等现代武器装备落入叛军之手。长城边的战斗很可能会决定北京的命运。如果政府军被打败，皇帝和他的宫廷将会逃离首都。

据说叛军并不全是蒙古人，也有大量的汉人。很多叛军都装备着从辽阳军械库获得的毛瑟枪，大部分蒙古人都配有马匹。现在叛军士气高涨，外国政府正密切监视叛乱的发展。清朝海军已经靠近前线，但在目前的战斗阶段，他们不太可能给政府提供任何帮助，因为大部分战争发生在陆地上。

在天津的一次采访中，李鸿章总督说，在他看来，目前清朝爆发的叛乱不是针对当前的朝廷统治，而是叛乱发生地各种矛盾长期累积的结果。总督说，他相信，朝廷在这一危机面前是安全的。但是李鸿章也会抓紧时间在陆上和海上备战。

LE PATRIOTE ILLUSTRÉ　（法国）《爱国者画报》
DECEMBRE 20 1891 · DIMANCHE　1891年12月20日·星期日

直隶总督李鸿章

　　这时，李鸿章正把注意力放在欧洲。事实上，世人普遍认为，清朝与文明世界其他地区的关系即将发生重大变化。这个已经存在了几个世纪的帝国发生一点点变化都会对人类进程产生影响。这也是我们对这个人感兴趣的原因。

　　他把清朝北方的叛乱扼杀在萌芽之中，这提高了他的声誉。他让世人看到，他为了让军队摆脱萎靡不振、怯懦畏战的状态而付出的努力很快就能收到成效。自从戈登将军获得胜利的那天起，李鸿章就在为这个目标而努力。他曾经坦率地跟美国驻北京公使分享过他的目标："在我死之前，我希望看到清朝能够跟其他国家一样，一手握着剑，直面敌人说话。"

　　他在将近七十岁的年纪，仍一如既往地保持着炽热的爱国热情。他的思维依然灵活敏锐，他机智、顽强、聪敏和亲切，就连敌人都佩服他。

　　自从皇帝的父亲醇亲王去世之后，李鸿章就是皇帝最坚定的支持者。长年以来，他的声望囿于地方，因为他的才干招人嫉妒，一些朝臣故意隐瞒他的功绩。慈禧太后摄政期间，朝廷无人不知有他这号人物。在此期间，他把天津变成了大清帝国最强大的政治中心之一，并组建了只听令于他的军队和舰队。在他之前，朝廷的大部分军队都由满族人率领。在上个皇帝神秘死亡之后，他只要愿意就可以坐上皇位，但是他的爱国心让他没有这么做。

　　如果你以为他这个重要省份的总督、北洋通商大臣、文华殿大学士（内阁这个神秘的机构比负责外交事务的总理衙门级别还要高）大权在握，是清朝主人的话，那就错了。他的意见十次有九次都被采纳，但是他得战胜强大的反对派。就是因为反对派的阻挠，扬子江地区的镇压行动没有更快地进行，差点招致西方大国的报复。

　　李鸿章的一生都用在了改善清朝政府和西方大国之间的关系上。因为他，清朝有了新的军队，有了自己的海军、装甲舰、兵工厂和堡垒。他重振了清朝的声誉，极大地提高了国库收入。

直隶总督李鸿章

1872年的李鸿章。
约翰·汤姆逊：《中国和中国人影像》，
第4卷，1874年首版。

1892
•••

LE MONDE ILLUSTRÉ

（法国）《世界画报》
1892年4月23日
星期六·第1830期

LE MONDE ILLUSTRÉ
AVRIL 23 1892
SAMEDI · N°1830

在天津

文章由我社驻上海通讯员鲍里斯先生提供。

"清朝的俾斯麦"李鸿章刚刚庆祝了他的生日和身体完全恢复健康。这位老者对各种国家大事都殚精竭虑，他才是御座的真正堡垒。他的去世将如同国家灾难一般，是真正值得哀悼的事情。

李鸿章是清朝唯一一位不鄙视且愿意与外国人接触的总督。外国人对他也彬彬有礼，在他70岁生日之际，热情地向他道贺。到访者中不乏各级官员。人们带着礼品从全国各地赶来，来自北京的贺礼尤其多。

为了回馈大家的厚爱，总督大人决定邀请天津租界的人员参加一场隆重的宴会，

直隶总督李鸿章

为庆贺李鸿章生日而在天津举办的宴会上戈登堂（1892年由德璀琳主持修建）布置的灯饰。

而且还借用了英国租界的市政大堂，以便邀请更多的来宾。天津英国租界当局非常高兴地回应了李鸿章的提议，把戈登堂装饰了一通。

大厅里摆放了五张桌子，中间一张由李鸿章就座。半中式半西式的菜肴既奇特又合宜，也非常美味。在饭菜中间，一条巨大的深红色帷幔将大厅内侧掩盖，其中隐约可见一个按照清朝特色布置的戏台。之后一出戏剧开始上演，演员来自宫廷里的戏班，是皇帝特意派遣到总督大人这里的。

谢幕之后便到了敬酒的时刻。英国领事璧利南先生代表各领事馆发言，祝愿总督大人长命百岁。总督大人满脸荣光地让自己的儿子李子爵发言。这位李子爵感谢各位来宾以及英国领事大人，并提议举杯祝愿治好李鸿章的埃尔文医生身体健康。宴会接下来到了放烟花的环节。

维多利亚公园里满是各种灯饰。戈登堂的外墙四周也装饰了数不清的灯笼，使得这座宫殿与众不同，仿若置于仙境。而在法国租界，人们也是费了一番功夫：领事白藻泰（Bezaure）、桥梁筑路工程师吉礼丰（Griffon）先生以及武官弗勒拉克（Fleurac）上尉主持布置了各种装饰，还命人建造了一座壮丽的凯旋门。总督大人的途经之地也竖起了一些凯旋门。天津的外国人把李鸿章当成了真正的君主一般款待。

亨利·比卢瓦（Henri Bryois）

（美国）《每日烟草纪事报》	DAILY TOBACCO LEAF-CHRONICLE
1892年12月23日·星期五	DECEMBER 23 1892 · FRIDAY

米建威伯爵

华盛顿，11月7日

米建威伯爵是一位有趣的人物。在过去几年内，很少有人能够像他那样引起公众的兴趣，在华盛顿也很少有人比他更受欢迎。几年前，伯爵有了一个主意，去那个不为人知的"异教清朝"获取有益于美国资本的各种许可。

就投资而言，即使再没有进取心的美国人也意识到，清朝是世界上最大的市场。它有四亿人口，疆域辽阔，如果将美国放在它的一个角落里，可能会完全看不出来。令人震惊的是，拥有这样多人口和疆域的清朝，却只有一条电报线和铁路，没有一台电话，没有通信系统，也没有政府的造币厂。更令人震惊的是，政府连财政系统都没有。于是，伯爵决定越过英国资本和企业在这个国家里树立的种种障碍。

就推行计划而言，伯爵遇到的最大困难，其实是在美国。首先，他必须克服这个国家对外国人的天然偏见。他的计划实施地如此之远，而构想和可能的结果相差之大，以至于伯爵所接触的美国资本家在刚听到这个计划时，几乎都目瞪口呆。第一个在清朝获得许可证的人物是来自费城的杰出银行家沃顿·巴克。随后，这项巨大的交易获得艾略特·谢泼德（Elliott F. Shepard）少校、驻华盛顿的清朝公使等人的支持。

伯爵至今还未得到这些许可，也未能将它们分发给他的关联企业。然而，他对于完成这项使命充满信心。事实上，他今天还说，他已将它当作毕生的工作，并且肯定会在他死前完成。伯爵宣称，这是一场英国和美国的企业资本的竞争。他已下定决心为之努力，直到成功为止。经过数月的筹备，伯爵决定启程前往清朝。他不仅得到了美国资本的支持，还获得了一些介绍信。这些介绍信可以使他与大清帝国的总督李鸿章以及七王爷，也是皇帝的叔叔见面。伯爵在清朝的不凡经历，读起来就像是童话故事，所以，最好还是用他自己的话来说。在描述这段经历时，他说：

"抵达上海时，我得知，李鸿章总督不久前已派出一艘游轮专供我使用。直到目前为止，这艘船一直是皇室在使用。我由此确信，我的介绍信级别很高。我在清朝只身一人，只带了一个从上海招募的翻译。但是，总督似乎已经下令，要好好招待我。这无疑解释了我所接触的每一个人给予我的那种礼仪和关注。

"另外，我也不怀疑，给予我的这种关注，在很大程度上是由于我的巨额花销。在清朝，做什么事情都需要花钱，这是一种风俗。在那里，没有人认为官员受贿是一项罪行。事实上，他们不仅不认为这是受贿，还认为是合法要求。我从一些帮助我处理行李以及与总督接触的清朝人入手，赠送了他们大量昂贵的丝绸和钻石作为礼物。在两个月的旅途之后，我发现我的花销已经高达 2500 美元。

"你可能会说，这只是很小一笔钱，事实上也的确是。但是，这一切只是个开始。我已经在清朝花费了 20 多万美元，但是肯定还需要花费更多来获得许可。这些许可价值几百万是肯定的，但具体多少，没有人能说得清。当我们考虑其价值的可能性时，甚至会喘不上气。我们只需想一想今日美国整个铁路系统的价值，以及通到这个国家每一个角落的电报线，因为几乎每个大小城市都得有电报。这些价值几千亿美元——不是百万。这类事业在清朝肯定也会有同样的价值，而且那里有四亿人口，疆域是美国的四倍。

"每个清朝人都在力争上游，不管官阶多小或者多年轻，每个人都在追逐着万能的钱。对于那些长辫子的绅士来说，不管是美元、英镑或者是帝国的银子，都是一样的。一名外国人想要觐见清朝的总督，这是极为罕见的事情。事实上，这比觐见（国务卿）詹姆士·布莱恩（James G. Blaine）更困难。众所周知，当他还是众议院议长时，见他就被认为是华盛顿最困难的事情之一。

"我不太知晓清朝的习俗。我以我的美国观念认为，见到总督时肯定会连带着见到他的家人。从上海到北京的途中，我就听说了大量关于李鸿章美貌妻妾的故事，很期待见到她们。但最后我失望了。在整个会面过程中，我没有见到一个清朝女人的影子。事实上，李鸿章有二十多位妻妾，她们和任何美国女人一样充满好奇心。

"我已经提到，清朝有一条只有十二英里长的铁路，这几乎等于什么都没有。所以在这里出行时，我要么乘船，要么坐马车。两者都极其缓慢，一趟普通的旅行就要花费两三天。清朝的贵族和旅客都手持官方文书，以便得到相应的住宿接待。当我到达北京时，他们将我带到一家旅馆，给了我一个豪华的房间。房间是用竹子搭成的，屋顶很低，里面的主色是红色和黄色。但我必须承认，房子建得很好，整体效果令人满意。我早已听说，清朝人对于色彩的搭配一无所知，但我的个人经验是，他们的色彩搭配通常会取得一种对于艺术家来说也很愉悦的色彩效果。

"我永远忘不了我在清朝的第一顿饭。当然，我必须用筷子吃。毫不怀疑，我的努力使侍从们印象深刻，因为他们经常会流露出笑容，而服务我的那些人也不太殷勤。他们认为我已经完全习惯了清朝的东西。晚餐，或者说，我在清朝吃的任何肉类，都没有美国老式牛排或者土豆那样令人满意。坦白地说，我大部分时候都在挨饿。我被领去会见清朝总督李鸿章的那个晚上，就是处于这种状态。

"天黑后不久，一名官员前来找我，通过我的翻译告诉我，总督请我去他的府邸。我穿上外套，在衣着光鲜的清朝人的陪同下出了门。四个壮实的清朝人抬着一个'担架'。'担架'上有一个华盖铺设在极为精美的清朝丝绸上。'担架'的每一侧都站着一个黑黝黝的清朝人。当我走近时，他们将抬着的'担架'放到膝盖的高度，方便我坐上去。当我舒适地落座后，帘子被放了下来，这些人起身，然后掉头缓慢地前往李鸿章的府邸。跟在美国一样，没有什么杂乱的人群。清朝的普通民众很顺从、守规矩，就像一支军队一样，没有瞪眼的暴民。

"我早听说总督的府邸是座非常漂亮的建筑，但我没有想到第一眼会看到这样的景象。这里挂着好几千只灯笼，是一片光的海洋。在清朝，蜡烛是唯一的照明工具。这听上去令人难以置信，因为这个四亿人口的民族，历史十分悠久，而且有如此丰富的自然资源。可是，到19世纪，这个国家没有铁路，没有电报，没有电话，没有邮政服务，没有任何政府矿业。更令人难以置信的是，他们晚上除了蜡烛，没有任何光。不过，灯笼的效果和我在美国或欧洲见到的事物一样令人愉悦。蜡烛的光从色彩鲜艳的灯笼中透出，泛出柔和的光泽，这不是瓦斯或者电力可以创造出来的。

"不过，我们美国可能会看不起清朝。这里有太多的不公正。的确，他们在很多方面都比我们落后，但他们有自己的特殊能力，无论尝试什么，都会成功的。在这个国家，有大量我们叫做"红帖"的东西。你可以想象其正式程度。在我前往觐见李鸿章时，我被按官衔由低至高依次介绍给几位不同的官员。轮到向总督介绍时，我已经有些精疲力竭，几乎不能再通过翻译做良好的自我介绍了。不过，无论我怎么紧张，都会被我所带来的丰厚礼物所抵消。它们被仪式化地放置在李鸿章的脚下。

"我得到的指示是，走到总督座位底下，弯腰鞠躬。我这么做了，一直保持着这个姿势，直到获准起身。我站在总督面前，以我能想到的所有华丽辞藻做自我介绍。实际上，最后我可以公正地说，这番致辞赢了。在我离开前，李鸿章允诺了我提出的所有要求，甚至更多。从清朝回来，我带回了官方颁发的许可，这比其他任何人已经获得的都要有价值。它们现在还没有被投入实践，部分是因为英国资本通过它的美国机构，已经开始干扰我的计划。然而这只是暂时的，我相信，美国的天才人物、企业以及资本，在对抗英国的金币和狡诈的斗争中，终会有获得胜利的一天。"

华特·维利曼（Walter Weliman）

1893

（美国）
《菲利浦斯堡先驱报》
1893 年 9 月 21 日·星期四

PHILIPSBURG HERALD
SEPTEMBER 21 1893 · THURSDAY

李鸿章

据《弗兰克·莱斯利周刊》（Frank Leslies' Weekly）的一位记者说，直隶总督李鸿章并不住在北京，而是住在离首都大约 90 英里、由军队和舰队拱卫的天津。

众所周知，北京的军机处（帝国的大议会）官员对总督怀恨在心，曾数次试图用各种中世纪的手段除掉他。但是李鸿章在天津受到很好的保护，这些企图都落空了。在几次失败之后，这些图谋不轨的官员认为，唯一能做的是要让总督先来北京。

他们向皇帝和太后禀报说，李鸿章的野心可能会使他推翻朝廷，取而代之，所以很有必要让他搬到北京居住，以便于军机处可以更好地监视他。皇帝相信了这假想的危险，下令总督将总部移到北京。对此，李鸿章甚至都没有回复。于是皇帝发出了第二道命令。这道命令如此紧迫，总督即刻答复说：

"我就来，正在安排五万士兵跟我一同前来。"

你们大家可以很容易地想象出皇帝当时的惊恐。当军机处的官员听说有五万士兵时，他们立即回复：

"还是待在你原来的地方，不要让士兵过来。"

李鸿章被认为是中华帝国最崇尚自由和进步的人物。

1894

(美国)《呼声晨报》 1894年7月1日·星期日
THE MORNING CALL JULY 1 1894 · SUNDAY

与清朝伟大政治家的对话

天津，1894年5月20日

我从清朝一位伟大人物的府邸归来。我指的是清朝总理、直隶总督、受皇帝之命掌控着将近500万人命运的李鸿章。他对管辖范围内的人民有近乎绝对的控制权，只要他一个眼神示意，就可以砍下对方的头颅。那里的人口几乎超过了美国的一半。李鸿章比欧洲任何统治者都要有权力，除了俄国皇帝。另外，他几乎是清朝政府处理外交事务的唯一代表，还拥有清朝海军的控制权。效命于他的军队有一万多人，比美国的常备军还要多。他的军队是帝国里最精良的，由来自欧洲的军官训练。他们装备有现代的军械，而且只效忠于李鸿章一人。实际上可以说，他们是李鸿章的奴隶。如果一名军官违抗他的命令或者犯了错误，会被叫到府邸来，做出解释。若他无法做出解释，总督有时会大动肝火。我得知类似的例子很多，他曾将跪着的军官踢出了衙门。

李鸿章是当今清朝最进步的人物。格兰特将军在环游世界途经此地时，和他交往过一段时间。他们一起探讨了清朝的将来，还讨论了军事和民政问题。格兰特将军认为李鸿章是这个时代最伟大的政治家之一，称他为"清朝的俾斯麦"，甚至不屑于将他与格莱斯顿首相相比。这二人惺惺相惜，一直到格兰特将军去世，他们都保持着联系。就算是现在，在每一个忌日，驻华盛顿的清朝公使馆都会遵照李鸿章的吩咐，向格兰特将军的墓地献上鲜花。

我与总督谈话时，他也颇为关切地问及格兰特将军生前的健康状况。此外，这二人有许多相似之处，他们的事业道路也颇为相近。李鸿章是安徽省一名学者的儿子，家世贫穷，他的父亲没有任何官衔。李鸿章接受了传统教育，很快跃居清朝最有名望的学者之一。他通过了三次科举考试，这意味着他三次都是从五万人中筛选出的两百位成功人士中的一员。在最后一次考试中，他取得了五万人中的最高荣誉。他是清朝最有学识的机构——翰林院（皇帝的秘书机构）的成员。学者身份给他带来了曾国藩幕僚的职位，后者生前是清朝最为著名的政治家。从此开始，他荣升

弗兰克·卡彭特为李鸿章所拍的经典坐像。
19世纪90年代至20世纪初拍摄。

为江苏巡抚。李鸿章为平定太平天国运动做出了巨大贡献。他和美国冒险家华尔以及"清朝人"戈登一起，镇压了太平天国。李鸿章是清朝军队的总指挥，屠杀了几百万叛军。据估计，在叛乱期间，还有一千万人民被杀害。叛乱结束时，李鸿章的财富得以初步造就。这些都是五十年代的事了，自那以后，李鸿章就成了清朝历史上的代表人物。他从巡抚跃居为两江总督，控制了清朝中部的几百万人民。随后他被任命为帝国最重要省份的总督，控制了清朝北方所有的贸易。这些贸易价值每年几百万美元，李鸿章经手的高达三百万美元。他以各种方式挪用了其中大部分。没人知道他到底身家几何，有报道指出他有数千万家产，而另一些报道则说他相当贫穷。然而，毋庸置疑，他有大笔收入，他投资了轮船公司、棉纺织厂、银矿、铁路和房地产。

他是一个纯粹的清朝人，但也采纳了许多现代的方法。他像我们西方的执行官一样管理手下。他有一支翻译队伍，这使他跟得上这个世界上的最新消息。他设立了剪报局，欧洲或者美国所有涉及清朝的出版物都会被送到这里，然后翻译出来。他将电线引入清朝，控制了清朝的电报线。他的总督府现在有八百米长的电线，直通到皇帝那里，并和各省的督抚保持联系。他每日通过电报获取世界上的最新消息。昨晚，一封美国总统逝世的电报，在本地人中引发了不小的震动。领事馆都在等待与此相关的消息。一封电报发到了北京使馆区的美国公使那里。昨夜晚间，另有消息传来，才发现死去的其实是秘鲁的总统，那个国家的中文名字与曾经对美国使用的称呼相似，因此确认是秘鲁总统而不是克利夫兰总统过世。

有关中美两国条约的消息，在美国领事或者我们的首相知道之前，就已经由电报发给了李鸿章。在我跟他谈话期间，我惊讶地发现，他对于与美国相关的各种新闻都耳熟能详。

还是让我描述一下我今天在他府邸对他所做的采访吧。这次采访是由我们驻天津的领事李德（Sheridan P. Read）先生和北洋海军营务处总办罗丰禄爵士安排的。后者是总督的私人秘书，也是在所有外交事务上最受信赖的顾问。罗丰禄爵士说一口流利的英语和法语，对英法文学造诣颇深，他也担任了此次我与总督谈话的翻译官。他提醒我说，总督将会在今天下午四点半接见我。

我乘坐着一种在椅子上包裹精美的蓝布、边角是淡蓝缎子的轿子，被抬到总督的府邸。轿子由四个人通过两根长约二十英尺的竹竿摇摇晃晃地抬着。他们穿着蓝红色相间的衣服，黑色的高帽边沿翻起来，帽子顶端还有一颗垂着红丝的黑球。在我前头的是我们领事馆的听差（Ting-Chi），他衣着华丽，在马背上为我们开道。从我的旅馆到总督府邸大约有四里路。路上经过天津城中最繁华的地带。离开旅馆后，我们经过了白河码头边四座堆积如山的货堆，还穿过了天津的一些狭窄小道。我们的椅子和汉族人擦肩而过，抬轿的人傲慢地向前挤。我们踩着躺在街道上、穿着破烂衣服的乞丐前行，他们向我们展示那些他们自己弄的伤口以求施舍。我们经过了几百个，或许可以说是几千个各式各样的清朝商店和作坊，穿过了一道道墙和门，有几座相邻的大桥被封锁起来专供我们通行。最后，我们来到了一座巨大的平房建筑群的前面，墙里面有几百间奇怪的房子，这就是李伯爵的府邸。这些房子都是一层，由一个又一个院子构成。第一个庭院有士兵守卫，还有两尊绿色的木狮子，面目狰狞。后头是画着中国战神的大门。我的轿子被放在门前。听差前往通知我的到来。我的清朝名片是一张6英寸长、3英寸宽的红纸，上面写有中文字样的名帖（Kow Ping The）。为我写这张卡片的人告诉我，这代表"活力充沛、光明、闪耀"。一会儿，有一名官员指引我通过，我被带入府邸。

我首先被领向两间接待室，在两个房间中更为尊贵的那间里就座，室内的炕是给清朝高级官员预留的。对于一座宫殿来说，这个房间未免寒酸，对于管理着如此庞大人口的统治者来说尤为如此。我目测了一下，这个房间30英尺见方，地板到屋顶大约12英尺高，墙大约3英尺宽。炕非常高，当我坐下时，脚趾刚刚够到地面。炕上铺着廉价的红棉垫子，每个大约有1英寸厚，长宽约3英尺。在它上面，靠着墙有一条呈日本红、带有蓝色花朵的东西，大概有1码宽。座椅的四角悬着土耳其红棉，大约1英尺半长。地板上没有铺地毯，而是墙纸，据我估计，大概值8分一卷。整个接待室没有任何显眼的装饰，如果以美元计算的话，大概价值25美元。

不过，到访者用他们华丽的服饰弥补了环境的简陋。室内有三名穿着皮衣的官员，每件皮衣都要花费好几百两银子。有些官员穿着精美的丝绸，戴着珍贵的珠宝。我进到房内一会儿后，一名仆人端上了两杯茶。这种茶因为特别珍贵，所以不会被出口到美国。茶被放在炕上的一张小桌子上。茶还没有凉，罗秘书就进来了。他穿着缝着精美皮毛的黑绸长袍，就像我们的美女们用在歌剧披风上的一样。他头上戴着一顶帽子，上面有代表官衔的顶珠。他和我们边抿着茶边聊天，按清朝的礼节，在喝茶时发出很大的响声。话题从政治到摄影都有，罗秘书对于立体照相（Stereopticon）很感兴趣，并表示，想见识美国制造的最好的立体照相机。

不久传来消息说，总督已经准备好接待我们了。我们起身跟着一名衣着华丽但表情严肃的官员，他像鼓手一样高举着我的名帖，大摇大摆地走着。我们经过一座座大厅，两旁的奴仆对我们致礼。穿过几道通向庭院的长廊后，我们最后来到一座很大的客厅里，客厅是半中式半欧式的装饰风格。一位身材高大的老者站在日本屏风旁的桌子边，罗秘书向他深深地鞠躬并介绍我。这就是李鸿章，伟大的直隶总督。

他的相貌比五年前我在这同一个房间里见到的更令人印象深刻。他现年74岁[1]，站得很稳，长袍一直垂到脚边，使他看起来像一个巨人。实际上，他净身高6尺2英寸，而厚厚的清朝靴子又给他增加了1英寸。他略微有些驼背，但肩膀很宽，在盛年时，他肯定有很健壮的肌肉。今日，他无疑已是一位老者的相貌，奶黄色的脸上皱纹不多，稀疏的胡子已经灰白。他的眼睛是黑色的，明亮而有穿透力，眼皮是明显的杏仁形。他的颧骨和额头很高，两颊红润，这部分是因为他很健康，部分是因为电击疗法——他每日接受电击，用于治疗长期以来的脸部麻痹。他发辫灰白，戴着一顶黑绸做的中式帽子，前头镶嵌着一颗拇指盖一样大小、纯度很高的钻石。

李鸿章有一双细长有力的双手。他的指甲又长又细，我注意到其中一个手指上，戴着华美的钻石和猫眼石戒指。他的服装相当华丽，价格不菲。长袍用最精美的黄绸缎制成，而他今日所穿的从身体盖到大腿的外衣是厚重的棕色丝绒，用金扣子扣着。他的裤子同样是用棉和绸缎制成，在膝盖处用丝绸做的绳子扣住。裤子扎在脚踝处，下面是黑色的绸缎面靴子。我听说过他踢手下官员的故事，所以对此特别感兴趣。我并不担心他用这双脚踢我，不过我注意到鞋底是全白的，而且有2英寸厚，所以如果踢得重了，很可能会折断一只脚。

李鸿章以庄重的鞠躬来欢迎我，微微屈着身子，但是没有伸手。他示意我跟着他，去第二间客厅。那里是他用于会见国家贵客的地方。然后，他坐在了一张长桌的主座上，让我坐在他的左边，这是清朝的尊座。担任翻译官的罗秘书坐在他的右侧。当我告诉美国公使我打算对总督进行采访时，公使对我露出了微笑。他说总督会掌控采访的，而我则会成为受访对象。我发现，即使如此，在他的提问之间，我还是能插得上话来获取关于他和清朝的大量信息。对话以总督询问我的年龄开始。我告诉了他，并说，如果我能活到74岁，希望能像他一样健康，并可以像他在这个年龄所做的那样辛勤工作。我对他说，他看起来与我五年前在此见面时别无二致，并问他是否有什么青春永驻的秘方。

当这些话被翻译给总督时，他的眼睛一亮。我可以看出，这番恭维使他很开心。他说："你说得对，我的身体不错。我的事情很多，而且我希望在接下来的几年里可以做更多事情。在你的国家，一个人应该将他每日的时间分成三份，8小时用来睡觉，8小时用来户外运动，还有8小时用来工作。而我一天只睡5小时，大概工作12小时，每天进行规律的锻炼。我认为我的健康大部分归功于我的性情和规律的生活习惯。我按规矩做事，系统地计划我的工作。我心境平和，而且睡得很好。我在30岁之前，

---

[1] 71岁。——译者注

一直需要 8 小时的睡眠，但是现在，我发现 5 小时就足够了。我不在户外锻炼，但是我每日会在衙门内走走，而且会限制在一定的步数之内。"

在此，翻译官罗先生补充说："大人每日走 5000 步，他发现这样的运动能使他的肌肉保持良好状态。"我在别处听说，他不喜欢走出府邸是因为出门会引起围观，就像我们国家的一个小镇居民对待我们的总统一样，李鸿章也是人们好奇的对象。天津人民像对皇帝一样敬畏他。有一天，当他试图在人群中安静地散一会儿步时，聚集的人群挡住了他的路，使他不得不掉转头回来。所以现在无论去哪里，他都乘坐轿子，带着一大群守卫，并有官员在前头开道。

当我问及他的膳食，他回答说："我认为人应注意饮食，我从不吃过量。我通过经验知道什么适合我，不会吃别的东西。外国医生告诉我，我应该吃更多健康的肉类，但是我发现中西混合的菜肴最适合我。我相信要吃大量蔬菜。我觉得牛肉汤很有营养，吃得很多。我不过量饮酒，而且认为人就算不喝酒也能很好。"

此时对话转向其他事务。当提到在美华人的状况时，总督语带讽刺地谈到了中美两国长期以来的条约。我问他是否喜欢这些条约，他回答说："我不认为这给了清朝所需要的，但是糟糕的条约总比没有强。事实上，我们几乎没有从中获益。如果非要说一些什么的话，那就是总比没有要好。"

我提到了清朝的将来，问总督他认为这个国家应该由欧洲人还是清朝人自己发展。他回答说，毫无疑问，清朝已经有了很大的发展，铁路网将会覆盖清朝。他相信清朝最终会发展起自己的制造业，而且在将来，会像制造大国一样进军世界市场。他告诉我，中华帝国的政治家们已经开始在这一方面做各种尝试，他们已经有了世界上最大的棉纺织厂，而其他的一些大型工厂也在筹备当中。虽然他没有直接说出，但他使我理解到，清朝的信条是，从现在开始将会是"清朝人的清朝"；并且威胁说，清朝的工业一定会在世界上占有一席之地。

总督对我非常慷慨。整个采访持续了差不多有一小时，以仆人递上来的三杯香槟做结。在抿了一口香槟后，总督和我还有罗丰禄一道走到了衙门的外门，并用美国的方式和我握手说了再见。

从进一步的询问中，我得知了这位传奇人物更多的生活习惯。他是东方的格莱斯顿，所有杏仁眼的人中最伟大的老者。他做了与格莱斯顿一样多的工作，甚至比他更多。他的精神和身体状况良好。他白天工作，晚上躺下，睡得如同婴儿一般。他一般很早起床，第一顿饭是在早上 7 点进行，有燕窝、米糊或者米汤，还有一杯黑咖啡。在就餐快完毕时，会吃一两颗奎宁。

总督在早餐后立即开始工作，他的办公室就在卧房隔壁。他一进门就看到来自全帝国和全世界的大量电报已经放在桌子上了。他扫一眼，便很快口述给他的秘书应当如何回复。有时，他会用毛笔在上面做笔记，写上相应的对策。有时，他会召来负责的部门头领，给他们做出口头指示。到11点时，他已经处理完堆积的公函，包括在此期间刚刚送进来的那些。现在，他的注意力转移到私人事务上。12点时，他准备开始午餐。午餐是中式的，通常包括八道菜肴。首先是用小碗呈上的汤；其次是鱼翅，他用象牙筷子吃饭；然后是一些肉或者蔬菜，都以适合用筷子进食的方式烹煮。用餐后，他会继续工作。午后2点时，他会接受电疗。总督是电疗的信奉者，认为这种治疗救了他的命。随后他会做一些运动，这是一天中他想要让脑子休息的时刻，对他来说，最好的休闲方式是摹写中国书法。他重复地写那些字。据说，汉语包括四千个常用字，所以你可以想象，每天他可以摹写不同的字。

晚餐后，他会回去继续工作，而且每晚都会花点儿时间和家人在一起。总督的爱妻在一年或者几年前过世，但是他的第二任妻子——一位四十来岁的妇人，至今在世。我得知，他没有娶第三位太太的意向。总督现在有三个儿子和两个女儿，还有十二个孙子。他对孙子们十分宠爱。他们围绕在他身旁，和他一起游戏，拽他的胡须，像底层人家一样，对他做任何他们想做的。他的孩子们都接受了良好的教育，他们在一名外籍教师的指导下长大。教师是一名美国人，是美国最好的学校的毕业生。最幸运的是，小儿子李经迈爵士至今和他父亲住在一起，但是也已被清朝皇帝授予了官职。李经迈年仅17岁，但已经和美国高校的学生一样，说一口流利的英文，接受了良好的英文教育。他在身体和精神这两方面都看顾父亲。李经迈已经身高6英尺，我可以看出，他和年迈的总督在长相上有很多相似之处。他非常有天赋，必将为清朝未来的现代化做出很大贡献。

弗兰克·卡彭特

年轻时的李经迈

李经迈与李鸿章

（美国）《印第安纳波利斯报》
1894年8月6日·星期一

THE INDIANAPOLIS JOURNAL
AUGUST 6 1894·MONDAY

名人李鸿章总督的事业生涯

《纽约先驱报》

李鸿章长期以来为祖国效劳已为他赢得"清朝的俾斯麦"的头衔。这与他在专横鲁莽的23岁皇帝手下失宠，形成了鲜明的对比。清朝今日拥有如此重要的地位，应当归功于这位政治家，正如西方那位已经退位的政治家缔造了现代德国一样。

李鸿章不仅是直隶总督，还是帝国总理和军机处的成员。军机处的地位在总理衙门之上。如果某一机构可以代表清朝政府的话，那么就是军机处。这个机构由四位军机大臣和两名助手组成，军机大臣满汉各占两席。过去，领班大臣必须是满族人，李鸿章是第一个成为领班大臣的汉族人。他的名字在文明世界中已广为人知，他也是死去或者活着的清朝政治家中，唯一一个为世界人民所知的。他对祖国的贡献、伟大的抱负，以及在帝国总理位置上的影响和作为，已经为他赢得了广泛的声誉。由于他在处理国家关系方面的能力杰出，所以无论平时还是紧要关头，只有他出面才能阻止修订条约引发的战争。

毋庸置疑，清朝现代陆军和海军的建立全都是李鸿章的功劳。没有他，军事改革永远不会实行；而炼钢、造船厂以及军火库这些现已颇具规模的东西，将永远不会出现。在太平天国叛乱即将结束的1864年，李鸿章作为两江总督，召来了很多被"清朝人"戈登将军解散的老兵，组成了他现在的核心部队。这支军队同八旗以及其他地方军不应混为一谈，它是清朝军队中的佼佼者。

自从1870年他被任命为直隶总督开始，即二十五年之前，这支军队就作为他的私人军队驻扎在直隶省，遵守着比其他地区更为严格的纪律。这归功于李鸿章在戈登将军的协助下对抗太平天国时取得的战争经验，这些经验是在他急切的拯救首都的愿望下积累的。这支军队至少有五千人，承担守护旅顺港、塘沽、白河以及天津堡垒的特殊使命。如果清朝想组建集团军的话，这支军队是不二之选。作为模范军团，它装备精良，由外国教官执教，以国外的现代方式训练。他们被调往朝鲜，对付那里的日本人。

多亏这位总督的精力和影响力，清朝海军也已经取得了类似的进展。清朝已经购买了一些先进的战舰，建造了一些军械库，并且已经投入使用，开始维修船坞。此外，他还对军官和士兵提供系统化的科学指挥训练。如果清朝海军在对日战争中没有辉煌表现的话，那么这个过失不在李鸿章。除了陆军和海军的工作以外，总督还一直在增强海关的实力，它是清朝偿还债务的主要支撑力量。他安排征收或放行各处海关的厘金——货物进入本国边界时政府征收的内地进口税，这是为了增强中央政府统治，将帝国财政资源有效地控制在中央政府手中而特别设计的。这一政策极大地增加了帝国收入，为清朝成功在欧洲借债提供了坚实的基础。此外，李鸿章为他的祖国提供的更为宝贵的服务，体现在对外谈判上。天津教案谈判时，他为清朝带来了令人满意的结果。在马嘉理先生被杀害所引发的云南问题上，他与英国展开交涉。他还通过外交手段从俄国那里赢回了伊犁。

值得一提的是，这不是李鸿章第一次被剥夺黄马褂。李鸿章的官职，以及与之相应的一等肃毅伯，还有双眼花翎，是在1863年年底授予的，用以表彰他在平叛，尤其是收回南京上的功劳。但在接下来的几年，他的势力急剧增长，引起了朝廷对他的猜忌。他用于对抗叛军的大量武器装备被认为是在瞄准皇位。当他同意大量叛乱分子通过他的防线时，受到了皇帝的严正指责："我们信任李鸿章，给予他协办大学士（军机重臣）的身份镇压太平天国。我们的信任得到了怎样的回报呢？虽然我们敦促他应该立即采取措施，遏制叛军向北进发，他却没有让手下加速平叛行动，使得我们的首都暴露在了叛军面前。特此，再次剥夺他的双眼花翎、黄马褂以及世袭头衔。"然而，他不仅取回了所有头衔和荣誉，最后还扫清了叛军并俘获他们的首领，取得了比上一次更高的官衔。由此可以看出，在当前的情况下，总督无论如何是不会真的被降职的。如果他率领清朝军队成功战胜日本的话，那他可能获得比以往更高的职位。

对于熟谙中国政治的人来说，皇帝对总督的这一举动并不会引起太多惊讶。如果一个省遭受了洪灾或者火灾，那么政府的管理者要对此负责。相应地，当"镇远"舰（Chen Yuen）惨败于日本战舰时，皇帝感到有必要去惩罚一些人，这是很自然的事情。李鸿章是帝国现代陆军和海军的灵魂人物，因此他必须也必定会成为替罪羊。不仅如此，他在朝廷上树敌太多，他们从来不会放过任何污蔑他的机会。事实上，李鸿章是纯正的汉族人，而帝国统治阶层则是满洲人，因此，他们经常会指控他企图篡位。虽然这位伟大总督的耐心经常受到敌人的挑战，但是似乎没有理由相信，他会使用他在清朝的巨大影响力去背叛皇帝。

在格兰特将军访问清朝时，两人接触频繁。总督对这位伟大的美国将军也非常感兴趣。他们年纪相仿，并在同一时期取得了军事胜利——美国的南方叛乱在1865年4月结束，而清朝的太平天国叛乱在7月结束。"格兰特将军和我，"总督说，"镇压了历史上已知的最大的两次叛乱。有趣的是，我的姓氏是李，而格兰特将军也叫做李（Lee）。"当格兰特将军抵达天津时，总督是第一个赶来接待他的清朝人，欢迎将军来到帝国的这个重要省份。

根据杨约翰在他著作中的记录，格兰特将军对总督评价极高，认为他是一位果断、有远见的政治家。这一看法是在他们的很多次对话中形成的。当将军即将离开清朝时，总督向他展现出了最诚挚的友情，希望格兰特将军不要忘记他，并请求在清朝需要将军的意见时，他能慷慨相助。

我认为，总督长相良好，他身材高大、健壮，而且有着俊美的仪表。现在，他已经71岁了。去年，有一名记者曾报道说他已经老了，脸上有很多皱纹，而且胡须灰白，脸颊还有清朝人称之为髭须的须发——这通常被视为帝国高级人物的象征，李鸿章喜爱轻抚这些须发。此外，他还有糟糕的牙齿、脏指甲。不过，对于那些欧洲的来访者而言，这些无疑更增加了他的魅力。总督的声音尖锐，眼神凌厉，经常被认为是在下达斩首的命令。这位大人还是个暴脾气，他经常像骑兵一样发火骂人。虽然他的火气比士兵还旺，但年龄已浇灭了他眼中的火焰，而疾病更是损害了他的形象。在此补充一句，这位大人滴酒不沾。

THE ILLUSTRATED LONDON NEWS
AUGUST 25 1894
SATURDAY · N°2888

（英国）
《伦敦新闻画报》
1894 年 8 月 25 日
星期六 · 第 2888 期

THE ILLUSTRATED LONDON NEWS

清朝三重臣

下页插图中是清朝政府的三位重臣。中间是在清朝政府中身居高位、积极配合李鸿章推进清朝陆海军现代化改造、已故的醇亲王奕譞。左侧是著名的满族将领善庆，他统领一支八旗军驻扎在北京。

右侧是文华殿大学士、直隶总督李鸿章，经常被人称作“清朝的俾斯麦”。中日甲午战争爆发后，李鸿章的名字开始变得家喻户晓。他最近被剥夺了皇帝所赐予的最令人羡慕的一项荣誉——内大臣和御前侍卫所穿的黄马褂。熟知清朝中央政府内幕的人都明白，这只是为了鞭策李鸿章更加实心办事，而不是想让他颜面扫地。

后面的插图中，直隶总督李鸿章坐在官船上，从他平时居住的天津前往直隶省的首府保定府。旗帜上绣的“帅”字表明了其统帅身份。

左起：善庆将军、醇亲王奕譞、李鸿章

三重臣的照片

李鸿章的官船在天津。

北洋通商大臣、直隶总督李鸿章乘坐官船从天津回保定。

（法国）《环球画报》	L'UNIVERS ILLUSTRÉ
1894年9月8日 星期六 · 第2059期	SEPTEMBRE 8 1894 SAMEDI · N°2059

在朝鲜

　　我们从战场上得知的消息依然很简短并且相互矛盾。《泰晤士报》刊登了一条关于清朝的电讯，声称日本士兵在旅顺港附近勘察之后没有进行攻击便撤退了，因为他们发现陆上的防御工事非常坚固。而来自长崎的一封电报则表示，日本登陆部队在舰队大炮的掩护下已经进攻了旅顺。这封电报可能是从旅顺被带到济物浦，又从那里经釜山发送了出去。

　　另外，清朝的电报线似乎已经被日本人切断了，这阻碍了接收来自芝罘的消息。从天津发回的电报称，丁提督所率舰队接到前往旅顺的命令，并要不惜任何代价与敌军舰队进行斗争。如果确有此事，那么清朝人有一场硬仗要打了。

直隶总督、清军总指挥李鸿章

李鸿章的照片

(美国)
《呼声晨报》
1894年9月17日·星期一

李鸿章奉诏自杀

"清朝的俾斯麦"李鸿章若没有自杀，那就是昨日乘坐"海洋"号（Oceanic）抵达本港的那些人有所误解。他要么已经成了一具尸体，成了他祖国那些微生物的食物，要么就是日本报纸更甚于以往地恶意诋毁他。

虽然战争爆发在两个国家之间，但运输商船"高升"号不幸沉没的新闻已举世皆知。对于大众而言很明显的是，李鸿章与其君主的友好关系已经出现了很大的裂痕。这位梳着辫子的政治家的那件著名的黄马褂早已被他的君主夺回。在消息进一步传来前，所有人都开始猜测，他的君主的不悦会不会结束。可以相信的是，这对李鸿章来说，将是极其痛苦、棘手难办的事情。

海底电缆已经崩溃了三个星期了，有关清朝、日本的电文已经缩减到最精简的程度，全世界都在观望和好奇。电文对于李鸿章的描述并不多，但是都显示一种不祥的征兆。据说皇帝已经暗示李鸿章，鉴于他对帝国的巨大威胁，如果此时自杀，皇帝将不胜感激。更进一步的消息称，皇帝其实是命令李鸿章自杀，而李鸿章并没有领会皇帝的意思，还在继续挣扎求生。

"海洋"号乘客的消息则更进一步。其中一位乘客确信，他得到了英国政府驻朝鲜的一名官员的非官方信息，李鸿章有很多精巧的毒药，他选择了一些微妙的毒药，立即陷入永恒的沉睡。即将登船前往旧金山前，还有乘客听说了一则刊登在日本报纸上的据说非常真实的消息。大部分人都不相信这则消息，因为他们不信任在日本报纸上看到的任何消息，认为这些可能只是被印刷出来，用以激发民族情绪的。

佩西·马蒂亚斯（Percy Mathias）是一位绅士。他所说的自杀故事听起来相当直接。昨天在"海洋"号靠岸后，他在西方旅馆（Occidental Hotel）向来自伯灵顿的麦凯伊（T. D. Mckay）以及一大帮新闻工作者讲述了这则消息。

马蒂亚斯先生说，在他动身前往横滨前不久，一名派驻朝鲜的清朝军官告诉他，李鸿章已经自杀了。清朝皇帝对军队的失利很不高兴，向李鸿章发泄了他的不满，剥夺了他的黄马褂。这已是很大的羞辱。接着李鸿章接到通知，为了避免公开处刑，他最好自行结束生命。这位宿命论者、禁欲主义者，这位忠诚的公仆、臣子接受了皇帝的命令，立即私下里自杀了。

至于这则新闻是如何到达他的消息人那里的，马蒂亚斯表示对此他并不确定，但是给他留下的印象是，北京的英国和其他国家公使得知此事后，清朝政府立即采取了最严格的外事保密措施。但非常诡异的是，这则消息还是走漏了，被在朝鲜的英国军官得知。这则消息的相关细节体现出其真实性，虽然不花哨，但非常合理。马蒂亚斯问他的消息人，如果李鸿章这样一位显赫的人物自杀了，那么他的消失肯定会被注意到，而新闻肯定会像野火一样散播开来。

对此，马蒂亚斯被告知，透露给他这些已经十分危险了。当李鸿章的秘书得知他主人的死讯时，准备立即传播消息，但很快便被皇帝的两名内探阻止了，并被告知，若想活命就乖乖闭嘴。

而清朝政府将总督的死讯告知外国公使们，这仅仅是外交手段，要求保密却很少会被遵守。清朝政府在国内对此事保持低调的原因尚未可知，可能是因为总督比较受民众欢迎。

卫理会的传教士斯科特（J. F. Scott）医生在过去两年间一直住在天津，登上"海洋"号前，他在横滨听说了这件事。这则消息发表在几份本地报纸上。

日本艺术家林先生（K. Hayashi）也乘坐同一艘船抵达本地。在前往芝加哥的途中，他在日本报纸上读到了李鸿章的死讯。据说因为清朝军队的失败，李鸿章已经疯了，他在疯狂之下自杀了。林先生还说，他很清楚，关于战争的很多真相已经被日本政府掩盖起来了。

和马蒂亚斯从朝鲜得到的信息相符，日本报纸上的消息似乎得以确认。由于清朝皇帝对他不满，按照统帅对战争胜负负责这一特殊的国家律法，李鸿章被追究责任，因而自杀也是极有可能的。

李鸿章可怕的战争宣言

"前段时间,有流言说,"一份日本杂志说,"张之洞等人弹劾李鸿章,但是没有奏效。还有说法称,李鸿章的任命只是北京政府出于欺骗目的而做的。"这份报道继续说,"政府认为,李鸿章在慈禧太后即将庆祝六十大寿之时开战,这是非常不祥的。皇帝特别生气,威胁要解除其直隶总督的职务。对于皇帝而言,这很容易做到。但皇帝的智囊们都警告说,那样的话,总督可能会和外国公使们联合起来,给国家带来巨大的伤害。智囊们建议皇上立即颁发圣旨,使总督留在原位上。这位惧怕外国公使的皇帝于是再次掂量了自己的行为。李鸿章得到了皇帝方面的消息,据说与敌对的张之洞沟通,请张代为请命,获得了任命。张之洞同意的原因是,张拥有清朝最大的铸铁厂,而目前因为资金短缺,工厂面临倒闭的危险,他想借助总督使工厂重回正轨。北京政府对于这些阴谋一无所知,想办法筹集了250万两军费,还要停办慈禧太后的庆典以支付军费。"

 （法国）《画刊》 1894年10月6日 星期六·第2693期	L'ILLUSTRATION OCTOBRE 6 1894 SAMEDI · N°2693

李鸿章

　　清朝有一位大名鼎鼎的人物，没有任何一位国家政要的仕途能像他一样顺利、辉煌。在即将退休的年纪，国家却发生重大突发事件，他不得不扛起重担卷入各种争斗中。

19世纪80年代，李鸿章与李经述的三个孩子合影。
左起：李经述的四子李国雄、长子李国杰、次子李国燕。

李鸿章和他的三个孙子

中日甲午战争期间，清朝政府将所有的希望都寄托在李鸿章身上。他是他们的守护者吗？这段时期，他的命运似乎格外多舛，一会儿权势熏天，一会儿又彻底失宠。

李鸿章的传记数不胜数。它们按照时间顺序详述传主的经历、所在地，记录下了李鸿章动荡而又引人入胜的光辉历程，这在中国传统的史书中前所未有。

李鸿章出生于安徽省，1847年考中进士。1853年，受命剿杀太平军，这成为他传奇仕途的开端。在镇压太平军的历史性战役中，李鸿章反败为胜，彻底扭转了战局，从此名声大振，被誉为国家的救世主，获赐著名的黄马褂。

1859年，李鸿章被任命为福建省道台。1862年任江苏巡抚，1863年兼任五口通商大臣，1868年任湖广总督，1870年任直隶总督。他几乎担任过政府所有重要的官职，并且于1875年成为文华殿大学士。自从担任直隶总督兼北洋大臣之后，他便拥有了无上权力。同时，他还是一等肃毅伯。

这就是"清朝的俾斯麦"重臣李鸿章的事迹。

在天津，我有幸见过李鸿章。当时他受法国全权公使李梅先生邀请，前往天津法国领事馆赴约。

李鸿章个子很高、身材颀长，很是匀称，是我见过的清朝人中身材最好的一位。由于清朝有剃发的习俗，因此他前额显得很大。他今年72岁高龄，依然精神矍铄，一双丹凤眼，目光敏锐。嘴角的花白胡子和下巴上的山羊胡使李鸿章看起来颇有军人风度。不过，从他的容貌中，却看不到一点儿粗鲁、生硬或者暴力的影子，反而让人觉得很慈祥。人们看到他的样子，绝不会想到他就是那个战胜太平军的厉害人物。

插图中，李鸿章坐在总督衙门的房间里，旁边站着他的三个孙子。

亨利·布理约瓦斯

19世纪80年代,李鸿章与李经述的三个孩子合影。

李鸿章与孙子李国雄

与李鸿章一起宴饮

李鸿章官邸举办的宴会

李鸿章被剥夺了黄马褂、失去了三眼花翎、从高位上跌落的消息已传开。在美国,很少有人知道他的官位有多高,以及他是如何在天津官邸盛情款待朋友的。对于清朝人的一些陈知陋见使我们以为他们是物质化、贫穷、野蛮的,很少有人了解他们的奢华。除了描述一场我数月前在李鸿章官邸参加的宴会外,我想不到更好的法子来展示清朝上层社会的真实状况了。

宴会厅和白宫一样大,华丽地装饰着金卷轴、中国画以及彩旗。菜单上列有很多道菜肴,宴会时端上来好几百道菜。每位客人都有一碗燕窝,我估计,一碗就要5美金。除此之外,宴会上还有与银元等价的鱼翅。和我们一道坐着的清朝贵族们穿着绫罗绸缎,就跟我们总统宴请贵客时穿的一样。我们用镶嵌有银丝的象牙筷用餐。本次宴会是为我们的前国务卿科士达(John W. Foster)将军所设。他现在正进行一次环球旅行。清朝人以跟国务卿熙华德(William Henry Seward)和格兰特将军同等的规格款待福斯特。最令人印象深刻的盛情,都体现在了这次宴会中。

按照清朝的习俗,女性很少抛头露面,尤其是贵族人家的女眷,即使大型宴会也很少邀请清朝女性,外国人也不会被要求带上他们的太太一道前来。科士达一抵达天津,李鸿章就拜访了他。会面时,总督被介绍给了科士达太太以及她的侄女厄尔(Orr)小姐。她们与科士达一起进行本次环球旅行。这位伟大的总督被这些女士们吸引,当他说到宴会时,他说他会对清朝的习俗做一次革新,邀请这些女士们也前来赴宴。她们当然接受了总督邀请。宴会时,总督用手挽着科士达太太入席。这次宴会是在天津一角的总督府举行的,这里装饰有成千的清朝灯笼,照得花园熠熠生辉。通往总督府的街道上也都挂上了红灯笼,人行道上还有李鸿章的护卫。他们装备着现代的来福枪,护送客人前来。在持续将近一小时的宴会当中,清朝最好的一些乐手在府邸外演奏美国音乐,从窗户外传来《洋基歌》(Yankee Doodle)、《嗨!哥伦比亚》（Hail Columbia）、《星条旗》（The Star-spangled Banner）等歌曲。宴会上，一些声名显赫的清朝人多次祝酒。科士达通过翻译谈及了中美两国之间的良好关系，而李鸿章也以同样的方式，在讲话中表达了对美国的赞誉。我希望，我的文笔足以描述这次晚宴。

描述的困难

这次宴会与在美国的那些如此不同，以致我很难绘出精准的画面。邀请函印在一张比我们的杂志更大的卡片上。卡片是大红色的，邀请函用金字印在上面。抬头上有清朝龙纹和李鸿章的印章，底下写着：直隶总督、文华殿大学士、总理衙门大臣请我们周二晚6点赏光到海军衙门赴宴。这些金字镶着金边，旁边还有李鸿章的名片。名片和一张笔记纸的大小类似，颜色是华盛顿红砖那样的红色。赴宴前，我不得不准备一张我自己的清朝名片。后来名片由一名穿着官服的仆人送来。然后，我坐上一顶由4名仆人抬着的蓝色丝绸轿子。轿子已经为这个场合而被华丽地装饰起来了。顺便一提，轿费花了我2美元。

我们经过府邸中的一个又一个庭院，我的名片被一群清朝官员传阅。随后，我被敦促跟着他们。海军北洋水师营务处秘书罗丰禄在门口接待了我，然后最年长也是最受总督信赖的幕僚曾兰生先生牵着我的手，将我领去会见那位大人。尽管当晚我身着晚礼服，但和周围那些盛装的清朝人相比，我仍觉得自己衣着褴褛不堪。举个例子说吧，曾兰生穿着淡蓝的丝绸长袍，上面装饰着一排极其精美的貂绒，靴子是黑色缎面的，衬裙则用最华贵的黄缎制成。他头戴一顶价值千金的黑貂皮帽，价值不菲的戒指在细长的手指上闪耀着光芒。

这位秘书现年68岁，说着一口和美国人一样好的英语。将我介绍给总督后，他将我领向了宴会的餐桌，并向我解释了宴会相关的所有事宜。我们经过时，房间里还有其他贵族，他们同样衣着华丽。李鸿章总督同样穿着官服，头上戴着一顶皮帽，边沿卷了起来，他已经被剥夺的著名的三眼花翎就曾挂在这后面一尺的地方。顺便一提，失去这个让总督很失望。他是皇室成员以外唯一一个被允许佩戴这个的人，这是清朝官员配饰中最高等级的象征。宴会中，李鸿章穿着一件华美的黄色长袍、浅粉的裤子和厚厚的黑缎面靴子，鞋底是白色的，至少有两英寸厚。总督的身高超过了围绕在旁的那些法国、英国、德国以及其他国家的外交官们。他俯身同我握手时，使我想起了巨人。总督带路领我们去餐桌那边。科士达国务卿和新任法国公使跟随在总督身后。入座时，我看到桌子摆在房子的中间，几乎和白宫的东房一样长。李鸿章坐在中间，科士达太太在他右侧，新任法国公使在他左侧。桌子对面坐着科士达国务卿，稍远一点的是厄尔小姐。年轻的女士们坐在清朝贵族的中间，艾米莉·厄尔小姐在总督的儿子李伯爵的左侧。她无疑给他留下了深刻的印象。

穿着和菜单

请让我再对女士们的穿着说几句吧。她们穿得几乎和邻座的清朝贵族们一样华美。科士达太太穿着一件高贵的紫色外套、白色的绸缎背心和红色的袍子，上面镶嵌着路易斯·昆士（Louise Quinz）纽扣，而且她的钻石非常精美。

厄尔小姐穿着樱桃色的刺绣长袍，罩着尚伊蒂（Chantilli）外套，还佩戴着红宝石和钻石。玛莎·厄尔小姐穿着白色丝绸制成的、有粉色玫瑰刺绣的紧身礼服，还佩戴着一束紫色和绿色的手工花，这是总督的一个儿子给她的。除了以上几位女士外，还有两位女士在场。其中一位是美国驻天津领事李德的夫人，她穿着厚卷起来的黑丝绸礼服，装饰着白色的复古蕾丝和钻石。另一位是丁家立（C. D. Tenney）教授的夫人。丁家立教授是天津一所著名学校的校长，很多年轻的清朝贵族在那里学习英语。

清朝人在入座时会脱下外套。几乎每一位官员都有穿着华美服饰的仆人在旁伺候。这些人负责照看他们的衣服，伺候他们舒适用餐，不时给主人递上浸过热水的白毛巾。这些贵族们会用它擦嘴或者搓脸，以使自己在享用各道菜肴时可以精神焕发。李鸿章由两三名仆人在旁伺候吃喝，并使他的衣着保持笔挺。总督和他所有的清朝客人都抽着由仆人点燃的烟管和香烟。宴席上的食物都不大于一个象牙骰子，以便大家能轻易地用象牙筷子夹住，也是为了方便吞咽。

宴会有五十来位宾客，菜肴有中式也有西式。我的位置上摆有刀叉和筷子，还有大量西式的碟子。菜单上总共有 21 道菜肴。菜单用金色字样印在一张长 1 英尺、宽约 6 英寸的红色卡片上。文字为中英双语，菜目如下：

鸽子蛋汤
炸鱼、蘑菇酱
肉饼
鱼翅
野鸭
竹笋
排骨、蔬菜

炖羊腿

上汤菌菇

肉酱鹅肝

高丽虾饺

烤鸡、火腿、沙拉

烤鸭

芦笋、黄油汤

水果蛋奶冻

中式蛋糕

水果果冻

水果

咖啡

中式美味

西式菜肴用美式盘子端上来，而中式菜肴则用极其精美的小瓷碗端上。每个碗里盛有一点点炖煮菜肴或者汤。每个碟旁有六个精美的杯子用于盛酒，其中两个银质的小酒盅用于喝中国酒。其中一个像蛋杯一样大，另外一个只能盛一点儿。第一个酒盅里放着米酒，尝起来有点像雪利酒，而且是热的。另外一个杯里装着高粱酿的酒，烫得跟热油一样，呈琥珀色，味道比荨麻酒更烈。宴会上的酒从雪利酒到香槟都有。宴会上的葡萄酒就跟在国外宴席上见到的一样。我尝了大部分的中式菜肴，发现味道不错。鸽子蛋汤里有几颗小鸽蛋，而燕窝则是用咖啡杯大小的小碗端上，需要自己加盐来调味。

燕窝是最有名的清朝菜肴之一，所用的材料可能是世界市场上所能发现的食材中价格最高的，一磅燕窝售价高达30美金。清朝每年要花费上万美元用于购买。燕窝是用燕子的巢做成的，这些巢只在印度洋的某些特定岛屿的洞穴和湿地里才有。

产燕窝的燕子外形和美国的燕子相同。它们的窝是用海草做成的。这种鸟咀嚼海草，然后在里面混合上自己的唾液。燕窝汤其实是由这种唾液做成的。这种燕窝经精心清洗后，所有的羽毛和脏东西都被清理出去，然后再浸泡，最后烹煮到变软为止。燕窝呈白色胶状。如果它们被混在一起的话，像白色果冻一样。燕窝上面放有一些煮过的火腿，底下是鸽子蛋，汤再一次被煮开后端上来，就像是天使的美食，而不是燕子的口水。据说燕窝非常提神，可以使60岁的人恢复到25岁时的活力。

鱼翅据说具有同样的提神功能。它们是由鲨鱼鳍做成，煮成汤后加入一点火腿端上来。竹笋是竹子的根，尝起来像煮过的坚果，会使人想到白萝卜。此外，清朝人非常喜爱各种菌类，这次宴会上使用的是一种像果冻一样的蘑菇。

清朝厨艺

所有的中式菜肴都用非常适合用筷子夹的盘子端上来。在放盐的位置，每个人都有一小碗日本酱油，在吃之前，他们会将食物在里面蘸一下。清朝人认为，像我们这样将食物直接放上桌同盘享用很粗野，他们认为所有东西都要分成小份煮好，而且他们几乎会炖煮所有东西。肉和蔬菜在煎煮前先被切成小份，只有猪是整头地煮，因为这是用于祭祀的。然而，祭司也会将它切成碎块，在吃之前再重新煮一下。外国人之间流传的一个说法是，清朝人依靠大米和老鼠过活。在现在有关清朝人的所有错误看法中，没有比这个更荒谬的了。在清朝北方，也即我所在的地方，一般百姓吃不起大米，他们依靠粟、麦子和玉米过活。他们消耗大量的面食，但都是被烹煮过的，而不是像我们那样烘焙成面包。清朝的上层人士和我们一样，有大量花哨、精美的食物。

清朝的鱼是世界上最好的。它们有鲫[1]，完全可以和波托马克河[2]里的相媲美，而且鱼刺只有那里的一半。在这里人们还可以买到鹌鹑、鹬和鹿肉。我从来没有看到过比本地市场上的清朝北方的肥尾羊更好的羊肉。世界上没有一个国家会吃掉这么多禽类，到处都有养鸡场、养鸭场和养鹅场。在南方，有的村庄养鸭子，还有专门用于在河流低地上运输成千禽类的鹅船。这些禽类被放养到泥地里，吃虫类和蜗牛。每一个城市里都可以找到专门售卖烟熏鸭子和鹅的铺子。他们在太阳底下晒干鸭子，撒上盐，就像我们保存火腿一样。我看见很多鸭贩走街串巷，类似篮子的容器里装着晒干的鸭子，有的还悬挂在杆子两端间，用肩膀担着。我曾登上满载着活鸭和鹅的船，从河流的一端摆渡到另一端。大量家禽是人工孵化的，从他们家禽养殖的技术就可以看出他们有多少年经验。

宝贵的腌蛋

谈到奇怪的菜肴，清朝人喜爱皮蛋，它和美国的陈年葡萄酒等价。他们腌制蛋类的方法，是将蛋埋起来，经过三十天，会产生一种可食用的腌蛋。一些蛋会变成

---

[1]又称曹白鱼、白鳞鱼、鲙鱼。——译者注
[2]美国中东部最重要的河流。——译者注

墨黑色，而病人最喜爱的食物就是存在红土和盐水里的腌蛋。清朝人很少吃半熟的蛋，在生日庆典上，端上煮熟的红鸡蛋是一种常见的习俗。我在天津没有看到吃狗、老鼠或者猫的，但我毫不怀疑一些很穷的人会吃。有一天，有人告诉我，一些老妇会使用老鼠肉来生发。

  关于厨艺，李鸿章晚宴上的菜肴烹煮得很好，并且像白宫的宴会上的一样被端上来。清朝厨子在接受一些外国厨艺课程后，很快超过了法国人，而且他们在餐桌布置上有着非常好的品位。在这里举办一场大型宴会要比在美国更容易。聘用高价的厨师每月可能会花费20美元的银子或者10美元的金子，而且还要寄宿。以这样的数目可以雇佣到一个厨子，他能够负责外交宴会，给你供应最好的菜肴，从汤羹到甜点一应俱全，价钱是在美国举办类似宴会的三分之一。在这里，你只需告诉厨子来客的人数，比如说："约翰，我想明晚举行30人的宴会，你去打点好。"然后你就可以什么都不用管地离开家，等晚宴时间回来会发现，桌子已经漂亮地摆好，酒已经端上，还备好了给客人的一流菜单。千真万确，这些清朝人是非常神奇的人。

弗兰克·卡彭特

1895

	（法国）《小巴黎人报》（副刊）1895年3月31日 星期日·第321期	LE PETIT PARISIEN (SUPPLÉMENT LITTÉRAIRE ILLUSTRÉ) MARS 31 1895 DIMANCHE · N°321

直隶总督李鸿章离京

近日，中日两国正在进行和平谈判。在清朝政府授意下，直隶总督李鸿章向日本政府做出以下让步：承认朝鲜独立，割让台湾岛，赔偿战争军费，签订中日贸易条约。

3月初，李鸿章奉旨离京。在插画中可以看到，他向皇帝辞行，乘轿穿过京城。

李鸿章在塘沽（渤海入海口）乘蒸汽轮船启程，随行的还有两名高官和四十名随从人员。几天后，一行人抵达马关市，李鸿章受到日本首相伊藤博文、外务大臣陆奥宗光和内阁书记官长伊东巳代治的接见。这几位早已细细研究了将要与李鸿章总督谈判的条约，如果谈判结果令他们满意的话，他们会邀请李鸿章前往日军大本营——广岛。

尚未到达日本时，李鸿章曾向日方请求暂时停战。然而，日本当局可能无意接受这项请求。因此，当清朝谈判代表团抵达日本时，日军正好在台湾岛登陆。显然，虽然李鸿章等人抱着和平目的而来，但他们根本无法真正停止战争。不仅如此，实际上，日本想要赢得的是彻底的胜利，所以现在我们完全无法确定，他们是否会接受清朝的这些让步条款。

直隶总督李鸿章离京。

(美国)《太平洋商业广告报》 1895年4月3日·星期三

THE PACIFIC COMMERCIAL ADVERTISER
APRIL 3 1895 · WEDNESDAY

李鸿章被击中脸部

参加和谈时的李鸿章

清朝人绘的《各国钦差会同李傅相议和图》

下关，3月24日

今日，清朝和谈全权代表李鸿章与伊藤博文及陆奥宗光等日本代表会晤完毕。在返回寓所时，一名年轻的日本人用手枪向他开火。子弹迎面而来，但幸运的是，除了在李鸿章脸上留下一道伤口外，并没有造成其他伤害。截至本报道刊发，尚无从得知伤势是否严重。对清朝代表的刺杀行为引起了强烈反响，各方都表达了遗憾。行刺的凶手已被逮捕。据称，他是出于盲目的爱国主义而做出此番行为。

横滨，3月24日

李鸿章遇刺的消息在本地激起强烈反响。天皇和皇后向下关发去慰问，表达了对这位杰出的政治家此次遭遇的遗憾之情。凶手的来历还未知。据称，李鸿章伤势并不严重。伊藤首相已向广岛发去电报，请求派出御医佐藤（Sato）加入清朝的救治小组。警察和军队也将采取谨慎措施，以避免任何可能的麻烦。日本政府对此事深表遗憾。

伦敦，3月24日

下关发来消息称，行刺的凶手名叫小山丰太郎，现年21岁。日本代表团团长伊藤博文和另一名代表前往探访了李鸿章，并向他表示了深切的同情和遗憾之情。

伦敦，3月25日

发给《威斯敏斯特公报》（The Westminster Gazette）的消息称，日本国会已通过决议谴责对李鸿章的暗杀行为。

一封来自下关的电报称，李鸿章将拒绝割让任何地方给日本，但是相应地，他将增加赔款数额。电文还称，和谈将不会成功，因为清朝有一些可以察觉的秘密力量。

伦敦，3月26日

《泰晤士报》收到神户发来电报：李鸿章昨日遭到小山丰太郎枪击，目前脸上的枪伤恢复情况良好，伤口未感染。刺客被指有精神问题，还曾有犯罪记录，并被短期监禁。

一封来自横滨的电文称：李鸿章反对取出在他左眼下方1厘米处的子弹。伤口有3厘米深。日本皇室派出两名看护给他。各方发来了大量表达同情和遗憾之情的信件和电文。

纽约，3月25日

《先驱报》从上海收到如下消息：此地收到消息称，日本各方都强烈谴责刺杀李鸿章的行为，特别是在直隶总督作为客人到访的情况下。天皇听到消息后，立即派出特使——侍从武官左卫向这位疯狂刺杀行为的受害者表达慰问之情。天皇还派出外科医生石黑（Ishiguro）和佐藤医生为受伤的总督治疗。为日本辩护的人表示，必须记住，没有人能事先预见凶徒的举动，并提供足够的护卫。

横滨，3月25日

子弹尚未从李鸿章的脸部取出，但他的情况乐观。虽然他没有发烧，但也经受了许多折磨。行刺的凶手被认为是一名政治狂热者。凶手在总督的车驾经过时，向他开枪，子弹击中了总督的左脸。此事在该地引起了极大愤慨。

东京，3月25日

日本天皇颁布圣谕，谴责了昨日在下关向李鸿章开枪的刺客，并对这位来自清朝的和谈全权代表表达了深切的慰问。两名奉命为总督治疗的医生汇报说，总督伤势轻微。开枪的刺客小山丰太郎是一名狂热分子。

1895年4月17日,中日签订《马关条约》。
火盆左一李经方、左二马建忠,火盆右一李鸿章、右二罗丰禄、右三伍廷芳,
火盆对面自右往左依次是:伊藤博文、陆奥宗光、内阁书记官长伊东巳代治、外相秘书田中敬依。

（美国）《鹰报》 1895年6月5日·星期三

恪守孝道：李鸿章向亡母表达哀思

清朝人，无论皇帝还是苦力，都必须对父母尽孝。根据习俗，父母过世时，儿子必须辞官在陵墓前守孝很长一段时间。我们的前任驻华公使杨约翰向《评论家点评》(The Review Of Reviews)讲述了直隶总督李鸿章是如何受圣旨阻挠，无法给他的母亲守孝的。

这位伟大的清朝政治家在年迈的母亲过世时，和他的兄弟、两广总督一道匆忙赶去坟前祭奠。大家都以为总督会卸任，辞去所有职务。他的政敌甚至认为，李鸿章的仕途已经走到头了，他的位置将被其他人取代，而他的权力将成为记忆。

突然，从皇座那边传来圣旨，命令李鸿章只准守孝三个月，并在三个月期满之时回来述职，他的兄弟则被允许继续待在墓前尽孝。这道不同寻常的圣旨表明，清朝皇帝有急事要召回他，所以李鸿章很快赶回了天津府邸。

杨约翰先生看到这位总督的船停靠在烟台港时，登船致敬。总督看起来就像挨饿的乞丐，穿着最粗糙的麻衣，胡须和前额很长时间没有打理，辫子从茅草一样杂乱的头发中垂下。悲伤的线条布满他的脸庞，手也是瘦骨嶙峋。

这位帝国的第一人素来以服饰整洁、相貌端庄而著称，但此刻看起来就像个粗鄙的人。他是想通过这种个人的苦修来给母亲尽孝，以遵从传统习俗。一段时间以后，当杨约翰先生在天津再次见到李鸿章时，乞丐的模样已经全然消去，他又成了最讲究的贵族人物。

李鸿章夫人

李鸿章的夫人有 1000 名仆人、2000 件衣服、1200 条裤子和 500 件皮大衣。她的脚如此之小，以致无法行走，此外，她有 50 多种发型。她虽然也穿裤子，但不能用夏威夷那种方式骑马，她也没有见过自行车。如果五金公司（Hardware Company）可以给她送上一辆他们制造的帝王牌（Monarch）女士自行车，那李鸿章夫人该有多高兴啊。

李鸿章继配赵晓莲

1896

(德国)《柏林日报》 1896年6月12日·星期五

BERLINER TAGEBLATT UND HANDELS-ZEITUNG JUNI 12 1896 · FREITAG

在莫斯科采访李鸿章

我们接到俄国发来的报道：李鸿章在北京扮演了跟赫伯特·俾斯麦在柏林相似的角色。我先是被带着通过一间小客厅。这里面装饰着蓝色丝绸，摆放着白色和蓝色的家具，看上去更适合作为一间闺房，而不是用来招待一位总理的客房。房间里有八到十名仆人站成两列。他们穿着麻或者丝绸制的上衣和毡鞋，动作轻缓，悄无声息地走在光滑的木地板上。他们扎着著名的清朝辫子，前额剃得很干净，就像生动表演着的演员们。我经过时，这两排人深深地向我鞠躬。

我走过一间宽阔的房间，进到一间有彩色皮毯挂饰的狭小房间里。这个房间使人想到俄国风情的理发室。稍晚一些时候，身材高大、拥有典型清朝人长相的李鸿章进来了。他前额没有头发，发辫灰白，胡须和髭须同样是灰白色的。他穿着带着花纹的深红色丝绸所制的衣服。李鸿章用手示意我坐下，自己也在我对面坐下。他的眼睛在金色的镜框后面打量着我。有那么一小会儿，我也打量着他。他看上去神情疲惫，但依然可以察觉到睿智的光芒穿透他忧郁或者苍白的面纱。他装扮得非常雅致，白色的长衫由金色的大扣子扣着，戴着镶嵌着大颗祖母绿宝石的黑帽子。他的手向下垂着，看得出来保养得很好，不长的手指上指甲非常长。我从李鸿章那里得知，和其他很多清朝的习俗一样，这也是清朝的潮流。

在谈话开始前，一位仆人从前厅端上了一小杯茶和一支很大的银制水烟，并用火柴点着。李鸿章轻微地做了个表情，然后开始咕哝着说起中文，使人想起英国人的说话方式。他让坐在我旁边的翻译官用法语转达他的意思。

他希望能够拜访奥地利，在那里完成他伟大的欧洲之旅，并从那里返回家乡。

"此行的目的呢？"

"我做这次旅行是为了借沙皇加冕礼这个机会向俄国传达我国皇帝和人民的祝福，同时也想看看欧洲。我知道，建立一些新的关系、扩大我们的友谊圈非常有必要，也是我们目前的一个重要任务。我想尽可能完成这个使命。"

"我们奥地利人将会很高兴，您可以来奥地利看看。"

"我想去布达佩斯。我认识正在那边举办展览的一个经理。这个城市应该很漂亮。多年前，这位经理在清朝旅行时，曾与我有过接触。现在他邀请我去看看他的作品。"

在圣彼得堡受到高规格接待的李鸿章。刊于（英国）《图片报》，1896年5月23日。

我们乐意接受这个邀请，匈牙利有着出色的人民——他们充满活力，热爱祖国，这一切使他们快乐。如前所说，我很乐意前往布达佩斯。我也非常希望能够了解奥地利，我们跟那里有一些贸易联系，因此我很乐意前往那里旅行。你们在奥地利说什么语言呢？那边的书面语和口语都是德语？"

我告诉这位大人，并不一定全是如此。这也是我们政治发展的一个历史遗留问题，外国人在那里带着会说德语、法语或者英语的翻译就可以畅通无阻。

"我很大一部分原因是为了皇帝而去奥地利的，"李鸿章继续说道，"他勤勉、卓越的统治名声已经传到了我们那里。我们带着钦佩之情听说了他的才华、事迹，还有那场使他伤心的灾难。如果可以见到这位伟大君主的话，我会感到很自豪。不管是从维也纳还是布达佩斯来看，这个国家可能需要很多年才能统一。需要多久呢？"

我因此询问道，他是否想知道奥地利王座继承人的情况。"对，这是我想问的，"李鸿章说，"所有报道都说，皇帝虽然已经60岁了，但是依然精力充沛。上帝保佑他能一直拥有这种力量，他应该继续统治。上帝赐给了人天赋，但是时间会教会人们更多，只要人们愿意学习。我自己当了近三十年的直隶总督和总理衙门大臣，我并不像人们以为的那样，作为皇亲国戚才从事这些工作，我是一名官员。你们的新首相难道不是整个政府的领导和指挥官吗？他应把所有钱和关系都捏在手里。"

我因此试着向这位大人介绍了我们复杂的机构设置情况。

"你对我说了一些令人遗憾的情况。"李鸿章说，"不管怎样，你们的总理有着不错的名声，我可能有幸见到他。拜访各国的政治家也是我此行的任务。"

"这是否和清朝遇到的不幸事件[1]有关呢？"

"是的。这件事的影响慢慢地开始消退，现在已经好多了。这些在慢慢地发生，像东方所有的事情一样。"

"这不会再一次阻碍清朝的改革吗？"

"我们有着改革的果断决心。我们希望能够重组军队和政府机构，并提高税收。基于这些想法，我也会去欧洲旅行。不得不承认，我对欧洲有非常深刻的印象。这里的进步不同寻常，而且对于人民的生活有巨大的影响。返回祖国时，我想报告这些情况。我的汇报将会很有影响力，在这个基础上，将会实施很多改良的行动。"

"你对这里有什么特别的印象呢？"

"每个人肯定都会有这种特别的印象——这次加冕是无与伦比的、伟大的。它展示了俄国的强大和力量，而这些都来自一位拥有高贵品格的君主。"

"清朝和他结盟了？"

"我们没有签署像报纸上所写的那种条约。我们的利益决定了我们的政治。铁路只是使彼此联系更紧密。"

"有人说，在这方面一切已经完美就绪？"

"这也是夸张了。我们会建铁路，我们必须建铁路，最好是用我们自己的方式来建。当然，如果这不够的话，我们也会借助外债。对这方面的银行，我们将给他们发许可。"

话题再一次从政治上转开。"维也纳，"李鸿章说，"我认为它和柏林一样美丽伟大。那里有很繁荣的交通和贸易吗？"

"是的，在很多领域都是，但是如果没有一直捣乱的党派的话，它可以更强。"

"他们怎么会这么做呢？他们怎么会有权这么做呢？"

"因为他们是议会机构的代表。"

"还好我们没有这个。"这位大人满意地笑着，继续询问维也纳的形势。"我想在

---

[1] 指甲午战败。——译者注

李鸿章在俄国。

6月30日去柏林。我将觐见德国皇帝,因此会在那里待一段时间。然后我将去维也纳和布达佩斯,可能我们会在那里再见面。"

随着这些话,这次超过一个小时的拜访结束了。从这位清朝政治家谨慎聪明的谈话中可以看出他对于进步和力量毫无保留的钦佩,这是他真正感兴趣的。如果保守的东方能够开始承认这种钦佩,那么有可能,连欧洲也不能长期阻挡它。

（德国）《柏林日报》1896年6月13日·星期六

李鸿章在德国土地上

亚洲乃至世界上最知名的政治家要来德国的消息已经扩散开来。他就是清朝伟大的改革家、直隶总督李鸿章。早在日俄战争爆发前，李鸿章就享誉世界，被公认为第一个勇于向西方文明打开天朝大门的人物。他是连接天津和塘沽口的清朝第一条铁路的建造者，也是在对日战争中虽败犹荣的北洋水师的创立人。他还是第一个大规模引进欧美资本、批准采矿和沿海航运的人。

李鸿章今年73岁，出生于安徽合肥，很少有人像他那样在短时间内经历命运的大起大落。他较晚才进入清朝政府的重要部门。1860年，他与戈登将军并肩作战，打败了强大而危险的太平天国，因此迅速晋升高位。1870年天津教案发生之时，他已是直隶总督兼北洋通商大臣，但这些荣耀和头衔很快便被剥夺，他遭到了重罚。直到两年之后，他才重蒙圣宠，成为帝国总理——清朝最重要的省份——直隶的总督，并逐渐成为天朝实际的掌权人。

中日甲午战争爆发前夕，李鸿章正处于权力巅峰。随着战事朝不利局面发展，他第二次坠落至政治生涯的谷底。作为水师和陆战战败的替罪羊，他再一次被贬，作为最高荣耀象征的黄马褂和三眼花翎也被剥去。然而在与日本和谈时，人们才意识到，除了李鸿章，没有人可以担此重任。在与日本签署《马关条约》的地方，这位政治家差点丢掉性命。大家可能都还记得，在那里他差点被一个日本狂热分子刺杀。这位清朝政治家侥幸躲过，却也为此负了伤。

在重获圣宠再次荣耀加身之后，李鸿章奉命出使莫斯科庆贺俄国沙皇加冕。离开莫斯科返乡之时，这位可敬的政治家决定踏上漫长的世界旅行，而德意志帝国首都有幸在他的到访之列。

李鸿章与随员在莫斯科参加俄国沙皇登基庆典时留影。

李鸿章与布瓦代弗尔[1]

俄国记者梅西特挈斯基公爵给同在莫斯科参加俄皇加冕礼的法国代表布瓦代弗尔将军和天朝的总督做了一组平行比较，对法国不免有些谄媚。公爵说，布瓦代弗尔将军代表一个因勤劳、有天赋而富裕伟大的民族。李鸿章总督也代表一个大民族，之所以说它大，是因为她的人口多得有些可怕。谁若有机会同这位法国将军以及这位清朝权贵进行一场认真交谈，他就会知道，无论是文明民族的代表布瓦代弗尔，还是完全未开化民族的代表李鸿章，他们对于理想精神世界意义上的"特定民族伟大与力量的来源和特质"都认识模糊。

李鸿章作为一个聪明的清朝人，曾多次对俄国教堂这类无用装饰的花销表示震惊。他体内有着对于物质和机械力量的纯朴的信仰崇拜。那位现代法国代表同样不理解，为何在伟大的俄国有如此之多的教堂以及如此稀少的物质。几乎每一个外国人都只着眼莫斯科，然而当他们进入俄国腹地，他们会更加震惊于教堂的富裕和人民物质上的匮乏、教堂的众多和学校的稀少，以及技术的缺乏和精神力量的强大。对于认真的观察者来说，这些都足以成为一个研究题目了。清朝以及她的三亿人口，并不是没有明天就被一小撮日本人占领的可能性。即便是文化高雅、财力雄厚的法国，也有可能失去主权。不论清朝还是法国，这些都取决于它们是否拥有不被战胜的本质力量。这也是俄罗斯帝国稳固和强大的源泉：思想的世界、生命中的精神力量。

梅西特挈斯基公爵的观察中的确有一部分是正确的，相较其他地方，德国人更容易理解，人不仅仅靠着土地而活。如果梅西特挈斯基公爵能够不仅仅从教堂的影子里找寻精神法则的话，那么他将获得更多真理。

---

[1] 法国参谋长，于1892年8月与俄国参谋长奥勃路切夫（Obruchev）商定针对三国同盟的军事协定。——译者注

BERLINER BÖRSEN-ZEITUNG	（德国）《柏林交易报》
JUNI 14 1896 · SONNTAG	1896年6月14日·星期日

德国和清朝

　　作为世界上疆域最广国家的最高官员，昨日到访的这位来自远东的客人赢得了比一般政治家更多的关注。虽然遭受了政治和军事上的失败，清朝仍得到所有欧洲国家的青睐。也正因为这些失败，清朝洋务派早期所遇到的阻力开始消解，而鼓励投资、建设铁路和工厂、扩大这个拥有世界四分之一人口的国家与欧洲国家往来的希望也比以往大多了。在俄国所得到的优惠政策中，我们看到的不是恶意，而是俄国和德国可以进入铁路建设公开招标的一种保证。为了不单一依赖于某一个或两个国家的支持，清朝公开寻求各国支持。李鸿章在两年前就意识到，为了不使这个人口过密的国家陷入饥荒，应当大力发展铁路建设而不是迁移人口。清朝人并不喜欢移民到他国，他们渴求的是尽快返乡。在马关谈判中，德国曾与法国、俄国结盟对日本方面施加压力，对此清朝是否会给予回报，这一点仍然存疑。据说清朝人的忘恩负义与不忠达到了非同寻常的程度。

　　此外，我们也不应忽视清朝在同欧洲，尤其是英国打交道时非常糟糕的经历。这位直隶总督就曾抱怨过鸦片输入毁坏人民健康，对于英国一方蓄意编造借口挑起冲突也多次表示不满。清朝和其他任何国家一样，崇尚本国利益至上。在俄法借款被用来支付给日本，德英借款被部分用来重建战舰和改组军队、部分用来补偿日本使其放弃辽东半岛之后，清朝现在再度亟需资金。清朝计划提高进口关税的传闻至今尚未得到确认。已经确认的是，华俄道胜银行已获得许可注资从海参崴到旅顺的铁路建设，1.2亿卢布的建设资金将由俄中联合担保。李鸿章被誉为"清朝的俾斯麦"，但是就其事迹和成就来说，这个说法很难成立。这个说法可以追溯到美国政治家杨约翰在《评论家点评》中报道格兰特将军的文章，后者在其1879年世界旅行之后声称结识了四位最伟大的人物：俾斯麦、比肯斯菲尔德（Beaconsfield）、甘必大和李鸿章。

　　根据这篇报道，李鸿章是一名睿智的思想家，也是一位诗人，一个冷静理性的人，崇尚祖先崇拜。他身材高大，举止尊贵，眼神清澈坚定，但他在三月时应该也哭过。

在马关，一个日本人试图谋杀他。李鸿章和格兰特交好，对戈登关爱有加。戈登在1863年曾率领一支中英联军攻占了太平军的很多据点。戈登一直在包里放着本《圣经》，只带着一根马鞭，喜欢亲自带领队伍与敌人厮杀。李鸿章喜爱这位与众不同的梦想家。杨约翰说，1880年时戈登曾再次造访李鸿章，并建议他率军推翻北京的腐朽统治取而代之。但是李鸿章对此计划极为怀疑，或许是害怕沦为印度王公一样的英国傀儡统治者。

清朝的这位政治家出身低微，他的晋升得益于在科举考试中的优异表现和丰富的学识。他的兄弟也是位总督，他的儿子作为秘书陪同他来到了柏林。李鸿章对在华的德国人非常信任，他希望德国人可以充当平衡势力，一方面牵制法国和俄国，另一方面也用来牵制英国和日本。

李鸿章昨晚8点抵达柏林

昨晚8点刚过，李鸿章总督在庞大的随从队伍的陪伴下抵达柏林，下榻在恺撒大酒店。昨日早时总督还参观了希肖造船厂[1]。他对一切观察备至，并请陪同他来到柏林的陆军上校李博特（Liebert）担任翻译官，翻译了柏林市领导的讲话。外交部方面已经在车站的市政厅（Schießhalle）内准备了可供三十三人就餐的晚宴。李鸿章对这些关注表示受宠若惊，愉快地接受了邀请。他用中文致谢，最后接受了市领导颁布的嘉奖令。在总督即将下榻的酒店前面，业已布置了两列护卫。

---

[1] Schichau-Werft，位于今波兰艾尔宾市（Elbing）。——译者注

为了不让各国嫉妒,李鸿章右手拿着自己的辫子,左手拿刀一截一截地切下,
分送给身边的英国女王、法国总统、德国皇帝。
刊于(法国)《轮廓周报》,1896年7月12日。

(德国)《柏林日报》 1896年6月14日·星期日

BERLINER TAGEBLATT UND HANDELS-ZEITUNG JUNI 14 1896·SONNTAG

李鸿章抵达柏林

今晚7点55分,李鸿章一行按计划抵达位于弗里德里希大街的火车站。前来迎接的有清朝驻德国公使许景澄、使馆成员及来自德国宫廷和军队的大批代表,其中领头的是柏林市长冯·纳兹美尔(V. Natzmer)少将,警察局长冯·温德海姆(V. Winderheim)也在场。外国代表中有荷兰公使古德里安(Jonsheer Van Lets Van Goudriaan)博士,工业界代表有总部位于埃森的克虏伯集团的秘书长延参(Geh Rath Jense)。

女士代表是担任清朝军队教官并在对日战争中广为人知的冯·汉纳根大尉年轻优雅的妻子及其姐妹。这位夫人不仅是来迎接李鸿章这位清朝的政治家,更是来等待她那位在社会上享有很高声誉的丈夫的。他和总督以及陆军上校李斯特一同从法兰克福赶来。火车开进,铺了地毯的台阶已经在李鸿章的卧铺车厢前架好。在留着辫子的几位随从和汉纳根大尉后面,一位脸上带着不太明显的在热带居住痕迹的文雅的先生现身了,这位东方的伟大政治家在两名随从的搀扶下走下站台。

李鸿章是一位睿智的先生,身材高大,但也因为年纪而微微有些驼背,浓密的眉毛下是一双聪慧有神、被一副金框眼镜护着的眼睛。斑白的鬓发和胡须包围着紧闭的双唇,下胡一直到瘦削的下巴。这有力的脸部轮廓和炯炯有神的眼睛吸引了众人的目光。如上所述,他的身材微微有点驼,神态使人想起天主教神父。李鸿章戴着著名的三眼花翎,穿着相对较少被提及,却象征着高位的官员服装黄马褂。李鸿章带着礼貌的微笑向迎接者们挥手,随后恢复到被随从搀扶的姿势,进了火车站的皇帝接待室(Kaiserzimmer)。在那里,使馆秘书克莱赫(Kreher)博士和冯·汉纳根大尉将到场迎接的人员一一作了介绍。对此,总督的随从和清朝驻柏林公使以其特有的点头鞠躬回应。这行队伍随后要去往恺撒大酒店,前文已经提到,李鸿章将在那里下榻。李鸿章随后坐上了双轮的宫廷马车(Galahofwagen)。在他旁边坐着的是陆军上校李斯特,传闻他将担任清朝军队的统帅。总督的随行人员以及使馆成员跟在后面。随行人员中有一位上了年纪的

李鸿章坐马车抵达柏林。

清朝人,举止像弗兰肯[1]人,他的三眼花翎表明了他的军衔。他是清军的老将,由于在上一次战争中率领一支炮舰英勇作战,此次他被奖赏与李鸿章一同前往莫斯科。他在莫斯科中风了一次,所以现在他的手脚还不是很灵便。在李鸿章一行到达之前,恺撒大酒店前面就已经站立了两列卫兵。

我们得知,参与迎接李鸿章总督的还有工商业界的杰出代表。这些代表为欢迎李鸿章,将会组织包括6月26或者27日柏林贸易展在内的一系列庆祝活动。此外,代表们还将担任总督前往大企业参观的向导,其中包括路德维希洛伊兵工厂(Ludwig Löwe Co.)。

---

[1] 该地区位于法兰克福的东部。——译者注

（德国）《北德总汇报》 1896年6月14日·星期日

NORDDEUTSCHE ALLGEMEINE ZEITUNG JUNI 14 1896·SONNTAG

李鸿章昨晚抵达柏林

　　昨日晚间抵达柏林的清朝总督李鸿章将住在威尔海姆广场的恺撒大酒店二楼，有34间房供李鸿章及其随行人员使用。

　　房间按照清朝人的习俗、品位和格调布置。李鸿章的房间模仿了他所惯住的房间，豪华大床房格外舒适，装饰得非常华丽，每一个细节都考虑到了。宽敞的卧房内有笔触强劲的天顶画、温馨的壁画以及镶金边的白色家具，这些都充满了品位。房间内还装饰有清朝的花瓶，正对着窗户的墙上挂着李鸿章的肖像画，正对面的是俾斯麦首相的肖像。据传李鸿章将拜访这位首相。画像的下方是一位长着羽毛的歌手——一只装在笼子里的画眉鸟，正活泼优雅地啼叫着。据说这位尊贵的客人尤其喜爱这位歌手。接待室同样装饰得富丽堂皇。这里也有一只画眉鸟，周全地考虑到了总督的每个生活习惯。在书桌前的墙上，有一幅李鸿章的肖像。李鸿章的随行人员根据等级，被安排到环绕着李鸿章房间的其他房间里。

BERLINER BÖRSEN-ZEITUNG	（德国）《柏林交易报》	
JUNI 15 1896 · MONTAG	1896年6月15日·星期一	

李鸿章总督在柏林

这位清朝政治家的欧洲之旅，对于天朝来说，意味着一个新纪元的开始。清朝将会接触和了解欧洲的文化，并接纳我们的成就。清朝人思想上的壁垒将被贯穿，过时的偏见也将被打破。如果李鸿章年轻50岁的话，这位充满爱国情操的政治家一定会将自己的所见所想奉献给这个伟大的东亚帝国。然而，现在他年迈且时日不多，从长远考虑他能否培养后继者，这成了一个问题。这些后继者是否有能力对抗本国的顽固派和权贵，同时在世界舞台上赢得尊重呢？如果李鸿章不能为自己留下一支精英团队，那么他将永久地成为官场斗争的牺牲者。谁要是经常阅读《东亚劳埃德报》（Ostasiat Lloyd），就会对那里史无前例的官员腐败产生一些看法。事实上，一个总督（副国王[1]），或者说一个省的最高执政者，拥有效忠和服务于自己的士兵，这本身就是一个国家已经破裂的证明。

通过这次旅行李鸿章证明了他的天赋。这种天赋使人想到了那位俾斯麦首相。这位清朝皇帝的使者此行的崇高目标是创建一支强大的陆海军，对此德国的造船以及军工业将会发挥其相应的优势。在华的德国人已经通过他们的表现获得了信任，以后将会有更大作为。更重要的是，德国会成为在华的政治势力中唯一一个不自利并且可信任的友邦同盟。无需努力去认识在北京的宫廷，德国本国的工业实力就可以得到承认。这些考量并不始于昨日，俾斯麦首相在很久以前就已经在筹备和维护了，直到信任和依赖能够以政治上的重要方式呈现出来。

李鸿章具有高尚的品格，昨日他身着华服，头戴装饰三眼花翎的帽子，在觐见德国皇帝前后还和国防部长待了一段时间。关于德国皇帝对李鸿章的接见，报道如下：

昨日中午12点30分，清朝皇家特使李鸿章在皇家城堡的骑士厅（Rittersaale des Königlichen Schlosses）受到隆重接待。特使旁边是他的随行人员和为他效劳的陆军上校李博特，后者担任向导，用礼车将这支外交使团接到城堡。特使的出行

---

[1] 此处按原文翻译，未做修改。——译者注

庆典由第二近卫骑兵护送。卫队火枪团举着旗幡，奏着军乐，敲锣打鼓地走在前面，将特使带到城堡内的庭院。觐见时除了宫廷人员和随从们，皇后和王子们也在场。此外，在场的还有帝国总理、外交部秘书、国务部长和将军们。大使在呈上文书之前发表了中文致辞，由清朝海关税务司德璀琳翻译成德文。

"我怀着敬畏来到殿前，充满了对德意志帝国的敬佩之情。它从至高无上的祖先们那里传承下来的遗产、激动人心的文化、崇高的道德和长久以来备受人们关注的伟大和荣誉，吸引了远近的所有人。清朝和由陛下所领导的帝国之间的友谊由来已久，这份友谊如此卓越，没有任何国家可以比拟。在去年归还辽东半岛的谈判中，借助陛下的有力帮助，清朝在不同阶段都取得了有利的结果。这份恩情我们铭记于心。

"在我担任直隶总督初建军校之时，就很清楚德国的军队是世界第一的。陛下当时就恩准派遣军官来到清朝，助我实现创建现代化军队这一目标。这些军官先生们的付出对我所领导军队的建设具有重要意义。过去这些年，我们一直从德国购买各类战舰和军需物资。德国是我们不可或缺的依靠和大规模交易的对象。怀着敬畏与感激之情，我将这些表达出来，我们将对此永世不忘。虽然我年事已高，但在这穿越大洋的漫长旅行面前我并没有胆怯。我向陛下亲自呈上我国君主的文书。一方面为了重申我们珍视陛下的这份友谊，另一方面也为了实现我长久以来的愿望——亲自向陛下表达我最高的崇敬之情。我希望陛下能感受到我国君主派遣我带来的这份心意，并继续巩固和加强德中两国之间的友谊，缔结长久的和平。这是我最真挚的愿望。"

德国皇帝从外交部秘书手中取过答复的文书念了出来，随后由德璀琳翻译成中文。答文是：

"我很高兴在此接待清朝皇帝派来的优秀特使、杰出的政治家。我很乐意将您的到来视为伟大的清朝君主与我和德意志帝国的友谊的明证。对此我回报以衷心的祝愿。如同特使您所说的、在过去已被证明的德中两国对于和平的共同祈愿，我希望在未来巩固加强并继续推进这种建立在文化基础上的友谊，发展两国间的多样合作。这也是我的愿望，我对此充满信心和希望。请您向清朝皇帝转达我对他遣使以及通过您来递交文书的感激之情，以及我对于他健康的最高祝愿。在此我特别宣告，我的宫廷和首都都十分欢迎您的到来。"

李鸿章总督将在德国停留三周左右。接下来他将参观德国著名的机构和设施。他到访的痕迹会留存很久！可以确定的是，李鸿章将拜访俾斯麦首相。这也是他一直以来的期待。然而，俾斯麦首相现在的健康状况并不是很好，能否允许接待这类高强度的访问尚未可知。

（德国）《柏林日报》
1896年6月15日·星期一

李鸿章受到德国皇帝威廉二世的接见

接见时的场面

清朝皇帝派遣的特使李鸿章和他的随从昨日午时12点30分在皇家城堡的骑士厅受到德国皇帝的隆重接见。在场的有皇后、王子们、皇室总管、副总管以及皇家部队参谋长、副参谋长、顾问团、副官长、随行将领及其副官、皇家部长和内阁秘书。站在远处的是帝国首相、外交部长、国务部长、将军、卫队将军、总督、副总督、海军上将以及其他人员。在司仪长冯·罗森伯格（V. Rosenberg）和博德尔施文格（Bodelschwingh）男爵的指挥下，从王座的左侧传下口令。城堡门口、阶梯和螺旋梯旁的小庭院设置了两列卫队站岗，在城堡的庭院中安排了一队旗幡和卫队，用以表达对总督的敬意。皇家卫队在螺旋梯到静穆厅（Schweigersaal）之间组成礼队。螺旋梯上方的静穆厅内则有卫队站岗，第二组礼队排列在静穆厅和红色大厅（Rothen Drap D'or Kammer）之间。

出发前往城堡

12点15分，清朝特使乘坐礼车离开恺撒大酒店。坐在礼车前排的是担任荣誉侍卫长的陆军上校李博特、李子爵以及大使秘书罗丰禄。第二排的是李鸿章总督，在他后座的是外交使团向导冯·乌瑟多姆（V. Usedom）和清朝翻译。第三和第四车厢中是特使团的其他成员，其中包括坐在第三车厢的冯·汉纳根，他曾在清朝军队担任将军。前往皇家城堡的路段由卫队护送，一组卫队在前面开道，一组跟随在礼车后，车厢两侧各有一组卫队骑马跟随。出发时，护卫长位于车厢的右侧，因为此处是特使所坐的位置。出行队伍穿过维尔海姆大街（Wilhelmstrasse），越过城桥（Schlossbrueck），经过第五皇家城门，登上螺旋梯。从楼梯的第一阶到静穆厅这段距离，特使由内庭侍卫冯·卢克（V. Lucker）男爵负责接待，在静穆厅处由副司仪长冯·雷纳兹（V. Ranitz）伯爵接引穿过帕雷德厅（Paradekammern），前往红色大厅。与此同时，皇帝已经由罗腾萨姆厅（Rothen Sammet-kammer）出来，随行的包括聚集在卡皮特大厅（Kapitelsaal）和骑士厅的人员。德皇坐上王座，王子们在王座的左侧环形侍立，传令官在王座的下方，其他人分散在骑士厅中，也有一些留在罗腾鹰厅（Rothem Adler-kammer）等候那位清朝来的特使。

此时，特使已经在外交使团向导冯·乌瑟多姆和副司仪长格拉森·冯·卡尼特（Grasen V. Kanity）的带领下，由静穆厅缓慢地向红色大厅走来。这时德国皇帝对已经回到骑士厅汇报的最高司仪长下令，让他在清朝特使进入红色大厅后，把特使接引到骑士厅。传令官们在骑士厅两侧站成两列欢迎队伍，觐见队伍穿过罗腾鹰厅后进入骑士厅。最高司仪长站在特使的前面，左右两侧是使团成员乌瑟多姆、李博特副官、李侯爵，以及使团首席秘书罗丰禄，站在第三和第四列的是使团其他成员。李鸿章总督和同行人员三鞠躬后，向王座方向走来，一直到达骑士厅的正中央。最后，特使紧挨着王座，再一次对皇帝鞠躬。外交大臣马沙尔·贝尔斯泰因（Freiherrn Marchall von Biederstein）男爵走上前，领着大使进一步走近王座。当司仪长转向左侧时，王座右侧的位置由特使和国务秘书站立。使团向导冯·乌瑟多姆和司仪长冯·卡尼特伯爵则站在特使后面远一点的地方。

李鸿章坐马车前往德国皇宫。

李鸿章坐马车前往德国皇宫。

街景

  李鸿章昨天上午觐见前的筹备工作：出发前往皇家城堡前，李鸿章总督接待了帝国首相霍恩洛厄和外交大臣马沙尔·贝尔斯泰因。去往城堡的途中，菩提树下大街（Unter Den Linde）已有密密麻麻的人群在等候迎接。这幅景象表明，对李鸿章总督的接待是重大的国家事务。

  守卫人员在清理大使将要通行的街道。从1点25分开始直到李鸿章出发，街道一直被封锁。载着大使的礼车、盛装的军官、卫队、皇家侍卫和仪仗队引来公众观看。这位来自远东的客人是今天大家兴趣的焦点。人们设想着，这位东方人的光环和华贵将通过他华美的服饰淋漓尽致地体现出来。如上所述，总督和他的随行人员乘坐四辆礼车。每辆车之间保持适当间距，由卫队陪同。这种方式给人以新颖而耀眼的印象。那位礼车的驾驭者特别优雅地靠在车窗边，保持紧张而有力的姿势。这无疑给总督留下了深刻的印象。与此同时，皇家城堡那边也在以合适的方式准备着庆典。

  柏林公众怀着严肃而喜悦的心情迎接这位使人激动的外国人。"蒙古人""奇观""黄色的清朝人"这些说法随处可以听见。此外还有一些关键词，比如"世界政治""商业利益""东方的改革家"等。

  下午6点左右，李鸿章在追随他的陆军上校李博特的陪同下，与聚集起来的国务大臣们开始巡游。之前已陆续介绍过他的随从了。一件有趣的事情是，包括李鸿章在内的所有清朝人，在敞开的礼车行驶过街道时，按照清朝的习俗，试图撑起巨大的阳伞来遮挡太阳。在出发前，李鸿章和延参秘书长举行了很长时间的会谈，后者是克虏伯军工厂的代表。昨天李鸿章没有穿黄马褂，而是穿着黄色的底衫和深蓝色的外套。

  关于在柏林的接待情况，如同李鸿章对他周围的人所说的，他是高度满意的。柏林让他有很深的触动，他觉得柏林比莫斯科更加美丽伟大。他下榻的恺撒大酒店让他感到格外舒适。这家酒店在李鸿章住进来后，立即热闹了起来。拜访者络绎不绝，他们都希望能在东亚大展拳脚。李鸿章以随和的待客之道闻名于世，这从他和柏林的殖民地机构成员的对话中可以看出。此外，李鸿章很快注意到，这里与他家乡的习俗不同，人们没有把除了辫子外的头发都剃光。他也很惊奇，遇到的很多人都没有结婚。他们养不起太太吗？可见李鸿章很重视他家乡的孝道和传统习俗。

日本山县有朋将军访德

　　来自日本的山县有朋将军将于明日午时在波茨坦私下觐见德国皇帝。将军此次到来并非执行公务，而是继续他跟随雷德（Render）教授学习的一门课程。这门课业因为他被委派到莫斯科参加俄皇加冕礼而中断了。我们有理由驳回一些官员的猜测，他们认为将军来柏林是为了执行政治任务。此外，日本的端岛王子（Haschima）作为天皇派遣到莫斯科的特使，在返回日本时并未途经柏林。

　　李鸿章的长子李子爵作为李鸿章的秘书同行，并被授予一等王冕大十字宝星勋章。

　　李鸿章将于本月22日赶往基尔市参观皇家港，此外还将参观日耳曼尼亚造船厂。这位拥有清朝爵位的大人还将在12位随行人员的陪同下，在那里吃一顿中式口味的午宴。

| （德国）《柏林交易报》1896年6月16日·星期二 | BERLINER BÖRSEN-ZEITUNG JUNI 16 1896·DIENSTAG |

李鸿章觐见德国皇帝

今早《科隆报》(Köln. Zig)报道了李鸿章觐见德国皇帝的情况，并惊异地表示，同在柏林的日本山县有朋将军竟没有向德国皇帝递交正式觐见的文书。报道内容如下：

对于已经73岁的李鸿章的到访，我们必须多加小心。他前年首次出国前往日本时，曾夸大结盟的希望，并表示清朝将从故步自封中骤然醒来，以与日本一样的风暴速度来效仿西方进行改革。显然这里面水分很大，李鸿章的国外影响力也被高估了。不过他的活动表明，年轻的清朝皇帝无疑更倾向于向欧洲学习。这本身就非常了不起。

这次觐见与清朝以往的立场一致，李鸿章在德国皇帝面前的致辞更是进一步地传达了结盟意愿，而德国对于清朝则一直持观望态度。李鸿章作为清朝皇帝的特使，宣称中德友谊"如此卓越，没有任何国家可以比拟"。他在感谢德国在对日和谈中对清朝的帮助之后，提出了一个友谊框架，以便加强和拓宽中德两国的贸易关系。尽管这些只是李鸿章的个人观点，但他对于引入西方文明这一方面，做了一些令人瞩目的安排。对此人们是非常欢迎的，虽然他能否将这些在清朝推广开来还是个未知数。

还应提及的是，就德国方面而言，传达成功很大一部分应归功于在清朝海关总署工作的同胞德璀琳先生。德璀琳与赫德爵士共同掌控清朝海关总署，是在清朝最有影响力的外国人之一。他令人尊敬的工作表现得到了清朝人和所有在华外籍人士的一致肯定。这在天津这个各国人士聚集的领地里是极为少见的。德璀琳是清朝政府派到日本和谈的第一位全权特使，并因此名声大噪。由于日本政府拒绝认可外国人担任清朝的全权代表，德璀琳未能完成这一使命就折返了。此次和德璀琳一道陪同李鸿章特使的还有他的女婿冯·汉纳根。汉纳根作为清朝军队的指挥官，在对日战争中虽然竭尽全力，但仍未扭转因军事实力悬殊所致的不利形势。

汉堡来电：

李鸿章总督收到消息，俾斯麦首相已准备好在弗里德里希斯鲁接待他的到访。现在就看这位东亚客人的意思了。

清朝特使李鸿章将于6月22日前往基尔市参观那里的日耳曼尼亚造船厂，并在那里享用午宴。随行人员包括汉纳根先生、李博特上校以及海关税务司德璀琳。另外，特使一行的行程还有巡游基尔港以及乘船前往荷尔台瑙（Holtenau）[1]。

李鸿章有意提高海关关税

众所周知，李鸿章总督到访柏林与清朝政府有意将目前5%的海关关税提高到8%或者更高的计划有关。为了应对中日甲午战争的军费以及必要的军队和战舰革新的开支，清朝政府必须增加财政收入，他们首先想到的方法就是提高关税。这表明海关已是清朝财政收入的主要来源。据悉，日本可能也在准备提高进口关税。目前清朝与各条约国之间的关税协定是按照之前的条约进行的。《德中友好贸易合约》[2]签订于1861年，条约进出口规定了各商品的关税，包括出口到清朝的棉、麻、羊毛织品、木材、毛皮、金属和手表，从清朝出口的精油、香料、热带水果、香樟、丝绸、丝织品以及其他物品等。免除关税的物品包括玻璃和水晶制品、铸造刀具、挂毯类商品、纸张、文具、葡萄酒、啤酒、蒸馏酒、香皂和香水等。除了免税物品，其他一律须缴纳其价值5%的关税。

除了进出口税，在清朝还有一项厘金税（Durchfuhrzölle）。所有进入内地或者从内地购买运往沿海地区的商品，须由当地管理机关征收厘金。在德中贸易合约中，厘金税定为进出口关税的二分之一，对于免关税商品则征收2.5%的厘金税。清朝与其他条约国签署的贸易条约也包含类似条款。因为条约规定不能无公告，或者单边提高关税，因此清朝要提高关税必须与各条约国进行谈判协商。关键在于，让德国、英国、法国、俄国和其他国家参与讨论清朝提高关税的议题，清朝能够为这些国家提供什么有利条件。否则，毫无疑问，那些与清朝贸易的国家会认为他们是在为中日战争买单。

---

[1] 波罗的海的基尔湾。——译者注
[2] 《中德通商条约》。——译者注

| (德国)《泰尔托循环报》 1896年6月16日·星期二 | TELTOWER KREISBLATTER JUNI 16 1896 · DIENSTAG |

李鸿章受到德国皇帝接见

清朝皇家特使李鸿章于前天，即星期日12点，在骑士厅受到了我国皇帝的隆重接见。特使和他的工作人员，以及为他效劳的李博特陆军上校由外交使团的向导以礼车接至城堡内。特使庆典般的出行由第二护卫车队护送。一支火枪团卫队高举着旗帜，奏着军乐将大使带入皇宫内的庭院。

李鸿章总督在柏林受到隆重接待

李鸿章在柏林受到特别隆重的接待。据我们所知，这位睿智的政客对此也深有感触。李鸿章以清朝全权特使的身份来到这里。据此人们推断，在接下来的日子里，维尔海姆街和恺撒大酒店会非常热闹。李鸿章的到来给我们的政客们提供了大量机会，用以推进很多我们开了头但是迄今为止进展缓慢的事务。德国在马关谈判时为清朝提供了可敬的帮助，至今都未得到回报。人们认为，清朝应在天津划出一块德国租界，虽然这还不足以补偿德国的付出。

更令人紧张的是，我们的政客现在不能让机会从手中溜走，像这样千载难逢的好机会以后不会再有了。德国政府不应轻信清朝口头上的友谊保证，而应积极行动起来保障德国工商业界在清朝的利益，其他国家很早就获得了这些权益。德国也必须考虑，能否要求清朝开放其境内的一个加煤港来确保德国在东亚的利益。德国为清朝做得已经足够多了！德国已经向李鸿章授予了红鹰勋章，接下来让我们拭目以待，李鸿章在与德国政客们的谈判中，对于德国方面所做出的努力，是否会给予实质性的回报。

李鸿章的到来，使目前同在柏林停留的日本山县有朋将军完全被忽视了。应当注意的是，虽然他只是私下与自己交好的德国官员接触，但仍很难排除官方政治的意味。将军被日本天皇授予了与俄国进行重要事务全权谈判的权力。从官方角度来看，这位在莫斯科的日本特使可能带有转呈给德皇的信任条约。所以在柏林，他不可能不和重要的德国政客有所往来。

我们要留心这位将军的处境，不使他敏感的心灵受到伤害。回想一下，德国对日本提供的帮助其实很糟糕。在德国的帮助下，《马关条约》中一些有利于日本的条款被成功地撤销了。众所周知，将军为此备受折磨，所以如果再激起一些不合时宜的纠纷，可能会产生对德国不利的局面。

（德国）《柏林交易报》
1896年6月17日·星期三

BERLINER BÖRSEN-ZEITUNG
JUNI 17 1896 · MITTWOCH

李鸿章拟定参观勒夫军工厂

李鸿章总督昨日下午答应参观位于马蒂尼的勒夫军工厂。不难想象，此事不仅对工厂的管理层和工作人员造成影响，还会激起该地居民怎样的兴奋之情。参观当日所有临近窗户都挤满了人，街道上到处飘扬着旗幡，年轻人交织成网，勒夫军工厂的入口已经被橡树叶和黄色的清朝旗帜华丽地装饰起来。董事会成员们扎着领带迎接这一高规格的访问，然而他们等得时间有些久。准时只是对年轻人的要求，这位总督并不需要严格遵守。时间一刻又一刻地过去，身着燕尾服的迎宾们紧张地穿行在高耸的烟囱、嘈杂的熔炉和滚动的大轮之间。临近6点是白晚班之间的休息时间，然而工厂领导下令继续这一天的工作，以便尊贵的客人到来之时可以亲眼看见该厂的工作全貌。

6点一过，终于有了一些骚动。勒夫董事长快步走来，与此同时皇家礼车驶了进来，李鸿章由李博特上校和翻译官陪同坐在上面。和董事先生们打过招呼之后，李鸿章坐上一把助行椅，被带着开始参观武器制造环节的各个部门。他们首先进入的是熔炼车间，这里有二三十把锤子同时不停地捶打着烧红的铁条。勒夫董事长一个眼神示意，所有工人都停下了手头的工作，否则要在这嘈杂的环境里进行讲解是不可能的。李鸿章在这个工作车间内只作了短暂停留，他对初期这些粗糙、形状不规则的铁管显然不感兴趣。就对整个参观过程的观察来说，总督对于武器制造程序的兴趣远不及制作完的成品。由此可见，他无意窥视德国工业制造的秘密然后在清朝建立工厂，他只想进口德国生产的武器装备。在下一个车间里，铁制的传输带上放着已经铸完但还没有组合在一起的武器配件。

令人惊奇的是，这位73岁的老者为了他的人民环游地球，在此以如此高昂的兴致细致观察着这一切，连微末之处都纳入眼中。他在高温高热的车间里进进出出，没有流露出一点疲惫的迹象。当简单实用的机械吸引了他的注意时，董事们会给他讲解，并由翻译官一字不漏地翻译给他，直到他对其构造完全理解为止。李鸿章用戴着珠宝的手拿起一个上了油的零件，仔细观察它的每一面。他可能在把它们和他在俄国兵营以及英格兰战舰上所见到的武器进行比较。他询问这件武器的宽度、向勒夫军工厂订购该武器的国家，以及已发货的数量。在此我们注意到，勒夫董事长趁机告诉李鸿章，迄今为止仅从英国进口防卫装备的德兰士瓦共和国，已经向勒夫公司订购了 25000 支步枪。

李鸿章不仅是一位有参与精神的考察者，他还在学习，想成为一个大师，教育和带领他的四亿人民走向富强和国家独立。所有在场者都能感受到，在这令人敬佩的访问中洋溢着一种对于真正爱国者的敬佩之情。李鸿章在他的古稀之年，只身担当起大任。因为他感到，除了他没有人能完成这项事业。总督在射击场参观了很长时间。在那里海防护卫为他举行了演习，在二十秒内发射了 200 发子弹。这位清朝人显然不满足于观看，他表示还不太清楚这是怎么回事。因此他让人取来射击盘，亲自检验所有子弹是否真的是等间距射出的。之后他问道，对抗一艘鱼雷艇需要多少步枪。他注意到，在上一次战争中，日本的马林炮（Marinkanon）能穿透两到三个人。如果在它前面放上一块光滑的木块，那么它可以钻出两米深的孔来。

在兴趣盎然地参观工厂两个多小时后，这位尊贵的客人被领到了一座如节日般被装点起来的大厅里。大厅里已经为亚洲人备好了茶水，为欧洲人备好了葡萄酒和啤酒。李鸿章看上去非常满意，他对董事们表达了谢意以及高度认可。这次访问一定会为通过政治纽带连接起来的中德友谊和清朝成为亚洲最伟大而富裕的国家做出贡献。

李鸿章前往法兰克福阅兵

今天一早李鸿章就在李博特陆军上校的陪同下前往法兰克福，他们于 10 点抵达。从法兰克福火车站，总督出发前往祖尔林德练兵场（Kunersdorfer Exercierplatz）。第十二步兵团、第十八炮兵团部分人员，以及第三枪骑兵团在李博特上校的指挥下进行了操练。结束之后，李鸿章一行人在第十二步兵团的军官食堂吃了午餐。李鸿章在法兰克福受到了国王般的礼遇，从练兵场出发前往火车站时，一路由第十二团列队欢送。此外，两位德国军官将要去清朝效劳，他们是第四十八步兵团的冯·法尔肯海因（V. Falkenhayn）队长和第十二掷弹兵团的冈兹（Ganz）中尉。

| BERLINER TAGEBLATT UND HANDELS-ZEITUNG | （德国）《柏林日报》1896年6月17日·星期三 | BERLINER TAGEBLATT UND HANDELS-ZEITUNG JUNI 17 1896·MITTWOCH |

对"清朝的俾斯麦"一小时的采访

李鸿章总督现在风头正盛，他无疑是远东派来的最令人感兴趣的人物。这位年迈的政治家今年73岁。在欧洲持续奔波一个月，对他而言并不是一项轻松的工作，然而他心甘情愿地接受了这项任务。通过这次欧洲旅行，或许可以证明，清朝在甲午战败后觉醒了，开始接纳迄今为止在天朝传播得仍非常有限的欧洲文化。

李鸿章被普遍认为是继著名的曾国藩侯爵之后清朝最重要的政治家。他的影响在中日甲午战争时期尤为显著。这种影响力使李鸿章在清朝的改革和现代文明建设方面得到了令人感动的认可。李鸿章和他的思想无法在更广的范围内推行，这不是他的过错，而是顽固守旧的政府造成的。这种顽固守旧，至今仍未被完全打破。只有出现一个睿智而强大的伟人来实现曾国藩和李鸿章的理念时，这种顽固才能够被打破，就像用铁扫帚打扫陈腐的马厩一样。

李鸿章之前担任直隶总督，在中日甲午战争时担任清军的最高统帅。他目前的官职是清朝皇帝的内阁总理大臣，这个职位相当于我们帝国的首相。李鸿章拥有作为最高地位象征的黄马褂。在清朝，这种荣誉一般只有皇室成员才能享受。然而，这件物品在他与日本的对抗不幸失败后被剥夺，并广为人知。他目前的影响力比欧洲人普遍认为的更为重大。他在朝廷中声望极高，享受着少见的殊荣，这是他通过全心全意地为朝廷和国家服务换来的。

此次使团随行人员里有李鸿章的两个儿子。年长的是有名的李经方子爵，一位尊贵、天赋极高并受过高等教育的先生。他能说一口流利的英文和法文。李子爵之前是清朝驻东京的公使。其母亲去世后，按照清朝人守孝三年的习俗，他辞去了所有外交职务。晚些时候，他曾陪同父亲前往马关与日本和谈。李子爵对欧洲，尤其是柏林，并不陌生，这次他作为李鸿章的首席随从一道参加了这次出使任务。总督的第二个儿子时年32岁，他是李鸿章的随身秘书，帮助管理随行人员事务。此外，陪同总督出访的还有14位随从和秘书。其中首席秘书是精通英文的罗丰禄，他担任此行的主要翻译工作。

李鸿章使团随员及外国顾问合影。
前排左起：李经述、李经方、李鸿章、罗丰禄、
李哀德（德国驻华使馆武官，曾获双龙宝星勋章）、联芳。后排左一德璀琳、左二汉纳根。

跟随李鸿章访德时的李经方

李子爵安排了我和他父亲的会面。子爵恳请我体谅他的父亲，特使（李子爵对他父亲的称呼）非常忙碌。我被领进客厅，总督站在他的秘书和仆人中间。他伸手示意我落座。由于年纪的关系，李鸿章略微有些驼背。厚重而珍贵的蓝红丝绸袍子使他看起来略显臃肿，但他对这种装扮非常喜欢。

他的脸部轮廓有着明显的汉族人特征，蒙古族的特征并不明显。睿智而细小的眼睛藏在金边眼镜的镜片后面，上嘴唇被斑白的胡子盖着，髭须一直长到下巴。总督的头上戴着那顶著名的官帽，帽额的地方装饰着一颗荣誉的象征——闪着光芒的钻石。

担当翻译的是罗丰禄旁边那位可爱的海关税务司德璀琳。他是一位非常有同情心的先生，对所有人都很友好。我刚想跟总督说话时，总督先问我，我所在的报社报纸发行量怎么样。我把数字告诉他后，他看起来很惊讶，兴致勃勃地说："我知道，这说明你们做得很好。清朝对德国的好处未能通过媒体得到有力的宣传，我觉得很遗憾。担任直隶总督时，我经常与媒体代表交谈。我会尽我所能，继续保持这种关系，但是也请你理解，我现在已经离开那个位置很久了，不一定能把事情安排得如我希望的那般。"

在几分钟的休息间隙里，一名侍者奉上了一管银制的水烟筒。待这位大人点上烟后，我问道，关于中俄缔结秘密条约的传言是否属实。

"不存在这种条约！"总督激烈地反驳道，"我出使俄国只是为了维护中俄的友谊关系，并为其建立更牢固的基础。"

"但有人说，俄国获得了在满洲建造铁路的许可？"

"这些铁路将会建起来，不过是在不影响清朝权益或者任何主权利益的基础上。"

"人们还说，大人您来此是为了提高清朝海关对德国、法国、英国以及其他国家的进口关税？"

"这没错。我们希望各国政府能满足我们的要求。我们之所以提出这种要求，首先是因为我们发现，相比其他国家，我们的进口税相当低；其次，我们打算用海关收入来偿还我们之前的外债利息。"

"清朝政府打算跟德国借新的债？"

"我们不会拒绝，"总督回答道，"如果借款的条件令人满意的话。"

"清朝政府打算比以前更大范围地让德国制造业参与到工厂和铁路建设中来吗？"

"当然，"总督说道，"我们会尽可能地为德国对清朝的贸易提供便利，也很乐意看到德国在通商口岸建设工厂和工业设施。但在铁路建设上我们会优先考虑自主经营。"

至此，政治话题已经谈论完毕，我请总督发表他迄今为止对柏林之行的感想，不仅是对于宫廷还有对一般民众的。李鸿章表示，他对两者都深有感触，他很高兴能够访问这样一个强大国家的首都。

以上就是这次采访的总体情况，整个过程持续了将近一个小时。客厅前的走廊里已经有很多想拜见总督的人在不耐烦地等待。此外李鸿章还要为去波茨坦觐见德国皇帝做准备。会面结束时，李鸿章与我真挚地握手道别，并把我送到门口。

访问勒夫军工厂

在李鸿章昨天下午对位于马蒂尼的勒夫军工厂访问期间，发生了一件有意思的插曲。约莫七点半时，总督在汉纳根大尉和海关税务司德璀琳的陪同下，走入装饰着彩带和清朝旗帜的工厂。在熔炉车间的入口处，董事长勒夫先生已盛装等候多时，稍远处的是哈内什（Harnisch）董事和工厂其他部门的领导，还有很多媒体界的朋友。

勒夫董事长担任了这位来访贵客的向导。李鸿章坐在助行椅上穿过工厂。期间，汉纳根大尉向总督解释了一些技术上的细节问题。李鸿章对一切都兴致盎然，提了很多问题，屡次表达了他对于一些相关知识的惊讶之情。

在武器射击演练时，勒夫送给了总督一把别具一格的卡宾枪作为纪念。本次参观总共持续了一小时十五分钟。

李鸿章会见德国外交大臣马沙尔

　　李鸿章和德国政府的贸易谈判情况尚未正式公布，但是今天总督已经和外交大臣马沙尔开始了会谈。众所周知，德国政府和其他欧洲内阁在几周前就已经得知清朝试图提高进口关税。就此，德国方面自然会提出对等的要求，即获准在华建立一个煤炭港。

　　李博特将指挥操练法兰克福军团，以此证明能够胜任重组清朝军队的工作。对于在德国停留期间的安排，李鸿章表达了如下愿望：除了参观斯德丁[1]的伏尔铿造船厂、托伦[2]的军事防御工程、基尔港以及埃森的克虏伯工厂以外，他还期望能与前首相俾斯麦会面。

---

[1] 即什切青，波兰西波美拉尼亚省的首府。——译者注
[2] 位于维斯瓦河畔，波兰保存较好的一座历史古城。——译者注

(德国)《柏林交易报》
1896年6月18日·星期四

李鸿章授予德军指挥李博特龙勋章

来自法兰克福6月17日的电报消息：在今天军官食堂的宴席上，李鸿章为表现卓越的陆军上校李博特颁发了双龙宝星勋章。

（德国）《柏林日报》 1896年6月18日·星期四
BERLINER TAGEBLATT UND HANDELS-ZEITUNG
JUNI 18 1896·DONNERSTAG

李鸿章总督参观基尔市

电讯：在基尔停留期间，周一下午，李鸿章将参观位于霍尔特瑙的隧道、列文索尔（Levensau）高桥及基尔运河。

德国电气技师协会宴请李鸿章总督

昨天下午5点，德国电气技师协会在恺撒大酒店举行的晚宴，由于李鸿章总督参加并停留了两个小时，引起了公众特别关注。

恺撒大酒店内的宴会厅和里希特庭院被隆重地装点起来。酒店对晚宴如此重视，显示出了著名的电气技师协会的重要性。7点30分宴席正式开始。德璀琳、李博特、其他军官们、李伯爵和其他清朝人都喝着香槟。协会主席、来自夏洛特堡高等技术学院的斯拉丁（Sladh）教授致辞。李鸿章赞誉柏林为"智者之城"。西门子的维尔海姆·西门子先生、韦恩法尼西（Wehrenpfennnig）参谋、文化部长和埃勒特（Ehlert）上校提议为女士敬酒。欧根·伍尔夫（Eugen Wolf）代表俾斯麦首相说道，首相对此次聚会的评价极高。此外，到场的还有科隆的许朋（Stübben）先生和法兰克福的先生们。宴席于晚上10点结束。李鸿章离席后，客人和女士们继续享用了咖啡。

李鸿章昨日会见科隆船业主席

李鸿章昨日接待了许多来访者，其中包括来自科隆的船业主席鲁道夫·瓦尔（Rudolph Wahl）。他在清朝沿海地区拥有大量船只。瓦尔为总督做了长达半小时的有关船业状况的重要报告。按照特使的愿望，瓦尔先生用英语做了报告，以便总督的亲随接替德璀琳充当翻译，后者此时正忙于应酬其他客人。

李鸿章总督于今日下午2点出现在国会，并在那里接受了主席冯·保尔（V. Paul）男爵的接待。

西方漫画中的李鸿章

BERLINER BÖRSEN-ZEITUNG	（德国）《柏林交易报》
JUNI 20 1896 · SAMSTAG	1896年6月20日·星期六

李鸿章在德国国会

我们在《邮报》上读到：掷弹兵团的指挥李博特上校、普鲁士的卡尔王子，以及来自各军事单位的一百名参与清朝军队重组工作的军官到场。李鸿章被授予全权签署此类合同的权力。清朝军队将参照德国模式进行改革，仿照普鲁士模式创建军校，并招募合适的德国军官。目前已有两位军官参与清朝军队的重组，他们分别是步兵团的总指挥兼集团长官冯·史图尔普纳格（V. Stülpnagel）和一名中尉。这两位军官于今天上午签署了正式合同。此外，李鸿章昨日与马沙尔外长进行了长达两小时的会晤。另外，6月26日，李鸿章将拜访俾斯麦首相。

李鸿章抵达斯德丁参观军舰

今天 10 点 50 分清朝总督李鸿章抵达斯德丁。该地区的主席、警察局长、指挥官、市长、伏尔铿造船厂的顾问和指挥人员到场迎接。在简单的寒暄之后,李鸿章等人乘坐"斯德丁"号汽船前往伏尔铿造船厂。参观完相关设施之后,下午 2 点,接待人员在普鲁士旅馆(Hotel De Prusse)设宴款待来客。

李鸿章一行参观伏尔铿造船厂。

李鸿章与马沙尔外长会谈

　　如以下大篇幅报道所示，李鸿章和马沙尔外长就德中两国在外交政策和东亚经济贸易的情况交换了意见，双方决定将进一步展开稳定的外交联系。这位清朝客人还将访问德国外交部。李鸿章表示，清朝全面信任德国，且不会动摇，将永远铭记德国在对日谈判时给予的帮助。虽然我们这位东亚的同盟给予了俄国和法国建设满洲铁路的许可，并允许他们在南方省份拥有经济特权、享受多种优惠政策，不过我们德国接下来也将在华获得非常重要的贸易基地。清朝将来是否会成为地球上人口最多的国家，这取决于这个国家民众的发展能力，特别是他们能否吸纳外来文化。

　　首先，清朝当然会顺应跟上潮流、开始启蒙的发展要求。其次，清朝需要进一步借助外债，并寻求各条约国对清朝政府提高进口关税的认可。最后一个问题更多地取决于清朝自身而不是德国，因为英国对这个计划持反对意见。俄国人则认为，德国对于清朝的关注是不怀好意的，因为他们希望能够独占清朝的利益。俄国人带着这种幼稚的看法，发表了一些文章，认为德国的下列要求已经获准：清朝割让两个港口或者一个富裕岛屿的港口给德国，向克虏伯工厂下武器订单，向希肖造船厂订购"伏尔铿"号战舰，获得铁路建设许可和其他商业上的优惠政策。此外，德国外交部还希望以李博特上校为首的德国人能够更多地参与清朝的军队改革。

　　从威廉皇帝特别安排在柏林城堡内华丽的白色大厅接见李鸿章可以看出，德国对于此次会谈高度重视。就接待而言，德国方面开销不小。与此同时，基于他和俄国、法国一同对日本施压、对清朝提供帮助，德国所期望的回报自然也不会小。所有人都认为，俄国已经把清朝军队握在手里了，清朝将会有一个俄国籍的陆军部长为俄国进一步谋取利益，就像发生在保加利亚的一样。然而现在，德国接过了此项任务，巴兰德（Brandt）公使将把德国军团带到天朝。有报道称："德国方面可能会说，如果德国处在俄国的位置，即作为清朝的直接邻居，也会做出与俄国同样的事情，并使清朝永久地欠德国人情。"

　　对于这种歪曲报道，我们不予置评，因为对于发怒的人，我们必须原谅他夸大其词。尽管清朝利益均分地对待英国、俄国、法国和德国，然而如果欧洲人不互相争斗，而是相互协作，那么他们在东亚的利益将持续到下个世纪并被维护得更好。

(德国)《柏林日报》
1896年6月20日·星期六

李鸿章在基尔参观军舰

我们从私人电报中得知,由于李鸿章总督在基尔市停留,德国皇帝已批准将装饰华丽的"格逊"号(Gesion)军舰供其参观。李鸿章于今天上午10点50分,在随行人员的陪同下抵达斯德丁。结束对斯德丁的伏尔铿造船厂的参观后,他在下午4点45分乘坐专列离开斯德丁火车站,并于下午6点45分返回柏林。

基尔来电

基尔，6月20日，私人电报

为了在22日参观皇家港口和日耳曼尼亚造船厂，清朝总督李鸿章及随行人员将于明晚在帝国海军秘书罗丰禄和海关税务司德璀琳的陪同下抵达本地，并在日耳曼尼亚造船厂就餐。

李鸿章参加德国外交部宴会

周五帝国首相设宴款待李鸿章总督。当日早上，特使亲自为列席的外交部人士颁发了清朝勋章——这位天朝特使有权颁发荣誉勋章。坐在李鸿章两侧的是为清朝效劳了三十年的海关税务司德璀琳先生和他的女婿汉纳根大尉，后者在华担任高级军官。这两位先生兼任李鸿章此行的翻译官。总督双肩宽阔，晚宴时以有力的形象示人，但他在德璀琳先生的搀扶下走进大厅时，给人一种文弱的印象。这位来自清朝的先生品尝了所有的菜肴，用餐时使用了刀叉，但可以看出，他们对此并不熟练。不管是军事方面还是工业领域，总督对当日所见的一切都很感兴趣，但他52名随行人员中的大部分对这些却兴味索然。

清朝总督李鸿章无疑是现在整个柏林最令人感兴趣的人物。无论是上层社会还是底层人民，无论年老还是年轻，大家都在谈论他。所有人都想亲眼看看这位穿着"黄马褂""三眼花翎""水清色衣饰"的人物，可惜大多数情况下都是徒劳的。因为这位清朝的外交官很少在公共场合露面，即使出现也是在紧闭的车厢内。所以下面这则消息大家应该是非常感兴趣的：卡斯坦斯圆形剧场（Castans Panoptikum）决定再一次满足大家的好奇心，帮助大家走出这种尴尬的处境。不出几日，人们就可以在那里看到如同总督真人的肖像画。

BERLINER BÖRSEN-ZEITUNG
JUNI 22 1896 · MONTAG

（德国）
《柏林交易报》
1896年6月22日·星期一

李鸿章受邀参观波鸿的古斯塔钢铁厂

昨日李鸿章总督接待了伯纳德·巴尔（Bernhard Baare）先生，后者邀请总督前往参观波鸿的古斯塔钢铁厂（Bochumer Gussstahlfabrik）并在那里留宿。对此，李鸿章欣然接受。

德国内务部部长在柏林会见李鸿章

基尔，6月21日，私电

内务部部长冯·伯蒂彻（V. Boetticher）博士今天下午由柏林出发抵达本地。今天晚上，直隶总督李鸿章在随行人员的陪同下乘专列抵达基尔，并在火车站受到帝国海军国务秘书霍尔曼（Hollmann）海军上将、东海海军基地司令汤姆森（Thomsen）副海军上将的迎接。海港高级指挥迪特里希森（Diedrichsen）船长和市长赫夫纳（Höpfner）也参加了接待。

与此同时，拥挤的人群用高呼迎接这位总督。介绍过在场的人员之后，李鸿章被带到了贝尔维尤（Bellevue）旅馆，并下榻于此。明日一早，他将前往参观"弗里德里希·维尔海姆"号（Kurfürst Friedrich Wilhelm）、海军造船厂和日耳曼尼亚造船厂。

法国《费加罗报》关于李鸿章在德国的报道

在《费加罗报》上，我们发现一则题为"普鲁士与清朝"的报道：

"在几日前我们就已经表示，要为我们的普鲁士邻居对李鸿章总督的友好接待算一笔账。我们认为，订购克虏伯火炮和为清朝海军装备武器已经足够抵消这笔开支。

这并不算什么，李鸿章现在要求选拔一百名德国军官，协助清朝重组军队。这位清朝代表这么做，可能只是为了支撑他那不怎么明智的发言——德国军队胜过其他所有国家。李鸿章并没有期待过会受到如此热情的接待，更没有想到会被要求付出如此高的代价，因此他必须机智地找个借口脱身——他必须先向北京汇报。

"众所周知，德国人十分轻蔑情感政治，现在全欧洲都在谈论德国对清朝人的这次奢侈的接待以及相应的回报。我们的解释参考了弗里德里希大帝留给他家族成员的经济传统。如果法国对李鸿章只是按照与其官衔和政治成就所匹配的规格接待，对此我们不会不高兴。我们的钢铁业和海军工业自己去跟他做生意，这是他们自己的工作方式，并不会触及我们国家的道德荣耀感。如果是与军队相关的交易，比如总督想要借用人才，我们会直接说，这是搬用其他民族的战力，让我们的士兵给野蛮的亚洲君主服务，即使不会违背欧洲人民的利益，也会伤害我们法国人民的民族感情。威廉二世提出了'黄祸论'，但他却给天朝送去了自己政府将来可用的指挥人员！"

我们带着玩笑的心情将这篇文章里赤裸裸的嫉妒和恶毒的仇恨翻译了出来。可能李鸿章也会读到这篇报道。如果他对此有什么评论的话，那应该是"不学习"和"不忘记"。从急件中读者可以读到清朝皇帝母亲离世的消息，这会对李鸿章总督的行程产生影响，加快返程速度。死者是清朝宫廷中唯一一个理解和信任总督的人，她是清朝的实际掌权者。她那位25岁的儿子，那位算不上受人爱戴的清朝皇帝，此后将会被扔在一堆三心二意的官员当中。两年前，清朝人曾进贡礼品为她庆贺六十大寿，贡品的数量体现了人民对她的尊敬！这些来自人民的敬仰之情及其类似的待遇，其他人基本享受不到。所有人都清楚，其实这是她所施的一种高压。她要求获得这种荣誉，以至于一个道台会把进贡寿礼这件事放在其他任何事务之前。每一个人都想在她的寿辰之日奉上昂贵的礼物来表达衷心。可怕的腐败和剥削因此有了合法的借口。在收到蔚为可观的礼物之后，这位太后在祖宗的祭坛前喜悦地奉上这些贡品。按她的想法，这些物品大多会流回官员的口袋。也就是说，太后和李鸿章在计划着重大改革。太后的死对于年长她10岁的政治家李鸿章来说是一个冲击。除了必须要赶回去参加葬礼，他还必须考虑这一事件对其命运的影响。显然，这将在他已经编织好的关系网上撕开一道裂口。

(德国)《柏林日报》
1896年6月22日·星期一

清朝传来丧讯

清朝方面传来丧讯：

柏林时间周五，清朝皇帝的母亲离世。皇太后是现今25岁的清朝皇帝的母亲，拥有非同寻常的影响力。她被视为天朝实际的统治者，她的离世会对清朝政治产生何种影响尚不可知。这次事件可能会使李鸿章总督加速返回。对李鸿章而言，无论如何，留在远方不去参加丧礼是不可能的。

李鸿章拟游览莱茵地区

本地消息和综合消息：

李鸿章的莱茵之旅给他在德国的访问画上了一个完美的句点。这位直隶总督昨日上午与莱茵科隆地区著名的财阀鲁道夫·瓦尔先生进行了很长一段时间的会晤。瓦尔先生趁此机会邀请并敲定了李鸿章的莱茵之旅。李鸿章将于7月2日抵达科隆，下榻于杜诺旅馆（Hotel Du Nord）。他将由当地政府官员和军官们接待。科隆商会（Cologne Chamber of Commerce）和莱茵·威斯特法伦地区工业协会将在古老的君彻尼西（Altehrwürdigen Gürzenich）为李鸿章设宴洗尘。7月3日上午，总督将参观科隆市区、城防设施、各行业协会以及港口等。周日他将乘坐专列和礼车前往游览"皇冠之宫"，到达后将换乘小火车登上龙岩，回程将乘坐瓦尔公司提供的游轮，船上会设有丰盛的宴席。

前文提及的专列也将由瓦尔公司提供，为总督安排的那艘游轮将会隆重地装饰起来。这位来自清朝的贵客在游轮上由优雅的女士和女孩子们陪同。参加游览的船只数量将视登记情况而定，登记截止到6月30日晚。截至目前，已收到了莱茵各地区民众的踊跃报名。李鸿章将于 7 月 4 日出发前往荷兰。总督和随行人员将在海牙做为期四天的停留，并在索斯戴克宫殿觐见荷兰皇室。外交部将为他举行晚宴。李鸿章将参观荷兰著名的水利工程。据悉，荷兰驻北京公使克罗伯（Knobel）目前正在阿姆斯特丹度假，他将从那里赶来陪同李鸿章总督。另外，李鸿章与俾斯麦首相在弗里德里希斯鲁的会面定于 6 月 25 日。

李鸿章按计划于昨晚抵达基尔

李鸿章按计划于昨晚乘坐专列抵达基尔市。总督在火车站受到霍尔曼海军上将和汤姆森的接待，并在沿街群众的夹道欢迎下前往贝尔维尤旅馆。今天上午，李鸿章总督首先在皇宫内拜访了海因里希王子，随后在威廉港登上插有清朝旗帜的"离别"号（Farewell）。据悉，德皇威廉已在甲板上，随后轮船驶往霍亨索伦桥。李鸿章在那里停留了 15 分钟，之后用了一小时参观"弗里德里希·维尔海姆"号战舰。10 点 30 分，一行人出发前往海军造船厂和日耳曼尼亚造船厂。船厂内已到处装饰着德国和清朝的旗幡。

李鸿章参观基尔战舰

后续报道：

李鸿章总督今天上午在霍亨索伦桥登上甲板，并在一本呈上来的书上题名，随后前往参观"弗里德里希·维尔海姆"号战舰。参观结束时，战舰开炮，为总督展示其战备状态。

在欧洲访问的李鸿章

(德国)《柏林交易报》 1896年6月23日·星期二

BERLINER BÖRSEN-ZEITUNG　JUNI 23 1896 · DIENSTAG

李鸿章今天下午3点半登阅"格逊"号巡洋舰

基尔，6月22日

今天下午3点半李鸿章总督乘坐"格逊"号巡洋舰出海。下午5点左右，总督在霍尔特瑙登上"离别"号的甲板，之后穿过基尔运河前往列文索尔高桥。回程时，总督在斯多比（Kroop）坐上马车前往贝尔维尤旅馆。那里已经备好可供42人就餐的晚宴。明天上午9点30分，总督一行将出发前往汉堡。

日耳曼尼亚造船厂接待李鸿章

基尔，6月22日

位于基尔港的日耳曼尼亚造船厂今天迎来了李鸿章总督的到访。总督于午时12点在帝国海军处秘书霍尔曼上校、陆军上校李博特、特使秘书德璀琳、汉纳根大尉和大量随从的陪同下乘马车抵达已经被节庆般装饰起来的船厂，并由该集团董事会成员、秘书长豪荷福斯（Rauchfuß）、机械制造总工程师舒尔兹（Schulz）、经理许布纳（Huebner）、监督委员会成员、工厂主席、管理顾问施瓦布（Schwabe）、工程师沙巴赫（Schappach）以及工厂所有者施瓦兹（Schwartz）接待。

李鸿章一行参观了工厂的基础设施以及在制造中的轮船和车辆，其中包括三艘为巴西海军建造的重达1030吨的鱼雷巡逻舰、一艘建造完毕准备交付土耳其皇家海军的驱逐舰，以及为德国皇家海军改造的装甲舰"巴登"号（Baden）。李鸿章等人对这些卓越的工程表现出了极大的兴趣。

此外，工厂方面为了迎接李鸿章，还在已经被节庆般装饰起来的蔡西内大厅（Zeichnensaale）内备好了可供50人就餐的午宴。施瓦布顾问首先向总督祝酒，祝他身体健康并感谢他的到来。施瓦布表示，备受爱戴和尊敬的总督的到来对于德国工业特别是造船业意义深远。德璀琳将这些话翻译成中文转达给李鸿章总督后，总督对日耳曼尼亚造船厂的盛情款待表示感谢，并祝愿工厂兴旺发达。在场人员除了海军秘书处的霍尔曼，还有海务监督布吕德曼（Plüdbemann）、船厂高级工程师兼海事船长迪特里希、制造顾问弗兰基斯（Franzinß）、石勒苏益格·荷尔斯泰因州州长冯·霍普夫纳（V. Höpfner）、基尔市市长普兹（Putz）和其他一些杰出人士。[1] 宴会在浓厚的节日气氛中持续到下午2点，随后总督在霍尔曼上校和其他高级军官以及随行人员的陪同下登上礼车，前往参观"格逊"号巡洋舰。

李鸿章总督到达和离开基尔市时都受到夹道欢迎。参观结束之后，大量船只、机械设备以及日耳曼尼亚造船厂的照片被呈送给总督。总督对此表示感谢并收下了这些照片。

李鸿章今日抵达汉堡

汉堡，6月23日

李鸿章总督于下午1点抵达达姆托尔火车站（Dammthorbahnhof）。总督在被节日般装点的接待室里受到了帕赫曼（Pachmann）、伯查德（Burchard）和波列多（Predöhl）等议员的迎接。在简短的欢迎词之后，李鸿章在帕赫曼议员、李博特陆军上校和德璀琳博士的陪同下坐上马车前往汉堡霍夫旅馆（Hamburger Hof）。用过餐之后，李鸿章总督接受了明克贝格（Moenckeberg）博士和培思曼（Persmann）博士这两位市长的来访。

《东亚通讯》澄清清朝太后逝世的消息

汉堡，6月23日

（私电）《汉堡通讯》（*Hamburgische Correspondent*）报道：

来自柏林、目前旅居于此的《东亚通讯》（*Ostasiatischen Correspondenz*）老板克劳斯（Krauss）先生确认，路透社发自北京的关于清朝皇帝母亲辞世的消息有误。死者并非那位有影响力的西太后，她没有参与任何治理国家的事务。因此这则消息对于当前备受瞩目的李鸿章总督的访德行程并没有什么影响。即使在北京宫廷内，这位死者的丧礼也只局限在皇室内部，至多在首都北京产生一些影响。葬礼并非按照一般意义上的国葬规格来举行。如果是国葬的话，政府事务无论如何都会受到影响。

---

[1] 基尔是该州首府。——译者注

李鸿章乘坐火车抵达汉堡。

清朝皇帝的母亲逝世

有关清朝太后辞世的消息给各方面带来了混乱和影响。我们从可信的报道得知，这位皇帝的母亲和那位掌权的西太后并非同一个人。清朝目前的皇帝载湉于1875年1月12日从他父亲载淳那里接过皇位，载湉只是西太后慈禧的继子。直到1889年3月4日，载湉一直依靠西太后垂帘听政的口谕办理政务。西太后今年61岁，她是1861到1881年间清朝的联合执政者之一。她从那之后一直执政到1889年。西太后对目前的统治拥有巨大的影响力，她是李鸿章的真正庇护者。相比之下，皇帝的生母没有任何政治上的成就，因此清朝不会举行国葬。对于目前在此访问的李鸿章总督而言，在汉堡和科隆安排的庆典活动不会因此而中断。

李鸿章尚未获悉清朝太后逝世

根据可靠的消息来源，李鸿章总督并未从官方渠道接获清朝皇帝母亲离世的消息。这位清朝特使今日收到的急件，是昨天下午4点30分由北京发出，并通过海参崴—彼得堡转发到此的。急件中并未提及路透社在周五所发的消息。如果这则消息得到确认的话，那么为李鸿章总督所安排的宴席以及其他庆祝活动将会被取消，而参观活动则将继续进行。

光绪皇帝　　　　　　　慈禧太后　　　　　　　李鸿章

义和团运动期间，法国画报上的光绪皇帝、慈禧太后、李鸿章。

TELTOWER KREISBLATTER
JUNI 23 1896 · DIENSTAG

（德国）
《泰尔托循环报》
1896 年 6 月 23 日 · 星期二

TELTOWER KREISBLATTER

李鸿章参观基尔港

基尔，6 月 22 日

最新消息，李鸿章总督今天早上 9 点左右在宫殿内拜访了海因里希王子，随后参观了基尔港，并登上“霍亨索伦”号。在那里他和德皇威廉二世一起，在一本纪念簿上签名。总督之后继续参观了“弗里德里希・维尔海姆”号战舰。战舰开炮为总督展示了战备状态。最后总督参观了海军造船厂和日耳曼尼亚造船厂，并在那里用餐。

| (德国)《柏林交易报》 1896年6月24日·星期三 | BERLINER BÖRSEN-ZEITUNG JUNI 24 1896 · MITTWOCH |

李鸿章参观克虏伯工厂

李鸿章总督于6月28日晚抵达克虏伯庄园。他将于29日和30日参观位于埃森的克虏伯工厂。7月1日，总督将前往参观位于梅彭（Meppen）的射击场。总督一行将于7月2日离开埃森前往科隆。

关于清朝皇帝母亲去世的消息

伦敦发来清朝皇帝母亲辞世的消息。这位太后和西太后并不是一个人，西太后是咸丰皇帝的皇后，清朝当今皇帝从1887年起依照她的口谕执政。这位西太后目前仍在世，她是清朝皇帝的姨娘，而死者是皇帝的生母。清朝皇位继承有一个特点，那就是在位皇帝如果没有子嗣继承，可以从皇室成员中提名继任者。上一任皇帝由于突然辞世，并没留下提名的继任者。于是两位皇后共同担负起这项任务，提名了现在的皇帝。其中一位皇后被称为东太后，而另一位则被称为西太后。西太后在过去几十年里对清朝命运有巨大影响，至今仍继续发挥着重要作用。前几日辞世的皇帝生母则在政治上毫无建树。

柏林贸易展为李鸿章准备了水船迎接

本月27日，贸易和工业界代表将为李鸿章总督安排的庆典活动本身也是柏林贸易展的一大盛事。目前，庆典节目已经确定下来。照明方面，将会放弃目前安装的油脂灯照明方式。此类已安装的照明设施仅保留湖岸边的那些。贸易展的其他建筑和设施都将安装电气照明。另外，在阿德隆·德瑟主餐馆（Adlon Und Dressel）前将建起一座中式庙宇，在湖的另一端将造一片浓密的雨林。这两处都将有乐队驻扎。

所有的建筑都将采用电气照明。主楼内都将安装电灯照明，在中央穹顶的两侧将插上中德两国的旗帜，并在两者之间装上帝国鹰章。总体风格安排上，主楼大厅将由变幻的彩灯照亮。为了营造出色的灯光效果，预计将采用大量的闪光灯和反射灯。参与组织此次庆典活动的委员会成员如下：

工厂主恩斯特·波史希（Ernst Borsig）、委员会顾问弗伦泽尔（Frentzel），柏林贸易商社社长卡尔·福士坦伯格（Carl Fürstenberg）、委员会顾问路德维希·马克斯·戈登博格（Ludwig Max Goldberger）、财务顾问杨克（Jencke）、市政顾问坎姆弗（Kaempf）、委员会顾问卡泽洛斯基（Kaselowsky），德意志银行经理科赫（R. Koch），勒夫集团贸易协会会长勒夫（J. Loewe），阿尼灵工厂贸易协会会长马提思（C. A. Martius）博士、委员会顾问恩斯特·门德尔松 - 巴托尔兹（Ernst Von Mendelssohn-bartholdz）、商业顾问雨果·奥本海姆（Hugo Oppenheim），雅各布拉文聂公司的路易斯·拉文聂（Louis Ravene）、拉特瑙（E. Rathenau）总经理、秘密参谋舍勒（Schoeller）、秘密商业顾问施瓦巴赫（Schwabach），西门子集团经理阿诺德·冯·西门子（Arnold Von Siemens），斯德丁伏尔铿造船厂厂长斯塔尔（H. J. Stahl）和赫尔曼·瓦里希（Hermann Wallich）顾问。

李鸿章一行在克虏伯工厂。

（德国）《柏林日报》 1896年6月24日·星期三
BERLINER TAGEBLATT UND HANDELS-ZEITUNG JUNI 24 1896·MITTWOCH

李鸿章

李鸿章总督今日上午为皇太子和埃特尔·弗里德里希（Eitel Friedrich）王子颁发双龙宝星一等功勋。勋章委托陆军中尉冯·克拉纳赫（V. Cranach）转交。

英国议会秘书论李鸿章在德国的访问

英国外交部下议院秘书寇松（Curzon）表示，他从新闻上读到了李鸿章访德的消息。报道中没有明确表示李鸿章已准许俄国在满洲建造铁路，也没有谈判双方给出的条件或者关于该道路的其他报道。有人向英国政府提问，是否收到北京方面关于俄国通过不寻常途径在直隶省获得准许驻扎军队，或者大量俄国军队驻扎在清朝东部地区的消息。对此寇松回答说，据他所知，关于近日直隶发生的事件，他已经在5月14日提交的报告中做了详细描述。至于驻扎在直隶省的俄国军队，政府并不知晓。

伦敦，6月24日（私电）

《泰晤士报》报道说，李鸿章对于即将进行的英国访问，不应抱过高的期待。在英国，他不会像在俄国和德国，或者像法国一样，受到超乎寻常的礼遇。对他的接待将跟清朝其他官员一样，不会有那么多的谄媚。李鸿章此行的重头戏是打算提高天津海关关税，这是他获利的来源。为了能够按照清朝期待的方式进行贸易，总督可能已经给予了俄国诸多许可。最糟糕的情况是，俄国已经在太平洋得到了一个港口，并建立了一个军备基地。作为补偿，英国会向清朝要求进入云南和四川。这篇文章以此结束，排除了李鸿章在英国会得到像在莫斯科那样的隆重礼遇或者像在柏林阅兵使他印象深刻的可能性。该报道认为，李鸿章了解我们，我们也了解他。他只有尊重我们，我们才不会使他和他的国家遭受损失。

关于李鸿章在汉堡的行程安排

关于李鸿章在汉堡的停留情况，从那边发来了电报：昨日下午李鸿章总督在骑行卫队的护送下参观了汉堡各处。总督一行所到之处受到公众的夹道欢迎。李鸿章在下午5点返回汉堡霍夫旅馆，休息了几个小时。晚上8点15分，总督和随行人员登上装饰着清朝龙旗和贸易旗帜、洋溢着节日气氛的游轮前往乌兰霍斯特轮渡码头（Uhlenhorster Fährhasue）。那里已经聚集着市长、议员、市政和军事机构领导，以及一大批和清朝有贸易往来的商人和他们的家眷。

李鸿章被引入大厅之后，来自礼和洋行（Carlowitz & Co.）的埃德曼（Erdmann）用德语做了演讲，并由来自曼德尔公司（Mandel & Co.）的李德（Lieder）译成中文。介绍完在场的高级官员后，李鸿章通过海关税务司德璀琳对上述致辞表示感谢，他高度赞扬了汉堡市民的礼遇并表示将铭记在心。随后，总督来到花园广场，参加了在那里举行的音乐会，欣赏了阿尔斯特（Auf Der Alster）壮丽的烟花表演。在烟花表演的最后，由焰火拼出了清朝龙和汉堡地图的图案，令来宾们叹为观止。晚上10点30分庆典结束，李鸿章总督乘车返回汉堡市。

| BERLINER BÖRSEN-ZEITUNG | （德国）《柏林交易报》 1896年6月25日·星期四 | BERLINER BÖRSEN-ZEITUNG JUNI 25 1896·DONNERSTAG |

李鸿章抵达汉堡市

汉堡，6月24日

今天下午2点15分，这位来自清朝的客人在汉堡交易所现身。他在商会成员的带领下来到装饰满鲜花、绿叶植物和挂毯的交易大厅。商会主席莱兹（Laeisz）在交易会上致辞，并呈上了对清朝皇帝的最高祝愿。德璀琳先生以李鸿章的名义对此番殊荣致谢。一行人随后穿过交易大厅来到阅览厅（Lesehalle），客人们表达了他们对于此次参观的高度满意和感激之情。

如同在《汉堡交易厅报》（Hamburgische Börsenhalle）的公告所刊示，李鸿章总督的感冒很轻微，因此今晚他将按计划观看伦兹马戏团（Circus Renz）的盛大表演。

李鸿章在汉堡的风寒并不严重

根据昨日晚间从汉堡发回的电报中转引的一份公告称，李鸿章总督的感冒很轻微，因此昨晚他考虑观看在那里举行的伦兹马戏团的晚会演出。

我们从发自布鲁塞尔的专电得知，李鸿章将于7月初抵达布鲁塞尔，并在比利时做为期八天的访问。他将参观工业设施，然后如同之前已经报道过的，将前往索斯戴克宫殿觐见荷兰皇室成员。

明信片：李鸿章一行参观比利时枪械生产公司 FN。

(德国)《柏林日报》 1896年6月25日·星期四
BERLINER TAGEBLATT UND HANDELS-ZEITUNG JUNI 25 1896·DONNERSTAG

李鸿章在柏林观看马戏表演

如同前面已经报道过的,李鸿章总督昨晚观看了伦兹马戏团的表演。一同出现在他包厢里的有贝斯曼(Bersmann)市长、明克贝格及其夫人、哈赫曼(Hachmann)议员、博卡德(Burhard)议员、布雷多(Predöhl)议员、瓦博西(Walbersee)公爵和夫人。

(德国)《泰尔托循环报》 1896年6月25日·星期四

李鸿章在汉堡感染风寒

汉堡，6月24日

李鸿章总督昨日感染风寒，在房间内休息到中午，因此取消了原定的参观港口的计划。他今天能否离开旅馆还是个问题。明天他将出发前往弗里德里希斯鲁庄园，在那里和俾斯麦首相进行两个小时的会晤后返回柏林。

| BERLINER BÖRSEN-ZEITUNG | （德国）《柏林交易报》 1896年6月26日·星期五 | BERLINER BÖRSEN-ZEITUNG JUNI 26 1896 · FREITAG |

李鸿章抵达俾斯麦首相府邸

弗里德里希斯鲁庄园，6月25日

今天下午1点直隶总督李鸿章乘专列抵达城堡门口。赫伯特·俾斯麦（Herbert Bismack）伯爵和兰曹（Rantzau）伯爵在台阶处迎接这位总督，并带领他和随行人员进入府邸。随行人员包括大使秘书罗丰禄、李经方子爵、私人医生伊文（Irwin）、海关税务司德璀琳、汉纳根大尉、李博特陆军上校、来自天津的兰德（Raudt）先生、司艮德（V. Seckendorff）男爵、尹格诺（Ingenohl）上尉和摩根（Morgan）队长。俾斯麦首相因面部疼痛未能在车站现身。这些客人在首相府邸停留了两小时。3点一过，俾斯麦首相身着后备军少校制服、戴着帽子、拄着拐杖，和李鸿章一道出现。首相陪同李鸿章及其随行人员到车厢旁，与李鸿章真诚地握手告别。聚集的人们在首相出现时热烈欢呼。李鸿章乘坐的专列开走后，首相返回府邸，此时人群中再一次爆发出热烈的欢呼。

李鸿章一行到达弗里德里希斯鲁庄园。

德国和清朝两位德高望重的老人在弗里德里希斯鲁庄园的阳台上交谈。刊于（英国）《伦敦新闻画报》第109卷，第2987期，第69页，1896年7月18日。沈弘供图。

俾斯麦与李鸿章一起走出门。

俾斯麦与李鸿章一起走出门。

李经方彩照

| BERLINER BÖRSEN-ZEITUNG
JUNI 26 1896 · FREITAG | （德国）
《柏林交易报》
1896年6月26日·星期五 |  |

李鸿章与俾斯麦首相会面的意义

  政治家们知道，李鸿章总督与俾斯麦首相会晤的意义，比我们所说的"历史性的""空前的"更为重大。这两位有影响力的人物之间的联系可以追溯到很早。远在欧洲意识到清朝的重要性之前，俾斯麦就认识到了这一点。他遏制了英国对北京朝廷的影响，自此以后清朝开始参与一些国际性事务。李鸿章为向这位外交天才致敬，因此前往弗里德里希斯鲁庄园，单独和首相会面。《汉堡消息》(*Hamb. Nachr.*)刊登的一则发自弗里德里希斯鲁的报道给我们呈现了以下会面细节：

  李鸿章总督和随行人员比预定的提前了12分钟到达。专列停于城门口，那里已经有大批女士、先生以及摄影师等候迎接总督。在专列进站前不久，赫伯特·俾斯麦伯爵及兰曹伯爵已等候在场。首先从车里下来是几位德国军官，随后是清朝人。几分钟后，总督在车厢门口现身，在随从的搀扶下走下车。总督显然累坏了，若非这名随从在旁搀扶，他可能真的就要摔倒了。当他穿过铁轨时，他的厚底鞋挂在了一名清朝侍者身上，被绊了一下。总督身边的人对他这种超乎寻常的照护，使他避免了每一个意外，而他显然习惯了这种照护。

  鉴于这个日子十分重要，李鸿章穿上了那件正宗的闪亮的黄马褂，戴上了那威风的三眼花翎。一行人在两位伯爵的带领下进入城堡。与此同时，俾斯麦首相正往这个方向走来。首相穿着后备军少校制服，佩戴着镶嵌有皇冠、权杖和宝剑的红色鹰章。这是威廉一世皇帝专门为首相订制并亲自授予的著名制服，俾斯麦首相只有在特别的庆典场合才穿。此外，这套制服还装饰有黑鹰之星和铁十字勋章。

  看见俾斯麦首相时，李鸿章深深地鞠躬，首相回以鞠躬并真诚地与客人握手说道："总督您大驾光临，我感到十分荣幸。我很高兴在这里见到你们国家最勤勉伟大的政治家。"

  特使秘书德璀琳将这些话翻译成中文，对此李鸿章用中文回答，答语也被翻译给首相："可惜我的努力并没有取得像阁下您在德国获得的那样大的成就。"

  首相回答道："可我们都帮助我们国家的君主统治了很长一段时间。"

双方站着进行了这段对话，在场所有人都紧张地听着。这些一般情况下的客套话，却显得不同寻常，每一句话都含有确凿的真理。李鸿章在这双语对话过程中说，他可能只是给清朝做了些什么，而阁下却为全世界造福，对此首相由衷地笑着承认道："好吧。"然后说，"在我还是总理的时候，我就一直有跟清朝亲近的愿望。虽然障碍很大，且并不全由我决定。"首相注意到，总督站着有些累，于是问道："这位尊贵的先生不想坐下吗？"当李鸿章在副厅内坐下时，首相让随行人员做自我介绍，并试着跟一位会说法语和英语的清朝政治家在没有翻译的情况下进行了交谈。

随行的欧洲人里面有画家卢卡斯·卡纳赫（Lukas Cranach）。在他做自我介绍时，首相惊呼："卢卡斯·卡纳赫？一个令人骄傲的名字，但也肩负巨大的责任！"随后，首相请在场的人跟随他到宴会厅，他伸出胳膊给李鸿章，于是两位政治家一起走向餐厅并落座。李鸿章坐在首相的右边，他的右边坐着著名的汉纳根大尉，同时也是餐桌上的主翻译官。首相左边坐着清朝驻柏林公使罗丰禄，他旁边是兰曹伯爵和总督的儿子李经述。正对着首相的是特使秘书德璀琳、兰曹伯爵夫人、天津武备学堂总办联芳和公使司艮德男爵。此外参与宴会的还有陆军上校李博特、赫伯特·俾斯麦伯爵、尹格诺上尉、来自喀麦隆的冯·摩根队长、私人参谋施韦宁格（Schweninger）、总督的英国医生伊文、卢卡斯·卡纳赫先生、克虏伯官员曼德（Mandl）先生、克里桑德（Chrysander）博士和林多（Lindow）先生。

午宴持续了很久，气氛很活跃，直到将近3点时才结束。在餐桌上，俾斯麦首相做了简短的致辞，祝他尊贵的客人身体健康。对此李鸿章通过德璀琳先生向首相表达了他的谢意。在交谈过程中，李鸿章问首相："您现在都做些什么呢？""什么也不做，"首相回答道，"我已经不操心任何事了，免得生气。"短暂地停顿后，他继续说，"我不做其他任何事，除了亲近山林。"

在娴熟的翻译帮助下，对话进行得很流畅，给人一种自然的印象。用过餐后，首相和总督去了阳台，并在那里继续交谈，直到火车站站长来报，专列已经就绪，无论如何不能再延迟了。总督显然对于要和这位德国的老首相分别而感到沉重。俾斯麦首相、赫伯特伯爵和兰曹伯爵陪同客人们走到火车旁。分别的场面非常感人，首相和李鸿章一再地握手。总督在随从的搀扶下登上车厢之后，还走到窗前对首相致敬，直到火车开动时，也依然没有停止对在窗外站着的首相鞠躬，总督的手以耶稣祈祷的姿势保持不动，脸部表情显示出他的内心十分激动。火车开走后，在聚集起来的人群的欢呼下，俾斯麦首相也返回了城堡。

BERLINER TAGEBLATT UND HANDELS-ZEITUNG

（德国）《柏林日报》

1896年6月26日·星期五

李鸿章做客德国首相俾斯麦府邸

李鸿章总督于昨日午时1点乘专列抵达城堡门口。赫伯特·俾斯麦伯爵和兰曹伯爵在车厢旁的台阶处迎接。介绍完随行人员后，两位伯爵带领李鸿章一行进入城堡。随行人员包括特使秘书罗丰禄、李经方子爵、总督的私人医生伊文、海关税务司德璀琳、汉纳根大尉、李博特陆军上校、来自天津的兰德先生、司艮德男爵、尹格诺上尉和摩根队长。

俾斯麦首相由于面部疼痛未能出现在停靠站。他在客厅接待了李鸿章，并表示很荣幸能够亲自见到这位著名的清朝政治家。首相说："我们都帮助我们的君主统治了很长一段时间。"对此总督回答道："我只是为清朝做了点什么，而阁下则为全世界做出了贡献。"俾斯麦说，他任职期间一直有跟清朝亲近的愿望，但是阻碍很大，并非所有事务都由他说了算。首相随后让同行的人员做自我介绍，并和其中一位清朝先生愉快地说了几句英文或者法文。首相和汉纳根开玩笑说，他在清朝的作战很糟糕；还对卡纳赫说："你有一个令人骄傲的名字，这同时也是一种义务。"李鸿章在旁厅里跟兰曹伯爵夫人打招呼。这时首相请客人们用餐，宴席在首相府邸持续了两个小时。3点一过，首相穿着后备军少校制服、戴着帽子、拄着拐杖和总督一道出现，陪同总督及其随行人员走向车厢。首相与李鸿章衷心地握手作别。聚集的群众对于首相的现身热烈欢呼。火车出发后，首相返回城堡。

李鸿章访德或使上海吴淞港过关手续简化

李鸿章的到来给了帝国政府一个机会，可能使一个困扰了德国二十五年之久的管理问题有所突破。这个问题曾出现过较大的转机，但一直由于清朝方面的阻碍而归于失败。我们说的就是吴淞江的管理以及由此而来的由上海入关的问题。这件事关系到帝国海军和商业船队的切身利益。

在上海下游10海里处的吴淞江有一道浅滩，所有大型货船或者深水战船都无法直接进入上海。轮船必须在小城吴淞的长江口停泊，先在这里卸货，然后通过吃水较轻的小船将货物运到上海。同理，从上海运出的货物必须先通过小船运到吴淞港卸货，然后再装运到大型贸易船只上。这一过程因需通过货运公司经办而带来巨大开支，同时，也给中外贸易带来了巨大的困难。实际上，通过管理河流、疏通河道，这些问题都可以避免。此类河道管理事务属于清朝方面的义务，这在条约中都有规定，但清朝政府机构在执行上一直拖延至今。这个问题关系到德国邮政轮船线路的畅通无阻以及通过它和上海连接所带来的巨大的利益。如果能够使李鸿章关注到这个问题的紧迫性的话，那么吴淞河道的问题可以很快解决。多年以前，德国政府就已经在水运工程领域成绩斐然，不莱梅的建筑师弗兰休斯（Franzius）在这方面尤为著名。只需花费250万马克对吴淞江进行管理和改造，即可省去每年成千上万的航行和贸易开销。

BERLINER BÖRSEN-ZEITUNG

（德国）《柏林交易报》

1896年6月27日·星期六

李鸿章与俾斯麦首相的谈话

关于李鸿章和俾斯麦首相之间的会谈，《邮报》报道了一些细节，转载如下：

总督告诉首相，三十年前，他第一次听说了首相在奥地利战役中的伟绩，从那时起他就有同首相见一面的愿望。今天这个愿望终于实现了。见到首相时，总督说他有点惊讶，因为此前他看过首相的很多照片，但是照片根本比不上真人。俾斯麦首相试图拒绝对方的恭维，说道："我也不比从前了，老了。"总督因此问首相近来在做些什么。"我没有工作的义务了，"首相对此回答道，"我活在回忆里，森林和田野使我感到高兴。我本质上是个农学家，原本无意成为政治家。"总督由此询问了赫伯特·俾斯麦伯爵，并对后者担任外交部国务秘书的这四年间的工作表示高度赞扬。"他想一直从事政治，"首相说道，"和我相反，他对于农业兴趣不大。"对此总督说："在我们清朝，儿子必须要继承父亲的事业。""这个我们这里也差不多，"首相补充道，"人不能违抗自然。"

话题随后转到了一些最近的严肃的政治话题上，其间李鸿章说："我此行的目的是想征询阁下您的意见。"

"什么意见呢？"首相问道。

"怎样才能在清朝进行改革？"

"这个我在这里也不能断言。"俾斯麦首相回答。

"我如何才能成功地背着北京的朝廷进行呢？"总督进一步问道。

"违背朝廷进行，"首相回答说，"这是不行的。改革最主要的是得到上层的支持。当上层想要推进时，那么基本可行。如果没有上层的支持，什么都做不成。没有一个总理可以违背君主的意愿进行改革，总理只是执行或者接受命令。"

"但是如何才能不违背君主的意志呢？"总督进一步问道。

"只有以军队为基础，"首相说道，"规模可以不大，哪怕只有五万人，但必须是优秀的。"

"我们有人，"总督回答，"但是缺乏训练。自从太平天国叛乱被平定后，也就是说将近三十年来,我们的军队在训练方面毫无作为。我对于这种僵局做出过反抗,但是徒劳无功。现在在德国,我看到了世界上最好的军队。即使将来我不能用作为总督所能够获得的资源和方法来实践,我也能继续施加影响,来贯彻阁下给我的建议。我们必须重组军队,而且要借助普鲁士军官的力量,仿效普鲁士的模式。"

"这不在于在国家的所有地方都部署军队。"首相说,"必要的是,每一刻都将军队掌控在手里,并和军队建立一种联系,以确保可以快速容易地将军队从一个地方调动到另一个地方。"

话题再一次转到有关德国的问题上,他们探讨了德国外务和内政上的一些事件。对此,首相高度评价了现任首相霍恩洛厄,并说和他之间的友谊已经持续三十多年了。在探讨的过程中,首相说到,他对清朝一直很感兴趣,并尽力与这个国家建立更为紧密的联系。早在1884年时,他就已经在基辛格与伊辛(Ising)侯爵就清朝问题进行了协商。首相这时转向在正对面坐着的特使顾问德璀琳,问他在清朝多久了,他对于德国在清朝的情况是如何考虑的。德璀琳说,德中关系现在已经有了非常大的进步,这多亏了公使司艮德男爵做出的可贵努力。首相因此把这位先生也拉进了谈话当中。

会谈结束后,李鸿章与俾斯麦在阳台上合影。

身着黄马褂的李鸿章与佩戴"红鹰大十字宝星"勋章的俾斯麦正在交谈,右一靠栏杆面对镜头的是汉纳根。

总督表现出了对首相健康状况的关切,问他睡得好吗?首相回答道:"不太好,晚上经常缺少必要的睡眠。"德璀琳说,总督也深受面部疼痛之苦。对此首相说:"对我来说,这方面的痛苦倒是比不上夜间休息不好。我早上睡得久,一整天就会好很多。"然后首相和德璀琳先生谈起了他的父亲:"我记得很清楚,在我是个军官的时候,他还是个学生。"

午宴结束了。总督给自己装上烟斗时,谈话仍自由地进行着。在场的画家冯·卡纳赫先生利用这个时间兴致勃勃地画起了素描,并用他携带的装备拍摄了照片。首相和他谈话时说到,卡纳赫这个名字使他想到,伟大的名字往往也带来伟大的义务。首相注意到摩根队长的制服上有一条黑黄的带子,因此问道:"这个不会是你在法国获得的吧,队长先生?"他对队长说,"你这么年轻就获得了此等荣誉。""这条绶带是和红鹰勋章一起的,"队长回答,"这是陛下为我在喀麦隆的战斗而授予的。""啊,这样啊,喀麦隆!"首相惊叹道,"如果有一天我能见到一个非洲人,我会非常高兴的。"

宾客们来到了阳台上,在这里拍摄了很多照片。其中一张照片特别成功地呈现了中堂的两位秘书。总督在这里问道:"首相平日一般会去哪里呢?"

"我散步的半径,"首相说,"每年都在变小。"

"阁下难道都不坐车吗?"总督进一步问道。总督以经常乘坐助行椅出行而著称。

"人必须要活动,"首相说,"这对身体来说很有必要。人活得越久,就越要动一动。"

在客人离开之前,首相请总督在纪念簿上题字,后者很乐意地满足了他的愿望。总督在一整页上都写满了汉字,意思如下:"三十年前,我怀着钦慕之心听说了这位本世纪最伟大的人物。这次出使欧洲期间,能够在弗里德里希斯鲁庄园见到俾斯麦首相,并愉悦地在这本书上写下我的名字,这给了我无以言喻的巨大满足。"特使秘书罗丰禄在上面写道:"我很幸运加入了这个使团,有机会见到西方俾斯麦和东方李鸿章的会面。"

在萨克森森林中这短短几个小时的停留,时间过得飞快。在清朝客人决定离开之前,火车站站长屡次来报,专列已准备就绪。最后,俾斯麦首相陪同李鸿章来到车厢旁,互相作别。聚集在这里的人群再一次爆发出热烈的欢呼。火车带着总督和他的随行人员风驰电掣地驶向柏林,将于晚上7点到达。

会谈结束后,李鸿章与俾斯麦在阳台上合影。

会谈结束后,李鸿章与俾斯麦在阳台上合影。刊于1896年7月4日,(英国)《图片报》。

俾斯麦和李鸿章在弗里德里希斯鲁庄园阳台上的合影。

清朝的外债情况

　　清朝目前的总债务大约达到了 8 亿马克。虽然这相对于清朝丰富的自然资源来说只是很小的一部分，但这个数目还是很大。如同英国领事韩能（R. Hannen）爵士报道的那样，对于当前的清朝政府来说，这是一个不小的负担。清朝财政部门每年需要支付 1500 至 1600 余万两白银的利息和还款。即便海关收入足够支付这些，清朝政府在财政方面也缺乏必要的保障。无论以何种方式，清朝必然需要新的税收收入，而清朝的中央政府和地方政府对欧洲的财政预算缺乏认识。德意志帝国政府每年 11 月都会告知地方政府，明年的预算是多少，尽管有时地方和中央会有对立的情况发生，但总体而言，很少发生超出预算的情况。

（德国）《柏林日报》
1896年6月27日·星期六

李鸿章会见俾斯麦首相

根据发来的第一手电报，清朝总督现身弗里德里希斯鲁庄园与德国首相俾斯麦会晤时，大部分话题是紧密围绕政治议题而展开的。我们在《邮报》上读到如下细节，因其重要性，在此转述。

俾斯麦首相和李鸿章总督在翻译官的陪同下，在接待室待了很长时间。总督对这位首相显然充满敬佩之情。他说道："在我亲眼看到阁下之前，我就清楚地意识到了您的伟大，虽然众所周知，我今天才第一次见到您这位有着伟大成就的人物。"

俾斯麦首相回答说，他很高兴可以见到这位同样拥有出色成就的时代同仁。"但远远不及阁下您。"

李鸿章回答说："好吧，每个人都有他自己的义务。"

首相说道："就国家来说是的。"

总督说："但就成就而言，阁下所取得的成功，不仅是在您的国家，而是世界性的。"

不久，李鸿章一行人被邀请赴宴。俾斯麦首相想要从他坐着的矮椅上起身时，显得有些困难，他因此大声说道："不由得感觉到，人还是会老的。"

他随后一挪身，再一次笔挺地站了起来，就像人们经常见到的那样。清朝仆人走上前想像往常一样搀扶起主人，这时俾斯麦首相已经快一步上前，对客人伸出了手，亲自带李鸿章去餐厅。首相在总督和特使秘书罗丰禄之间落座。总督告诉首相，自他在奥地利战争时第一次听闻首相的伟绩，这三十多年来，和首相会面一直是他的心愿，今天这个愿望终于实现了。见到首相时，总督说他有点惊讶，因为他此前看过首相的很多照片，但是照片根本比不上真人。

俾斯麦首相试图拒绝对方的恭维，说道："我也不比从前了，老了。"总督因此问首相近来在做些什么。"我没有工作的义务了，"首相对此回答道，"我活在回忆里，森林和田野使我感到高兴。我本质上是个农学家，原本无意成为政治家。"总督由此询问了赫伯特·俾斯麦伯爵，并对后者担任外交部国务秘书的这四年间的工作表示高度赞扬。"他想一直从事政治，"首相说，"和我相反，他对于农业兴趣不大。"

当东西方最伟大的两位政治家惺惺相惜地站在一起，这真是一个历史性的时刻，使人不禁想起歌德的句子：上帝是东方！上帝是西方！北方和南方的土地在上帝的手中安息。

李鸿章受邀参加柏林人士的晚宴

昨日上午李鸿章总督接待了各种访问，晚上受冯·汉泽曼（V. Hansemann）的邀请赴宴，席间有军乐演奏。昨天白天，宫廷摄影师韦德（Vieder）先给李鸿章拍了单人照，随后请总督和他的随从与柏林各界人士拍了合照。李鸿章在宴会上穿着久为人称道的黄马褂，帽子上插着三眼花翎，身上佩戴着德皇授予他的红鹰大十字头等宝星勋章。昨天下午，恺撒大酒店的总经理阿拉斯（Arras）前来拜见，总督的儿子李子爵向他致谢，感谢他为总督一行人在恺撒大酒店住宿期间所做的精心安排。李子爵随后交给了阿拉斯 4000 马克，请他酌情分给酒店的工作人员。我们得知可靠的消息，总督一行人将于周日离开柏林，在上午 7 点 50 分乘专列前往埃森。《邮报》的报道认为，在下周四访问梅彭和科隆期间，李鸿章可能将参观波鸿的古斯塔钢铁厂。

李鸿章接受 X 射线检查

昨晚，李鸿章总督在赴冯·汉泽曼的晚宴之前，前往位于夏洛特堡的技术学院，在那里的电气技术实验室中借助 X 射线来拍摄头部照片。拍摄由斯拉丁教授在利兹（Lietz）博士和布洛克汉斯（Brockhanß）工程师的帮助下完成。整个过程持续了二十分钟，拍出了非常清晰的图片。在图片中可以看到非常有意思的头骨形状。这次拍照的目的是借助这种最新技术查看总督在中日战争中所受的枪伤，当时子弹从左眼下面射入。对伤口图片仔细检查之后并未发现子弹。总督带着极大的兴趣查看这张图片。图片里可以清楚地看到子弹射入点和弹道。在洗印照片期间，斯拉丁教授还向总督展示了一些电镀屏图片（Variumplatingchanürschirm），从中可以看到人的脊柱、肋骨和心脏。根据组织机构的报道，总督一行人在科隆将下榻于大教堂旅馆（Dom Hotel）而不是杜诺旅馆。为了接待李鸿章和他的随行人员，整个旅馆二楼的 35 个房间和客厅，7 月 2 日这天都被预订了。

BERLINER BÖRSEN-ZEITUNG	（德国）《柏林交易报》
JUNI 28 1896 · SONNTAG	1896年6月28日·星期日

李鸿章参观柏林贸易展

　　李鸿章总督在为期三周的柏林访问中，兴趣主要集中在军事和政治事务上。他参观了军工厂、军舰，并观看了最新型号的火炮。文化、教育、贸易和商业这类和平事务显然没那么触动他。我们可以得出以下结论：这个位于黄海边的文明古国认为自己很厉害，在工业和手工业方面足以和西方的强国相媲美，李鸿章此行只是为他的人民采购武器和战争装备。然而，在最后一刻，总督还是决定去参观一下德国的商业和工业。对此没有比参加柏林贸易展更好的途径了。

　　毋庸多言，昨天这个展览为了接待这位手握重权的东方人使出了浑身解数。照明已经准备就绪，中式船只飘荡在新湖（Neuen See）上，圆顶大厅（Kuppelsaale）里已经安排好庆典，湖面节庆节目也已准备就绪。这花费了巨额开销的隆重接待无疑将令李鸿章深感触动。接待原定于6点30分，但是直到8点30分李鸿章才来，因为他在斯潘道（Spandau）的军工厂里比原计划多停留了一段时间。总督由工业委员会接待，在私人商业顾问弗兰泽（Frenzel）的指挥下，坐上了铺有金红色丝绸的行椅，并在数以万计的人群的高呼下通过瓦德尔厅（Wandelhalle）前往工业大楼。在那里由私人委员会顾问戈登博格（Goldberger）担任向导。总督一行人首先参观的是阿尔海姆公司（Arnheim）制造的保险柜，然后参观了具有历史价值的服饰博物馆和鲁道夫·赫尔佐格（Rudolf Herzog）为此次访问而特别搭建的亭子。总督还参观了机械厅、纺织展览和士多特瓦瑟公司（Stodwasser）的照明设备。在金属展览区，弗里兰德兄弟公司（Gebrüder Friedländer）引起了总督的注意。李鸿章总督从行椅上下来，仔细观看这个公司的展览。他对在场的主管们说道，这些银制品和珠宝展览给他留下了极为深刻的印象。总督在此停留了15分钟左右并购买了两颗珍珠和钻石胸针，共花费了5万英镑。

　　对展览的参观到此为止，因为时间关系，取消了观赏海景的节目安排。众人直接前往阿德隆—德瑟餐厅就餐，餐厅里已经备好可供400多人就餐的宴席。在场的人大部分来自外交部以及财政领域。李鸿章坐在市议员坎普（Kämpff）和海关税务司德璀琳之间。我们注意到，国务卿冯·伯蒂歇尔（V. Boetticher）、波萨多夫斯基（V. Posadowsky）先生、霍尔曼海军上将、汉纳根大尉、警察局长温德海姆、泽尔（Zell）市长也在其中。

　　国务卿伯蒂歇尔首先致辞，感谢这位伟大的政治家，赞扬他为了了解北半球的文明国家，尤其是德国，不畏年事已高，开启此次世界旅行。德国，尤其是柏林，为能向这样一位先生展现帝国的创造力而感到荣幸。他说，我们不仅想向这位尊贵的客人展示我们能做的，我们更想向他展示我们感受到的。我们想向他展示，基督之爱与清朝的道德是相通的。德国皇帝在每一个庆典场合首先提到的就是基督之爱，并因此而感到骄傲。这番致辞先是用中文，然后用德文复述，取得了热烈的反响。随后，霍尔曼海军上校提议为清朝皇帝举杯，市议员坎普提议为柏林贸易展上的这位尊贵的客人举杯。海关税务司德璀琳以总督的名义真诚地感谢了柏林工业界。总督高度评价和赞扬了绚烂明亮灯光下的各种展览。宴会结束时已经是深夜了。李鸿章走到了餐厅的阳台上，亲眼观赏湖上布置的灯光和工业大厅里的圆顶照明。这灯火通明的景象会使欧洲最受宠的人都感到高兴，肯定也会给东方人留下难以磨灭的印象。

（德国）《柏林日报》
1896年6月28日·星期日

李鸿章在贸易展上

  帝国首都的工商业界代表们将柏林贸易博览会节庆般地装点起来。这已经是本月第二次了。这次是为庆祝李鸿章总督的到来。我们相信，昨晚对这位东方政治家的接待，就其外部的华丽与壮观而言是举世无双的。李鸿章和他的随行人员原定7点30分现身。早在一小时之前，贸易博览会上就已经聚集了大量的围观群众。拥挤的人群从大门一直排到了圆顶大厅。在接待的准备工作方面，照明已全部安装完成，工业大厅拱顶两旁的塔门也已插上巨大的清朝旗帜，拱顶下方安装了由一千颗小星星构成的帝国鹰章。新湖已经披上了节日的外衣，湖中央有一座为乐队表演而专门搭建起来的亭子。这座亭子华美无比，造价不菲。湖对面建造了一片人工雨林，别具一格的造型赢得了公众的赞叹。新湖的左右两岸都插满了巨大的桅杆，上面飘扬着清朝色彩的旌旗，旗杆的顶端还有华丽的插花装饰。环湖的树木中间挂起了红色的彩灯。

  在此期间，公众的耐心受到了考验。等得越久，就好像老天越要跟李鸿章还有这些彩灯作对似的，乌云密布，看上去正在酝酿着雷阵雨。7点左右，朱庇特雷神开始开闸打雷，令人不快的雨点击打着所有的华丽装饰，彩带飞舞，旗幡和彩灯飘扬。公众开着玩笑躲进主楼里，庞大的人群构成了一堵墙，人数越来越多。7点30分时，人群里传出了议论声，说总督可能不会来了。人群开始失望地散开，给庆典委员会的成员和他们的太太们让出了一条道。这些委员会成员在圆顶大厅的门口继续等待着。

  最后，李鸿章总督还是来了。不准时似乎是总督的一种习惯。8点45分，有人开始高呼总督来了。李鸿章穿着象征他尊贵身份的黄马褂出现在会场，看起来心情不错。陪同人员和往常一样有德璀琳先生、李博特陆军上校、曼德尔先生、接待委员会的成员们、总督的私人医生麦信坚[1]，以及许景澄公使。行椅已经为李鸿章和公使们准备好了。一行人开始前往主楼。其间，上千情绪高涨的群众有序排列着，欢迎这位清朝的贵客。

---

[1] Dr. Mark，乔治·马克，广东番禺人，曾任北洋医务局医官，北洋政府交通部次长等职。——译者注

和往常一样，李鸿章这次依然面无表情，目光冷峻，即使从美丽壮观的瓷器雕塑和雄伟有力的机器上扫过，这位东方的俾斯麦也丝毫不为所动。他不时地嗅一嗅手中的花束，探究般地看着各种机器的驱动和运作。大约9点30分时，主楼的巡游结束。总督向委员会表达他的高度认可和赞扬。然后一行人穿过被护卫拦住的人群，去往阿德隆—德瑟餐厅。宴会大厅已经用清朝的横幅和旗帜装饰起来了，长桌上也布置了昂贵的插花。在总督的椅子上，效仿清朝的习俗，放着一个华丽的花篮，在小花点缀下，深色的玫瑰散发着美妙的香气。伯蒂歇尔国务卿、霍尔曼国务秘书、波萨多夫斯基伯爵、帝国银行总裁科赫、私人参谋穆尔博格（V. Mühlberg）博士、工商业界的领袖人物和他们的夫人们，已经身着华服在餐厅门口等候迎接总督了。当李鸿章最终现身时，他朝各方友好地鞠躬。这时礼乐响起，李鸿章等人在音乐声中就座。阿德隆—德瑟为此次晚餐特意准备了黄底而有汉字的特制菜单。整个宴会气氛非常活跃。国务卿伯蒂歇尔首先提议为伟大的和平守护者威廉二世皇帝祝酒。在动人的祝酒词最后，他用全无口音而且完全正确（经行家确认）的汉语祝愿清朝皇帝健康长寿。第二轮祝酒由国务秘书霍尔曼上校提议，献给清朝皇帝。霍尔曼的汉语和伯蒂歇尔一样流利，这两位先生显然具有迄今为止还不为人知的非凡的语言才能。霍尔曼上校和李鸿章说了几句，后者礼貌地鞠躬回应。在欢呼之后，迎来了第三轮祝酒，这次由在场的女士们提议。女士们走近李鸿章，和他为德中两国君主的健康而干杯。此外，她们还和这位"清朝老人"热忱地握手。市议员坎普和其他在场人员为总督高声祝福。这真是特别而动人的一幕。这位年迈的伯爵是多么优雅，他带着温柔青春的笑容回应着这些祝福。海关税务司德璀琳以总督的名义，用温暖的言辞感谢在座各位对李鸿章在德国，尤其是在柏林访问期间的盛情款待。他说，李鸿章总督将带着对柏林的难忘记忆继续旅途。

10点左右，秘密参谋戈登博格下令撤掉长桌。此时，新湖那边将开始上演这次庆典的最后一幕。湖面的庆典中有相当值得一看的表演，如童话般美妙。前面提到过的亭子里，已经有戴着传统的锡帽的乐手们端坐在那里。他们在由上千个灯泡组成的魔术般的灯光和投射灯发出的白光下，显得格外光彩照人。指挥和乐手的形象在这灿烂的灯光下，像大理石雕塑一般令人瞩目。这一幕表演的背景是灯火通明的主楼，与此同时，灯笼和焰火通红的火光照亮了深色的湖面。湖岸两边的数千观众同时抬头。表演马上就要开始了。即使看惯了类似景观的人也会被深深打动。在热烈的欢呼声中，李鸿章和他的随行人员登上了一艘已经被安顿妥当、装点得灯火通明的小船，他们在亭中乐队的伴奏下开始巡湖。李鸿章兴致盎然，他这样的兴致之前没人见到过。直到此刻，他才放弃他那特别的冷静和哲学家式的不为所动。他传指挥莫罗西尼（Morosini）先生过来，对他表示诚挚的感谢，高度赞扬了他别具一格的湖庆安排。11点不到，船只靠岸，在在场人群新一轮的欢呼声中，总督开始离场。今天李鸿章总督将最终离开柏林。他在未来的旅途中肯定还会遇到许多美妙灿烂的接待，但是比我们帝国首都今天所准备的这场更真挚的，这位"东方的俾斯麦"肯定再也不会遇到了。

(德国)《柏林交易报》
1896年6月29日·星期一

李鸿章在克虏伯庄园

6月29日的《莱茵—威斯特法伦报》(Rheinisch-Westfälische Zeitung)刊登如下：

今天上午，李鸿章塑像的揭幕仪式在克虏伯庄园举行。克虏伯集团商业顾问克虏伯先生发表讲话，强调了德国和清朝的友谊关系。随后，李鸿章一行前往参观克虏伯工厂。晚上，克虏伯庄园举行了可供90人就餐的晚宴。

李鸿章抵达埃森的胡戈车站

埃森，6月28日

李鸿章总督今晚抵达胡戈(Hügel)车站。随行人员包括商业顾问克虏伯、清朝驻柏林公使罗丰禄、特使秘书德璀琳、陆军上校李博特、汉纳根大尉和画家冯·卡纳赫。晚上8点的宴席有15人参加。

（德国）《柏林日报》 1896年6月29日·星期一

李鸿章将访问英国三周

李鸿章可能会在七月底抵达英国，并在那里逗留三周。总督将在怀特岛的奥斯本宫觐见英国女皇，还将参观普利茅斯港的造船厂。阿姆斯特朗爵士已邀请李鸿章前往埃尔斯维克（Elswick）做客。李鸿章还将参观谢菲尔德的军工厂。

李鸿章会见日本青木大使

周六，李鸿章总督和日本驻英国大使青木周藏子爵的会面洋溢着友好的气氛。总督在他的长子李子爵和首席翻译官罗丰禄陪同下前来。这是总督和大使的首次见面。然而，他们彼此并不陌生，因为青木子爵在担任外交大臣期间和李鸿章总督有着频繁的外交联系，而李子爵在担任清朝驻东京公使期间就已经和青木大使是朋友了。一般来说，李鸿章和李子爵被认为是亲日派。如同屡次提及的，李鸿章总督只会汉语，而他的儿子李经方子爵除了汉语以外，还会说英文、法文和日文。

李鸿章参观柏林斯潘道的军工厂

直隶总督李鸿章一行在斯潘道参观了皇家炮兵场和武器厂。斯潘道的子弹厂、火药厂和军火库里有大量的弹药储备。李鸿章惊讶地看着这些排列整齐的各式早期武器装备。堡垒内同样存有大量武器，总督在那里试射了消音子弹。另外，李鸿章每日支付500马克作为他在恺撒大酒店的住宿费。

BERLINER TAGEBLATT UND HANDELS-ZEITUNG

（德国）《柏林日报》 1896年6月30日·星期二

德国周刊报道李鸿章

关于李鸿章总督，在最新一期的《德国评论》(Deutschen Rundschau)杂志中，我们的清朝问题研究专家、前德国驻北京公使巴兰德先生发表了他的看法。我们将这位专家的有趣见解呈现在以下细节中：

和任何一个清朝士大夫一样，李鸿章对外国人并不友好。但是迫于形势，他不得不和外国人频繁交往。这并不是他自己所希望和倾向的情形。为了让这些交往更好地为自己和祖国服务，李鸿章有效地利用这些被迫进行的交往，并从中学习。就清朝本身来说，这种应对方式是很受怀疑的。当李鸿章面对士大夫们的强大攻击，并被人民完全当做基督徒和媚外者而不受欢迎时，这些与外国人的交往、对外友善、在省内获得的外国人的援助，以及由此而得到的功勋，都将成为他的把柄。

这样一位被愤怒和仇恨围绕、跟随着的人物，对于这些危险显然非常清楚。他利用外国的方法和帮助来应对这些不利局面，将清朝自上而下地握在了手里。

李鸿章今年73岁，就年纪而言，对他没有什么可期待的。目前他在清朝亟需的军队重组、海军和财政事务方面扮演着实干家的角色。可以认为，在不触及他自身权益的情况下，他不会像多数官僚同仁那样对这些变革表示反对。无论如何，他将很难避开这些阻碍力量，尤其是在他已经被排除出国家权力中心的情况下。在这些介绍当中一些有关这位清朝政治家个人品行的传说，无情地触及了他的本性。

李鸿章取消参观波鸿市的计划

关于李鸿章总督昨日在波鸿的停留，有电报消息表示，由于他的医生紧急建议，原定本周参观波鸿的计划不得不取消，对此总督深表遗憾。

李鸿章昨晚在克虏伯庄园过夜

李鸿章昨天参观了克虏伯工厂的装甲板制造，今天将参观重炮组件的铸造。

(德国)《柏林交易报》 1896年7月1日·星期三

BERLINER BÖRSEN-ZEITUNG
JULI 1 1896·MITTWOCH

俾斯麦首相对李鸿章谈论其继任者

后来得知，前首相俾斯麦曾对李鸿章这样评论他的两位继任者："卡普里维（Caprivi）是会说'这是命令，必须遵守'的人。相反，霍恩洛厄有自己的想法，并会谨慎、有技巧地提出。"

(德国)《柏林日报》
1896年7月1日·星期三

莱比锡银行代表谈李鸿章及对华借款问题

前面提过的那位著名的东亚局势专家——莱比锡银行的古尔总经理和李鸿章总督进行了一次长时间的会晤。关于此次谈话的内容，古尔先生向一位 L. R. R. 的工作人员做了如下介绍："对于清朝会跟德国下什么订单这个问题，我相信，清朝订购意向非常可能局限在战船和火炮上。伏尔铿军工厂和克虏伯集团会拿到订单的。关于铁路建设的进展情况比德国认为的要谨慎和缓慢得多。即使在目前这种严重危机的情况下，清朝仍打算自己生产和建造大部分必要的铁路。"德国拥有世界第一的军事力量，这点李鸿章完全认同。其实总督九年前就已经持有这一立场了。古尔先生有幸得到了多次提问的机会。在他请总督回答关于对德法战争的看法时，古尔先生注意到，总督趁机对提高关税问题做了暗示。总督提示，预期的改革会产生巨大开销，并反复提到了成本问题。话题因此转向了对于财政问题的讨论。总督认为提高关税的要求完全合理，因为债务国在物资运输方面自然应该在同等优惠的条件下进行。

我们向古尔经理提问，莱比锡银行是否有意对清朝借款并因此与李鸿章进行交涉。对此，古尔先生简短地回答："不是。"在短暂地思考后他补充道："您的提问很直接，但我还是想回答您。作为莱比锡地区首屈一指的报纸，您想必知道，我所代表的机构的业务重点是争取商业和工业界的支持，尤其是萨克森州的各界。因此，这种大规模的海外借款业务并不在我的业务范围内。我的确早前就和清朝有很好的关系，现在也在努力继续维持这种关系，但这和我的银行无关，虽然这层关系在某些情况下可能会被银行认为有利。一些业务重点不在柏林的大银行和银行公司多次对我提出期望和要求，希望我能帮助他们在清朝业务上与柏林的银行进行竞争。而这种竞争关系，北京和天津方面出于自身利益的考虑，也是乐见其成的。对于这些要求，我至今一直表示拒绝。即使我所在的机构对出资德华银行以及之前对华借款的种种感兴趣，我的机构也仅参与讨论出资的形式。"古尔经理随后笑着补充道，"除了对华借债，目前还可以和清朝做其他很多安全而有利可图的生意。"对于李鸿章这个人，古尔经理认为，相比十年前，他现在还保持着同样的精神活力。与之相对的是，这位年迈的清朝领袖人物的身体状况，相比于他所代表的进步思想来说是非常令人遗憾的。

李鸿章受英国索尔兹伯里侯爵邀请赴英国

根据《每日新闻》(The Daily News)的一则消息,李鸿章总督将很快会去索尔兹伯里(Salisbury)侯爵[1]那里做客。李鸿章还接受了阿姆斯特朗爵士的邀请,前往参观埃尔斯维克兵工厂。此外,总督还将参观英国的下议院、军械库、码头和监狱。

总督在弗里德里希斯鲁庄园访问期间的照片已经出现。从照片上可以看到在庄园露台上的各位先生们。首相俾斯麦穿着后备军少校制服以军姿站在阳台前,首相左边的是那位清朝政治家,右边是施韦宁格(Schweninger)。

---

[1] 即罗伯特·盖斯科因—塞西尔(Robert Gascoyne-Cecil,1830—1903),第三世索尔兹伯里侯爵,曾三度出任英国首相。——译者注

BERLINER BÖRSEN-ZEITUNG
JULI 3 1896 · FREITAG

（德国）
《柏林交易报》
1896年7月3日·星期五

李鸿章参观波恩的龙岩山

　　鲁道夫·瓦尔为向李鸿章总督致敬而安排的游览龙岩山活动在今天上午举行。总督一行人乘坐专列，在热烈的欢迎声中前往"皇冠之宫"。到达"皇冠之宫"后，市长已经在火车站等候迎接。随后，一行人坐上马车，穿过隆重装扮的街道，前往山脚下的龙岩火车站。当地各协会和学校已经在街道上组成了欢迎队列。在龙岩山山顶的龙岩上，主办方组织乐队为总督演唱了科隆地区的歌谣。在丰富热闹的娱乐招待中，李鸿章俯瞰了莱茵全景。10点30分左右，总督一行人乘坐特别安排的游轮返回，并于11点30分左右抵达科隆。回程时，聚集在莱茵河两岸的群众用欢呼和礼炮热情地欢迎总督。

(德国)《柏林日报》 1896年7月3日·星期五
BERLINER TAGEBLATT UND HANDELS-ZEITUNG
JULI 3 1896 · FREITAG

李鸿章在科隆市

科隆，7月2日

李鸿章总督今天下午接待了本地当局代表，并于晚些时候前往道依茨（Deutz）观看林登（Linden）、沙利耶（Charlier）和兰格（Langenschen）的作品。今晚，总督将参加由科隆商会和工业协会为他所设的晚宴。

君彻尼西的晚宴由科隆商会和科隆地区工业协会为了向李鸿章总督致敬而举行。总督于6点左右现身，宴会进行得非常顺利。在伊丽莎白大厅（Isabellensaale）里，一些尊贵的客人被介绍给总督。赴宴的包括民政和军事机构的一些官员，以及莱茵工业界的杰出代表。

介绍完来宾之后不久，宴席开始了。主席哈瑟（Rasse）博士首先提议为德国皇帝祝酒，而后冯·莱比锡（V. Leipziger）中将提议为清朝皇帝祝酒。秘密商业顾问古斯塔夫·米歇尔（Gustav Michels）以宴会主办方的名义向总督致辞。在致辞当中，他希望李鸿章的到访能为进一步建设德中友好关系做出贡献，并希望德国工业界的强大、高效以及勤勉能够得到总督的青睐。他说，可以不自谦地说，我们德国人在某些方面已经在世界上取得了一席之地。特别需要指出的是，德国人在贸易上非常忠诚，值得信赖。虽然德国的贸易运输还存在一些问题，但是我们与其他国家进行的一直是平等贸易。米歇尔顾问以对总督的赞扬结束了此番讲话。总督通过海关税务司德璀琳做了回应，对这一隆重的接待表示感谢，并说人们不应对他的到访带有夸大的希望。他此行的目的在于进一步建设德中友好关系，考察德国最好的贸易和工业，并在回国后对它们进行评估。海关税务司德璀琳以一声"科隆万岁"结束谈话，引起在场宾客的热烈欢呼。8点左右，总督回到大教堂旅馆，那里已经有数千群众在等待着他。

李鸿章抵达安特卫普

李鸿章总督将于7月10日抵达安特卫普。当地民政和军事机构的领导们将在南站（Südbahnhof）迎接他。总督将前往参观海港设施、防御工程和军械库。

《帝国新闻报》（Der Reichsanzeiger）公布：除了我们已经报道过的颁发给李鸿章和李子爵的奖章外，还将颁发下列荣誉勋章：

授予首席秘书罗丰禄二等宝星勋章，授予秘书李经述子爵二等红鹰勋章，授予秘书于式枚、塔克什讷、联芳和德璀琳三等红鹰勋章，授予秘书郑藻如（Zing Z. Pou）三等宝星勋章，授予随行人员柏斌、麦信坚、洪冀昌、张柳、薛邦龢、黄秦卫（Huang Tsin Wei）四等宝星勋章。

关于李鸿章在德国的使命

关于李鸿章出使德国的使命，熟知清朝事务的东亚问题专家罗尔（Rorr）做了如下报道：

李鸿章总督在讲话中提出清朝方面的诉求，也澄清了对德国的立场。他与德国的谈判会基于总督自身从北京获得的授权情况而定。另一方面，这番谈话也澄清了清朝方面对于其他条约国的立场，特别是对法国和英国提出了要求。各条约国所提出的对应条件，将在总督返回清朝之后与各方进行协商。李鸿章那里可能会有财政报表。西方国家真正在乎的是，李鸿章会代表清朝给予条约国何种回报条件。此次李鸿章对条约国考察之后，清朝方面现阶段的诉求在何种程度上能够达成？从德国对总督的盛大接待，以及俄国作为第一强权国对于清朝的重视可以看出，这两个国家对于清朝努力想要达成的目标会提供和其他条约国一样的帮助。对此，李鸿章表示，将对德国皇帝、德国政府以及德国人民永世不忘！李鸿章在我们这里扮演了学生的角色。他参观了所有的设施，但是什么也没有买。

（德国）《泰尔托循环报》 1896年7月3日·星期五
TELTOWER KREISBLATTER JULI 3 1896 · FREITAG

李鸿章抵达科隆

科隆，7月2日

李鸿章总督和随行人员今天上午从埃森出发到达科隆，在火车站由威斯特法伦第七军团迎接。参加接待的还有市长德克尔（Decker）、科隆商会主席、商业顾问米歇尔、鲁道夫·瓦尔先生等。在欢迎仪式之后，李鸿章一行前往大教堂旅馆。在那里，瑟兹乐（Setzler）伯爵安排莱茵地区军乐团为总督演奏礼乐。火车站附近的房屋建筑都插满了旗帜以表示欢迎。

(德国)《柏林日报》
1896年7月4日·星期六

李鸿章抵达阿姆斯特丹

我们收到私家电报：李鸿章总督将于今天早上抵达阿姆斯特丹，并将在那里参观港口设施。随后总督将前往海牙觐见女王和摄政女王。此外，他还将参观鹿特丹的港口设施，预计将在荷兰停留三天。

根据发自科隆的电报，李鸿章今天早上已经从科隆出发继续其世界旅行。

| （德国）《柏林交易报》 1896年7月4日·星期六 | BERLINER BÖRSEN-ZEITUNG JULI 4 1896 · SAMSTAG |

李鸿章参观科隆市

　　李鸿章总督及其随行人员昨天下午参观了科隆市内景点和防御工事，今天上午将继续他的世界旅行。

BERLINER BÖRSEN-ZEITUNG	（德国）
JULI 5 1896 · SONNTAG	《柏林交易报》 1896年7月5日·星期日

李鸿章总督抵达海牙

海牙，7月4日

李鸿章总督今天下午抵达此处，并在火车站受到了本地政府代表的接待。女王和摄政女王的代表已前往边境迎接。总督将在火车站乘坐礼车前往旅馆。

李鸿章在海牙赴女王晚宴

海牙，7月4日

李鸿章总督今天参加了外交大臣勒尔（Roell）博士为他举办的晚宴。总理为清朝皇帝祝酒，并高度赞扬了清朝和荷兰近百年来的友好关系。总督对此表示感谢，并祝愿女王和摄政女王身体健康。明天外交大臣将在席凡宁根（Scheveningen）的库尔豪斯旅馆（Kurhaus）举行官方晚宴。星期一，总督将在索斯戴克宫殿觐见女王和摄政女王。

（德国）《柏林日报》
1896年7月5日·星期日

BERLINER TAGEBLATT UND HANDELS-ZEITUNG
JULI 5 1896·SONNTAG

关于李鸿章与德意志帝国的谈判

关于李鸿章总督和帝国政府的谈判，今天《东亚通讯》受清朝使团启发，给出了一些值得各方重视的暗示。对于总督和外务部秘书的谈话，报道如下：

"总督介绍了清朝的情况和在财政方面的基础立场。相应地，外务部秘书也向李鸿章介绍了德国方面的情况。就眼下东亚的情况对于清朝来说，德国所持的立场，无论在何种情况下都是有益的。德国对于清朝的立场是基于德国本身对于清朝强盛和进步发展的兴趣，并将在这方面，继续朝安全友好的方向进一步推进其在华的利益。"

关于清朝的财政立场，前德国驻北京公使巴兰德先生在他所写的《东亚的未来》一文里探讨了清朝在对日战争之后的财务状况，并得出结论说，除了进一步增强贸易和交通以外，清朝没有别的出路来弥补收入的不足。"清朝政府，"巴兰德先生写到，"很久以前就很清楚，将以银本位制为基础的进出口海关关税税率定为5%，与现在的银价汇率有很大的差距。这仅相当于之前商品40%的价值。清朝政府要求将关税至少提高到5%以上。这个要求可能不会受到其他国家的反对，因为依据这样的管理条例，清朝政府对于外国工业的相对购买力将会有显著提高。"清朝和欧洲国家之间的贸易条约使清朝海关在未经欧洲国家同意的情况下不能单方面提高关税。有说法认为，德意志帝国仅出于清朝方面的利益而对提高那里的进出口关税表示同意。根据《东亚通讯》的暗示，这个说法是很可疑的。清朝政府对于欧洲工业的购买力可能会随着海关税收的提高而提高。但是帝国政府和其他欧洲政府在这方面只看到他们在与清朝的贸易往来中因关税提高而遭受的损失，却看不到德国工业将因清朝购买力的提高而受益。《东亚通讯》显然没有能力在这方面做一些乐观的报道。

该报道进一步暗示，"一个对于清朝的发展和主权完整"感兴趣的国家，为了保障它在东亚的利益，有必要在清朝领土内建设一块合适的租借地，其他多数国家对此自然不会有异议。然而德国方面的人士对此根本没有给予足够的重视。帝国海军部是否重视在清朝沿海获得一处德国租界，至今仍未公开。从根本上讲，这比获得一个煤炭港更重要。驻扎在东亚水域的德国战舰的煤炭消耗目前尚可随时满足。这些煤炭在未来价格肯定会上涨。设立租界主要考虑的是维持海军基地的成本,也是为德国工业的未来考虑。此外,《东亚通讯》确认,总督并未获准全权进行谈判,目前只限于协商勘察。

李鸿章昨日抵达海牙

我们从一封发自布鲁塞尔的电报中得知,比利时国王下令为李鸿章总督准备一场盛大的接待。李鸿章一行人将于7月8日抵达布鲁塞尔。届时,比利时皇家专列将在荷兰边境处载上总督,并由骑兵中队把总督护送至住处。在为期八天的停留中,总督将由梅克斯洛什(Makersloth)将军陪同。除了参观安特卫普的港口设施以外,这位清朝的政治家还将参观列日工业区(lüttich)以及韦尔维耶(Vervier)的布厂。据悉,为了迎接这位客人,比利时将有大量宫廷庆典活动。

李鸿章无与伦比的辫子令各国女士们赞叹不已。刊于（意大利）都灵《哨声报》（Fischietto）。

| ILLUSTRÉ SOLEIL DU DIMANCHE JUILLET 5 1896 · DIMANCHE · N°27 | （法国）《星期日太阳画报》 1896年7月5日·星期日·第27期 |  |

李鸿章

  德国隆重地接待了来访的直隶总督李鸿章。他此次到访欧洲是为了代表清朝皇帝参加俄国沙皇的加冕仪式。德皇威廉二世为了取悦这位清朝外交官，特意增加了招待会、晚宴和阅兵的次数。但是这位大人物不轻易感动，我们只能等到他到访法国时才能了解他对西方的感受。

  李鸿章生于1823年2月16日[1]，父亲是安徽省一个贫苦的文人。他年轻的时候因在镇压太平天国运动中的杰出表现而崭露头角。当时他为了追剿太平天国反叛势力，从一省打到另外一省，为朝廷立下了大功。随着势力不断膨胀，他很快被任命为直隶总督。正是他于1884年签署了承认我国对安南和北圻主权的《中法简明条约》。也是他于中日甲午战争后签订了《马关条约》。在中日甲午战争中清朝遭受的惨败完全没有降罪于他，而且他也竭尽所能地减少了战争失利的影响。清朝内阁没有时常听取这位杰出老者的意见对于欧洲而言是一件幸事，因为谁也无法预料，一旦清朝3亿人口从熟睡中清醒之后会有怎样的后果。

---

[1] 应为1823年2月15日。——译者注

直隶总督李鸿章

L'ILLUSTRATION
JUILLET 11 1896
SAMEDI · N°2785

（法国）《画刊》
1896年7月11日
星期六·第2785期

李鸿章做客俾斯麦府邸

　　李鸿章——清朝的伟大老者两个多月前就来到了欧洲。他缓慢地在西方各国访问，在中日甲午战争惨败之后，他好像是来西方寻求获胜的秘诀和报复手段的。他一路察看着、判断着、比较着，已经走过了俄国、德国、比利时。几天之后，他将到达法国。他在所到之处研究欧洲列国的军事组织和装备情况。各国政府都轮番满足他饶有兴致的好奇心，向他展示自己的实力，激发这个黄皮肤老政治家的仰慕之情。但这并不仅仅是为了满足他们的自尊心，李鸿章是一个潜在的大客户。

　　一方面，尽管他要为清朝最近遭遇的挫败承担责任，但他的影响力依然无人能及。而且很显然，欧洲各大国都想从清朝得到一些商业或政治利益，而清朝会把这些利益给那些李鸿章亲眼所见之后认定的实力最强的国家。另一方面，既然天朝帝国想要更新武器装备，更换他们那些损坏的枪支、质量低劣的大炮、外表涂着漆模仿钢铁颜色的用陶土做的炮弹和空想出来的舰队，那么这对俄国、德国、英国和法国的兵工厂、铸造厂、炸药厂、造船厂就意味着大量的潜在订单。这种买家可不是天天都能遇到的，在这种情况下，多卖点力气可不是多余之举。尽管下订单的时间还没有到，但是李鸿章正在挑选大炮和巡洋舰的型号，同时也在挑选同盟。

　　他最先抵达的是俄国，他在莫斯科参加了尼古拉二世的加冕仪式，在圣彼得堡参加了几次盛大阅兵，在喀琅施塔得（Cronstadt）参加了一艘巡洋舰的下水仪式。在随后到访的德国，他从一个兵工厂被带到另一个兵工厂。他在德国访问期间突出的两件事是对克虏伯先生和俾斯麦先生的访问。

　　在克虏伯工厂，他亲眼见证了自己雕像的铸造过程。在弗里德里希斯鲁庄园，俾斯麦准许一位摄影师拍下了他跟李鸿章会晤的照片。这位年迈的德国首相无疑是想强调东西方两位声名最显赫的政治人物在他们临终前碰面的历史意义。这两个人都经历过无上荣耀加身，然后又失势的时刻。在他们交谈的两个小时里，这两位年迈但依然身强力壮的人，黄马褂加身的李鸿章和铁血首相都说了些什么呢？没人听见他们的对话。但是如果可以影射一下各自国家关系里的力量和权力的话，对于俾斯麦和李鸿章，除了宫廷斗争和皇帝的反复无常大概不会找到更能让他们感兴趣的话题了吧。

交谈之后，俾斯麦抓着李鸿章袍子上的肥大衣袖，带着他走到露台上，那里是他平时会见那些前来为他欢呼喝彩的人们的地方。一个镜头对准了他们，记下了两个人迥然不同的姿态：俾斯麦身穿重骑兵制服，风采依旧；比他小七岁的李鸿章（他生于1823年），却弯腰驼背、颤颤巍巍。我们置于《画刊》读者眼前的正是这张照片。

右图｜李鸿章的欧洲之行。俾斯麦和李鸿章在弗里德里希斯鲁。根据门内尔（Mennell）先生提供的《新摄影协会》(Neue Photographische Gesellschaft) 中的一张照片绘制而成。

| （英国）《伦敦新闻画报》 1896年7月11日·星期六 | THE ILLUSTRATED LONDON NEWS JULY 11 1896 · SATURDAY |

李鸿章在德国

　　清朝资深政治家李鸿章先生在德国受到热情接待，场面之宏大不逊于皇室亲临。因此，对于这位清朝总督到访英国的政治重要性，在大众的认知中，必然会有所夸大。但是，李鸿章先生德国之旅最后阶段的情况，大大缓和了大众对于其到访结果的过高期待。在科隆商会为李鸿章先生举办的宴会上，他对所受到的慷慨款待表示了感谢。之后德璀琳先生在作答时说，李鸿章先生一行此次来访，目的是促进中德之间更加友好的关系，并使清朝政府能够更加细致地了解德国的现代工业，希望此次访问活动不会引发其他不合理的期待。对李鸿章先生一行，德国方面热情地创造各种机会，以促成其此次访问活动的目的。为欢迎李鸿章先生一行举办的宴会都极尽热忱。而在参观过程中，德国的船舶制造和弹药制造中心也给李鸿章先生留下了深刻印象。

　　也许，在德国访问期间，最有意思的事件是李鸿章先生与俾斯麦首相在弗里德里希斯鲁的会面，对此本刊提供了一幅插图。李鸿章先生于午后1点到达城堡，受到了赫伯特·俾斯麦伯爵和兰曹伯爵的迎接。随后，两位伯爵被引荐给了李先生的随员们。两位资深政治家交谈了两个小时，显然双方有许多共同感兴趣的话题。当李鸿章先生一行离开时，俾斯麦首相身着后备军少校制服，将他尊贵的客人送到了专列旁，之后两位政治家诚挚握手，相互道别。

李鸿章与俾斯麦伯爵在德国弗里德里希斯鲁。
德国柏林新图片公司（Neue Photographic Cesellschaft）拍摄。

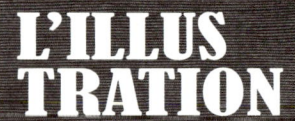

L'ILLUS
TRATION

（法国）《画刊》
1896 年 7 月 18 日
星期六 · 第 2786 期

L'ILLUSTRATION
JUILLET 18 1896
SATURDAY · Nº2786

巴黎通讯

夏天来了！盛夏已至！假日也马上就到了。人们脑子里只有一个想法，连议员和剧作家们心里也只想到一个情景：外出度假！上流社会街道两边的窗户关上了，剧院的大门也是一样，到处都关门了。为了迎接 7 月 14 日国庆节的到来，巴黎的街道曾挂满彩旗，然而节日倏忽而过。所幸李鸿章这位备受各方关注的贵客的到来在巴黎引发了热潮，若不是因为大清帝国的这位权臣，巴黎肯定要变成一座空城了。这位权臣是今时今日的雄狮，就像布吕蒂斯（Brutus）一样可怕——这头狮子有一天咬掉了驯兽师珀琮（Pezou）儿子的一根手指。

李鸿章抵达巴黎：离开巴黎北站。

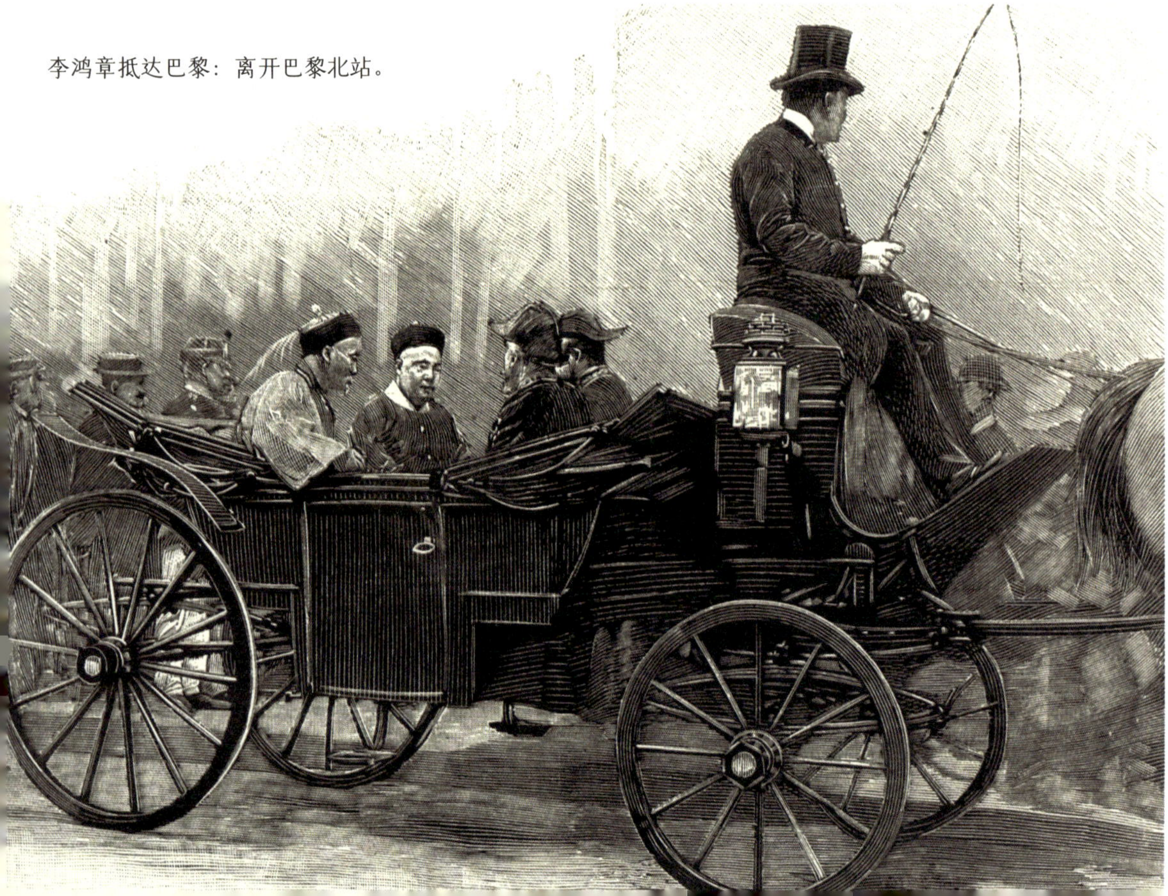

共和国总统在爱丽舍宫接待李鸿章。依据照片绘制而成。

李鸿章可不止咬掉了太平军的一根指头,他不顾戈登的反对,屠杀了太平军。我们的这位贵客是一位无情的政治家。铁血政治家俾斯麦先生曾经跟他交谈过。俾斯麦先生应该会从这位清朝人平静的眼底看到一种可以跟自己抗衡的坚毅。这两位人物肯定都饶有兴趣地研究了对方。他们的头颅四周带着光环,手上却沾满了鲜血。《画刊》刊登的二人精美的肖像画勾起了不止一个法国人的痛苦回忆。

但是他们拯救了各自的祖国!或者至少可以说,李鸿章阻止了清朝的瓦解。他跟我们打过仗,预料到了日本的强大并几乎预言了它的胜利。现在,他想要重新唤醒在鸦片催眠下沉睡了几个世纪的清朝。我们要小心这些黄皮肤的人,很可能有一天他们像蚂蚁一样众多的人口会向我们的老欧洲进发。然而,我们的老欧洲此时却正把自己的货篮投向李鸿章,并对他说:

"请买我的大炮吧!"
"您想要麦宁炸药制作的炮弹吗?"
"您需要炮弹吗?"
"我的装甲舰,您不想买吗?"

"瞧瞧啊，先生！瞧瞧这东西！"

"火药人人夸，威力顶呱呱。"

"武器精钢造，枪支皆成套。"

"瞧瞧啊，摸摸看，满意您带走！"

这位高大的清朝人自然成了全巴黎关注的稀奇人物。他到来的时间，正值各个学校组织期末考试的时候，我们便只能安排他参观这些考试作为消遣。实际上，他值得更好的安排。

拉斯蒂涅（Rastignac）

李鸿章

当李鸿章被问到在欧洲遇到的最令他惊讶的事情是什么的时候，他自己应该也会这样回答："看到我自己在这里。"不论是在李鸿章卓越的政治生涯之初，还是在他达到权力顶峰的时刻，又或是在他短暂的失势期间，这位被我们错称为"东方的俾斯麦"，实际上在过去和现在都是堪比拖延者费比乌斯[1]的政治人物。他无法预料到自己会在因缘际会下成为同西方强国打交道的清朝使臣，会在风烛残年之际，被命运从一成不变的呆板人生中揪出，来到这个长期以来被他多疑而又娴熟的外交手段所挫败的欧洲访问。

他作为那个接近崩溃的政体及思想秩序的最后一个代表，出现在这个新的环境之中。他思维敏捷，多谋善断，随机应变，是过去和未来的连接点；他是那个曾经的天朝上国的化身。而自1865年起，它就在往外输送无数的移民，为新的命运征途的到来做好准备。

当1841年英国用坚船利炮打开清朝的大门，强迫它放弃闭关锁国的政策时；当1856年，法国和英国轰炸广州，强迫咸丰皇帝签订《天津条约》时，他们都没有想到，通过这些破开的大门，汉族子民会充斥整个世界，他们打开了一条波澜壮阔的逃离之路。一开始，什么迹象都没有。清朝庄严地慢悠悠地自欺欺人，新思想很难

---

[1] 古罗马政治家、将军，擅长用避免与敌军直接作战和拖延的战略使敌人疲于奔命，最终取得胜利。——译者注

李鸿章在巴黎拍摄的照片

进入这个有着将近世界三分之一人口的庞然大物。它不紧不慢地、一点一点地摇晃，就好像它跟我们这些欧洲国家正好是反过来的。我们总是迫不及待，因为我们不知道未来什么样；而清朝，自信于它6000年的历史和生生不息的人口，自觉已经快要到了巅峰时刻，没有发现已经开始的衰落。而且它富有耐心，因为它以为自己是永恒的存在，等待着时间战胜一切，除了它自己。

清朝人移民是为了过上太平日子，而且这种行为也被各种条约合法化，但是这种情况还是很令人忧心。自1865年清朝打开对外移民的道路之后，就促成了一种新的经济因素，这代表着侵入大洋洲、马来西亚、美洲和安的列斯群岛的低廉劳动力，成为白人劳工最可怕的竞争对手。美国震动，欧洲担忧，在柏林会议上，俄国代表舒瓦洛夫（Schouvalof）伯爵就曾提醒过与会者注意这种危险。

在这个时期，因缘际会之下，我跟我的客人和朋友、清朝驻欧洲公使蒲安臣讨论了这个他有责任解决，并且如有可能，需要各国出面帮助解决的问题。蒲安臣是美国人，是位杰出的官员，曾经在南北战争中扮演过重要角色。他是聪明的外交家，是美国派到清朝的公使。他得到了当时的摄政王恭亲王[1]的信任，并在本国政府的准许下，接受了代表清朝政府处理与各国有关事务的任务。亲王待遇、最广泛的权力和最高外交头衔都无法与这一任务所面临的困难相提并论。他感觉到了这种困难，对未来很是忧虑，预料到有一天美国和欧洲会意识到自己在强加给天朝各种条约时没有谨慎地考虑其后果。他对我说："是时候停止说清朝弱、清朝人低等了。他们跟我们一样强，我认识一些在次级职位上的这样的人，有一个少见的人才在为他们令人担忧的野心效力。"

事实上，他在地位显要、疏于政务的恭亲王背后看到了一个新的人物的崛起：他记得那人叫李鸿章，命中注定要成就大事。蒲安臣对未来的忧虑和对人的判断都没有错。在我们那次会面之后不久，他在完成自己的任务之前就突然去世了。之后，恭亲王退隐，李鸿章接任。

清朝有句谚语说："看塔看影，观人观敌。[2]"塔高影厚，曾经有一段时间，李鸿章遭到很多人的嫉妒，他们差点把他推翻。他从安徽省一个小小的文书，变成直隶总督，又变成权势熏天、人人畏惧的大人物，管理着三亿多百姓。他曾一度失势，但失势只是暂时的。他又站了起来，像过去一样位高权重，出现在了新的舞台之上。总督变成了特使，代表清朝面向外界。

---

[1] 恭亲王非摄政王。——译者注
[2] 未找到中文原文，为译者自由翻译。——译者注

在他身上，承前启后，继往开来。精致的面容、灵活的眼神、永恒不变的笑容都揭示了他外交官的身份，宣告着他政治家的地位。他神情傲慢，薄唇，额头紧皱，一双锐利的眼睛藏在眼皮后面，面容因长期不停地工作和思考而深陷憔悴。这些都说明了这颗还在主导着帝国命运的大脑所付出的巨大努力。

他来自上层社会，他的身材说明了这一点：他身形瘦弱有力，穿着丝质长袍，承载着岁月的磨砺和政务的重担而不弯曲。他的节制人尽皆知，在生命所能给他的一切享受之中，他只爱权力，对一切单纯的享乐不屑一顾。

在他的政治生涯之初，他投奔了正确的政派，到了曾国藩的门下，后来接替了他成为两江总督。曾国藩死后没有留下一个敌人，他说："他在生前就把敌人都杀光了。"据说，李鸿章在某种程度上也是这样做的，只是他的手段没有那么残忍。在变革的时代，他必须更加克制。命运也给他准备了很多严峻的考验，欧洲人闯进了白河，太平军叛乱威胁着要把清王朝卷进恐怖的动乱之中。他在跟欧洲谈判的过程中成长为一个外交官，在戈登的门下学会了战争。

他思路清晰，不拘小节，没有成见，目标明确，并且对达成目的的手段也不甚操心。他跟英国谈生意，向英国借人借武器铁血镇压叛军，把未来的苏丹英雄戈登派去打击太平军，并把常胜军的指挥权交到他手里。如果说有人指责他把一切功劳都揽在自己身上，好大喜功，在他巧妙书写的奏章中把自己描述成帝国叛乱的平定者和皇位的拯救者的话，那么至少有一部分功劳属于他，而且他对自己选择的那个人并没有吝惜荣耀和钱财。有一天，那个人被他的背信弃义所激怒，曾经提着枪找上门想要杀了他。

那件事发生在苏州之战取得决定性的胜利之后。太平军的统帅、年迈而又顽强的慕王（Moh-Wang），像被困在窝里的野猪一样被困在城中，仍然负隅顽抗，殊死一战，却被手下刺杀身亡。在他死了之后，太平军在戈登的猛烈攻击之下投降。戈登向他们保证投降不杀。但是李鸿章，作为两江总督，并不认为自己需要受戈登承诺的牵制，更不认为自己同意了他的做法。因为只有杀死叛军首领才能让朝廷心安，震慑叛乱者，把李鸿章送上权力的巅峰。在他的命令下，投降的将领全被处死。而胜利的总督为了躲避中尉的怒火，仓皇地离开了帐篷。几个小时之后，戈登拿着枪来到帐篷里，想要跟他讨个说法。

没有怜悯之心的李鸿章也没有记仇之心。他早就预料到了戈登会生气，提前溜之大吉，但是他大大地赞扬了戈登的骁勇善战和军事才能，大方地奖赏了他的官兵，并且永远不明白为什么戈登不屑地拒绝了他向朝廷要来的百万奖赏。

等到十五年之后，戈登再次被召回清朝来阻拦一触即发的中俄之战时，李鸿章在天津等他。见到他之后，李鸿章一把抓住他，与他紧紧拥抱。戈登再次见到这个曾经一起经历过艰苦岁月和光辉时刻的同伴也不免动容。对这样的两个人来说，生命太短暂，不能用来相互仇恨，而且两个人都有比回忆往昔更重要的事情要做。未来再次黯淡，两位昔日战胜太平军的胜利者商量着如何确保和平。戈登的真知灼见和支持帮助李鸿章在朝堂上占了上风，在最高点保住了这位他曾经想要杀掉的人的权力和名声。

虽然这位政治家没有像他的老师一样，把敌人赶尽杀绝，虽然他的敌人们后来成功地动摇了皇帝对他的信心，把甲午战争失败的部分责任归咎于他，李鸿章却击败了那些针对他的指控。这位安徽来的文书现在是，将来还是19世纪大清帝国历史上同时代同辈中最有特点的一个人。

作为一个宿命论者，他向事实、向一时的意外低头，向一时的强权低头，向拥有强权的欧洲低头。他忍受欧洲强加给他的条约；他研究它强大的物质原因，研究它的工具、它的武器。在他那边，他有数量的优势，他多产多育的种族还没有显露出任何枯竭的迹象；他还有时间的优势，对清朝来说几个世纪不算什么，他完不成的，他的继任者会完成。在面对欧洲的使臣时，他和气有礼，他等待、观察、倾听，并像圣贤一样坚信"忠言逆耳"。在他的怀疑态度中，只保存着一条信念，那就是清朝是永恒的，其他国家都会消逝，只有它不会。

所以，这位政治家、哲人和智者，亚洲的宿命论者，在他的内心，该是带着怎样的怜悯之情评价我们这些总是焦躁不安、忙忙碌碌的欧洲人啊！就像所有的清朝上层人士一样，他对我们的艺术、风俗、哲学和宗教完全无动于衷，并把这种态度隐藏在东方礼节中夸张套话的背后。他感兴趣的只有我们的科学，他在欧洲的人马的主要工作就是跟踪科学进步。这些人基本上都很善于观察，他们领悟得快，记得也快，他们学得很轻松，其中一个人曾经毫不客气地跟我说："我们的文明如此悠久，我们的祖先已经积累了那么多成果、发现和观察报告，在欧洲我要学习的未知事物，比我要重新学习的已经忘记的知识要少得多。"

无论是日本的胜利，还是清军在打击太平军过程中的威严扫地，都不能动摇李鸿章对这个不受时间影响、以其惊人活力经受住了种种考验的帝国的未来的信心。这个帝国的未来，我们现在只能隐约看见。它宣示的是一个在世界经济史中的重要因素，一个未来的危险的存在。日本唤醒了这些如尘埃一样多的人民团结一致的本能。他们显露出纪律、科技和团结的力量。无论是与日本结为同盟，还是与日本为敌，清朝都正在重整旗鼓。而看到李鸿章这位鲜活的古旧化身控制着未来发展的方向，绝不是我们这个时代最令人惊奇的事情。

德·瓦里尼（C. De Varigny）

李鸿章

最有权势的清朝人

华盛顿，7月16日

我从清朝代表团那里接到消息，李鸿章将在秋初抵达此地。他将作为国家贵宾在此停留几个月。负责清朝事务的政客们对此非常关注，克利夫兰总统将会委派一名高级官员负责李伯爵的接待工作，并在白宫设宴接待他。美国各大城市还将为他举行公众庆典并设宴欢迎。他将乘坐专车，以外国国王或者王子的礼遇参观美国。李鸿章无疑是在世的清朝人中最有权势的，他的影响力仅次于清朝皇帝。作为皇帝的老师和皇位守护人，他对清朝具有实质性的统治力量。作为直隶总督，他掌控着3500万人的生杀大权。他还控制着与美国军队规模相当的军队，经手的资金每年多达好几百万美金。李鸿章不但拥有一条私人铁路，还拥有煤矿和其他财产。最近，他还在清朝各地设立棉纺织厂。1894年，我在李鸿章统治的天津听说，他的资产多达数百万。他的府邸有几百个房间，他的权力远超过克利夫兰总统。

一个伟大的清朝学者

就外国事务而言，制定了清朝外交政策的李鸿章在很长一段时期实际上就是清朝的皇帝。他此行将对美国人和他们在亚洲的贸易产生积极作用。李鸿章负责清朝对外条约的签订。他与日本签订了和平条约，还与俄国和德国结盟对抗其他欧洲国家。对于李鸿章亲外，我表示怀疑。大部分清朝人并不亲外，而李鸿章是一个地道的清朝人。

然而，他相信国外文明，将电报引入清朝，并铺设了一万米的电报线用于连接他的府邸与帝国其他地区，以接收世界各大首都的电报。毫不怀疑，派驻不同国家的清朝外交公使会将驻地的情况发送给他。他还让人念翻译后的外国新闻给他听。

在他欧洲访问的随行人员中，有会说每一种外语的清朝人，而他会阅读每一篇关于他本人的报道。李鸿章自己会一点英文。他受过高等教育，从清朝人的观点来看，他是当今世界最伟大的学者之一。我们的毕业生们，如果可以在100个人中取得第一名的话，就会觉得自己做得很好了；而李鸿章毕业时，是在15000人参加的考试中拔得头筹。他是著名的翰林院的成员。翰林院也可以被称为北京皇家学院。该学院的选拔考试如此严格，以至于只有极少数清朝人才能通过。李鸿章还是一位有名的作家。他不仅会作诗、写公文，还能写极具艺术性的书法，他每天都要花好几个小时练字。

李鸿章的随行人员

李鸿章此行有大量随行人员陪同，出行规模极为可观。他有1名外籍私人秘书、2位医生、数量众多的翻译官、6名律师或者书记员，以及同样数目的军官。此外，还有大量的仆人和其他官衔不等的工作人员，所有人都衣着华丽。我在这一行人中见到了罗丰禄这个名字。他是这个代表团的秘书之一，此人可被称为李鸿章的丹·拉蒙特。罗丰禄在伦敦待过几年，说一口流利的英文。他与李鸿章很亲密，几乎能理解李的每一个想法。如果这位伟大的清朝伯爵要和总统举行会面的话，那么罗丰禄可能会担任翻译官。

在清朝北方的两次旅行中，我与李鸿章有过两次会面，都是经由罗丰禄先生安排的。这使得我跟罗先生很熟悉。我发现他是一位阅读广泛、知识丰富的人。在我们的一次会面上，他谈到了赫胥黎和达尔文，还对爱默生和卡莱尔的美感发表了自己的见解。罗丰禄年龄在40岁左右，身材高大，根据我的判断，体重在200磅左右。他在衣着上有着很好的品位，像大部分上层的清朝人一样，他穿着非常华丽的衣服。

李鸿章的穿着

毫无疑问，李鸿章是到访美国的清朝人当中相貌最不凡的一位。众所周知，他身着黄马褂，并在重要的国事场合戴上饰有三眼花翎的官帽。李鸿章的这件黄马褂由精美的缎子制成，胸背部绣有盘旋的黄龙图案。三眼花翎与他在清朝接待科士达时所戴的是同一束。当年，我们进入他的府邸时，他正穿着黄马褂、戴着三眼花翎，直到坐下时，他才将插着孔雀翎的官帽取下来。李鸿章无论穿何种衣物，都非常引人注目。他净身高6英尺1英寸，再加上黑布靴子上1英寸厚的白色鞋底，使得他看上去更高了。他穿着一件黄色缎子制成的长袍，从脖子一直垂到脚。在正式场合，他会在袍子外面穿上黄马褂。

有一次我拜访他时，他穿着深褐色天鹅绒材质的褂子，由几颗金扣别着。另外一次，他似乎穿了一件很长的海豹皮外套，还有袖子。他在室内也戴着帽子，他的官帽，帽檐翻了上去，就当世的眼光来看，像是一个倒置的痰盂。孔雀翎由一颗纽扣束在帽顶上，长长地垂在后头。不穿官服时，李伯爵会戴一顶精致的黑绸盖帽，帽子上有形似半球的帽冠。我在1894年见到他时，他的帽子正面嵌有一颗大钻石，黄色的长手指上戴着一枚硕大的钻石戒指。他穿着玫瑰色缎子制成的裤子，裤管在脚踝处扎了起来，这些裤子里填了棉花，以使它们更为保暖。在采访时，仆人端上来了一些香槟酒，李鸿章只是抿了抿。之后我了解到，他并不喝酒，他也不相信喝醉这回事，但是他抽很多烟。他有一把中式的水烟，在长杆的一端有一个拳头大小的银碗，里面盛着水。一根管子通到水里，管内放着烟草，通过水把烟吸进来。李鸿章抽烟时，并不自己拿着烟管。他有一名专门为他举烟管的仆人，每隔几分钟，仆人就把烟管递到他口中。李鸿章吸一两口，然后仆人把烟管拿走，然后，李鸿章继续谈话。

和李鸿章一起用餐

李鸿章并没有全然习惯外国的生活方式和饮食。在我参加的宴会上，中西菜肴都有，我注意到总督两种都吃了些。他可以像用筷子一样熟练使用刀叉。聊天时他告诉我，他喜欢中国菜和欧洲菜混在一起。他说他吃很多蔬菜，他认为外国人吃肉太多了。在晚宴上，李鸿章的椅子旁一直侍立着两三名仆人。这些人时刻留心他的每一个动作。他们伺候他吃喝，留意他的衣物是否笔挺，并不时端过冒着热气的白毛巾给他擦脸。当然，这些只是清朝的一种风俗，并不意味着这位伟大的伯爵身体有恙，或者太老了不能照顾自己。众所周知，李鸿章已经73岁了，但是他仍充满活力。无论是身体还是精神上，他都和50岁的人一样年轻。他身边有一名英国医生和一名清朝医生陪着。这位英国医生可能会继续对他的面部实施电疗。李鸿章之前面瘫，以这种方式来治疗，而且已经采用这种疗法很多年了。我在天津时，他经常谈到电疗，每天使用一个小时。他经常说，电在他身上就像酒精，给了他新的生命活力。

为何没有取出子弹

李鸿章的脸上可能还能看到子弹的痕迹，就是最近一次在日本时，他被日本刺客开枪射入的那颗。子弹从左眼下面一点射入，留下了明显的疤痕。据说最近通过X

光拍照看到，子弹仍在里面。李鸿章在这次枪击中所表现出的勇敢从未见诸报端。在医生们查找这颗子弹时，他显示出了极为强大的镇定。他允许他们在他脸上开了一个洞。有一次，当一名医生直接探进他的骨头，在上面敲打，说他找到了子弹时，李鸿章回答说他弄错了，他只是在挖骨头而不是找铅弹。

子弹被找到后，是否当即取出成了一个问题。李鸿章的儿子说，除非他从皇帝那里得到了特别同意，否则不能取出。他说，如果这只关系到他父亲个人的性命问题的话，那他可以同意；但这次李鸿章作为皇帝的信使，代表着皇帝，不先给北京发电报的话，不能拿他的生命冒险。当时情况紧急，而发电报则要耽误36小时。因此医生们认为最好还是等一下。最后他们得出结论，冒险让子弹留在里面，只是缝合了伤口。伤口很快愈合，总督现在也已经恢复过来了。

李伯爵和科士达将军

上面的内容是科士达将军一从日本返回就告诉我的。他说李鸿章对这次枪击很担心。他认为这会损害他在清朝人眼中的声望，或者按照清朝人的说法，可能会在他们那里"丢脸"。科士达将军说："我告诉总督，他的看法是错误的，他应该为他所受的伤感到骄傲，这不仅不是'丢脸'，反而是'长脸'了。这个伤口是他为国效劳时留下来的，在美国我们会认为这是光荣的事。可是这没用，他依然感到不快。"

"他觉得这次取他性命的企图是日本方面有意为之的吗？"我问。

"不，"科士达将军回答说，"日本方面对此很焦虑，天皇对此事很关心。日本的大人物们来探望他并极为真诚地表示歉意。李鸿章很快看出这次行动只是一个狂热分子的过错，他并未因此而怪罪日本政府。在他遭受枪击后，日本人忙不迭地补偿，他们想送他各种礼物。但李鸿章只接受了那些不贵重的。比方说，他接受了鸡和蔬菜这类的，但坚决不肯收下艺术品或者其他任何贵重物品。"

科士达的孙子和李鸿章的儿子

说到科士达将军，我有次听说了一个故事，是关于他有一天终于说服李鸿章允许他离开清朝的事。这位清朝总督很喜欢科士达，给出了各种诱人的条件想使他留在清朝，担任清朝政府的外籍顾问。可是科士达将军不想留在清朝，他告诉李鸿章，这对他来说是不可能的。

"但是为什么不可能呢？"李鸿章问道，"是薪水的问题吗？如果是的话，我想我们可以解决这个问题。"

科士达将军是一名外交官。他不想告诉总督他不愿留在清朝的真正原因是他更喜欢美国，所以他想了一会儿，避开了这个问题，说道："大人您知道我很想留下来。我敬爱您，我也喜欢清朝人，但是这个夏天，我在美国有一个非常重要的约会。这是在我出来之前就定下的，我必须赶回去参加。"

在这里科士达将军停了下来。他知道李鸿章中国式的好奇心不会轻易放过他，直到他说出这是什么样的约会。总督没有让他失望，后者很快问道："将军，你说的紧急事务是什么呢？"

"是和我孙子的约会。"科士达回答道，"他才7岁。我承诺今年夏天带他去安大略湖钓鱼，如果我不能实践诺言的话，我会在他那里很丢脸，他会认为他的祖父不是一个诚实的人。现在，大人，根据孝道，作为孔夫子的弟子，您知道父母或者祖父母应该对他的孩子负责。您必须理解，我不能违背这个诺言。"

李伯爵想了一下。不管他是一个多么开明的清朝人，要理解这样一个玩笑还是很慢的。总督把这个问题看得很认真。他说如果科士达将军想去钓鱼的话，他可以在清朝给他提供很多机会。他说："在宫殿内有很多美丽的湖泊，有各种各样罕见的鱼。如果你想去的话，我会给你弄到在那里钓鱼的许可。"

"啊！"科士达将军说，"但是我的孙子和孔子的教条怎么办？"

"哦。"李鸿章这时听出来科士达将军是在跟他开玩笑了。他说道，"如果你不想，我们不能逼你。但是如果你能尽可能长时间地待在这里，我们将很高兴。"他的确留了科士达将军很长时间。他对此特别着急，是因为他认为科士达在清朝留下来可以帮助他的儿子，并有可能将后者从死亡中解救出来。总督的儿子李子爵，当时已经按皇帝命令去台湾，并把这个岛交给日本。李鸿章害怕他的儿子可能会在去台湾的途中受伤或者被杀，他请科士达将军一道前往并给予保护。科士达说对此他无能为力。李子爵足够能干，能够保护好自己。但李鸿章对他说道："不，将军，他没有。他只是一个孩子，他没有你的那种经验。你是一位将军，你知道该给他怎样的建议。你不愿意帮我陪他一道去吗？"

对于这个请求，科士达将军当然无法拒绝。他同意了，但是有一个条件。如果李鸿章答应他回美国和孙子约会，那么他就陪他的儿子去台湾岛。对此李鸿章答应了，两个人都很开心。

弗兰克·卡彭特

74岁的李鸿章

李鸿章受到法国总统接见

李鸿章这位清朝知名政治家出访欧洲已有两个多月。他在中日甲午战争之后访问西方，似乎是来向西方国家寻求复仇的手段的。他在研究、判断、比较当中走遍了俄国、德国和比利时，在俄国期间他参加了沙皇尼古拉二世的加冕仪式。接下来他将在法国停留数日。他每到一地都在研究欧洲强国的军事设施以及武器装备。

众所周知，李鸿章是直隶总督，而直隶省是清朝最重要的省份之一，他的权势可想而知。他在购买武器装备以及签署贸易合约等方面掌握着足够大的权力。他在爱丽舍宫受到了法国总统的接见，并且观看了7月14日的阅兵式。

上图 / 李鸿章在爱丽舍宫受到法国总统接见。

右上 / 李鸿章向法国总统递交国书。

右图 / 李鸿章在法国总统的陪同下观看法国军火商的马克沁重机枪实弹演习。

六月初四日
遞法總統
國書圖

| LE JOURNAL ILLUSTRÉ | （法国）《全球画报》1896年7月19日 星期日·第29期 | LE JOURNAL ILLUSTRÉ JUILLET 19 1896 DIMANCHE · N°29 |

李鸿章

　　李鸿章已结束对比利时和荷兰的访问，即将到达巴黎。他之前几乎访问了包括德国在内的欧洲所有工业化国家。人们估计他离开法国后会前往英国，那里可能会举行一场大型的海军阅兵式。作为特使，李鸿章来法时持有特别的国书，其随行人员应该与到访德国时的差不多，大约有30人。同在德国之行中一直由任职于清朝海关的德国人德璀琳陪同李鸿章访问一样，在法国之行中，也将安排目前身在巴黎的任职于清朝海关的法国人穆意索（Bernières）陪同其参观。李鸿章在许多方面都是一个值得研究的人物。

　　他代表清朝新的发展趋势，虽然年事已高，但是思维依然很活跃，不愧为"东方的俾斯麦"。在其因中日战争而失去宠信前的30多年的岁月里，他与这位铁血宰相打过多次交道。而如今，重又重权在握的他又成了直隶总督，依然像从前那么能干、那么年轻。他的欧洲之行出于许多功利的想法，直接关系着清朝的开化和物质上的富足。当他离开清朝前往莫斯科时，他没有任何正式的头衔，他的唯一使命就是在沙皇加冕之时予以道贺。

　　但是很快，他便从德国、法国和英国首脑那里收到了很多国书。如果某位西方君主交予欧洲使节类似的国书，应该会非常受重视。然而在清朝，考虑到总理衙门及其政府的办事风格，这样的国书不会得到太多关注。

　　不过不要紧，李鸿章是一个非常有政治头脑的人物，他定会竭尽所能使他的国家受益于此次出访。像李鸿章这样机智敏锐的外交家非常善于吸收欧洲的思想。他对西方世界取得的进步有着非常准确的概念，而且对我们政治生活中发生的各类事件都了然于胸。有时，他甚至会毫不犹豫地承认西方比东方先进。

直隶总督李鸿章。
缪勒（Meaulle）根据利克斯（Lix）的图画绘制。

| L'UNIVERS ILLUSTRÉ | （法国）《环球画报》1896年7月25日 星期六·第2157期 | L'UNIVERS ILLUSTRÉ JUILLET 25 1896 SAMEDI · N°2157 |

李鸿章

李鸿章在离开圣彼得堡和柏林之后，经过布鲁塞尔和海牙，自7月13日起在我国做客。他是一个身材高大的人，皮肤黝黑，瘦骨嶙峋，八字胡几乎全白。李鸿章是清朝皇帝的私人顾问、前直隶总督、出席令人难忘的俄国皇帝加冕仪式的清朝全权特使，他在1823年2月16日出生于一个文人家庭。1853年开始做官，并在抗击太平天国运动中声名鹊起，获得了总督、协办大学士的官职。那场可怕的运动威胁到了清朝政权，造成了两千余万人死亡。

为了迎接总督的来临，巴黎北站在灌木和法国国旗周围布置了几组清朝国旗。清朝的国旗是黄色的，中间是一条黑色的龙。引见结束之后，李鸿章便前往大饭店下榻。政府已经在那里为他预留了几间客房。

7月14日星期二，特使首先会见外交部长，随后是共和国总统。总统邀请他到隆尚（Longchamp）赛马场的总统包厢参观阅兵。第二天，外交部长阿诺托（Hanotaux）前来回访。

这场十分热情的会面，主要谈的是最近令两国都满意的各种外交事务解决方案。下午，李鸿章接见了来访的海军部长柏拿特（Besnard）上将，然后去了农业部。晚上7点，共和国总统菲利·福尔（Felix Faure）携夫人为他举行了盛大的晚宴。

第二天，阿诺托先生邀请这位清朝大臣在埃菲尔铁塔一层共进了午餐。到达第一层之后，他走进餐厅大厅，手里拿着望远镜，看了许久巴黎的全景。在吃甜点的时候，阿诺托先生发表了一个简短的讲话。他对这位前总督说，他眼下看到的这些是1889年世博会留下的最后一点痕迹，不是很漂亮，但是他希望李鸿章可以在1900年时再来做客，到时他看到的东西会让他更喜欢。晚上李鸿章在共和国总统的包房里看了歌剧《罗恩格林》（Lohengrin）。

第二天，李鸿章按照他表达出来的意愿，去参观了里昂银行。他被带着先后参观了大厅、待客大厅。然后在地下一层，银行人员带着他参观了放有出租保险柜的大厅，还有不对外开放的保存债券的大厅。在最后这个地方，银行让他看了最近的一张清朝

清朝全权特使李鸿章到达巴黎北站。
莫里斯弗耶（Maurice Feuillet）先生绘制。

借款债券。在向马泽拉（Mazerat）先生问了各种问题之后，他问在什么条件下，他的政府可以直接向一个金融机构申请借款，是不是可以绕过常见的那些中间人，如领事和财政部长。在听说我们总是要求他的政府以物质担保，比如说海关产品，而其他国家只需以道德担保就可以的时候，他似乎很惊讶。

当天下午，李鸿章跟他的随从去了圣西尔（Saint-Cyr）参观军校。在学校校长马亚尔（Maillard）将军的陪同下，李鸿章参观了军官学员的操练以及步兵学员与骑兵学员之间的一场模拟作战。仔仔细细地参观完军校之后，李鸿章想要观看凡尔赛公园内的小特里亚农宫，并对因为他的到来而开启的喷泉大加赞赏。

第二天白天消耗在了植物园。在兽笼那里，前总督参观了野兽进食的场面。离开植物园后，李鸿章在纪念雕像前的共和国广场停了一下，然后又去了莱阿勒（Les Halles），在那里参观了很长时间。

李鸿章离开的日期还没有确定。在离开巴黎之后，这位前直隶总督要去克勒索（Creusot），然后他还要去里昂、圣艾蒂安、圣沙蒙、马赛和土伦。

李鸿章是一个我们可以称之为"清朝爱国者"的人，他只有一个目的：维护国家完整，保护国境不受任何侵犯。我们见到他在东京与法国人作战，在伊宁（Kouldja）抵抗俄国。在他访问德国期间，最引人注目的活动是他拜访伟大的德国爱国者俾斯麦。这两位政治人物在安静的弗里德里希斯鲁城堡里秘密交谈两个小时之后，热情地握了手。接着，这位清朝使臣便迫不及待地到埃森参观伟大的大炮制造商克虏伯的工厂、丹齐格（Dantzig）的造船厂，并请求威廉二世提供军官协助训练清朝军队，以及提供大炮和舰船。在法国，他参观了大金融机构里昂银行，想要借助法国人民总是大开的钱袋，在坚实的基础之上重建清朝军队，建立庞大的铁路网，打造民族工业，把有着四亿人民的清朝变成军事和工业强国。等到欧洲因为促成了这个远东庞大帝国的转变而自掘坟墓的那一天时，衰弱枯竭的老欧洲将无法再承担军事和工业侵略带来的冲击。

清朝伟大的老者

当下，李鸿章是巴黎风头最盛的人物。连城市警察们礼貌的"请往前走，先生们，请往前走"也无法使聚集起来想要亲眼看看李鸿章的人群挪步。从现有的报告来看，令这位清朝老者印象最为深刻的是里昂信贷的地库，但是英格兰银行的金库规模更要大上好几倍，而且有数千倍的金条库存，希望他会对我们的印象更深刻。

下周李鸿章将到访伦敦，虽然他不是作为正式的全权公使来到大不列颠，但他不仅是伟大的清朝老者，也是多年前曾为英国效劳的人物。女王陛下已经下令政府部门邀请他作为国家贵宾前来访问。据说，女王还给他写了一封私信，这封信在李鸿章抵达巴黎的当天早上就已呈交给他，这无疑使这位特使非常满意。李鸿章是一位伟人，也是爱国者的典范。为启蒙人民，他不得不与那堵由无知、偏见和狂热主义所筑成的壁垒作战，正是它使清朝陷入目前这种低下的国际地位。英国应该像俄国、德国和法国给予他的那种优待一样，真诚地迎接他的到来。在此，我们必须提一下他在访问法国时所闹的笑话。在大饭店的楼梯口发生了一个奇怪的误会，李鸿章非常自然地将门卫误认为是某位政府要员，与他热忱而大方地握手。

(英国)《布莱克本标准报》 1896年7月25日·星期六
BLACKBURN STANDARD JULY 25 1896 · SATURDAY

李鸿章对英国人的恭维

丹尼尔(Daliiel)报道,李鸿章在巴黎接受的一次采访中,对英国—清朝贸易条约所做的改动拒绝发表评论。在采访中,这位大人谈到了英国在清朝的属地。"它们管理得很好,"他说,"在这些地方,英国人和我们以及欧洲各国和平共处。英国人不会干涉我们的政治或者给我们添麻烦,而且他们维持秩序的能力令人惊奇。这使我充满倾慕。"

"那么英国的传教团呢?"采访者问道。"我们真的不反对他们的工作,"李鸿章回答道,带着自嘲的微笑,"只要他们不干涉我们的政治事务。""事实上,我不认为他们干涉过多。"李鸿章补充道,"双方这方面的争执被夸大了。"

LE PETIT JOURNAL
(SUPPLÉMENT ILLUSTRÉ)
JUILLET 26 1896
DIMANCHE · N°297

（法国）《小日报》（副刊）
1896年7月26日
星期日·第297期

法国的宾客（清朝杰出使臣李鸿章总督）

  远东一位非常会审时度势的政治家目前正在访问欧洲。直隶总督李鸿章也不总是一帆风顺，尤其在近日发生的中日战争中，清朝皇帝先是赐予他黄马褂，作为对有功之臣的赏赐和厚爱，紧接着又将其收回。这与著名的轻歌剧《格罗什坦女公爵》中女公爵赠予布马将军羽毛扇又将其收回的情节如出一辙。此刻他还黄马褂披身，会不会一回宫就被脱去？现在还很难预料。

  要预测他的使命是否能圆满完成，首先要知道他的任务是什么，然而这一点真的很难确定。大清国的这位特使四处视察却缄默不语。

  德国人为款待他安排了好几场盛大的宴会，宴会期间德国人手持记事本静待着清朝向他们订购武器、炮弹还有教官。李鸿章对德国人的款待表示满意，至于采购武器一事则表现冷淡。

  访问我国时，李鸿章先是参加了阅兵式，观看过程中他似乎有点昏昏欲睡。接着人们又带他游览了埃菲尔铁塔，参观了巴黎歌剧院，他还在爱丽舍宫受到了总统的接见。虽然和大家共进晚宴，但是他只吃中国菜。这种饮食上的节制其实就是一种象征——他是来访问的，并不介入其中。

  接下来，他在翻译的帮助下与总统阁下进行了交谈，并将清朝皇帝和他自己带来的珍贵礼物献给了总统先生。他还与我国现任部长及包括康斯坦斯先生在内的前任部长进行了对话。大家都对他的到访感到高兴，可是没有人从交谈中获取了重要的信息。

  这位尊贵的大人没能与大家畅所欲言。当他出现在法国的街道上时，好奇的路人连连欢呼喝彩，他很精明地问这是怎么回事。无论如何，如果我国给他的热情招待还不能给他留下好印象的话，那他可就太忘恩负义了。法国人向来对宾客们都热情有加，李鸿章回到清朝后也许还会记得我们对他的款待，但是我们也不要对此有过高的期待。

法国的宾客（清朝杰出使臣李鸿章总督）

《雷明顿温泉镇信使报》（英国）

1896年8月1日·星期六

李鸿章

  为什么一位清朝总督的欧洲公务旅行会成为一件盛事？清朝是一个格外有爱国情怀的国家。为了与低劣、面目可憎的外部世界相隔绝，它自我封闭起来并感到沾沾自喜。从富有魄力的旅行者冒着掉脑袋的危险将蚕茧藏在竹筒里走私到西方到我们现在这个时代，欧洲使者们觐见清朝皇帝的特权只有通过西方的刺刀才能赢得。与可恨的外国人隔绝一直是清朝人唯一的愿望。"番鬼必死"仍然是令传教士有太多理由恐惧的屠杀和纵火中流行的口号，而关于传教士们使用清朝小孩的鲜血来进行秘密仪式的说法仍然非常流行。这个人口过度密集的民族习惯于公开虐杀女婴，但他们知道这是一种极为不明智的偏见，是令人可耻的行为，所以他们善于归罪于他人。这是诽谤者特有的罪恶。无论如何，李鸿章这位并不反感被打上"东方的俾斯麦"标签的人物，已经近在咫尺了。如同这位观光者所说，德国他已经是"过去完成时"，法国是"现在进行时"，下周就轮到我们了。

  如果李鸿章能够得到支持的话，那么，带着民族自满的"清朝从不改变"的状况可能会有所改变。访问欧洲主权国家，寻求增进友谊关系，李鸿章宣称此行是在收集可供清朝政治革新的信息。将欧洲进步观念运用到故步自封的清朝，清朝政客认为这是一项非常危险的尝试。李鸿章是一个勇敢的人。他伟大、敏锐、有影响力，毋庸置疑，他已经估算到了这份他一心所想的事业的危险性。清朝那种高高在上的自尊、目无他人的张狂、顽固的愚昧，已经在和日本那场灾难性的战争中被打破。这是前所未有的变化。对那些被视为强权的远方国家让步，是礼貌地包裹在外交和遗忘中的屈辱。被受鄙视的日本击溃，甚至是绝望地粉碎，教会了清朝的统治阶层去认清它被遮盖起来的弱点。广大内陆地区的一般民众可能还处于古老的幻觉当中，他们只知道那些官员奉命灌输给他们的信念。但可以确定的是，一个失去了昔日荣光、在民众眼中变得可鄙的贵族和王朝，在真相被揭露之际，是维持不下去的。

  有一些事必须要做。清朝庞大的人口超过欧洲所有国家的总和，但它实际上已经成了俄国的附庸——一个软骨头、头脑简单、双膝无力的巨人，屈服于任何威胁它的、气焰嚣张的矮子。所有这些，无畏的李鸿章肯定也都看到了。如果他能将主要力量放在这个弱点上，那他或许可以名副其实地被尊为新生清朝的国父。日本在不久前，并不比清朝的情况好，现在却已经是东方的主导力量。日本是伟大的，因为它果断地与以往那些停滞不前的野蛮决裂，在政治、军事和商业上焕然一新。清朝如果可以继续保持独立的话，本质上会比它的邻居更强大的。清朝必须做和它的邻居同样的事情，因此有了此次李鸿章访问欧洲之行。怀着人道和慈善的目标、冒着来自同胞们的偏见和生命危险，李鸿章有权获得衷心的祝愿和每一位聪明人对他的真诚帮助。

然而，欧洲那几个国家只考虑各自的利益。组成教化这四亿东方人的西线，意味着对各种形式的贸易都起到促进作用——主要在战舰、枪支、弹药方面。提供这股毁灭的力量，是先决要求。但在这之后，还要提供很多舒适和现代的生活方式。这些野蛮人现在还不能创造这类生活方式，但是文明将教会他们这些。的确，李鸿章的想法是，清朝将在它可能的情况下，满足自己的制造需求。但是原材料必须从便宜的地方获得，并进行双边贸易，然后再开始引入欧洲资本。对此，李鸿章的看法非常乐观，请求各方给予订单和商业优惠。有着俾斯麦主义的坦率，却不带东方人的奸诈，李鸿章非常大胆地宣布，他将不会倚重任何一方而亏待其他国家。清朝将从最廉价的市场上进行采购。

显然，这对于英国的制造业来说不见得是个好消息。这位伟大的清朝人此次到访，不仅仅具有情感联络上的意义，还有贸易方面的价值。这些人口密集的清朝人，当他们开始鄙视他们辛苦劳作维系的铁铲文明和赖以生存的那一把米时，他们会做些什么？对此，人们有着恶意的猜测：他们在数量上足以吞并和消化欧洲。我们将要教会他们变得强大，这个民族的发展将像大西洋的海浪一样无法压制。举例而言，就像十二个世纪以前，如果没有"铁锤查理"，几乎整个欧洲都要被撒拉逊人占领。清朝人可能会成功地加快他们的改革进程。我们不要被当前的祝语蒙蔽了双眼，而忽视了将来的麻烦。

| EDINBURGH EVENING NEWS AUGUST 3 1896 · MONDAY | （英国）《爱丁堡晚报》 1896年8月3日·星期一 |  |

李鸿章在英国

李鸿章在南安普顿

清朝总督李鸿章和他的两个儿子及随行人员，于昨晚五点多钟从南安普顿抵达滑铁卢。李鸿章一行今天将前往温莎，明天将接受索尔兹伯里侯爵的接见，周三在奥斯本觐见女王陛下，周三晚上住宿在南海（Southsea），周四参观位于朴茨茅斯的皇家船坞，周五参加英商中华社会（China Association）为他所设的晚宴，周六参加索尔兹伯里侯爵夫人在哈特菲尔德（Hatfield）为他所设的游园会。

李鸿章抵达南安普顿时，受到了代表女王和政府的官员们的隆重迎接，他们将在他到访这个国家期间提供照顾。此外，参与迎接的还有南安普顿市政当局（Southampton Corporation）和海港董事会（Harbour Board）的代表。李鸿章看上去身体健康，精神状况良好，他在船长客舱里接见了来访人员。在那里，代理市长对他的抵达表示欢迎。海港董事会主席哈珀（Harper）先生祝愿特使此行不仅可以令他自己满意，还可以对他所代表的伟大帝国有所裨益。特使通过翻译，对双方友好的感情做了回复，并补充道，他本次旅行的重要目的就是增进中英两国的友谊关系。随后，在同海军司令脱来西（Tracy）谈话时，特使表示，希望女王可以任命脱来西为东方舰队（Eastern Station）司令。这些拜访者离开之后，特使一行出发前往伦敦。他将在那里与马格里（Halliday Macartney）爵士会面，并下榻于卡尔顿白宫酒店（Carlton House Terrace），该地将是他在伦敦的落脚点。

对伦敦感兴趣

李鸿章的到访（据一名伦敦通讯员所说）在伦敦引发了极大的关注。就抵达时间而言，没有比周日下午更为合适的了。因为在一个美好的下午，街上总是有很多人，不仅是在滑铁卢火车站，沿途所有的街道上都有好几千群众为这位"清朝的伟大老者"而欢呼。要说对这位清朝特使没有任何热烈的感情，这是荒谬的。这位阁下在他自己的国家里是一位显赫的人物，他从东方远道而来，是一位令人感兴趣的重要人士。所有这些都使他在伦敦备受欢迎。而他也肯定会对今天下午公众所展示的热烈欢迎心怀感激。李鸿章的随员规模非常庞大。其中一部分人已于周六从巴黎直接抵达此地，另外还有大部分人前天就过来了，他们昨天下午一直在滑铁卢火车站等候李鸿章的到来。在火车站里，只有少数特权人物被允许进入站台。李鸿章受到女王代表和马格里爵士的欢迎。站满了扎着辫子的清朝人的站台看上去就像一幅画。火车站内并没有安排特别的游行，但是李鸿章一出现在外面，坐上一辆皇家马车时，人群中就爆发出了热烈的欢呼声。

偏爱德国人的百万富翁

一名认识李鸿章的人士为我们形象地描绘了这位到访者。作为地位的象征，这位总督留着长指甲，并将它们修剪成鹰爪的样子。他的声音非常动人，笑容也非常亲切。李鸿章被认为是一位百万富翁，无疑他相当富有。为了躲避税收，清朝人习惯于隐藏财富，所以百万富翁有可能住在一所破旧的房子里。尽管身居高位，在财富问题上，李鸿章非常谨慎。

几年前，他对德国人流露出相当明显的偏爱。在中央政府的支持下，天津挤满了条顿人（Teutons）。天津最好的俱乐部是德国人的，租界的首批欧洲人是来自柏林的年轻人。在李鸿章"在伦敦做完事"之后，这一情形将发生何种变化，让我们拭目以待。

一口珍贵的棺材

据说李鸿章的棺材有着最复杂的清朝工艺，上面繁复地装饰着金像和珍贵的石材。这口棺材总造价 13000 英镑。李鸿章有两名专门的侍卫，没有任何其他工作，只在旅途中负责看管这口棺材。无论总督一行人在一个城市停留多久，这口棺材总是摆放在总督隔壁的房间里。由于棺材是放在一个箱子里的，所以还没有任何欧洲人看过它的庐山真面目。

《丹迪广告报》（英国）
1896年8月3日·星期一

这位大人对巴黎的看法

巴黎，星期日

《费加罗报》发表了一篇它的记者在李鸿章即将离开巴黎之际对他进行的采访。这位清朝总督认为，巴黎是欧洲最令人惊讶的城市。被问及他对法国军队的看法如何时，总督说，士兵们的精致外表和他们军事训练的完整性令他震惊。根据他所参观的军事工厂，他信服法国在尖端军事武器制造上的成就。随后，李鸿章被问到为什么会有战争。他在每个地方都能看到庞大的陆上和海上军事力量，已经狂热地将每个国家武装到牙齿。是的，每个地方的人们都在谈论和平。人们从不谈论军事，除非出于保卫他们自己的国家。征服大陆的时代已经结束，欧洲的唯一目标是不向劫掠邻居的诱惑屈服。被问及他是否认为和平将在远东得到保证时，这位特使说他相信这是真的。他们不想重演过去和日本发生的那类事，而且欧洲也会及时干涉来熄灭纷争的火苗。因为如果这些冲突没有被遏制的话，可能会影响所有国家的利益。

在回答关于他欧洲之行的目标问题时，李鸿章说他受命考察西方文明的成就，并打算引入那些被认为对清朝军队和内政组织有利的成果。清朝感到了引进新鲜血液的必要性。谈及报纸，李鸿章希望重要的法国报纸会和在华的英国报纸有同样的发行量。他补充说，他将投身于推广法语，现在英语在清朝已经很流行。因为法国和英格兰的商业联系，他希望清朝和法国也建立起类似的关系。

（英国）
《雷顿·巴札特观察家报》
1896年8月4日·星期二

1896 年 8 月 4 日

　　将于 8 月 3 日到访英国的清朝总督李鸿章将不会居住在清朝领事馆内。他和随员们将在伦敦西区的一所私宅内做为期一个月的停留。

李鸿章的使命

《泰晤士报》的一名通讯员提到李鸿章的使命时说道：清朝对于俄国去年所提供的帮助充满感激，对于俄国的那些诡计及据说要吞并清朝的野心也不会害怕。他宣称，所有看法都被夸大了。关于中东铁路，他不认为这将导致贸易路线发生任何改动，或对此时英国主导的海洋路线产生竞争。他承认，这条铁路会被一些好奇的旅行者使用，但不会提供给商人。

关于日本，他认为它通过战争所获得的声望过高了，从永久的角度来看，它的成功是空洞的，不会像表面上那样伟大。但他最强烈的感情是被英国的举动激起的。他对于英国所表现出的对日本如此大的偏爱感到震惊。相较于清朝，日本只是英国商人和制造商的一个小市场，而且不久将会停止进口英国商品，并成为英国在清朝和其他地区的一个有力竞争者。清朝过去视英国为最伟大和稳固的朋友。直到几年前，没有任何势力在北京拥有和英国同样的影响力。这个说法可以从一个例子明显地看出——为中华帝国政府效劳的那些欧洲人，全都是英国人。然而在这方面最明显的变化是，我们现在不得不谈及那些英国过去做的，而不是它现在做了什么。要修复这份昔日情感并不晚，清朝对英国过去给予的任何同情和帮助都铭记在心。清朝相信，这是它报答英国为它所做的一切的一个机会。清朝比它在东方的竞争对手日本更可以报答英国，只要清朝没有因为成功而骄傲。然而清朝受到了麻烦和不幸的惩罚。

它现在可以感到其他国家对它表示的任何好意。由于被日本榨取了巨额的战争赔款，它迫切需要增加收入。这只有提高关税才能实现，而这么做，英国政府的赞成是必不可少的。它已经准备好接受同情和帮助，并会报答英国给予的真挚友谊，这种友谊在很长时期以来一直是两大帝国交往的纽带。这就是这位政治家的目标和看法，他为所有实际的目的效劳，在他眼中只有清朝政府。只要这些目的是正义和理性的，就应被英国代表细致考虑，并得到快速妥当的安排。清朝有很多朋友和美好的祝愿，而很少有敌人，甚至日本也不完全是敌对的，这是有利因素。在付清战争赔款后接下来的五年内，和平将得到维持。在此期间，清朝将会成为在军事和资源上与现在截然不同的一股力量。比起其他国家，它必须要更多地依靠英国来取得这一结果。

YORKSHIRE EVENING POST

（英国）《约克郡晚报》 1896年8月5日·星期三 | AUGUST 5 1896 · WEDNESDAY

本日八卦

他的日程

李鸿章对为期三周的访英计划做了最大限度的利用。就他而言，停留期间最感兴趣的社交活动可能是周一香港上海汇丰银行（Hong Kong And Shanghai Banking Corporation）为他在水晶宫所设的晚宴和接待。这次活动已经发出了600份邀请函。节目单中包含一场特别的烟花表演，这是水晶宫相当著名的娱乐项目。

对李鸿章的印象

关于李鸿章和张伯伦以及寇松先生的谈话，流传着很多有趣的故事。据说其中一个故事是，李鸿章在做了一番细致的观察之后指出，修先生（M'Hugh）和另外一位穿着黄色马甲的爱尔兰议员是国会中最重要的人物。这无疑是一个常识性的错误，可能是因为李鸿章自己正穿着作为他地位象征的黄马褂的缘故。

关于外交

据说，昨天被领着穿过国会大厦时，李鸿章对所见并未发表任何看法，只是提问，并在庄严的静默中听取了回答。

黄马褂

李鸿章今天在下议院穿着黄马褂，戴着深红色、系有金扣的半正式的帽子，上面插有三眼花翎。他穿着普通的中式鞋子和白袜子。

会谈

可以理解，李鸿章、张伯伦和寇松先生的会谈大部分是围绕殖民地问题而展开的。李鸿章对于大不列颠和它的殖民地以及附属国的关系很感兴趣。他询问了我们殖民地的铁路状况,并想知道拥有庞大的殖民地对大英帝国的国防经费是否会有所贡献。

对其访问表示满意

李鸿章对于这次访问以及两位聪明的首相对于他提问的清晰回答感到满意。他兴趣高涨。

在轿子上

李鸿章坐着轿子穿过威斯敏斯特大厅去往下议院的休息室。在那里,他被介绍给白尔福(Arthur Balfour)先生。

突然咳嗽

李鸿章身体显然并不强壮。昨天下午他突然剧烈咳嗽起来,他的侍卫收到命令,不得不稍作停留,直到他缓过劲来。

疑惑

在和张伯伦先生会谈时,这位清朝特使直接询问了那位绅士阁下的年龄。张伯伦回答说60岁,然而李鸿章对此表示怀疑。此外,这位特使看起来对张伯伦的眼镜感到很好奇。

特别兴趣

根据一篇记述,这位尊贵的来访者的"注意力显然被下议院所吸引。他带着似懂非懂的笑容听着阿什(Asher)、杜瓦(Dewar)和肖恩(Shaw)三位先生关于苏格兰评级法(Scotch Rating Law)的演讲。寇松先生作为外交部副部长,给予了李鸿章特别的保护,并通过翻译向他介绍了当前各位显赫的部长的特点。这些引起了总督的特别兴趣。

金色的黄马褂

穿着黄马褂,戴着顶部有醒目红扣的蓝色官帽,这使李鸿章看上去非常显眼。人们只要看到黄马褂,就能立即体会到那种剥夺它后的懊恼之情。褂子的颜色是华丽的金色调,露出孔雀蓝的袖边——都是用最珍贵的丝绸制成的。褂子相当宽大,一直垂到腰部以下的位置,这位大人被包裹在大量华丽的褶皱当中。

（英国）《丹迪信使报》
1896年8月5日·星期三
DUNDEE COURIER
AUGUST 5 1896 · WEDNESDAY

清朝特使在伦敦

李鸿章于昨天下午5点30分参观了国会大厦。这位大人穿着黄马褂，戴着官帽，并有五名主要随员陪同。总督由两名警官抬着，负责护送的是霍斯利（Horsley）督察。

在下议院的休息室里，李鸿章下了轿，并在两名秘书的搀扶下，躬着背穿过一众人员和在场媒体人士，走到位于贵族露台（Peers' Balcony）底下的长廊里。布拉德洛（Bradlaugh）先生在就任北汉普顿的议员之前，也经常坐在那里。在此，李鸿章这位尊贵的到访者的注意力似乎被议院给吸引了。他带着似懂非懂的笑容听着阿什、杜瓦和肖恩先生关于苏格兰评级法的演讲。作为外交部副部长，寇松先生给予了李鸿章特别的优待，通过翻译向他解释了当前各位部长的特点。李鸿章一行人在参观完下议院后，前往参观了上议院，随后离开。

李鸿章昨日还会见了索尔兹伯里侯爵。到访时间将近时，白厅（Whitehall）内已经站满了观众。外交部、印度事务部（India Office）、本地政府委员会（Local Government Board）、内政和殖民局（Home and Colonial Offices）的窗户前都挤满了人。清朝特使一行于3点45分抵达四角场（Quadrangle），受到了大批官员的欢迎。黄色的大礼车由4匹马拉着，驭手穿着黄色马甲，将李鸿章一行从他们的临时住所载来。穿着黄马褂的特使和首相的会面持续了接近一小时，于4点40分结束。

MORNING POST　　（英国）《晨报》　

AUGUST 6 1896 · THURSDAY　　1896年8月6日 · 星期四

李鸿章在奥斯本

李鸿章在李子爵的陪同下，和他的随行人员一道于昨天早上抵达维多利亚火车站，并准备在9点45分出发前往奥斯本。已经在等候他们的那辆专列包含一节沙龙车厢，专供这位大人食宿。陪同他旅行的人员当中有脱来西海军司令、女王的司仪长威廉·科尔维尔上校、斯科特先生和哈特先生。火车在12点差几分时抵达朴茨茅斯的南码头（South Jetty Extension）。在这里等待的有朴茨茅斯港司令诺维尔·沙尔文（Nowell Salmon）爵士，普利茅斯港司令、海军上校弗里曼特尔（Fremantle），朴茨茅斯船坞司令瑞斯（T. Rice），卡斯莱克（Carslake）舰长和其他几位舰队舰长，以及几位旗舰上的中尉，还有朴茨茅斯港司令秘书吉法德先生。

这位大人被护送着穿过码头，登上皇家游艇"阿尔伯特"号（Alberta），并很快驶出朴茨茅斯港。"阿尔伯特"号驶过时，"维多利亚"号发出19枚礼炮，在驻军的欢送下驶出港口。这位大人抵达三圣码头（Trinity Pier），引发了公众极大的兴趣。人们蜂拥前来码头一睹总督的风采。差几分1点时，载着索尔兹伯里侯爵的"艾尔芬"号（Elfin）停在"阿尔伯特"号即将停靠处，侯爵在渡口处登岸，驱车前往奥斯本。"阿尔伯特"号一靠岸，人群中立即让出一条通道。这位杰出的到访者随后出现在甲板上，后面跟着他的随行人员。他受到了女王的首席侍从莱格（H. C. Legge）阁下的欢迎。

在皇家游艇"奥斯本"号（Osborne）上，还有荣誉护卫队列阵。随后，一行人坐上了等候在此的礼车。第一辆礼车里坐着李鸿章、科尔维尔爵士、脱来西海军司令以及翻译罗丰禄。第二辆礼车里坐着这位大人的两个儿子，在旁的是斯科特和哈特先生。随员中的其他人士坐在另一辆车里跟随在后面。这位大人在奥斯本宫殿（Osborne House）内受到了大总管爱德华·克林顿（Edward Pelham Clinton）公爵、女王的私人秘书亚瑟·比格（Arthur Bigge）爵士和女王首席侍从莱格男爵的欢迎。这位杰出的到访者被护送着穿过主廊前往接待厅。在那里，威尔士王子和约克公爵加入了这一行人。通过翻译，威尔士王子和李鸿章开始了谈话。

午宴过后，李鸿章在他儿子和翻译的陪同下，经过主走廊前往主会客厅觐见女王陛下,后面跟着他的随员和英国绅士们。索尔兹伯里侯爵向女王陛下介绍了这位经验丰富的清朝政治家。李鸿章上前念了中文致辞。致辞结束时,他将手稿递给了李子爵,后者将它翻译成了英文。李鸿章告诉女王,他受清朝明君的委托,长途跋涉前来执行使命——向女王陛下致敬。随后,他向女王递呈了一个包裹着私密信件的很大的黄色丝绸信封。女王说她很高兴可以见到这位阁下,并说他的确是经过了长途跋涉。女王陛下对清朝皇帝通过这位大使传达的两方面的善意和友谊表示认可。那位阁下和他的随员告退时,女王起身并鞠躬。

李鸿章希望可以会见威尔士王子,于是威尔士王子和约克公爵在觐见之后驱车赶往三圣码头,重新登上"奥斯本"号,为接待李鸿章做好准备。4点刚过,这位清朝政治家和他的随员从奥斯本宫返回三圣码头,再次登上"阿尔伯特"号,准备返回朴茨茅斯港。在那里,他将拜见威尔士王子并且检阅游艇中队(Channel Squadron)。

"阿尔伯特"号很快驶近"奥斯本"号。在这两艘游艇中间很快架起了一座连接通道。李鸿章由此登上"奥斯本"号,向威尔士王子和公主致敬。总督大人受到了这位殿下的接待,并和他们一起用茶。半小时后,李鸿章返回了"阿尔伯特"号,随即出发前往停泊区。"阿尔伯特"号后面跟随着几艘拥挤的客船,上面的人群发出一阵又一阵的欢呼声。抵达斯皮特黑德水域(Spithead)时,总督看到了一出壮观的场面。47艘船在水面上排成4列,其中包括27艘战列舰和巡洋舰,以及20艘鱼雷艇。主桅上飘荡着白色旗帜,在英国国旗的带领下,组成一幅壮观的景象。

李鸿章带着极大的倾慕之情望着这支舰队。在"阿尔伯特"号降速并缓慢驶向战列舰队列和第二排的巡洋舰时,总督显然没有试图掩盖这份羡慕。每一艘舰船上,军官们都身着全套制服,站得笔直。很多舰船上还飘扬着清朝旗帜。总督受到了乐队的演奏欢迎。在"阿尔伯特"号经过旗舰"奥斯本"号,以及威尔士王子经过时,战舰都发射了皇家礼炮致敬。"阿尔伯特"号随后驶回朴茨茅斯,并在6点抵达南铁路码头。等候在此的礼车载着李鸿章和他的随行人员前往位于南海的皇家码头酒店(Royal Pier Hotel)。昨晚他就住在那里。今天早上,总督提议前往参观朴茨茅斯造船厂。

本日八卦

女王陛下和清朝皇帝

可以理解，女王将正式回复清朝皇帝，感谢他经李鸿章特使在周三带给了她那封信。

会见李鸿章

索尔兹伯里侯爵夫人已经发出周六在哈特菲尔德举行游园会的邀请，以迎接李鸿章的到来。

凌晨3点吃早餐

昨天早上在南海，李鸿章凌晨3点就起来了。他吃了一些早点后，上床继续休息。早上9点时，他享用另一顿早餐。

李和小女孩

当李鸿章走向停靠在南海旅馆的马车时，站在人群第一排的一个小女孩引起了他的注意。他上前同她握手，并询问她的年龄。小女孩看起来很困惑，无法立即作答。

反感宴席

李鸿章的一名随员表示，他的主人反感宴席和娱乐招待。比起其他的一切，他想看的其实是英国的工业区。

李和海军低级军官

在"殿下"号（Majestic）上时，这位大人见识了小型枪炮的发射。看到身材矮小的海军军官安排李子爵操作其中一台现代器械是一件有趣的事。这位来自清朝的秘书对检查机械展示出了极强的兴趣。

一名懂得欣赏的清朝人

昨日，一名画报通信员的速写引起了李鸿章一位随员的极大兴趣。他站在这位插画师的后头，越过他的肩头评论说："图画很漂亮。"

李的工作人员喝威士忌

李鸿章的随行人员流露出了对英国火腿的喜爱，他们当中一些人甚至尝试了威士忌和苏打水，尽管这违背他们的佛教教义。

SEVENOAKS CHRONICLE AND KENTISH ADVERTISER	（英国）《赛文欧科斯纪事报和肯特广告报》
AUGUST 7 1896 · FRIDAY	1896年8月7日·星期五

李中堂

　　伦敦正在忙碌地做着各项准备工作，以便接待欧洲人称呼为天朝总督的李鸿章。这位来自鲜花之地的独特人物的英国之旅有望激起公众的极大兴趣。"李中堂"是大家不太熟悉的称谓，而"李鸿章"则逐渐成了家喻户晓的名字。然而直呼这位清朝特使为"李鸿章"是一种无法被原谅的侮辱行为。也可能这只对西方的野蛮人才格外开恩，因为他们对于清朝各种头衔的无知。称呼这位来自清朝的大人为"李鸿章"就像是在说索尔兹伯里侯爵时，管他叫"鲍勃·塞西尔"（Bob Cecil）一样轻浮。"李"是这位大使的姓氏，顺便提一下，这个姓在清朝非常普遍。而"鸿"和"章"对应我们基督教的名字，就像"托马斯"和"威廉"一样。"李中堂"这个称呼在清朝则非常普遍，相对应地，就像是我们说的李首辅。就像《每日邮报》（Daily Mail）努力不引起清朝统治者的反感一样，我们也必须考虑到相应的礼节。因此，标题写作"李中堂"。

　　中堂的长相如何？据说他行动比较缓慢，比他的随行人员几乎要高上一个头，但是习惯性的略微驼背使得他看上去没那么高，而且他的头并不是高昂着的。他略微有些胖，这在清朝是体面的象征。他走路带着特有的沉着，这也是远东身居高位者的一个特征。穿在最外头的马褂是一件用黄丝绸制成的、带着宽松袖子、类似长法衣的袍子，事实上，这件马褂几乎遮盖住了其他所有衣物。这位大人没有戴任何饰物。他戴着眼镜，除非是出于礼貌或者在仪式场合，他才取下来。他是圆脸，脸色有些轻微发黄，还有点橄榄色，上面有一些因为辛劳思虑而留下的皱纹，但整张脸被一双小而斜、几乎是半眯着的眼睛点亮。他的胡子和稀少的髭须是灰白色的，形状使人联想到那些正统的清朝官员。特使平静地经过时，显然没有在看任何东西。人们可能会体会到维克多·雨果所说的"没有什么比一双下垂眼更善于搜寻"。这位阁下的整个外表和举止都流露着外交家的气息。

　　他要穿越欧洲，看所有他能看，学所有他能学，从不感情外露、被激怒或者显得高兴。带着冷漠、怀疑和中国式的智慧，他把所有东西都收归到自己的脑袋里，并且根据自己的判断做出行动。特使的随行人员里非常重要的一位人物就是他的清朝厨子，因为李鸿章不吃欧洲菜。在这一点上他有点奇特，因为他的随员没有流露出对于西式食物的抵触，有些随员身体力行着第一个喝香槟的土耳其人的说法："文明并不是那么糟糕的东西。"李鸿章拒绝享用俾斯麦餐桌上的好东西时，他给出的理由具有典型性。他说，如果他这么做了一次那么他会一直这么做，而且有可能他会发现使他苦笑的菜肴，并说："这是无法原谅的粗鲁。"他对那位德国前首相说："你难道会喜欢被我邀请去吃一道用老鼠做的菜肴吗？"

因此，李鸿章经常在公开宴席或者半公开宴席开始之前就在家预先吃饭。在这一方面，可能他会从萨克里（Thackeray）那得到更好的灵感。大家可能还记得，这位侯爵总是很关心自己在外面用餐时能否喝到好酒，因此派人从自己的酒窖里预先送几瓶酒去他将要做客的人家里。与其看着公使大人坐着什么都不吃，英国主人不妨请他派人送过来些他自己的燕窝或者熏火腿，放在厨房里准备着。在宴席结束之后的抽烟时段或者在客厅里，这位大人会不时沉浸于吞云吐雾，有时甚至会享用一些鸦片。出于对这位伟大人物个人天性的尊重，我们在这里不妨列出一些为他准备的菜单。以下是法国总统在款待他时，为他准备的菜单：

烤鸭配菜豆、肉皮冻拌黄瓜、虾、腌黄瓜和蘑菇、两份童子鸡配腌豆、蜂蜜煎炸猪肉片配蘑菇、凤爪配果冻糊。甜点：糖炒米糕、某种绵软的蛋糕。虽然他的随员们食用大量米饭，但这位大人很少吃米饭。

在李鸿章居留巴黎期间，我们的通信员汇报说，无法获得任何采访机会，而且报纸上的那些报道不太可信。李鸿章一般不接受采访。当他接受采访的时候，他从不说话。而当他说的时候，他也说不出什么来！

LEEDS TIMES

AUGUST 8 1896 · SATURDAY

（英国）
《利兹时报》
1896年8月8日·星期六

LEEDS TIMES

每周伦敦消息

  伟大的清朝老者李中堂——其更为人所知的称呼是李鸿章，再一次和我们在一起了。李鸿章离开他位于北京郊区的漂亮府邸，访问了西方四个最开明的国家。他的爱国主义精神很伟大，虽然他的君主——清朝皇帝在中日战争期间给予他的待遇糟糕至极。可是，这位来自鲜花之地最好省份的伟大总督的想法是不会被那些微不足道的贬职所影响的。暂时地失去黄马褂，在失而复得之后，已经成了一件被遗忘的事情。

  李鸿章来欧洲是为了考察西方的文明。最近这次战争给清朝人的教训将不会被遗忘。现在，皇帝的眼睛已经睁开，而李鸿章带着他的开明思想，将会好好地看一圈西方国家，并在他回去之后，汇报他所考察到的那些成就。清朝打盹太频繁了。上一次战争是它遇到的事件中最具毁灭性的。在东方岛屿上同样黄皮肤的那些敌人施加于他们的耻辱，让疲软的清朝人尊严扫地。无论如何，李鸿章的访问意味着商业机遇，他极有可能会在西方下大批订单，而东方可能将会产生巨大的变化。总督将在我们之间度过一段愉快的时光。毋庸置疑，他将会带着比他已经见识到的不列颠民族的整齐与伟大还要好的看法离开。

(英国)《切尔滕纳姆纪事报》
1896年8月8日·星期六
CHELTENHAM CHRONICLE AUGUST 8 1896 · SATURDAY

插图新闻

　　自从马戛尔尼勋爵和额尔金努力使清朝对外国人开放起至今，已经过去了多少灰暗的年月和景象。他们的使命一般被认为是失败的，但是事实远非如此。他们虽然只在物质层面上触及了这个笨拙帝国的最边缘，却给那里的读书人带去了一些思考，那些读书人肯定会受其影响，而李鸿章这位著名人物的事业道路也是受此影响。对于这周将要抵达我们的海岸的这位人物，我们不可能像德国人那样对他表示出极度的狂热，也不会像我们活跃的邻居们那样去妖魔化他。他已经在英国受到了一个伟大而强盛的国家所应获得的尊贵迎接，我们将这种好客给予了这个世界上最古老帝国的领袖头脑——李中堂大人。虽然他的这次旅行只是半官方性质的，但已经具备了最高的政治目标。他的国家，因为顽固不化的旧世界传统，度过了一段侮辱悲伤的时期。

　　它对门外发生的事情，突然无礼地闭上自己的眼睛。在这一方面，李鸿章是一位先行者，在他之后，将跟随很多扎辫子的清朝人。李是他的姓。跟所有居于高位的人物一样，李中堂在他自己的国家里有很多敌人，但是他也被很多重要的商人和官员信任甚至崇拜着。当这位大人回到他的国家时，他会传播他对于欧洲的印象，并且建议每一位出身良好的年轻人来研究我们，并从这种学习中得利。可以想象，将会有大批清朝人来到海外。帖木儿（Timour）在欧洲泛滥的现象将会小规模地重演。

　　李鸿章住在卡尔顿白金酒店，这是位于柏丽大道（Park Lane）上一座漂亮的房子。很可惜在招待伊朗王（Shahzada）时，这所房子没有派上用场。从革新清朝的角度来看，李鸿章年事已高，经历了精神方面的困难时期之后，即使是我们最好的那些年届70岁的人物，也很难保存完整的智力和力量。但是这次漫长的旅行，以及它所带来的各种各样的变化，预计会使这位年迈的政治家重新焕发出活力，让他再活跃几年。这是为了清朝的福祉，是人们所希冀的。李中堂在到达之后，自然会很快觐见女王陛下。这位大人对索尔兹伯里侯爵给予他的热忱接待非常感激，但是，最使他高兴和感兴趣的显然是参观位于朴茨茅斯的皇家船坞。对这位大人的正确称呼，有很多意见分歧。他经常被叫作"李鸿章"，而"中堂"则是他帝国首辅这一职务的荣誉称号，相当于"阁下"。

赵省伟 主编
| 第十五辑 |
找寻遗失在西方的中国史

东方历史评论·影像

西洋镜

海外史料看李鸿章（下）

许媚媚　王猛　邱丽媛 译

SPM 南方出版传媒　广东人民出版社
·广州·

李鸿章抵达南安普顿

清朝的前总督李鸿章（或者如他所希望的那样，正式地称其为李中堂）于周六早上 8 点 10 分离开巴黎前往勒阿弗尔（Le Havre），并很快抵达那里。下午 3 点，他在法国总统菲利·福尔的府邸拜见了总统。当晚，总统设宴款待这位清朝大使。据悉，宴席可供 40 人同时就餐。李鸿章在周日早上 7 点离开勒阿弗尔前往南安普顿，于下午抵达。几小时后，一行人抵达伦敦。下午 1 点刚过，人群就已经早早聚集在南安普顿港的南侧。在他们中间，比较显眼的有龚照瑗先生、曾纪泽先生以及身着全套清朝服装的清朝驻英公使馆成员。他们的出现引起了本地人极大的兴趣。其他在场人员里有南安普顿代理市长伯顿（Button）先生和盖顿（Gayton）郡长，二人虽然不是以官方身份出席，但仍然佩戴着标志他们职务的链徽，并在市政当局的几位成员的陪伴下，前来欢迎这批与众不同的到访者。还有一些绅士从伦敦赶来迎接特使。

他们中间包括受女王陛下特别委任参与陪同这位前总督及其随行人员的汕头领事司格达（B. C. Scott）先生，外交部派遣的身穿便服的海军司令脱来西，任职于中华帝国海关总署、同时也是李鸿章秘书的赫政（James Hart）先生。当法国跨大西洋公司专门为总督大人此次到访英国安排的重达 1500 吨的"参利将军"号（Chanzy General）邮轮进入聚集在港口南侧人群的视野里时，船上似乎都是聚在一起聊天的清朝人。他们靠在船沿上，急切地看着海岸。底层和上层甲板上都布置得五颜六色。在上层甲板上的是总督的贴身侍卫和随行人员中最显赫的几位。他们的着装是近乎单调的相似的款式，但颜色深浅不一。其中一些人的褂子是用做旧的金色丝绒做的，另一些人的衣服颜色是普鲁士蓝，还有靛蓝、猩红等，不一而足。小小的红顶戴是区分官员品级最明显的标志。虽说不同等级官员的帽子帽冠是同一个色调。他们当中有些人是粗辫子，有些是细辫子，有些是长的，有些是短的。他们穿的衬裙多是用珍贵的材料制成，而且绣着漂亮的图案。事实上，所有这些清朝人看起来都穿着他们最好的服装。最终，"参利将军"号靠岸，放下舷梯。司格达先生、脱来西海军

李鸿章访问英国时到达伦敦滑铁卢火车站。J. 纳什绘制。
清朝著名政治家李鸿章于星期天晚上乘坐特别列车从南安普顿到达伦敦滑铁卢火车站。清朝驻英国公使馆的全体成员都在火车站迎接他。陪伴在他身边的有李经方道台和特使团中的几位官员。刊于（英国）《伦敦新闻画报》第109卷，第2991期，增刊第1页，1896年8月15日。沈弘供图。

司令还有其他几位，以及本地的绅士们陆续登船，并被护送到了船长的客舱。在房间里，鲜红的百叶窗已经拉起。这些人被一一介绍给李鸿章总督。这位大人站着接待了这些拜访者。他穿着他的黄马褂——这也是船上唯一一件这种颜色的衣服，里面穿着绣有漂亮的花卉图案的红色衬裙。他的帽子部分地盖住了他的辫子。帽子后头垂着孔雀花翎，一直垂到后脖子处。虽然他肩背部微微有些驼，但他无疑是一位非常醒目和威严的人物。

客舱里挤满了人。在特使旁边的是他的首席秘书兼翻译罗丰禄。在所有行李被从船上运上火车时，总督大人待在他的客舱里抽烟。等到他和随行人员中的一些重要人物一同坐进豪华车厢，其他人也在头等车厢里就座后，专列于 4 点 45 分离开南安普顿码头，中途没有停靠任何站点，并在差几分 7 点时抵达滑铁卢火车站。和前总督一起坐火车旅行的是他的长子，而提前在火车站等候迎接他的则是总督最小的儿子李道台。他周六就已经从巴黎赶来。其他参加迎接的人员有清朝公使叶景吕（King Ja Jain）、驻伦敦清朝公使馆秘书马格里爵士，以及女王陛下的司仪长威廉·科尔维尔（William Colville）爵士。一辆敞篷的皇家礼车已经在火车站前等候，并按计划将李鸿章等人载往外交部为他们安排的住所卡尔顿白金大酒店。

L'ILLUSTRATION	（法国）《画刊》 1896年8月8日 星期六·第2789期	L'ILLUSTRATION AOÛT 8 1896 SAMEDI · N°2789

李鸿章在勒阿弗尔

我们在日报界最严肃的一位同行有一天声称，有人在李鸿章刚刚离开的大酒店的房间里发现了一张从他的记事本上撕下来的纸，上面这样写道（自然用的是中文）："他们是如此地贪婪、缺乏远见，为了一点小利，争先恐后地把他们最重要的秘密告诉我。每个国家都建议我买他们的大炮、枪支、战舰。我真的尴尬地难以选择……"

李鸿章也许没有把他的想法写在纸上。但可以肯定的是，如果他写了，不会写成别的样子。在法国度过的最后一天，他的态度显然引起了法国人对他的热切关注。在勒阿弗尔，在他离开法国前往英国的前一天，他好像是在经过深思熟虑之后，做作地放弃了此前一直摆出的无动于衷的谨慎态度。他是顾虑我们夸大了他访问法国的意义吗？还是他想让我们这么想？在看完所有他想看的东西之后，他是不是觉得没有必要再隐瞒他对德国工业的偏爱了？不过他在访问地中海建造公司时，李鸿章——如果我们可以使用这种说法的话——解开了纽扣畅所欲言。如果说在他面前举行的射击试验让他很感兴趣的话，那么他也为在场的工程师、记者和好奇的人提供了一场同样有意思的演出。

下午4点左右，这位刚刚拜访完费利克斯·富尔的清朝特使来到建造公司。他的马车开进挂满彩旗、铺着细沙的车间，在丹麦定制的一门巨大的卡内大炮周围画出了一条路线。李鸿章没有下车，绕着大炮看了一圈，听着手里拿着帽子的卡内先生本人给他解释炮闩系统。

直隶总督从那里经过造船场前往奥克角（Pointe-du-hoc）射击场。一门254毫米口径的大炮已经准备好射击。李鸿章被安排到一个掩蔽所就座，在掩蔽所前面斜着摆放了一面巨大的镜子。这样他可以在受保护的情况下看到镜子反射过来的全部射击操作。

右图／李鸿章在勒阿弗尔参观地中海建造公司组装车间。我们的特派员德·黑内恩（De Haenen）先生根据实际场景绘制。

他上来要抽烟斗。保管烟斗的仆人塞好烟丝，点燃之后，把烟斗小心地递到主人的嘴里。他抽了三口，一口不多，一口不少。仆人收回烟斗，把火熄灭，把烟丝清掉，然后重新塞好烟丝，再点燃……重新开始同样的操作。在大炮射击时，李伯爵默默地抽着烟。然后他派了随从里的一人出来，看着他重复同样的操作，以确保他已经全部领会、记住了炮闩的闭锁操作。就在这时，特使和工程师卡内先生通过翻译用英语高声进行了一段对话，在场的人听到了对话的大部分内容，这些内容值得一书。

　　李鸿章问工程师原材料从哪里来，然后他提到了价格。"很贵，"他说，"不过这肯定跟你们的工人工资比别处都高有关。"经过片刻的思考之后，他又说道："施耐德（在克勒索）好一点，没这么贵。"

　　"政府给你们什么补贴？"李鸿章接着问道。卡内先生向他解释说，建造公司完

李鸿章在勒阿弗尔。总督通过镜子观看炮弹射击。

李鸿章在勒阿弗尔。总督让一名随从重复独立炮台的操作。我们的特派员德·黑内恩先生根据实景绘制。

全是私营的,没有任何补贴。"就是由于这个原因,克虏伯的大炮更大,更便宜,保养得更好。"李鸿章说。卡内反驳说:"德国只有一个克虏伯,可是法国有超过二十家大炮生产商。您觉得法国大炮更贵,这让我很吃惊,因为这种竞争让价格下降得很厉害。"这位冷酷的清朝人又说道:"但是,你们只是些组装者而已,你们的钢是从英国来的。你们当然卖得要比阿姆斯特朗的贵。"

谈话停在了那里,射击试验又开始了,这次是 65 到 100 毫米口径的小型炮。不幸的是,一门炮弹打偏了,这个其实并不重要的事件不是故意来破坏这位威严的清朝客人刚刚说的那些话所造成的氛围的。

在试验之后举行的午宴上,他说他很乐意买法国的大炮,"如果能证明它们比别处的大炮更好、更便宜的话"。比照他跟卡内的对话内容,李鸿章不会买我们的大炮。等到清朝在欧洲的悉心帮助下武装起来,想要对不只是日本一个国家复仇的那一天到来时,我们的舰船和士兵所要面对的将不是我们自己生产的炮弹。

（英国）《丹迪信使报》	DUNDEE COURIER
1896年8月13日·星期四	AUGUST 13 1896 · THURSDAY

李鸿章和新女性

一次有趣的采访

伊丽莎白·班克斯（Elizabeth L. Banks）小姐试图为一份伦敦的报纸对李鸿章进行采访。虽然这次采访不太成功，但是这位小姐讲述的采访经历很有趣：总督主导性地采访了我。我结婚了吗？然后是我打算结婚吗？我多大年纪了？我做这份工作一个月可以得到多少钱？我一个美国人怎么就住在伦敦了呢？类似这些问题，一个接一个，向我提问。我开始好奇，对于东方人而言，是否他们觉得我理应接受这一系列私人的，甚至是尴尬的提问。

在这位伟大人物严肃而认真地通过翻译向我一个接一个地提问时，我发现他幽默地眨着眼睛，开始意识到这实际上是在对我开玩笑。一次又一次，我试图开始向总督提问。"大人您能告诉我，您觉得哪个国家的女性最聪明、最漂亮吗？"我问。

"我在很多国家都看到漂亮的女人、丑陋的女人、聪明的女人、笨女人、有美德的女人和没有美德的女人！"李鸿章回答说。

"但是，大人，"我继续快速地说，"肯定有一个国家，在那里您发现女性比其他国家的更漂亮、更聪明，您没有回答我的问题。"

"美国是一个有美丽而聪明女性的国家。"这是回答。随后，这位政客继续开始外交式地对我采访，"我听说，美国是一个有很多未婚女人的国家。这是真的吗？"

"事实上，我从未听过这个说法，大人。"我回答说。

"是的。"李鸿章继续说，"我听说那里的很多女人都不结婚。她们工作，为自己挣了很多钱！她们不应该这么做，她们应该结婚！"

右图 / 李鸿章。刊于（美国）《名利场》(Vanty Fair)，1896年8月13日。

"您相信所有女人都应该结婚?"我问。

"是的,全部。"他边说边点了一下头。

"您在清朝听说过'新女性'吗?"我问。

"是的,我们听说过,听说她们都住在英国和美国,但是我们不喜欢她们。清朝没有'新女性',我们也不会有,我们的女人全都结婚。"

"那么没有您不喜欢的未婚女人吗?"我笑着问道。

"一万个人里面只有一个老处女。"他说。

我想再次扭转局面,变成提问者而不是受访者,但是"未婚女人(老处女)"这个话题似乎是特使唯一愿意聊的。我相信他并不是没有理解我所说的,他再一次幽默地眨眨眼。我认为,他其实可能懂少量的英文。当李鸿章向我递过来一个紫色的摩洛哥盒子时,可以听到外面隆隆的车轮声。

"请收下这个纪念品,这会帮助你一直记得我们的会面。"他说。

我打开盒子,看到了一枚德国制造的勋章,上面印着李鸿章的肖像。

李鸿章烟卡

清朝总督有危险

　　李鸿章这位年迈的清朝总督、中华帝国声名最显赫的政治家访美期间可能不会经过旧金山。这一行程安排上的变化极有可能是真的，因为一些清朝人在此谋划一场有组织的运动，伺机谋害李鸿章。

　　这并不是最近才出现的，这个组织大概已有半个世纪的历史。当时他们组建了一个名叫兴中会（Hing Chung Woey）的组织，其目的就是摧毁当前的统治，光复明朝。

　　中华帝国遭遇的这场灾难，使得在过去三年中，人们对于清朝统治的偏见并没有减轻。目前的斗争主要针对帝国的右派分子，特别是李鸿章。因为他，清朝才被日本打败，除了杀死他，没有什么可以抹杀这个耻辱。

　　事实上，清朝皇帝当时已经收回了总督的三眼花翎，但是在过去的八个月中，他的荣誉已经恢复了。总督胜利出访了俄国、德国、英国，现在要来到美国，这一切对于想要看到明朝恢复的人来说都是不可忍受的。

　　几周前，该组织下属的九支小分队已经进入这个城市，只是无人知晓他们来自何处以及如何来到此地。现在，他们为刺杀李鸿章已经做了很多工作，以至于引起了皇帝的支持者和李鸿章的注意。

　　这从总督下令更改行程安排上可见一斑。据可靠消息，总督将取道维多利亚回国。李鸿章将避开旧金山这个华人最多的地方，这是不同寻常的。鉴于总督在过去半个多世纪里所引起的巨大影响，他在这里的旅行将会受到高度关注。

　　从表面上来看，李鸿章看上去已经听说了这个城市的兴中会。在他自己的国家里，总督并不怕这股巨大的政治势力，因为他的随从人数众多。但是在一个陌生的国家，情况就不一样了。他不知道自己的护卫力量如何，因此他只能选择相信他的白人朋友们。他知道他和他的主人——清朝皇帝的头颅都有个标价，他不想让这个国家的任何一个人有机会得到它。

　　在过去的几天，唐人街的墙壁上已经贴满了显眼的海报，宣告兴中会的宗旨，并号召所有清朝人联合起来反对当前的统治者，向他们宣传新的统治秩序和原则，并给予他们精神、物质和经济上的支援。李鸿章被攻击得尤为厉害。在最近的这次与日本的战事上，他被指控犯叛国罪，用清朝人的荣誉换取日本的金子。

这个组织进一步宣称，如果统治得当，清朝不应屈服于外国势力，尤其是日本的。总体而言，这个城市里的清朝人主张暴力抵制李鸿章。

如果李鸿章选择经过旧金山的话，有很多清朝人表示将会亲自去取他的性命。这个顽固的政治组织已经聚集起了对这位朝廷重臣的巨大仇恨。熟知唐人街事务的人表示，如果总督来此地的话，那他将冒极大的风险。据说总督已经注意到了当地的动乱，因此决定取道维多利亚回国。清朝公使馆拒绝评论这个问题，只是表示出对于旧金山的这个组织所做的工作的怀疑。他们认为形势并不像表述的那么严重，李鸿章可以非常安全地访问这个城市。

所有清朝人都承认兴中会是一个强大的组织，其成员有上百万。只需 5 美元就可入会，但是过后每个成员都需缴纳 10 美元。这是组织唯一要求他们缴纳的。这些会费将最终用于推翻当前的王朝，这当然也意味着李鸿章的倒台，如果这位先生没有在此前就自然老死或者在暗杀者的子弹或刀子下死去的话。

李鸿章泰晤士河之旅

　　昨天早上，李鸿章在威斯敏斯特码头登上了一艘由伦敦联合码头委员会（London Joint Dock Committee）经理威廉先生提供的专供他使用的蒸汽船，开始了这次沿泰晤士河而下的旅行。这位大人看到了伦敦塔，陪同人员也向他指示了格林威治医院[1]的位置。在布莱克沃尔[2]，他看到了唐纳德·库里（Donald Currie）先生的一些船只，随后大量电缆船（P. And O. Telegraphh Cable Ships）也引起了他的注意。一行人在厄里斯（Erith）登岸，并在马克沁工厂享用午餐。随后驱车来到恩斯福德（Eynsford），参观了马克沁—努登费尔特公司（Maxim-Nordenfelt Company）。李鸿章在那里和清朝公使会面，此外还有一大批乘坐专列赶来的拜访者。在那里，这位经验丰富的政治家十分细致地检查了马克沁机枪的操作，并问了大量有关武器的问题。活动结束后，李鸿章一行乘坐专列返回伦敦。

---

[1] Greenwich Hospital，1692—1869年是皇家海军疗养院，李鸿章访英时，是英国皇家海军学院所在地。——译者注
[2] Blackwall，伦敦港的组成部分，当时建有大型的船坞。——译者注

SEVENOAKS CHRONICLE AND KENTISH ADVERTISER

（英国）
《赛文欧科斯纪事报和肯特广告报》
1896 年 8 月 14 日 · 星期五

SEVENOAKS CHRONICLE AND KENTISH ADVERTISER
AUGUST 14 1896 · FRIDAY

李鸿章到访

祭拜戈登

李鸿章在周六早上 9 点离开他在伦敦的临时住所卡尔顿白金大酒店，在随行人员的陪同下，驱车前往特拉法尔加广场。这位大人在广场上戈登将军的塑像前停下，命人进献了一个漂亮的花环。完成这些之后，这位大人从马车上下来，透过一架歌剧望远镜仔细地瞻仰这尊青铜像，之后，对着塑像深深地鞠了三个躬。与此同时，他的随行人员也深深地鞠躬。周围的一小群观众对这位经验丰富的政治家发出热烈的欢呼。总督一行人离开后，这些围观的人亲自上前观看那个花环。花环由一圈鸡血石紫苑花编成，上面点缀着一些罕见的百合花、栀子花、千金子藤、晚香玉和可

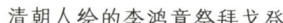

清朝人绘的李鸿章祭拜戈登

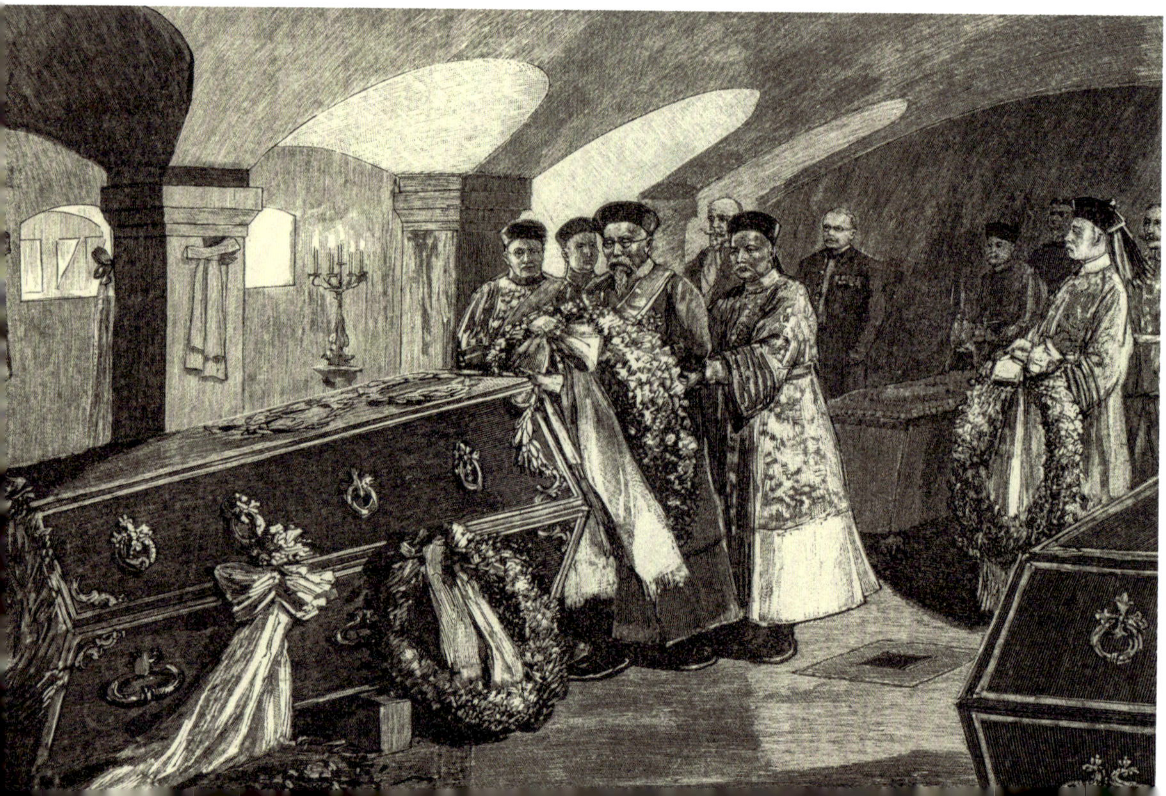

德国人绘的李鸿章祭拜戈登

爱的白色的豌豆花,作为衬托的是一些各种颜色的叶子。这个花环上还附有一张小卡片,上面的题字是:献给伟大的战士和清朝人民的朋友,李鸿章敬献。

这位大人离开特拉法尔加广场后,驱车前往圣保罗大教堂,开始这个城市的首次观光之旅。在这座神圣的教堂里,他被带往戈登将军的墓地,并放置了另一个花环。这个花环的样式和在塑像前摆放的那个颇为相似。这位大人在圣保罗大教堂由一些依附于天主教堂的牧师接待。此外,在场的人物有雷德弗斯·布勒(Redvers Buller)先生、灵顿·西蒙斯(Linton Simmons)先生和格伦费尔(Grenfell)将军。来自戈登之家的几个男孩也出现在戈登将军的衣冠冢附近。此后,李鸿章一行驱车前往南肯辛顿博物馆,总督对那里的机械模型非常感兴趣,此外还参观了艺术品和雕像。这些参观总共持续了大约两小时。结束之后,特使回到卡尔顿白金大酒店,在那里度过了一下午。

哈特菲尔德的游园会

索尔兹伯里侯爵和夫人周六下午在哈特菲尔德的花园里举行了一场游园会，以款待这位特使。下午4点，一辆专列离开了伦敦的国王十字火车站，载着李鸿章和他的随行人员前往哈特菲尔德。同行人员包括特使的首席代表李经方子爵、首席秘书罗丰禄、于式枚、李经述子爵、脱来西海军司令、赫政先生、联芳、刘一玉（Liu is Yu），以及他的一位参赞和一些军官。总督身着黄马褂，戴着三眼花翎以及女王陛下授予他的皇家维多利亚勋章。总督从火车上下来时，受到了克兰伯恩（Cranborne）子爵修·西塞尔（索尔兹伯里侯爵第八子）、国会议员罗伯特·西塞尔（Lord Robert Cecil，索尔兹伯里侯爵第六子）和西德尼·格雷韦尔（Sidney Greville，时任索尔兹伯里侯爵秘书）的欢迎。他们乘坐一辆带驭手的敞篷马车前往哈特菲尔德的南门。索尔兹伯里侯爵和夫人已经在军械库（Armoury）的入口处等候。李鸿章随后坐上轿子来到花园里，后面跟随着他的随行人员。

在参观完灌木林和女王的花园之后，一行人在东露台停下。那里已经支起了一顶帐篷，专供这位政治家使用。清朝特使在此接见了许多显赫的客人，通过翻译和他们依次谈话。索默（J. Sommer）先生指挥皇家工程师协会的乐队，在东露台上演奏音乐。而伯克希尔军团的第四民兵营军乐团（the 4th militia battalion of the Berkahire regiment）驻扎在西花园，在通往夏季会客厅的台阶边演奏着斯堪的纳维亚四重奏。他们身着隆重的演出服，演奏着不同曲目。东露台的自助台和灌木林的帐篷里都提供酒水。5点不到，索尔兹伯里侯爵驱车前往火车站，迎接奥地利大公斯蒂芬妮（Stephanie）阁下。

这位阁下也是乘专列从国王十字火车站赶来此地的。大公一行在抵达北门时受到索尔兹伯里侯爵和夫人的欢迎。经过军械库时，在场的还有大量外交团、议会两院的成员和本地要员。出现在哈特菲尔德府邸的还有国会议员巴尔福（A. J. Balfour，索尔兹伯里侯爵的外甥，时任下议院议长）先生及其女儿、国会议员寇松（George Curzon）先生、格伦菲尔（W. H. Grenfell）先生及夫人、罗顿（Rowton）男爵、塞尔伯恩（Selborne）伯爵和夫人、梅布尔·帕尔默（Mabel Palmer）夫人、印度事务大臣乔治·汉密尔顿（George Hamilton）伯爵和夫人、格兰比（Granby）伯爵、沃克沃斯（Warkworth）伯爵、埃德加·西布莱特（Edgar Sebright）先生、奥尔德森（Alderson）小姐、费奥多拉（Feodore）先生和夫人，以及格林斯通（Grinstone）先生。

左图 / 李鸿章阁下在圣保罗大教堂内戈登将军的墓座前。H. 伯吉斯绘制。刊于（英国）《图片报》第54卷，第1394期，第197页，1896年8月15日。沈弘供图。

在奥斯本宫拜谒维多利亚女王：李鸿章阁下正在念清朝皇帝写给女王陛下的一封信。A. 福雷斯蒂尔绘制。刊于（英国）《伦敦新闻画报》第109卷，第2991期（封面），1896年8月15日。沈弘供图。

李鸿章在奥斯本宫：欢迎仪式之后，李鸿章向维多利亚女王告别。J. 古力奇绘制。维多利亚女王在奥斯本宫的大厅里接见了李鸿章。陪同李鸿章出席这一仪式的有李经方、李经述，以及几位秘书。陪同女王出席的有威尔士亲王、斯帕塔公爵及夫人。威廉·科尔维尔爵士担任司仪。在场的还有脱来西海军司令、赫政先生（赫德的弟弟）、司格达先生等。刊于（英国）《图片报》第54卷，第1394期，第186页，1896年8月15日。沈弘供图。

拜见英国女王

一个安静的周日

由于天气不佳，李鸿章放弃了原定的周日参观伦敦动物园的计划。原计划是总督于 2 点 30 分抵达那里，而那里的官员们也已经做好了接待准备。但是随后传来消息，这位大人表示很抱歉不能如约前来参观。这天早上，除了一小段时间，天气状况总体上非常不好，但是李鸿章和来自外交部的司格达先生仍一道外出兜风。

正式参观水晶宫

虽然周一早上天气非常不好，但李鸿章仍在外交部的司格达先生、清朝公使馆的曾纪泽先生以及翻译罗丰禄的陪同下，外出前往伦敦西区兜风。这位大人拜访了德国大使，并和他进行了大概长达 45 分钟的会谈。李鸿章等人随后前往拜访了法国大使，并在那里留下了他的拜访名片。

李鸿章及其随行人员周一晚间对水晶宫的参观，演变成了一场盛大的公众接待。总督一行于 7 点刚过时驱车前往水晶宫。他们在那里受到了汇丰银行经理和工作人员的欢迎，并受他们的邀请，游览了水晶宫。大批拥挤的人群跟随着他们到宴会大厅，总督一行人在那里受到了清朝银行家们的设宴款待。与此同时，大量用以确保总督能顺利参观水晶宫的快速而庆典般进行的准备工作已经就绪。总督一行人将要经过的主楼已经铺上了红地毯。在总督一行人安静而近乎庄严地凝视展览和表演时，预计有一万名观众前来观看这位清朝首相及其随行人员和侍卫们。李鸿章对本次参观本显得漠不关心，直到他看到老式的自行车时，眼中才充满了好奇和兴趣。

可惜由于时间所限，这些参观者无法停留下来仔细观看。他们很快便被护送到花园里去观看烟花表演。这是为款待他们而特别安排的节目。在花园中，这批显赫的清朝客人显然兴致很高。各种节目上演时，他们微笑着观看，有一些人甚至高兴地拍起了手。受到他们特别赞许的是龙蛇、串花和清朝元素的烟花图案。当一个大礼花在空中拼成"恭祝阁下"一行字时，这些清朝人显得格外高兴。那位年迈的政治家微笑着从椅子上起身，礼貌地鞠躬回应，与此同时观众中爆发出热烈的欢呼。这次烟花表演持续了很长时间，这些清朝人无疑很享受，他们一直观看到了节目结束，并在临近午夜时才离开水晶宫。

在银行和邮局

李鸿章周二一大早参观了英格兰银行，并和主管桑德曼（Sandeman）先生以及两位经理进行了长时间的会谈。他细致入微地询问了银行的业务细节及其与政府的李鸿章在索尔兹伯里侯爵举办的哈特菲尔德花园酒会上。W. 斯莫尔绘制。

在索尔兹伯里举办的哈特菲尔德花园酒会上,李鸿章被安排在南门一个引人注目的位置上,那儿通常是为皇室成员们所保留的。跟索尔兹伯里侯爵夫妇寒暄完之后,李鸿章在专门为他而建的东露台上的一张椅子上坐了下来。他在这儿跟所有前来向他致敬的人侃侃而谈。他对几位英国贵族的小孩子深感兴趣。刊于(英国)《图画周刊》第54卷,第1394期(封面),1896年8月15日。沈弘供图。

关系。本次会晤持续了一段时间。当大使说他还有更多问题要问时,已经显露出要离开的意思。在大使谈及的其他话题中,包含了汇率问题,看起来为了这个国家自己的利益考虑,他们拒绝采取复本位制的标准。离开银行后,李鸿章一行还驱车前往邮局,在那里,人们向他展示了电报和电话的神奇之处。

在商人中间

周二下午,李鸿章在费舍芒格尔大厅(Fishmongere's Hall)接受了商务部和东印度及清朝贸易部的正式接待。在场人士向他做了两番欢迎致辞,对此李鸿章回复说,他想看到英国和他自己国家之间不受限制的贸易发展。他承诺,只要他还活着,他将致力于推动国家进步、发展工业和商业,特别要在使清朝最边远地区通上铁路这一事宜方面发出他的声音。

李鸿章在索尔兹伯里侯爵举办的哈特菲尔德花园酒会上。
刊于(英)《伦敦新闻画报》(增刊),1896年8月15日。

讽刺漫画

李鸿章巡游欧洲。
吕斯蒂热—布拉特（Lustige-blatter）绘制。

| LEEDS TIMES | （英国）《利兹时报》 1896年8月15日·星期六 | LEEDS TIMES AUGUST 15 1896·SATURDAY |

每周伦敦消息

周六早上，当伟大的总督在特拉法尔加广场戈登将军的塑像前放置花环时，受到了一大批人群的热烈欢呼，由此可以佐证英国人民对于李鸿章的良好印象。"清朝人戈登"和李鸿章在太平天国起义期间曾肩并肩地一道战斗。这位清朝的政治家没有忘记这位时刻携带魔法棒的英国战士为清朝所提供的帮助。在随行人员的陪同下，李鸿章在著名雕塑家桑尼克罗夫特为戈登铸造的塑像前放置了花环，随后退回身，长时间深深地顿首，追忆这位老朋友。李鸿章的这项致敬随即被他的随行人员效仿。此后，李鸿章一行前往圣保罗大教堂，他在戈登的衣冠冢前再一次流露出对这位老友的怀念之情，并与从戈登之家来的几个男孩亲切地交谈。

李鸿章在特拉法尔加广场向戈登的雕像鞠躬。刊于（英国）《黑与白》（Black and White），1896年8月15日。

向"清朝人戈登"致敬：李鸿章向特拉法尔加广场上的雕像献花环。佩吉特绘制。李鸿章于星期六一早就乘坐马车来到了特拉法尔加广场。他用歌剧望远镜仔细观察了戈登将军的雕像，后退几步，向这位老朋友的纪念碑深深地鞠了一躬。在他到达广场时，一个由一位清朝官员提前送来的花环已经被挂在了纪念碑上。刊于（英）《图片报》第54卷，第1394期，第197页，1896年8月15日。沈弘供图。

众所周知，李鸿章是一个伟大的首脑，他不屑于被琐碎的看法左右。李鸿章和他的老朋友戈登在处理政治事务上有不同的处理方式，而总督的一个专断的举动差点使他失去了这位英国好友。戈登经过努力让一部分起义军放下武器，但这批人落入了李鸿章的手中。李鸿章违背对戈登的许诺，终结了这些人的生命。戈登对李鸿章的行为十分气愤，抓起来福枪想要射杀他。而李鸿章早已获悉了戈登的意图，有意消失了一段时间。戈登的怒火很快冷却下来，这个问题很快被遗忘了。但是，李鸿章那种使戈登暴怒的处理事情的方式，以及对于潜在对手斩草除根的做法，无疑为平定叛乱者清理了道路，很大程度上加速了镇压起义的进程。

(英国)《图片报》 1896年8月15日·星期六
THE GRAPHIC AUGUST 15 1896 · SATURDAY

李鸿章在斯皮特黑德港外检阅海军舰队

  访问英国期间，斯皮特黑德港外的壮观场面给李鸿章先生留下了最为深刻的印象。集结于此的英国舰队是有史以来最为强大的一支。舰队呈四列停泊，其中有27艘战列舰和巡洋舰，20艘鱼雷艇和鱼雷驱逐舰。这位清朝政治家乘坐挂着清朝国旗的皇家游艇"阿尔伯特"号，在军舰编队前方驶过。紧随"阿尔伯特"号的是威尔士亲王乘坐的"奥斯本"号。当"奥斯本"号经过时，战列舰按照皇家礼仪鸣炮致意。

右图 / 李鸿章在斯皮特黑德港外检阅海军舰队：皇家游艇"阿尔伯特"号从战舰编队前驶过。皇家艺术学院的威利兹（W. L. Wyllie）绘制。

THE ILLUSTRATED LONDON NEWS

（英国）《伦敦新闻画报》 1896年8月15日·星期六

AUGUST 15 1896 · SATURDAY

李鸿章到访英国

图中是著名的清朝政治家、清朝特使李鸿章阁下。鉴于另外一个并不正式的称呼早已家喻户晓，被国内民众所熟知，因此称其为"李中堂"更为准确。现在英国的家家户户都知晓有这样一个人物，而数天来他在英国的活动，也在各大城市引发了关注。

很难说，这位清朝总督到访英国的外交活动是引起公众广泛关注的主要原因。我们知道，他对提高清朝关税有所期待，并且在访问开始时，他发表了一份委婉的声明，温和地表示除了我们的外交大臣之外，向其他人详细说明出访目的是违反外交规定的。除此之外，我们对其出访的目的一无所知。

李鸿章阁下的到来，给伦敦土黄色的街头带来了令人愉悦的色彩，吸引了普通人欣赏的目光。毕竟无法否认，突然出现在街道上的显眼而美丽的装饰，给单调的伦敦带来了独特的变化。龙狮戴尔（Lonstale）伯爵在卡尔顿花园的豪宅成为李鸿章先生的临时住所，门廊上悬挂着清朝龙旗，和谐的色调让人印象深刻。李鸿章先生及其随员的服饰有趣又古怪，显示着他高贵官职的黄马褂、作为高级官员标志的巨大顶戴花翎和红色顶珠，都吸引了伦敦人羡慕的眼光。每个人在看到它们时，都会沉醉于其美丽的色彩。幸运的是，这位清朝首相及其随员的服饰之美，没有被他们乘坐的英国马车和侍从们穿着的我们司空见惯的装束所削弱。因为龙狮戴尔伯爵的马车是由黄色和黑色两种颜色组成，马车夫和左驭马身着黄色制服和白色高顶礼帽，如同专门设计的一般，与清朝官员服饰的色彩搭配相得益彰。

李鸿章阁下一行到达伦敦的第一天，刚好是银行休息日，因此他们的马车没有被耽搁，顺利穿过了海德公园（Hyde Park）和伦敦西区的主要街道。第二天，在众人关注下，他前往外交部会见了索尔兹伯里侯爵，并参观了议会大厦，相关内容见上期杂志。在会见了首相后，李鸿章先生参观了下议院。对于议员们的热情接待，李鸿章先生似乎非常高兴，而这位年长的清朝高官那亲切而高贵的风度、机敏灵活的头脑，同样给议员们留下了深刻印象。在众人护送下，他离开了下议院，穿过外部大厅，去往上议院。在简短参观后，他从诺曼门廊（Norman Porch）离开了上议院。

李鸿章阁下坐像。
伦敦贝克街拉塞尔父子照相馆（Russel And Sons）摄影。沈弘供图。

第二天，也就是周三，李鸿章阁下赴奥斯本觐见英国女王，这是他在英国访问期间最重要的一项活动。按照女王接见来访的外国大使的惯例，李鸿章先生需要乘坐一辆皇家四轮马车去往维多利亚车站，仆人们需身穿女王侍从制服，而李鸿章先生的近身侍从乘坐两驾同样的马车随同前往。在朴茨茅斯，李鸿章先生受到了朴茨茅斯总司令、海军上将诺威·萨蒙（Norwell Salmon）爵士，德文波特（Devonport）总司令、海军上将埃德蒙·弗里曼特尔（Edmund Frementle）爵士和其他海军将领的迎接。当他登上皇家游艇"阿尔伯特"号时，按照礼节，旗舰"胜利"号（Victory）鸣炮十九响，向其致敬。当"阿尔伯特"号在斯比海德港外驶过舰队编队时，同样的欢迎仪式又重复了一次。游艇航行的路线在两列军舰之间，这样一来，李鸿章先生坐在甲板上就可以近距离地对军舰进行观察。到达东考斯（East Cowes）的三一码头（Trinity Pier）后，李鸿章先生及其随员在由"维多利亚"号和"阿尔伯特"号上的水兵组成的仪仗队的引领下，乘坐皇家马车前往奥斯本。贵客一到午宴就开始了。随后，一路陪同李鸿章一行到奥斯本的索尔兹伯里侯爵引领这位清朝特使在会客厅觐见了女王陛下，威尔士亲王全程参加了会见。当天下午晚些时候，清朝特使再次在护送下返回朴茨茅斯。当他到达朴茨茅斯时，海军再次为其举行了鸣炮仪式。之后，他乘马车前往南海皇家码头酒店，在该处已经为其备好了一套有17个房间的套房。

第二天，迎来一位朴茨茅斯当局的代表后，李鸿章阁下很早就出海了，他在海军上将诺威·萨蒙爵士的陪同下，参观了造船厂。随后，他在英国海军军部大楼（Admiralty House）会见了高盛（Goscheh）先生，并于当晚返回了伦敦。

8月8日，李鸿章阁下以最为优雅的方式祭奠了其一直心怀敬重的戈登将军，也因此彻底唤起了英国民众的热情。当天早晨，李鸿章先生乘车前往特拉法尔加广场瞻仰了戈登将军的雕像，并在雕像的基座上，敬献了一个由月桂枝和鲜花制成的花环，花环的致辞上写着：献给伟大的战士和清朝人民的朋友，李鸿章敬献。随员放置花环的时候，他向戈登将军的雕像深深地鞠了一躬。之后，李鸿章先生乘车前往圣保罗大教堂，会见了纽博尔特（Newbolt）教士，并围绕着黑色大理石制成的戈登将军的衣冠冢，举行了一个小型的宗教游行仪式。之后，一个华丽的花环被安置在了坟冢上，这次李鸿章先生鞠了两个躬。他对戈登将军虔诚的祭奠和简约庄重的礼仪，对于英国人来说实在是太难忘了。

当天下午，李鸿章阁下来到哈特菲尔德，索尔兹伯里侯爵和侯爵夫人在这里为他举办了一场露天招待会。李鸿章先生及其随员乘坐专列到达哈特菲尔德，在车站受到了克兰伯恩子爵、下议院议员罗伯特·西塞尔爵士和尊敬的西德尼·格雷韦尔先生的迎接。李鸿章先生乘坐索尔兹伯里侯爵的专用马车前往哈特菲尔德，马车为四驾，配备了左驭手，并有骑兵护卫。索尔兹伯里侯爵在车马厅门口迎接李鸿章先生，并将其介绍给了索尔兹伯里侯爵夫人。李鸿章先生乘坐一辆带棚盖的轮椅，登上了东露台，露台上已经搭起了一顶专供他使用的帐篷。来宾中最尊贵的客人被一一介绍给他，其中斯蒂芬妮大公与他交谈了数分钟。在日常佩戴的徽章之外，他还佩戴了女王授予他的维多利亚十字勋章。李鸿章先生曾说要访问各地的主要城市，现在要开始履约了。但在8月22日离开英国之前，他将返回伦敦。

（英国）《布莱克本标准报》 BLACKBURN STANDARD
1896年8月15日·星期六　AUGUST 15 1896 · SATURDAY

李鸿章的访问

参观水晶宫

李鸿章在周一拜访了德国大使馆，并在那里停留了一小时左右。他在法国大使馆也留下了拜访名片。晚间，这位大人和他的随行人员一道参观了水晶宫，并受到了汇丰银行的设宴款待。在回复祝他健康的祝酒词时，李鸿章说，他之所以出现在此，是因为他和任何一个西方人一样，想要维护那些涉及资本输出的条约，并且对在过去几年给清朝提供过援助的银行表示感谢。特使和他的随行人员随后参观了水晶宫内的各种展览和摊位，观看了为招待他而特别安排的烟花表演。他们尤其喜欢龙、蛇和其他一些动物图案的烟花表演。他们对于这一节目很满意，一直待到了午夜。

李鸿章提出一个建议

李鸿章周二参观了英格兰银行，受到了银行主席和主管们的热忱接待。一行人参观了银行大楼。在委员会房间抽烟休息时，这位清朝特使通过翻译和桑德曼先生、马克·克列特（Mark Collet）爵士以及伊夫林·哈伯德（Evelyn Hubhard）阁下进行了长达一小时左右的生动会谈。特使关切地询问了银行的运作，并探讨了银元问题。他建议英格兰银行可以开始着手处理复本位制这个难题。随后特使一行人驱车前往邮政总局，在那里受到拥挤的人群的热烈欢呼。这位大人会见了邮政总局局长、诺福克（Norfolk）公爵和一些主要的管理人员。随后，特使被护送到局长的私人房间里。他在那里的留言簿上题了字，然后和公爵谈话。特使一行人参观了银行大楼，此后还去了外国电报局。在那里，在李鸿章的督查下，一条电报消息被发往巴黎，并立即接收到了回复。李鸿章希望通过电报和德国皇帝交流，但是柏林方面回复说，无法和德皇直接连线，因为皇帝此刻在威廉港。

李鸿章谈贸易和铁路

在下午 4 到 6 点之间，伦敦商会的主席和顾问们，以及东印度和清朝贸易部的人员在费舍芒格尔大厅设宴款待李鸿章一行人。房间里人满为患。在伦敦商会主席罗利特先生和修先生致欢迎辞后，东印度和清朝贸易部的主席马西森先生做了发言，希望李鸿章可以在促进贸易进步、引进以及修筑铁路上发挥比以往更大的影响。前总督李鸿章通过翻译回答说："我和你们一样渴望英国和我们国家之间能有不受限制的贸易增长，因为这对双方都有利（鼓掌声）。一位政治家不应该许诺（更多笑声），尤其是在他的心灵受到感情和情绪触动的时候（更多笑声），因为无法预料的状况经常会干扰意志和愿望。然而，仅此一次，我将做出与这个流行的智慧和谨慎相反的举动（笑声和欢呼声）。我在此许诺，只要我活着，将会借鉴我在旅行途中所学到的，将推动工业和商业进步作为我未来事务的一个特别目标，尤其是在我明君的主权帝国的边缘角落（欢呼）引入一条精心设计、如实执行和操作的铁路系统（欢呼）。这也是英国最有理由自豪的一项发明（欢呼）。我希望伦敦将记录下，我在你们中间、在这里表达的这个最忠实的意愿（欢呼）。"

宴会剩下的时间在谈话和音乐中度过，随后特使在围观者的欢呼中驱车离开。

在伍利奇兵工厂

李鸿章在周三驱车前往伍利奇兵工厂。他的出现引发了广泛的好奇，特别是在旧肯特路一带。这位大人在炮兵团的护送下，抵达了伍利奇兵工厂附近。特使在检阅场受到了接待。当清朝国歌奏响时，李鸿章在六名军官的陪同下检阅了炮兵团队列。一行人随后回到了敬礼处，检阅了军乐团和行军。行军队列非常壮观。在这期间，特使兴致高昂。他坐在一辆敞篷马车上安静地抽着烟枪时，有人向他解释了演习。随后，三支民兵营先是小跑，然后快速地经过进行演习。在这之后，李鸿章乘坐马车前往小屋。在那里，他看到了在布满泥沼和脊坡的崎岖路面上驰骋的马队。有一支队伍没有骑马，还有一辆安置着枪炮的马车不幸损坏了，但没有发生别的事故。特使随后驱车前往兵工厂。

和在检阅场时一样，兵工厂周围也挤满了围观的人群。演习结束时，这位大人在军队护送下离开前往军火库，参观了制造"白头"鱼雷的鱼雷工厂，这引起了特使的特别兴趣。为了能听清楚这位大人的提问，运行中的机器被叫停。特使仔细地对"白头"鱼雷做了提问，这也表明，他对这一制式的鱼雷颇为了解。随后他问道："这些鱼雷是由私人工厂制造的吗？"他的提问得到了肯定的回答。在场的人员补充说，这种鱼雷有两家供应公司。于是这位大人问,这两家供应公司制造的是否一模一样。这个提问也得到了肯定的回答。"它们的价格是多少?"这是特使的下一个问题。安德森(Anderson)博士回答道:"大的400磅,小点的300磅。""当中有些是由政府购买的吗?"李鸿章问。"不,"博士回答,"除非政府愿意。"令在场的军官忍俊不禁,同时也使在场的非军事人员胆战心惊的是,这位大人说他想看一下鱼雷爆炸时的样子。人们告诉特使,这会使特使本人和附近的每个人都丧命。特使对于这个解答表示怀疑,而且看起来很失望。为了安慰特使,在场人员向他演示了这些武器鱼尾一样的尾部是如何运作的,生动地展示了运行中的鱼雷是如何活动的。随后一行人离开鱼雷工厂,前往皇家枪械厂。在那里,他们向总督展示了枪支的制造和拼装过程。这位经验丰富的政治家同时参观了重锤和起重机,还有石油冶炼的过程。参观结束后,他重新坐上车返回伦敦。

参观日本装甲舰

星期四,李鸿章乘坐由伦敦联合码头委员会的威廉先生为他包下的特别游艇,进行了一场沿泰晤士河的旅行。这位大人沿途看到了伦敦塔桥。格林威治医院也被指给他看了。这位大人对于在途中参观的霍克(Thawk)公司特别感兴趣,在那里他看到了日本装甲舰。

李鸿章会见格莱斯顿先生

前往切斯特

　　李鸿章于昨天早上7点15分离开尤斯顿火车站前往切斯特，目的是在霍瓦登拜见格莱斯顿（Gladstone）先生。火车上有四节预留车厢，李鸿章享用一节通常是给威尔士王子使用的豪华车厢。脱来西海军司令受外交部委任，负责沿途照料李鸿章。脱来西第一个抵达尤斯顿火车站，他后面跟着一个推独轮车的搬运工，车上装着总督的床和大量厨具。随后来了一顶装饰着红色衬里的华美轿子。马格里爵士于7点左右到达火车站。10分钟过后，仍然看不到那位总督大人或者他的随员，铁路官员们非常焦急。12分钟过后传来消息，那位大人决定先不走了，等着坐晚点的火车再出发。

　　随着各种传言散播开来，火车站里洋溢开一丝兴奋。豪华车厢和其他几节预留车厢很快被从火车上及时分离，这才没有延误常规的火车出发。几位已经在车厢里就座并做好了长途旅行准备的绅士要求马格里爵士给出一个解释，但是马格里爵士也一头雾水。他也是刚刚才收到一封信，信上说特使大人已经改变主意，暂时不会离开，直到晚些时候。随后传出消息说，早上时，李鸿章收到一封重要的外国电报，因此他必须在城里多待几个小时。

　　早上9点，李鸿章一行乘坐三辆马车抵达尤斯顿火车站。早前被分离下来的特别车厢被加到9点30分开往切斯特的火车上。这位大人坐着轿子，被抬进了豪华车厢。这一行人的到来和离开都引发了很多关注。随后，李鸿章一行带着大批行李乘车离开。李鸿章身着蓝褂，看起来健康状况良好。伦敦和西北铁路的助理督察伯克先生负责照料这一行人的此次旅行。总督在11点10分抵达拉格比，这也是火车停靠的第一站。人群挤在豪华车厢的车窗边，透过窗户可以清楚地看到李鸿章。火车在5分钟后离开，下一个停靠站是斯塔福德，将于12点20分到达。在斯塔福德，李鸿章给出指示，命人在切斯特准备好一些鸡肉汤。这位大人于1点5分到达切斯特，并在火车站受到了大批围观者的热烈欢迎。

采访

　　一名特别报道员说,李鸿章和格莱斯顿先生的会面是非常真诚的,甚至是近乎兄弟情谊般的。特使大人先是受到亨利·格莱斯顿先生的接待,随后被介绍给了老格莱斯顿先生。格莱斯顿先生带着极大的兴趣期待这位来访者的到来。特使到达时,格莱斯顿先生和夫人走到门口来迎接他。前首相先生看起来气色相当好。考虑到他的年纪,他的健康状况应该算是相当好的了。格莱斯顿家族的大部分成员,包括亨利·格莱斯顿先生和德鲁夫人,也都在场协助这次对李鸿章的接待。此外,还有一小群家族友人也聚集在那里。然而,这位大人此次到访,无论从何种方面来看,都是私人性质和个人化的,这在两位经验丰富的政治家的对话中表现得尤其明显。

　　这次非常有趣的谈话发生在非常宽敞漂亮的书房内。李鸿章坐在沙发上,格莱斯顿坐在一把低矮舒适的椅子上。尽管他取得了如此多的成就,格莱斯顿先生对于清朝人来说仍是一位陌生的人物,而特使大人又不懂英文。所以,他们的谈话通过一位翻译进行。谈话从一些私人话题开始,随后转向了中英两国的联系上,特别提及了英国—清朝之间的贸易,顺便提到了自由贸易和随之而来的保护问题。对于这个话题,李鸿章显得游刃有余。保护英国贸易的必要的英国海军是这位清朝特使提及的另外一个问题,对于格莱斯顿在清朝公共事务上所发挥的作用,他也做了一两次感激的暗示。自然,格莱斯顿的回答提到了李鸿章这位杰出人物在清朝所拥有的重要地位。随后,对话在非常广泛的话题范围里继续着,最后由于临近这位伟大的清朝人预计的离开时间,这次对话不得不结束。

左图 / 李鸿章到霍瓦登城堡去拜访格莱斯顿先生。伯吉斯绘制。刊于(英国)《图片报》第54卷,第1395期,第232页,1896年8月22日。沈弘供图。

右图 / 李鸿章与美国前总特格兰特。中间小浮雕为格兰特夫妇。

李鸿章身着黄马褂走上露台，和格莱斯顿先生一道合影。然后，这一行人出发前往火车站，在那里一辆专列将他们载往巴罗（Barrow）。他们于晚上 8 点 30 分抵达。在长途旅行之后，李鸿章感到很累。在康福斯火车站，他受到了热情的接待，并和约翰·希伯特（John Hibbert）爵士、国会议员维克多·卡文迪许（Victor Cavendish）先生，还有国会议员理查德·卡文迪许（Richard Cavendish）先生开始谈话。与此同时，站台上的短途乘客当中爆发出了热烈的欢呼声。

　　很少有访问英格兰的显赫人物可以比这位清朝大学士更受欢迎。他经常有奇怪而尖锐的提问。若有人回他一句"你也是"时，他也会发笑。这位大人的大部分问题指向和他谈话的那些绅士的年龄和薪资，但是很多提问内容都没有被报道。举个例子，效劳于印度内务部的亚瑟·马丁代尔（Arthur Martindale）先生在周四受到了这位大人的"盘问"。亚瑟先生差点招架不住，承认他的提问者对于印度的内政管理比

李鸿章与英国前首相格莱斯顿（左一）及其儿子亨利合影

他自己知道的还多。这位大人对于包罗万象的知识所流露出的渴望，实在是很惊人。事实上，他使人想起沃尔特·司各特（Walter Scott）先生的一个说法：他可以从每个人身上学到点什么。

大学士所有的讲话都被他的秘书罗丰禄先生记录了下来。下面三句话，是李鸿章在女王的纪念册上写下的。据说，这是这位大人在去往奥斯本宫殿的火车上构思好的。

行者宛如漂浮海外的天鹅，轨迹涵盖四宇。于万千绿林中，见两行路。车轮滚动，宛如闪电。

罗丰禄先生在此行中担任翻译。他曾担任海军军官，二十年前在伦敦的国王学院上过课。他被公认为是清朝当前最睿智的官员之一。罗丰禄先生被任命为李鸿章的首席秘书已有十七年，他是直隶省的二把手。出于女王的特别要求，罗丰禄先生也在她的纪念册上题了字。他引用了杜甫的一句诗：

西望瑶池降王母，东来紫气满函关。

此外，李鸿章和一位股票交易界的绅士之间还发生了一个关于狗的有趣故事。这位绅士因为和清朝有联系而闻名于世。他给特使大人送了一只价格高昂的纯种小斗牛犬。不久后他接到对于这个礼物的确认函，并伴有非常有趣的通知：虽然李鸿章自己不吃此类东西，但那些年轻的随员发现把这个当早饭美妙无比。

李鸿章的医师伊尔文医生是一名爱尔兰人。十八年前，他听说天津在公开招聘一名医生，因此离开了纳特利。1879年，他被传入总理衙门治疗一名患重病的病人。病人康复后，他被任命为总督的主治医师。从那开始，他的人生变得非常富有和快乐。

李鸿章在巴黎的短暂停留期间，法国政府花费了多达3200法郎的招待费，其中包括铁路旅行和去外省参观的开销。仅是大饭店的食宿账单就多达1900法郎。

这位大人非常喜爱孩子，是一位尽职的家长。特使大人的另一个优点是他对女士们相当客气。星期五，他和马克沁夫人举行了很长时间的谈话。谈话当中，他问及了马克沁夫人的家庭情况，这位马克沁机枪发明人的妻子遗憾地说她没有孩子。对此李鸿章同情地叹了口气，并问她是否相信祈祷有用。

之后的安排

在拜访格莱斯顿先生之后，李鸿章一行人乘车返回切斯特。随后取道沃灵顿前往康福斯，在那里他将受到来自福斯铁路公司的主管们的迎接。随后他将继续旅行，前往福斯庄园。在那里，他将作为德文郡公爵的客人接受招待。从福斯庄园他将前往湖区的温德米尔。在那里，今天（周日）"燕鸥"号（Tern）游艇已经准备好带他游览湖区景色。午宴设在位于波纳思的贝尔斯菲尔德旅馆，随后一行人返回，并乘坐同一列火车回到福斯庄园。明天（周一）早上，李鸿章将参观巴罗赤铁矿钢铁厂、海事和军械造船厂。参观完毕后，他将乘车前往巴罗市政厅，巴罗市市长和议员们将在那里向他致辞。随后一行人将赶回福斯庄园参加午宴。下午4点，李鸿章将出发前往格拉斯哥。周二下午，他将乘坐北大不列颠铁路公司主席特维戴尔侯爵为他提供的专列前往福斯桥。在参观完大桥之后，他将继续旅途，前往拉格赛德。从周二晚上到周四早上，他将作为阿姆斯特朗伯爵的贵客停留在那里。周四早上，李鸿章将离开拉格赛德，前往埃尔斯维克兵工厂参观，这是他最感兴趣的部分。随后他将返回伦敦，预计于当晚深夜抵达。整个周五，他将待在卡尔顿白金大酒店内。周六早上，他将乘火车去南安普顿，乘坐"圣路易士"号邮轮出发前往美国。

美国的招待

在纽约，对李鸿章的官方接待的安排已经准备就绪。总统和他的内阁成员还有陆海军的将军们将前往总督岛迎接。李鸿章将从邮轮下来，换乘海军上将的驳船登岛。一支军队将参加这次接待。

警察当局报告了李鸿章一抵达旧金山就会遭到暗杀的公然威胁。对这位大人的仇视情绪在底层清朝人当中如此强烈，以致有人劝说特使改变行程，从温哥华启程返回清朝。

李鸿章头上的子弹

李鸿章已经接受了X射线检查。几周之前，他在柏林参观夏洛特堡工程技术学院时，被劝说并在斯拉丁教授的指挥下接受了X射线检查。拍出的X光片清晰地显示了去年他在日本下关遭受暗杀时所中的子弹的轨迹，可以清晰地看到子弹仍在颊骨处。

李鸿章在霍瓦登

李鸿章周六在霍瓦登拜访了他一直期待见到的格莱斯顿先生。这两位伟大的老者之间的对话以一些私人化的问候开始，话题随后转到清朝政治和格莱斯顿先生的政治生涯上。在回答总督时，格莱斯顿先生说他当了将近十三年首相，并在内阁待了将近二十四年。格莱斯顿先生说，他很高兴清朝在大趋势上开始跟随自由贸易这一路线。总督对这个判断表示同意，但也说到，有必要对商人进行一些管制。格莱斯顿先生说英国奉行自由贸易，并且希望会继续执行下去。总督大人说，英国是海上的王者，人民也信赖海军，英国有一个庞大的殖民帝国，因此有必要维持一支庞大的海军。格莱斯顿先生对此表示同意。英国是一个伟大的殖民地帝国，并且和这些殖民地之间维持着一种相当良好的感情联系。

李鸿章说，清朝的财政目前处于困境，需要大量的关照和帮助。格莱斯顿先生忠告说，经济活动应该作为公共开支的问题来处理。对此李鸿章说，像英国这样拥有大量经济收入的国家或许可以担负起这类建议。格莱斯顿先生指出，最富裕的国家同样也是勉强维持罢了，并指出，他坚持经济是政府管理的一种必须。这两位大人还讨论了公共工程的问题。总督大人说，在真正地繁荣发展起来之前，清朝铁路网络必须建立起来。他说他会竭尽所能地发展铁路事业。在回答李鸿章无数提问的其中一个时，这位前首相说，虽然他并不赞同索尔兹伯里侯爵的政策，但是依然非常钦佩他。

随后，在一个合适的时机，多萝丝·德鲁（Dorothy Drew）小姐作为这个家中备受宠爱的特权人物，带着她的画作和访客簿进来了，将后者放在了李鸿章面前的小圆桌上。总督大人拿着毛笔，沾上一点墨水，在上面题上或者说是画上了他的中文名字。谈话到此结束。在这位大人和他的陪同人员起身时，发生了一件感人的小事情。格莱斯顿先生虽然年事已高，但在李鸿章身边，仍然显得非常敏捷。这位前首相动情地握住了客人的手，亲自将他领到了茶室，其他人员跟在这两位老绅士的后面。当李鸿章抿着茶和女士们谈话时，格莱斯顿先生走出房间，穿过大厅去了他那间著名的书房。这位阁下在那里选取了几本自己的著作，送给了他尊贵的客人。茶歇之后，尊贵的绅士阁下和李鸿章一同前往银禧门廊（The Jubilee Porch），坐在并排的两张椅子上合影留念。离开时，清朝特使送给了格莱斯顿夫人一张他自己的照片和四包上等的茶叶。

昨天李鸿章游览了温德米尔湖，然后参加了在波纳思举行的午宴。在回答关于他健康状况的询问时，这位阁下指出，这次聚会是社交性质的，清朝皇帝和他本人都希望和欧洲所有国家，尤其是大不列颠维持良好的关系。他提到中英的种族差异，并补充说这不会影响两国的友谊。在宴会人士的欢呼声中，他宣称，他会一直鼓励英国技术和清朝原材料的结合。

YORKSHIRE EVENING POST
AUGUST 17 1896 · MONDAY

（英国）
《约克郡晚报》
1896年8月17日·星期一

YORKSHIRE EVENING POST

令大使着迷的湖区

（发自我们的通讯员）福斯庄园，周日晚

考虑到他的年纪，清朝的前总督李鸿章已经算是一位相当健壮的旅行家了。这位大人高兴地从对伦敦的迷恋中抽身，前往宁静的湖区。按计划他应在下午快5点30分时抵达康福斯，在那里已经有至少1500人聚在火车站等候欢迎他。总督直到过了7点才抵达，但仍受到热烈欢迎。在场的有代理主席约翰·希伯特爵士、纽卡斯尔国会议员维克多·卡文迪许先生、爱德华·曼德海姆先生、福斯铁路公司主管林代先生、总经理阿尔弗雷德·阿斯莱特先生、拉斯蒙德督察、什尔曼工程师和公司的秘书库克先生。此外还有1000人左右在站台上热烈地鼓掌。这辆伦敦和西北公司的列车将这位东方的到访者从切斯特载来此地。

在场的主要人员随后进入这位大人所在的豪华车厢，由罗丰禄翻译一一介绍给总督。约翰·希伯特爵士告诉李鸿章，董事会主席德文郡公爵由于正在博尔顿庄园招待约克公爵，因此不能到来，他希望周一能在巴罗与特使会面。约翰爵士希望特使可以在湖区找到令他感兴趣的景致，并请特使放心，为了确保特使的旅途舒适愉快，所有事务都已安排妥当。李鸿章特使通过他的秘书，向这位主管致谢，并说他特别着急，希望能在离开这个国家前，获取一些铁路管理方面的信息。他问福斯铁路公司总经理，为什么在某些特定的英国铁路上要将铁轨的重量增至超过75磅/平方码？

阿斯莱特先生回答说，福斯公司正在将铁轨的重量增加到80磅/平方码，而在巴罗那段铁路上，铁轨的重量达到了100磅/平方码。随着机车引擎和车厢重量的增加，为了公众安全考虑，有必要相应地增加铁轨的重量以增强其牢固性。"举例说，"阿斯莱特先生说，"福斯铁路公司已经订购了比现在使用中的这些牵引能力更强、更快的机车引擎。"李鸿章表示，在清朝有一些铁路延伸段，被推荐使用75磅/平方码的重量标准。在对话过程中，总督还问及了大北方、大不列颠以及东北铁路公司的主席和经理们的名字。

(英国)《利兹信使报》 1896年8月17日·星期一

LEEDS MERCURY AUGUST 17 1896 · MONDAY

在湖区

李鸿章在英国的第三个周日是在湖区度过的。他的旅行安排能够涵盖巴罗和温德米尔湖这两个地方,这是一个明智的决定。这位大人还没有看到巴罗的任何景物,包括巴罗的赤铁矿钢铁厂以及海事和军械造船厂,他将对这两个工厂的好奇心都留到了今天。昨天的重要活动是乘船游览温德米尔湖。李鸿章前天晚上8点从霍瓦登抵达福斯庄园,他在霍瓦登拜访了伟大的英国前首相格莱斯顿先生。火车比原计划晚了两个小时抵达福斯庄园,但是我们从以往的经验里已经知道,这位东方的政治家偶尔会不准时。旅行途中,特使在康福斯受到了约翰·希伯特爵士以及他在福斯铁路公司的同事和董事会成员的接待。李鸿章和他们就铁路建造问题进行了长时间的对话。

抵达福斯庄园之后,特使和他的随行人员很早就休息了。李鸿章在周日的观光行程在该地区引发了热切关注。本地人早早地画出了这位大人的旅行路线。特使预定在早上10点出发。10点不到,拥挤的人群就聚集在了福斯庄园的火车站里。快到10点时,有传言说,总督对于他所下榻的旅馆的周边环境如此着迷,因而不想离开。特使旅馆的周边环境肯定是有诱惑力的,因为那里有很多多叶植物。特使早上很早就开始散步,周围还有一些非常具有罗马式美感的遗址。这些足以使这位大人着迷。

然而,耽误观光安排的压力也蔓延到了李鸿章身上,结果在10点15分,人们看见这位大人微笑地坐上等候他的竹轿。火车站已经应景地被装扮了起来,为了努力营造出中式的氛围,采用了大量象征清朝的装饰和国旗,装饰上主要采用了绿色和黄色。李鸿章一如既往地由他的随行人员陪同着。他们当中有一些是很好的英国通,可以流利地说英语这种他们的同乡人极力拒绝的语言。在登上专列前,李鸿章的厨子带着各种奇怪的炊具走在前面。特使穿着蓝色丝绸裤子,坐上火车之后,在裤子外面罩上了一件紫色外套。湖区已经聚集了大量人群,他们对这位显赫的清朝人所表现出的热情是前所未有的。这位大人与我们英国最好的山水的初次见面就已经是好兆头。他第一眼看到的是对面山上的一丛紫色的石楠,湖水澄清,岸边有一些漂亮的英国女孩穿着白色的裙子,等候欢送李鸿章所乘坐的游船离开。这些东方人对于温德米尔湖尤为欣赏。李鸿章坐在轿子上，在看到湖光山色时，露出了微笑。

在波纳思，这位大人感觉有些累了，和随员中的几位一起在贝尔菲斯特旅馆享用午餐。"燕鸥"号（这艘蒸汽邮轮的名字）带着客人继续深入湖区，以几处著名的山景来款待他们。对于这些山景，在场的所有人都表示满意。这批客人下午1点30分左右在旅馆用餐，他们快要吃完时，李鸿章前来加入了他们，引起了在场人士的热烈反响。每个人都起身欢呼。一支乐队沿着湖边来到餐厅，一直演奏着欢快的音乐，并在用餐快要完毕时，以音乐节目招待这些用餐者。在场的有国会议员维克多·卡文迪许、凯泽（Cayzer）先生、芒卡斯特（Muncaster）男爵、希伯特爵士、中土铁路公司总经理特纳（G. H. Turner）先生、海事和军械造船厂总经理亨利·本汉（Henry Benham）先生、埃杰顿（W. F. Egerton）先生和中土铁路公司经理艾迪（Adie）先生。参加午宴的总共有将近两百人。当客人们抵达湖区时，主教先生代表伦敦和西北铁路公司负责照料李鸿章的本次旅行。伦敦清朝领事馆秘书马格里爵士向特使大人介绍了主教先生。午宴上有一些致辞，约翰·希伯特爵士提议为李鸿章的健康祝酒，并说他相信这位大人的到访将会对他的国家十分有益，祝他有一个非常愉悦而安全的归乡之旅，同时希望这些贵客的到访可以增进中英友谊。乐队随后演奏了清朝国歌和那首《他是一个快乐的小伙》。

罗丰禄传达了特使大人的如下发言：

主席先生、阁下、女士们和先生们：非常高兴在参观完温德米尔湖后，可以在这里和许多显赫的人物在一起。这次聚会是社交性质的，并没有什么政治或者外交的性质。维系和欧洲所有国家，尤其是英国的良好关系，这是我的明君——清朝皇帝和我自己的愿望（鼓掌）。英国作为东方最重要的商业力量，将在清朝为它的商品找到一个巨大的消费市场（再一次鼓掌）。我对主席先生的致辞非常感激。他能够以一种他擅长的方式来表达英国人民的情感——他相信我此次访问将进一步加强和增进两大帝国之间的真挚紧密的关系。虽然我们有不同的特性：一个帝国是联邦式的，并且分布在全世界；而另一个则更集中，代表着亚洲大陆的中心。但正是这些不同的特性为我们缔结友谊创造了条件。我经常鼓励英国技术和清朝原材料的结合（欢呼）。不仅出于双方利益上的考虑，更是为了最古老世界和新世界的人民的福祉。现在，我请你们举起酒杯，为约翰·希伯特爵士所代表的公司的繁荣昌盛而干杯，希望两大帝国之间的真挚友谊会持续增进和加强（大声欢呼）。

祝酒在热烈的氛围中进行。约翰·希伯特爵士简短地做了回应，并说他只希望铁路这样的优越系统可以很快被引入清朝。没有哪个公司或者集团可以比铁路系统更能促进这个国家的繁荣。

乐队随后演奏了英国海军军歌《统治吧！不列颠尼亚！》（*Rule Britainia*）、苏格兰歌曲《友谊地久天长》和《天佑女王》。这群人随后散去。

在午宴之后，李鸿章被领上游艇，前往安博塞得，欣赏了温德米尔湖的景色。在场陪同的人员里面有着坎伯兰郡和威斯特摩兰郡的警官邓恩（Dunne）先生。他是在这两郡警务上有特殊位置的一位老警官。李鸿章向他询问了很多当地政府管理和警察管理方面的问题，并说他希望类似的组织机构可以被介绍到清朝。这位大人告诉邓恩先生，他很高兴可以和格莱斯顿先生会面，看到后者的健康状况良好，他很高兴。中土铁路公司经理约翰·特纳先生与这位大人进行了长达半小时的谈话。这位大人询问了发生在这个国家的铁路事故的数量。特纳先生说，对一个人来说，世界上最安全的地方就是在火车上，因为一百万个人里面不会有一个死在铁路上。与李鸿章的对话只有少数是在公开场合或者团体和人群前进行的。在和特纳先生谈话之后，据说这位大人向清朝发回了一封电报，做了一些建造新铁路的特别指示。参观完温德米尔后，游船返回湖区。火车按原定计划将特使一行人载回了福斯庄园，在那里李鸿章独自待在旅馆里。

李鸿章

（发自我们的通讯员）格拉斯哥，周一晚

李鸿章试图变更当日的安排

　　李鸿章于今晚8点20分抵达本地。他在站台上受到穿着长袍和工作制服的牧师、市政文员和一批行政长官的接待。火车站里聚集了大批围观者，在外头还有更多。李鸿章和他的随员们坐上密闭的礼车，在一列骑警的护送下，出发前往温莎旅馆，人们站在雨中发出热烈的欢呼。特使大人在这里和在伦敦判若两人。在大都会，他非常遵守他的安排，而现在他试图改动日常活动，不再按照计划行动，而是根据情绪作调整。

　　昨天，按计划他应该在早上早早出发参观温德米尔湖，但在临近出发时间时，他非常冷淡地表示他不会动身，而要在下午3点再出发。他的随员传来了这一令人惊愕的消息。每个人都觉得他不应该以这种方式随意变更好客的主人们的安排，但是没人愿意反对他的想法。幸运的是，来自福斯铁路公司的一位意志坚定的高级工作人员对此提出抗议。"不走，直到3点。"特使说。这位高级工作人员说："大人您必须立即动身。"然后特使照办了。

　　今天早上还有另一场类似的不成功的试图变更当日安排的企图。按计划，李鸿章应该在早上9点参观巴罗赤铁矿钢铁工厂。但在太阳上山后，这位大人临时改变计划，要提前一个小时进行参观。公司的官员礼貌地拒绝了。他们暗示，如若如此，那么对这位大人的接待安排将无法举行了，因此知会旅馆，他们不得不拒绝他所作的变更。特使不得不再一次屈服。

和德文郡公爵谈话

　　特使找到了一种奇怪的方式打发这一个小时。在德文郡公爵抵达福斯庄园旅馆时，李鸿章向他问了很多问题。

"我一直在射松鸡，"公爵说，"大人您也这么做吗？"

"我从没射过松鸡，"特使回答说，"但是我经常射杀叛乱分子。"在这个小乐趣上，两个人都笑了。

在一些关于上议院和下议院的谈话之后，公爵不得不透露自己的年纪，然后，李鸿章评论说："我很想看您和约克公爵一起射杀松鸡。"

对话随后转向了阿姆斯特朗公爵的工厂和其他在巴罗的工厂之间的区别。"在阿姆斯特朗的工厂里，"公爵说，"他们不仅造船，也安装枪炮。在我们的工厂里，我们什么都做，除了安装枪炮。说到这个，我听说您打算从温哥华乘坐'印第安皇后'号返回上海，那艘船就是在巴罗建造的。""我对船很了解，"特使大人回答说，"那艘邮轮肯定是这个城市的骄傲。"

他问，巴罗是否会为外国政府制造铁甲舰。"不，"公爵回答说，"但是他们会很高兴收到此类订单。"然后公爵向这位大人呈上了湖区的相册集。在表达了感谢之后，李鸿章说图片非常漂亮。在这些对话和接待仪式上出场过的人士包括：伊夫林·卡文迪许女士、国会议员维克多·卡文迪许先生、国会议员 R. F. 卡文迪许和国会议员马尔泌先生。伊夫林·卡文迪许女士送给特使一面花卉做成的清朝国旗。为了表示感激，李鸿章特意没有问她的年龄。

之后，这位大人向阿斯特（Asiett）先生询问了福斯铁路公司的交通情况。在前一天，这位绅士告诉特使，很多公司放弃了二等座。在这期间，这位颇有英国举止风范的学生似乎已经知道了，最近几年几乎所有路线上三等座乘客都大幅增加了。他询问了增加的原因，阿斯特先生解释说，这部分是因为二等座被弃用。对这个回答，这位大人看起来很满意。

参观钢铁厂

特使一行人在 9 点准时抵达工厂。德文郡公爵给了李鸿章另一本相册，后来，我们登上一辆奇怪的由一个装饰着国旗的蒸汽机所驱动的小火车。几分钟的车程后，我们被载到了高炉，那里的铸铁正在被处理成生铁。这位清朝老者对火焰流露出兴趣。然后火车将我们带去观看金属液被倒入一个能够容纳 150 吨的容器里。几分钟后我们抵达铸铁厂。在这里，李鸿章穿着一件洋红的裙子和一顶没有三眼花翎的帽子，小心地调整了他的眼镜。这次他戴的不是漂亮的金边眼镜，而是一副有着有色玻璃片的玳瑁眼镜。罗丰禄先生同样戴了一副有色眼镜。每一位参观巴罗工厂的人士都能理解为何要采取这个小心谨慎的措施，因为游客必须面对大量的火焰，它们可能会致盲。我们看到金属被倒进转炉，钢铁变成铸模。这位大人对此很有兴趣。车间里面热得可怕，但是特使看上去并不在乎。他似乎更介意里面噪音太大，使得他无法提问。他显然对知识和信息非常饥渴。巨大的白热金属顺着传输带，在风箱里被压铸。另外工厂还展示了制造铁轨和装甲板的过程。这位杰出的到访者很高兴地了解到，巴罗正在制造提供给清朝的铁轨。

之后我们被领到船坞那里，看到很多战舰在制造中，包括"奈奥比"（Niobe）甲级巡洋舰和两艘鱼雷艇。特使巡视工厂时，几百号工人聚集在他周围大声地欢呼，这次参观肯定不幸地耽误了他们今天的工作。从船坞离开，李鸿章进入了市政厅，在那里他受到了致辞欢迎。在以特使的名义回复时，罗丰禄说：

> 特使请我向市长、贵族，还有这里的市民表达他最高的谢意。他对巴罗的访问是短暂的，但与当地人形成的友谊是长久的（欢呼）。清朝是文学和哲学的国度，这些是非常抽象的命题。虽然英国人民是世界上最务实的，他们却在文学和哲学方面培养出了如此感性的人物，比如培根爵士、莎士比亚、赫伯特·斯宾塞、达尔文和赫胥黎（欢呼），而且他们得出了与我们的老子和孔子同样的结论。他们的原则是从实验科学推导到最可触及的形式，而这具体的东西和抽象的一样重要。这些工业追求的终极目标，总督今天在这里看到的，是和平（欢呼）。据说，为战争做最好的准备，就是对和平最好的保证。虽然我们有最抽象的东西，虽然我们有最杰出的学生和文人，我们仍然应该从英国借用更实际的科学，比如造船的技术、矿业以及诸如此类（欢呼）。因此总督希望，他此次到访大不列颠，将会增进两大帝国之间的真挚友谊，也能启蒙他的国人，促使他们不仅将时间用于学习最抽象的命题，也更多地用在可触及的事物上。总督在讲话结束之际，向你们保证他对于这个国家的友好感情，并希望他的到访会加强双方在政治和工业上的关系（欢呼）。

有趣的讲话

在这次有几百人参加的仪式结束后，我们驱车赶回福斯庄园的旅馆，那里已经安排好午宴。德文郡公爵主持这次午宴，聚集在场的人士包括脱来西海军司令、维克多·卡文迪许先生、芒卡斯特大人、约翰·希伯特爵士、马格里爵士、国会议员凯泽先生、赫政先生、司格达先生和曾纪泽先生。在宴席的大部分时间里，李鸿章的椅子都是空的。快结束时，特使大人走入大厅，立即受到了在场人士的热烈欢呼。

他们提议为这位大人的健康祝酒，德文郡公爵做了如下讲话：

我认为我们都感受到了巴罗镇和巴罗伟大的制造业，对于能够在这里接待这位大人的荣幸之情。这看起来可能会很奇怪。我敢说这不仅奇怪，而且有些困惑：在他对这个国家的短暂访问中，这位大人没去一些更古老的制造城市，比如利物浦和曼彻斯特，而是参观了这个相对新而小的巴罗制造中心。我认为，这位大人可能已经在他的选择上得到了很多建议。正如我们有理由相信的那样，这位大人的到访在某种程度上是为了激起促使和推动清朝工业崛起的希望。就这个而言，特使来巴罗这样一个新近的地方——短短几年时间工业和能源业就取得了令人瞩目的进展，可能相比其他工业老城更有利于推进他的意图（欢呼）。当然也有可能，参观一个更古老的城镇，他会学到更多。我认为，我们必须将这位大人的到访在某种程度上作为一次历史性的事件来看待（笑声）。

我不会说任何特别的话，正如我不知道总督拜访这么多个国家的政治意图。但是我认为，毫无疑问，从我们已经听说的和看到的，从这位大人在整个欧洲期间的行为来看，他的到访在很大程度上是被一种信念，一种拓展和复兴清朝工业的信念所驱使的。我们对此表示高度的兴趣，而且真诚地希望看到清朝工业的复兴。和欧洲其他国家一样，我们应该以我们的各种能力，以最大的意愿，对这位大人和他在清朝的同仁们给予任何我们可能提供的帮助（欢呼）。我们所有人都对特使大人在提问中所展示出的机趣和睿智感到惊讶。我敢保证，我们对于在我们中间看到一位来自那个伟大而古老帝国的代表感到荣幸，我希望清朝在很多方面都有新的开始（欢呼）。

在回复中，李鸿章表示，清朝的政治家渴望和平，并且相信只有和平才能促进农业、工业和商业的发展。提到巴罗的快速发展和德文郡公爵所提供的一切时，他说，他希望他的到访可以不仅从政治上，也从工业上，促进清朝和欧洲新纽带的缔结。"我非常钦佩大不列颠最显赫的学者和政治家格莱斯顿先生。"他说，"对他来说，德文郡公爵是一位伟大的朋友。"午宴过后，我们很快登上火车，向北开进。在卡莱尔，察司先生的儿子送了一个花束到大使的豪华车厢。卡莱尔是这辆专列停靠的第一站。在参观了格拉斯哥重要的工业中心后，总督前往参观福斯桥。

李鸿章和铁路工作人员

正如《每日新闻》一栏上报道的,这位大人在周日前往霍瓦登之前,向一位曼彻斯特的铁路工作人员提了各种问题。在问了他是否结婚,以及如果没有,为什么没有结婚之后,他问了格莱斯顿先生的年龄,他是否身体虚弱,以及格莱斯顿先生在城堡里是否有女儿。得知海伦·格莱斯顿小姐正待在那里时,大使大人问这位小姐是否已经结婚了。获得了否定的答案后,大使问她为什么没有结婚,但是工作人员无法给出任何解释。

然后,李鸿章问到格莱斯顿先生是否在霍瓦登地区和这个郡内很受欢迎,他是否很富有。对此工作人员说,从前来霍瓦登拜访他的倾慕者的数量来看,格莱斯顿先生应该是相当受欢迎的。工作人员表示不知道格莱斯顿先生是否很富有,但是他说格莱斯顿先生看上去对他所拥有的很满意,而且他看起来并不追求更多财富。李鸿章问到,如果格莱斯顿先生不富裕的话,为什么这个国家的人民不捐助点钱给他。此时工作人员再一次落入下风,不知如何作答。特使还问了工作人员一些有关铁路线的问题,并对给他造成的麻烦表示感谢。在出发前往霍瓦登时,这位大人给了抬他到车厢里的铁路搬运工们20便士。

（英国）
《丹迪信使报》
1896年8月19日·星期三

DUNDEE COURIER
AUGUST 19 1896 · WEDNESDAY

李鸿章参观福斯桥

参观格拉斯哥及周边市政工程

　　清朝特使李鸿章昨天参观了格拉斯哥以及周边的市政工程。这位大人很早就离开温莎旅馆开始参观行程。陪同他的有当地的市长、一些高级行政官以及城市的财政官。清朝特使出现在街道上引起了轰动。一行人先驱车前往帕特海德钢铁厂，然后乘坐前往海德帕克机车厂的专列，并参观了坐落在克莱德班克的汤普森船厂。这一天，天气沉闷潮湿。在参观机车厂的途中，李鸿章丢失了他的红顶和上面的三眼花翎。这引起了惊慌，于是人们立即展开大搜索，很快便在列车车厢中找到了。

　　在视察辛格工厂时，李鸿章对缝纫机流露出喜爱，并说他很愿意为清朝皇后购买一台。听到这个时，辛格先生当即送了两台缝纫机，一台给李鸿章，另一台给清朝皇后。这位大人出现在汤普森船厂时，场面颇为壮观。两岸船厂的工人们拥堵在船上欢呼着。下船后，李鸿章一行人乘车穿过通往市政大楼的一些主要街道，在那里市长、高级官员和地方议会议员已经备好午宴款待他。在回复祝他健康的祝酒词时，李鸿章说，格拉斯哥是大不列颠的第二大城市，在这里他看到了现代欧洲文明的果实，对于这些他将在返回清朝后进行尝试和推广。此外，他还谈到了蒸汽和电力的优越性。在宴会结束时，李鸿章提议为市长的健康祝酒。然后这位大人和他的随员们乘坐火车去了福斯桥。

参观福斯桥

　　如果没有参观福斯桥这项举世闻名的工程奇迹的话，那么李鸿章对大不列颠的访问将是不完整的。出于这一目的，这位大人下午前往了达尔梅尼。众所周知，达尔梅尼火车站坐落在桥的南端。从那里，火车将载着从格拉斯哥来的李鸿章，参观这座伟大的建筑。这次参观安排是由英国北方铁路公司组织的。为了登上李鸿章2点30分出发的专列，特维戴尔侯爵、查尔斯·特南特爵士、铁路部门管理人员，还有经理柯纳彻先生昨天下午就出发前往格拉斯哥了。这条铁路线的总经理德伊查先生和霍格经理也登上了这辆专列。2 点 30 分，一列专列从威弗利火车站出发前往达尔梅尼。车上是受邀加入这支参观队伍的特维戴尔侯爵夫人、格里尔森先生、董事会的年轻成员、约翰·考恩爵士、布莱尔警长、爱丁堡舰队第四护卫舰的帕蒂森船长、"喀里多尼亚"号训练船指挥官卡明、爱丁堡市财务主管麦克瑞、主教里德和从南昆斯费里赶来的郡县议员代表，此外还有打扮得明艳动人的大批女士。

当这辆专列抵达火车站预留的站台时，踏板上铺上了红布，此外没什么其他装饰。大约一百人站在预留的站台位置上，还有一批观众聚集在围栏后面，他们都希望能够目睹这位清朝政治家的风采。3 点 15 分时，为了向这位杰出的特使致敬，清朝国旗升起在"爱丁堡"号和"喀里多尼亚"号的主桅杆上。李鸿章的火车原计划在 3 点 20 分抵达，但是晚了几分钟。当特维戴尔侯爵、查尔斯·特南特爵士和马格里爵士下车时，罗丰禄翻译官走上站台，并被介绍给了特维戴尔侯爵夫人。罗丰禄和这位夫人开始了相当长时间的热烈谈话。李鸿章本人不久后下车，并被立即介绍给了特维戴尔侯爵夫人。总督和这位夫人握手，并深深地鞠躬致礼。

李鸿章和罗斯伯里伯爵

罗斯伯里（Rosebery）伯爵的两个儿子和两个女儿也被介绍给了特使。罗丰禄翻译请达尔梅尼大人代为转达总督给罗斯伯里伯爵的一个消息。由于时间紧迫，总督无法亲自拜访罗斯伯里伯爵。此外，他说，如果伯爵能够接受总督的一张照片的话，总督将会感到很荣幸。达尔梅尼大人表示，罗斯伯里伯爵将会很高兴接受这张照片。总督随后还向西比尔夫人和玛格丽特·普雷露丝夫人分发了与这一场合相宜的纪念品。然后，他们将在场的其他几位人士介绍给总督。

特维戴尔侯爵作为北大不列颠铁路公司的主席，对李鸿章做了欢迎致辞。侯爵热烈欢迎总督来到苏格兰，并说他们很高兴可以使总督有机会参观尽可能多的地方，尤其是福斯桥。这位显赫的来访者真挚地回复了侯爵的这份谢意。随后一行人在最佳位置上观赏了这座大桥，总督大人问了关于大桥和铁路建造的很多实际性的问题。在达尔梅尼火车站，一批从慈善院来的男孩演奏了九人音乐，其中一个男孩表演了高地舞。李鸿章在欣赏之后说，苏格兰音乐和清朝音乐有一些相似之处。参加演出的每个男孩都收到了一枚银质奖章。李鸿章于 5 点左右离开，出发前往罗斯伯里。

给李鸿章的荣誉

《伦敦公报》（The London Gazette）昨夜刊发如下内容：

女王很高兴提名并授予李鸿章阁下荣誉大十字骑士勋章，授予李经方皇家维多利亚荣誉骑士勋章。

抵达罗斯伯里

李鸿章和随行人员昨晚抵达罗斯伯里，接待他的是阿姆斯特朗伯爵。伯爵被李鸿章问及了年龄。李鸿章说："久仰大名。"对此阿姆斯特朗回答道："我也久仰您的大名。"李鸿章大人今天在阿姆斯特朗伯爵的府邸休息，明天将参观纽卡斯尔和埃尔斯维克兵工厂。伯爵向大使介绍了安德鲁·诺布尔爵士，大使也问了爵士的年龄。当天，有一大批人聚集在拉格赛德。

李鸿章拜见阿姆斯特朗伯爵

李鸿章近日在阿姆斯特朗伯爵家里——靠近罗斯伯里的拉格赛德做客。伯爵为这位大人组织了一场规模巨大的室内派对，有很多客人前来参加。昨日，由于天气不佳，总督一整天都在室内，度过了安静的一天。昨天下午本来安排了一场游园会，由于天气关系，被临时取消了。被限制在室内的总督早上在会客厅内和其他客人一起聊天，并观赏了这所府邸内各种有名的摆设和小物件。晚间，伯爵安排了一场晚宴来接待他。今天，李鸿章将访问纽卡斯尔，他将在那里受到市长和贵族们的迎接。随后，他将驱车前往参观埃尔斯维克兵工厂，并于下午返回伦敦。

（英国）《伦敦每日新闻》

LONDON DAILY NEWS

1896年8月20日·星期四　AUGUST 20 1896·THURSDAY

李鸿章在拉格赛德

（发自我们的通讯员）纽卡斯尔，周三晚

可怜的李鸿章！由于大雨，他今天被困在了宫殿里。可能我应该先描述他最近的行程和我自己昨晚的行动。我们在福斯桥分开，他前往罗斯伯里，而我则取捷径前往爱丁堡，连夜前往纽卡斯尔。这意味着更远的分离，因为纽卡斯尔距离罗斯伯里有40英里。罗斯伯里附近的拉格赛德，也即阿姆斯特朗公爵的府邸，是那位大人此刻所在的地方。幸运的是，纽卡斯尔和罗斯伯里两地的铁路交通很方便，所以今天很早的时候我就加入到聚集在拉格赛德漂亮的会客厅里的那群人中。拉格赛德会客厅里摆放着大卫·威尔基那幅著名的《墙上的兔子》。顺便提一下，这幅画作和挂在国家画廊里的那幅《盲人小提琴家》一样，都开裂了。拉格赛德会客厅里悬挂的另一幅著名的油画是米莱斯的《耶弗他和他的女儿》。

李鸿章早上大部分时间都在这个会客厅里透过窗户看外面。他可以看到雨下了很久、很大，如果他考虑过这个的话，想必会对我的到来感到惊讶。不过这是不太可能的事情，因为他的脑子里充斥着枪炮、缝纫机、钢铁和鱼雷。但是，对于拉格赛德这座著名的府邸，即便是李鸿章也无法全然无动于衷。当然，他可能更想待在一个船坞、军工厂或者工程师的车间里。但毋庸置疑，他俯身去观看了这座华美的乡下大宅里的有趣物件。他首先注意到的那些物品，都是符合他的正统审美的物品。

拉格塞德收藏着一些很漂亮的南京瓷器，据说其中一件，全世界总共只有三件。在近距离观察和处理一些最好的收藏品时，李鸿章热情地给它们上蜡。除了上面已经提及的两幅有名的画作外，这里还有很多名作，包括莱顿的《布鲁萨清真寺庭院》和拉斐尔、特纳、伯恩·琼斯、埃德温·兰德希尔、但丁·罗塞蒂、大卫·考克斯的作品。然而，相比较它们，李鸿章显然更喜欢会客厅的壁炉架——这是一件有华美雕刻的典范作品。我相信，要让他压抑住兴趣不去问它的成本是很难的。慢慢地，炉排那儿燃起了大火。这是为了给这位大人留下这样一个印象：英国的北方虽然很冷，但也可以通过一些设施变得温暖而舒适。如果说李鸿章没有特别注意那些画作的话，他的随行人员可不是这样的。尤其是清朝公使馆的曾纪泽先生，除了出身和外表，他在各方面都是一个地道的英国人。他非常愉悦地欣赏着这些油画。在英文中，如果一个挂着图画的走廊足够杰出，那么可以称为画廊。根据我对这个词的字面理解，拉格赛德的每一个房间都可以称之为画廊。

如果说艺术品不能吸引李鸿章的话，那么有几样物件显然做到了。让这位老绅士高兴的方法是向他展示机械和机械制品。对于此类物品，拉格赛德拥有的也比其他府邸都要多。这座大楼是电气照明，当然也装有电话，在阿姆斯特朗伯爵的书房和他底楼的事务员屋内都安设有电话机。此外，这座宅邸还特别安装了一套水压器械，以便从一个人工湖供水。另一套水压器械是用来使储藏室大瓶里的水果树长得更好，而且可以开启它们使植物得到更多阳光。关于这些和其他设备，李鸿章很高兴有人可以详细地解释给他听。透过会客厅的窗户可以看到精致如画般的建筑，它们呈半哥特式、半伊丽莎白式，装饰着华丽的浮雕，样子十分独特，还有精巧的阁楼。建筑的两边都是高地，因此石墙边长着茂密如山的岑树、蕨类、蕨菜和很多针叶植物。有几道墙上覆盖着白菝莲，现在染上了很深的宝石红色调。特使从底楼靠近电梯的客厅里，可以很便利地直达他楼上的套房。这间套房并不是伊朗王到访时居住过的那间。套房在房子的西侧，从窗户望出去，可以看到下斜坡的风景。沿着蜿蜒的小路，在石南属的沼泽岸边长着雪绒花、杜鹃和映山红。在沼泽地上，可以看到科考特河和上面的瀑布、深深的峡谷和聚集着很多鳟鱼的水潭。在那里三文鱼现在已经开始活跃。远处可以看到卡灵顿。这位大人的床边装饰着竹子和淡绿色的丝绸帘子，窗帘和内饰都是淡黄色调。在会客厅令人感兴趣的物品当中，有一件是橡木叠成的桌子，这是从纽卡斯尔的罗马桥那里取来的。客厅有繁复镶嵌的天花板，炉边雕刻着精美的北方谚语："东方西方，家是最好的地方。"当然，李鸿章会叫人解释这些刻字的意思。

今天原本已经安排好了一场游园会，但是天气不允许进行任何室外活动。几位客人开始组织盛大的室内派对。这一天，李鸿章有了一个好主意，他指着他的主人和约翰·埃迪将军说："让我们这三位老兵一起来合影。"一个照相机很快被拿了出来，拍下了这个有趣的小团体。午餐在12点30分进行。下午这位大人回到了他的房间小憩和抽烟。这一天，他还在访客簿上题了名，并给了阿姆斯特朗伯爵一张他自己在德国拍的照片。上面用中文写着他的年龄、名字和官衔。拉格赛德的这场室内派对的规模演变得如此之大，以至于阿姆斯特朗伯爵的很多访客必须被安置到罗斯伯里的皇后之首旅馆。在这家旅馆内，来自诺森波兰郡的艺术家范尼先生的画作，引起了大家广泛的兴趣。

晚上，李鸿章举行了接待。从埃尔斯维克兵工厂来的一支乐队在露台上演奏音乐。在这一天中，这位大人向他的主人和访客们问了很多问题。快要离开罗斯伯里时，我

李鸿章进行曲：李鸿章在西方外交场合遭人嫌弃。刊于（法国）《吉尔·布拉斯》(Gil Blas)周刊，1896年9月11日。

遇到了一位随员，他在特使身边陪伴得比我更久，我问他，特使问的那些问题是否有趣。

他沉思了一会儿，然后说："不，我不认为今天这些问题有什么好笑的。"

如果这是真的，那么特使必然状态不佳。明天他将前往纽卡斯尔参观阿姆斯特朗公爵的工厂。这一天已经有了细致而紧密的日程安排。但据我所知，他还是沿袭旧的参观套路，试图使任何安排都比预定的提前一个小时结束，以便晚上就可以回伦敦，而不用拖到深夜。这个以及一些细小的指示，都传达给了警察，用以维持秩序和禁行交通。这是真的，李鸿章是一位很难伺候的笨拙的老绅士。

李鸿章参观泰恩赛德

《北方回声报》（英国）
1896年8月21日·星期五

抵达纽卡斯尔

周二早上，李鸿章与阿姆斯特朗伯爵和拉格赛德室内聚会上的一些人员，乘坐从罗斯伯里出发的专列，一同抵达纽卡斯尔。这位大人在火车站受到纽卡斯尔市长和警长的欢迎。他们佩戴着标志他们职务的链徽，他们的跟随团也是。

在对李鸿章致欢迎辞时，市长说，纽卡斯尔是蒸汽机发明家斯蒂芬森的出生地，并说正是铁路使这个世界文明起来。他也提到，他们将会在纽卡斯尔看到世界上第一辆蒸汽机车。市长认为，李鸿章的到访会增进中英这两个伟大帝国之间的和平友好。希望他能保持健康和力量，把精力用在造福清朝人民上（鼓掌）。

李鸿章的回答

通过他的秘书，李鸿章大人做了如下回答：

总督说，很高兴能够参观纽卡斯尔这样一座名城。总督在清朝很有权威，正是他积极支持引进西方伟大的文明。你们这里因铁路系统而自豪，因为这个伟大文明的发明者正是出生在这座著名的城市。虽然总督和阿姆斯特朗伯爵是第一次见面，但他们之间的友谊在很久以前就已经存在了——自从他和阿姆斯特朗伯爵交换过肖像之后，伯爵的肖像一直挂在总督的客厅里，所以他对阿姆斯特朗伯爵的相貌早已很熟悉。总督是清朝和世界各国之间友谊的推动者。他认为，阿姆斯特朗伯爵的终极目标——制造快速射击的枪炮和大吨位的战舰，这本身也是促进和平的一种方式。因此阿姆斯特朗伯爵和总督惺惺相惜。最后，总督感谢对他来到纽卡斯尔这座著名城市所作的热忱接待（欢呼）。

离开火车站

这位大人随后被领到门廊那里。穿过火车站时，聚集在围栏后面的人群爆发出了热烈的欢呼声。一行人坐上早已在此等候的马车，喇叭吹响，队列开始在城市的主要街道游行。必须提及的是，总督坐在竹轿上，被从站台抬到了门廊。轿子里铺着舒适的垫子，由两名火车站搬运工抬着。

穿过城市的游行

大家可以轻易地在一行人中辨认出这位尊贵的客人。他一进入人群的视野，就有自发的欢呼声响起。这位大人的精神很好，他对身边的一切都表现出极大的兴趣。在靠近格雷街时，人群中有一个人成功地用柯达相机拍了一张照片。能够拍到这有趣的一行人，他想必庆幸不已。格雷街和格兰杰街聚集了很多人。而且，越往后，当游行队伍穿过克莱顿街时，人群变得越发庞大起来。街道上到处都洋溢着一种善意而好奇的气氛。抵达埃尔斯维克兵工厂时，孩子们在大楼前面列队。礼车经过时，男孩们发出了热烈的欢呼声。经过工厂时，这些清朝的绅士微笑着对这些青少年的热情表示感谢。

在埃尔斯维克兵工厂

9点30分刚过，一列专列从中央火车站抵达了工厂的大门。工厂的主管和重要工作人员立即上前迎接这位大人，欢迎他来到埃尔斯维克。总督在侍卫的搀扶下，下车坐上了轿子，并被抬着穿过轨道进到工厂里。工厂里已经聚集了大批警力、工作人员，还有大量的参观者，在场的人士包括阿姆斯特朗伯爵、安德鲁·诺布尔爵士、戴尔上校、瓦特上校、萨克斯顿·诺布尔先生、国会议员克鲁达斯先生、斯万上校、瓦瓦瑟尔先生、沃森－阿姆斯特朗先生、罗伊德队长、奇班克斯先生、伯罗上尉、托马斯·珀维斯先生、汤姆森先生、哈德科克先生、哈特雷先生、科克伦先生、布兰肯伯里先生、卡特尔先生、斯宾塞先生、国会议员亨利·哈文洛克－阿兰（Henry Havelock-allan）爵士、马格里爵士、脱来西海军司令、司格达先生、诺布尔小姐、沃森－阿姆斯特朗夫人、市长夫人、玛西耶特先生、厄尔文先生、警察局长尼科尔斯以及其他一些人员。

在参观工厂时，安德鲁·诺布尔爵士担当了一行人的主要向导，并回答了罗丰禄代表总督向他提出的大部分问题。罗伊德队长、瓦特上校以及其他官员也不时地参与回答涉及他们部门的一些问题。

重型枪械制造

一行人首先进入十一号车间，他们在那里参观了制造中的重型枪械。这位大人对他所看到的一切都非常感兴趣，并问了关于重型军械制造进展的许多问题。经过这个车间时，有一个非常有趣的液压泵的展览，用于 12 英寸口径大炮的上膛和射击。总督坐在轿子里，被抬着继续往前走，来到了十号车间，在这里可以参观制造弹壳的过程。随后一行人经过了十四号车间，但未作停留，然后到达了制造鱼雷管的十七号车间。

鱼雷部门

这位尊贵的来访者对于他在这个部门所见到的流露出了极大的兴趣。他在那里大概停留了十分钟。离开车间后，一行人开始沿河岸行进。一艘巨大的防护巡洋舰停在水中，上面花哨地装饰着五彩的星星图案。一行人在一个小码头处停住，工作人员向总督展示了向水中发射鱼雷的有趣过程，这枚鱼雷射程 200 码左右。李鸿章再一次好奇地从轿子里下来，站在了码头的最前面。

"鱼雷里有没有压缩气体？"这位杰出的清朝人问道。

安德鲁·诺布尔爵士回答说："完全没有。"

这位阁下："这枚鱼雷成本多少？"

安德鲁·诺布尔爵士："不计发射的工具成本，鱼雷本身大约花费 500 镑。可能你可以以更便宜的价格买到，但成本大约是 500 镑。"

参观转台

一行人参观了六号车间，这里也引起了总督的极大兴趣，他试了试来福枪。随后这位来自清朝的政治家进到了七号车间，那里巨大的转台似乎使他的好奇心达到了极点。他向官员们连珠炮式地发问，后者几乎都要来不及回答了。转台是用在船板上的。台子的最上头安装有运台，再上头安装着大炮。这些转台重达 46 吨左右。在两座炮台安装上去后，转台的总重量可以达到大约 200 吨。其中一个转台单独放着，另一个上面已经装好了运台和重达 50 吨左右的重炮。炮管可以轻易地升降或者指向任何一个所需的方向。看起来这使这位清朝的政治家很高兴，因为他问了大量有关制造这台机器的问题。

巡查战舰

穿过车间，一行人再一次出现在码头。一艘重达 12200 吨的巨大装甲战舰很快从旁边驶来，并且很快就位。这位大人的欢喜之情难以掩饰，他喊停了抬轿人，对安德鲁·诺布尔和其他人进行了各种各样的"审问"。他就炮塔和武器做了格外详尽的提问。然后，不可避免地，他问起了价格。

"100万左右。"主管回答说。

这位大人："钢板的厚度是多少？"

安德鲁·诺布尔爵士："钢板厚度是18英寸。"

这位大人："是哈维板吗？"

安德鲁·诺布尔爵士："是的。其他板的厚度是8英寸。"

这位大人："要多久才能造好？"

安德鲁·诺布尔爵士："如果大人您想的话，我们会尝试在两年三个月内造出来。"

这位大人："多久它才能达到目前这样的状态呢？"

安德鲁·诺布尔爵士："两年。年底就能完成。"

在船坞上

从一栋插有黄底绣龙图案的清朝旗帜的大楼里出来，一行人再一次出现在船坞上。船坞周围到处都是拥挤的工人，他们对这位来自东方的来访者发出了衷心而热烈的欢呼。一行人很快来到新的"爱斯梅拉达"号（Esmeralda）旁边。这是刚刚为智利共和国制造完成的一艘一等装甲巡洋舰。这艘巡洋舰在令人惊异的短时间内建成，在周二刚进行了首次枪炮测试，这距离公司收到制造订单只有十三个月。这位大人并没有登船，但是问了很多问题。

沿着船坞下来，周围零星排列着几艘船只。在船坞的东端，驶进来一列专列，将这一行人载到了钢厂。在这里可以看到四个液压泵的铸造过程。总督在其中一个旁边停了下来，观看了铸造一块巨大金属的过程。他取下金边眼镜，戴上一副巨大的黑色护目镜，以保护他的眼睛不受白热金属的刺目伤害。

另一场盘问

转向西边，一行人进到了六号车间，在那里可以看到大量制造完成的弹药。这位总督对各种弹药的成本和尺寸进行了询问。他在6英寸快炮旁边逗留了很久，这种炮可以快速地发射四枚炮弹。总督再一次下轿，仔细地检查了炮座的设置，然后开始问更多的问题。

这位大人："这使用的是法国系统吗？"

罗伊德船长："这个螺丝钉最初是法式的，但是已经改进了很多。"

安德鲁·诺贝尔爵士："这不是法国的，最初是来自瑞典的。"

这位大人："你了解法式系统吗？"

安德鲁·诺布尔爵士："是的。"

这位大人："它比这个更便利吗？"

安德鲁·诺布尔爵士："没有。"

这位大人："你们的是法式的改良版。"

安德鲁·诺布尔爵士："最初的既不是法式，也不是英式，而是瑞典式系统。"

这位大人随后离开这堆快炮，笑着坐上了轿子，罗丰禄说："这位大人认为法式系统比这个要好。"

在离开车间之前，这位大人观看了已经完成的弹药展示台，并问了一些有关爆炸原理的问题，还参观了其他车间。这次参观总共持续了两个多小时。

午宴

中午时，李鸿章独自用餐，然后在大楼的另一端休息。其他人则坐下来一道享用为款待这位清朝特使所设的午宴。阿姆斯特朗伯爵主持了这场午宴，这位大人的随行人员参加了宴席，但是和预想的相反，那位大人并未露面。

一直到午宴结束都没有什么重要讲话。用餐一完毕，这些来访者就开始向主人告别。李鸿章大人亲自和一些女士握手。她们整个早上都在陪同参观。李鸿章通过罗丰禄跟她们说了再见。快要离开时，罗丰禄向阿姆斯特朗伯爵告别，并对他说："感谢您的好客以及陪同我们参观您的工厂，这使我们非常高兴。"阿姆斯特朗伯爵作为回复，也做了感谢，并说："你是总督大人沟通的非常有效的媒介。"对于这个赞美，罗丰禄说道："谢谢您这么说。"然后再一次握手，结束了对话。这对杰出的对话者就此分开。

在工厂的首次告别只花了一两分钟。这位大人在 1 点刚过时，坐着轿子来到了思科茨路。总督和他的随行人员一道从那里启程返回中央火车站。这位大人在离开时再一次成了拥挤的围观人群的兴趣焦点。

离开前往伦敦

总督在下午 1 点 40 分乘坐一辆专列离开纽卡斯尔前往伦敦。已经在纽卡斯尔火车站站台上等候的有国会议员哈文洛克·阿兰（H. Havelock Allen）先生、桑德森（T. B. Sanderson）先生、市议员库布里奇（J. M. Qubridg）、市议员宾克斯（C. G. Binks）、市议员罗杰斯（Rodgers）、比利时参赞乔治·里德（Geo. Reid）先生、伊斯特（W. B. East）牧师、约翰·哈尔（John Hall）先生、查普曼斯（Chapman）队长、市议员菲茨格拉德（Fitzgerald）、韦东（Weldon）先生和哥德弗莱·史密斯（Godfrey Smith）先生。总督的出现引起了聚集人群的热烈欢呼。

　　清朝厨子快速地穿过火车站这一幕引起了在场人士的捧腹大笑，无论总督到哪里他都背着装满锅的箱子跟随着。他背负着的重物之一是一个土豆蒸笼。这位厨子对于跟随着他的那些笑声显然不甚在意，或者说是无动于衷。李鸿章已经脱掉了他早上穿的那件长袍，穿着一件蓝丝绸外衣。那些想要一睹黄马褂的人要失望了。他和脱来西海军司令一起进入沙龙车厢，并对大家说了"再见"。他的随行人员跟在后面。安德鲁·诺布尔爵士、国会议员亨利·哈文洛克-阿兰、市长、警长、副警长、市长夫人，还有其他在场人士，和即将离开的客人们一一握手。总督的秘书向市长做了告别，表达了对于能够来到纽卡斯尔的喜悦之情，并补充说，如果有机会再来纽卡斯尔，他会去拜访和看望市长。火车冒着蒸汽，驶出火车站。当看到一些清朝人还在站台上时，聚集在站台上的人群再一次发出欢呼。一声尖鸣，火车停住了，落在站台上的清朝人赶紧上车。就这样，火车载着这些来访者从这个北方大都会离开，前往世界大都会。

途经达灵顿

　　火车在哥德弗雷·史密斯先生的指挥下很快抵达约克郡，将在 2 点 49 分经过达灵顿。这比原计划的晚了 3 分钟，但在抵达约克郡前，延误的大部分时间都给补上了。

约克好风光

　　这位大人将要经过约克郡的消息已经广为人知。从火车两侧的座位上可以看到沿途空地上已经聚集起了大批人群。在车厢里的是亨利·特南特（Henry Tennant）先生、地区督查威尔本（J. Welburn）先生、铁路线助理督查福赛思（Forsyth）先生、站长霍利戴（S. Holliday）先生以及其他工作人员。警长皮尔森（Pearson）负责警力部署。专列现在由大北方公司提供，列车长克罗尔随车。豪华车厢在储藏厢的对面。由于这位大人坐在过道车厢里，围观的人群可以很清楚地看到他的样子，甚至比在一般情况下还要清楚。总督坐在靠近站台的窗边，几乎很少把视线投向那些挤到窗前想要看他的人身上，但他显然也意识到火车停住了。在这几分钟里，一个侍卫装好烟枪递给了他，直到火车再次启程，这位大人一直抽着烟。他没有和任何人说话，除了下令发电报去伦敦命人提前准备晚餐以外，他没有和外界进行任何交流。下午 3 点 30 分，火车开始加速。按原定计划，火车将于 7 点 15 分抵达国王十字火车站。

EDINBURGH EVENING NEWS | （英国）《爱丁堡晚报》
AUGUST 22 1896 · SATURDAY | 1896年8月22日·星期六

李鸿章和女艺术家

李鸿章充当了埃塞尔·莫特洛克（Ethel Mortlock）小姐的肖像画模特。这位女士在16岁时就已经有一幅绘制的肖像画挂在伯灵顿宫内。一名来自《淑女》（The Gentlewoman）杂志的记者就这幅新作采访了这位小姐。莫特洛克小姐是在哈特菲尔德的游园会上认识那位伟大的李首相的。据说这幅肖像画呈现出了李鸿章阁下那种"令人愉悦的平静和内在的沉着"，可以使那些未能目睹这位大人风采的人很好地了解他。莫特洛克小姐说："李鸿章很风趣、幽默，并且有着类似格莱斯顿首相的那种政治家品质。"总督在肖像画中呈坐姿，披着黄马褂，戴着三眼花翎，身着赤红色的袍子，上面点缀着一些蓝纹。画面背景是紫色的。莫特洛克小姐非常坦率地告诉李鸿章，在这个国家询问朋友们的年龄是非常不礼貌的。

对此，李鸿章回答说："在清朝，这是一种恭维。在那里，年老者比年轻人更受尊敬。而且，询问一个人的薪资也是一种例行的兴趣表示。"

"我喜欢英国的女士们，"李鸿章告诉莫特洛克小姐，"因为她们不在脸上擦脏东西。"

就这位大人的言谈举止而言，莫特洛克小姐说："什么都逃不过他的眼睛。他一直在说话，而且想要了解看到的一切。被引入工作室后，他就已经准备好了遵守这里的规矩。他保持一动不动，直到得到允许。他来到这里时，给我带来了一束非常精美的花束，在紫色和白色的清朝翠菊上扎着黄丝带。此外还有一卷丝绸，以及一幅清朝艺术家的画作。"

《淑女》上刊发了李鸿章在莫特洛克小姐相册上的题字，根据这幅字画推测，他应该是在上面题写了他自己的官衔以及名字。中文字是以从上往下、从左往右的方式来写就的。

（美国）《安德鲁斯市民报》	ANDREWS CITIZEN
1896年8月22日·星期六	AUGUST 22 1896 · SATURDAY

我们中的清朝人

李鸿章在拜访格莱斯顿前首相时，竭力克制住不抽烟。

德文郡公爵在星期一告诉李鸿章，他在沼泽里射松鸡有一阵子了，并问总督对此类运动是否感兴趣。"不，"总督回答道，"我只射叛乱者。"

李鸿章带来这个国家呈献给女王陛下的礼物在上周就已经被送到了奥斯本宫，当中包括一些非常精美的清朝工艺品和一只据说在色彩上举世无双的碗。

上周在格林威治，在和特维戴尔侯爵谈话时，这位总督大人问及侯爵夫人的年纪。对此，侯爵表示总督应该问她本人。李鸿章对此解释说，询问女士的年龄，在清朝会被认为是一种恭维。"他们经常会得到正确的回答吗？"侯爵问道。"经常。"这是李鸿章的回答。侯爵对此表示惊奇。

李鸿章在我们这里的成功是前所未见的。我们自发地优待了他们。无论在铸造厂还是在宫殿里，他们享受到的都是皇家礼遇。准备接待以及举行仪式的新闻铺天盖地，在喧嚣中驶来的李鸿章的专列紧随其后。关于李鸿章有一些未被揭露以及未被写就的信息，这些可以解释他这次的特殊旅行。李鸿章来自一个神秘的国度。他无疑具有与众不同的人格魅力，这经常引起大家的好奇。但是这些不足以解释大家对他这次旅行所表现出的非同寻常的兄弟之谊。

这些可以通过翻译他的讲话和提问得到部分揭示。这些讲话言必有中，而他提出的那些问题给我们树立了质询的典范。他的目的很明确，就是要增进和这个国家的军事和商业联系，通过这个方式，这个国家的财富可能会分享到他那三亿同胞身上。这位到访者沉默寡言，更多的是通过他的仪表和礼节来表现自己。他通过勤勉的调查，饥渴地获取着丰富的知识，并进行了非常广泛的交流。要派遣和他一样聪慧的人物去东方将无比困难，因为除了对景致的了解之外，李鸿章对任何事物都颇有了解。

（英国）《雷明顿温泉镇信使报》

1896年8月22日·星期六

李鸿章的进步

　　李鸿章一直在积极合理地进行着大量提问。他带着永不熄灭的热忱、活力和沉着，继续着他的探索和提问。他已经习惯了宴会，虽然避开了点心和酒，但是通过翻译罗丰禄先生做了演讲。在清朝，公私不分，以至于他的询问即使没有在欧洲人，那么至少是在所有英国人面前显得很无知。格莱斯顿先生有幸轻易逃开了总督大人的拷问。但是无论如何，公开询问海伦·格莱斯顿小姐为什么还没有结婚，即使从清朝的习惯来看，也无疑有些失礼了。然而，这一切都使我们很为难，要指责这位大人缺乏我们所理解的那种传统的礼貌是很困难的。而且，他是有底气做这些提问的。清朝是英国工业的一名顾客。为了与他签署可能的货物订单，这位大人无论走到哪里，都被小心地吹捧着。而他也足够聪明，可以看到自己被过度赞誉。对他的礼遇就像对待商店里的一名新主顾一样。德文郡公爵作为巴罗造船厂主席，在弗内斯对这位总督进行的接待可想而知。公爵有足够良好的品位，可以克制住不提出那些订单要求。

　　在这一方面，李鸿章也获得了一些有益的实践教训。和他告诉公爵的一样，虽然他不射松鸡，只射叛乱分子，但是他不敢射杀那些铁路工作人员。在格拉斯哥，这位大人突然起了怪念头，要将原定的一早出发去温德米尔推迟到下午3点。这时，他被我们的旅行主管们直接通告，他必须即刻启程。对此，他最终屈服了。这位总督，虽然在清朝非常果断地砍掉叛乱者的脑袋，但他对于英国的铁路管理员来说，不过是一条小鱼而已。

(美国)《先驱报》
1896年8月22日·星期六

节目单已准备就绪

(美联社专电)纽约,8月21日

陆军部长约翰·塞加(John Segar)的私人秘书今天给出了下列节目单,用于招待访美期间的李鸿章:

清朝特使李鸿章伯爵将乘坐"圣路易士"号邮轮于8月28日(星期五)抵达纽约。总统代表托马斯·鲁格(Thomas H. Ruger)将军指挥东部各部门,在李鸿章到达时举行欢迎仪式,并派美国骑兵第六兵团的一支分遣队护送他到华尔道夫饭店。李鸿章访美期间将作为国家贵客下榻于该饭店。美国国务院代表是第一助理国务卿罗克希尔。鲁格将军将在李鸿章停留期间给予照顾,并负责旅行相关事宜。目前,美国总统正作为前海军秘书长惠特尼的客人在纽约城里。明日,他将在惠特尼的府邸接见特使,届时财政部秘书长、国防部秘书长,还有其他内阁成员也将到场。

周日将安排李鸿章前往格兰特将军在滨河公园的墓地。周一,一行人将乘坐"海豚"号通过布鲁克林大桥,经由东河前往参观西点军事学院。第二天,一行人将参加纽约商务代表团所设的午宴,当晚清朝驻美公使将安排本城的清朝人拜见李伯爵。周三,李鸿章受布鲁克林市长的邀请将前往参观布鲁克林,当晚总督还将检阅第七军团的军械。周四,一行人将通过宾夕法尼亚铁路前往费城,并在那里接受相应的接待。周五和周六,一行人将停留在华盛顿。周日,一行人将乘坐专列抵达尼亚加拉大瀑布。在那里李鸿章总督将由加拿大政府代表进行接待,他们将护送他前往温哥华,最后从那里的港口返航回国。

手持扇子的李鸿章。
20世纪初美国杂志根据照片制成的铜版画。

（英国）《伦敦每日新闻》 1896年8月22日·星期六
LONDON DAILY NEWS AUGUST 22 1896·SATURDAY

李鸿章在伦敦

和罗斯伯里大人的通信

李鸿章将带着一个遗憾离开这个国家，他没能和罗斯伯里大人会面。这位清朝特使很期待能够见到这位自由党领袖，但是一直没有机会。然而昨天早上，他接到了一封罗斯伯里大人发自爱丁堡的电报，内容如下：

我已经回到家里，发现了大人您送给我的那张完美的照片，对此我深表感谢。我相当后悔没能在您访问英国期间与您见面，祝大人您的归国旅行平安无事。

罗斯伯里

这封电报使特使大人非常高兴，他立即召来罗丰禄，并发出了如下回信：

谢谢大人您的电报和衷心的祝愿，很遗憾局势和行程安排的紧迫不允许我在苏格兰拜访您。我很高兴在福斯桥见到了您可爱的孩子们。明天早上我就启程前往美国。

李鸿章

如此可爱的礼物

对于这位特使来说昨天是宁静但并非无所事事的一天。他接待了很多来访者，包括兰德（Rendel）男爵、阿姆斯特朗伯爵、马克沁先生和外交部的一名代表。不时有来访者送给总督一些精美的礼物。在这里，有关礼物的故事非常简短。最开始，有关方面已经安排好李鸿章去参观谢菲尔德城。他将在那里参观并考察维克斯先生的工厂。但郡县旅行的一些行程耽搁了，有一些安排好的参观项目不得不被去掉，包括参观谢菲尔德。

维克斯先生因此决定送给这位大人一把6英寸的银质快枪模型，公司的代表昨天将它送给了下榻于卡尔顿白金大酒店的李鸿章。有一行题字表明这是呈给"李鸿章伯爵"的，但没有任何关于这件物品的介绍。特使收到礼物后，像学生一样开心。他仔细地检查了这把枪的每一个细节，温柔地摩挲着，就像它是一个清朝小婴儿或是一只可爱的小黄兔一样。没有比收到第一个布娃娃会让女孩更开心，也没有比看到生日画盒会让男孩更自豪。与此同时，那位送枪过来的绅士面临着一场严苛的盘问。

"这当真只是一件精巧的模型吗？"特使问，他非常焦急地想确认这一点。他们告诉他是的。

"材料真的是银吗？"他问道，目不转睛地盯着这件玩具。是的，材料的确是银的。

"全尺寸的枪从来没有银制的，难道不是吗？"但是泛着光的眼睛泄露了总督这是在开玩笑。特使得到的唯一回答是一个欣赏的微笑。

现在开始了最严肃的询问。

"可以射击吗？"

回答是："是的，这把模型枪完全能够射出模型子弹。"

"那么，这真是令人高兴啊！"特使呼喊出来，"让我们做一些开枪练习。"他看起来很认真。站在旁边的人看起来则很严肃、凝重。开几枪无疑是非常有趣的，但是朗斯代尔大人无价的画作和他摆满了漂亮藏品的柜子怎么办？这个主意便被打消了。

昨天，卡尔顿白金大酒店洋溢着激动的气氛。仆人们忙碌地打包着行李，随行人员忙碌地监督着仆人们。箱子、盒子还有包，总量相当巨大。关于很多物品的安全放置问题，李鸿章本人很关心。他给仆人的感觉是，如果这把珍贵的小枪不能安全保管，那么仆人们将要付出掉脑袋的代价。需要小心保管的还有另一样珍贵的纪念品——特拉法尔加广场戈登将军雕塑的模型。任何长指甲要是刮上了这尊小青铜像，都将是令人不快的！还有其他物品也需要被安全地运输，这也是这位杰出的清朝人格外焦虑的。他在参观各个军械厂、英格兰和苏格兰的船厂时，收到了很多模型和样品，他必须考虑这些纪念品会不会由于旅行颠簸而受到撞击。

(英国)《图片报》 1896年8月22日·星期六

THE GRAPHIC AUGUST 22 1896 · SATURDAY

采访李鸿章

我上一次见到这位伟大的清朝政治家是在他天津的衙门里，相比于我这次按照预约前来卡尔顿白金大酒店采访，环境截然不同。总督现在和以往一样，对于那些熟悉他的人来说，是可以见到的。事实上，比起那些欧洲的政客们，正常的生意人更容易见到总督，而且，一旦约好时间，就一定会见到他。当然，也可能会有一些延迟，因为在伦敦，他有大量的工作需要处理，而这些都需要他亲自过问。总督在这里，不像在清朝那样，是自己时间的绝对主人。

总督对我的接待非常真挚。我进到房间里，发现他坐在一把大椅子上，带着认出了我的笑容起身和我握手，并示意我坐下。在他身后的是他的贴身侍卫，一个高大英俊的清朝人，另一侧是他的秘书兼翻译罗丰禄。我发现总督看起来气色很好。尽管外貌比以前老了些，而且最近开始有些佝偻着腰，使他看起来没以前那么高了，但是他依然拥有和以前同样的看透一切的目光和睿智的眼神。不论以前还是现在，这都是总督令人印象最深刻的地方。由于这次拜访是私人性质的，总督穿着日常的衣服，和往常一样戴着眼镜，在周围安静下来后开始抽烟，这是非常典型的清朝人的习惯。我发现，他的举止和以前一样轻松，不紧张，能很快地使人平静下来。

在所有的情况下，在所有国家里，保持自持是所有清朝人的一大特点。但是，即使在清朝人中，总督也是这项艺术的大师，正如他令人倾慕的表现和令人惊奇的沉着所呈现出的那样。在整个欧洲的旅行当中，无论是在圣彼得堡、柏林还是巴黎，在每一个地方他都知道做正确的事情、说正确的话。而且，我对于他令人惊奇的活力有良好的印象。最初的一些提问和热切的表达充分表明，总督并未丧失任何以往的能量和敏捷，没有丧失任何获取知识的能力和他对于事物的广泛兴趣。

跟他相处的惯例是总督会立即进入正题。最初的对话是关于1884年中法战争之后总督和海军中校福禄诺签署的《中法简明条约》。我也是在那个机缘下，获得了见到总督的特权。询问了我在缅甸、南非和中美洲的经历之后，他问：

"缅甸现在在造的铁路怎么样，就是你支持的那条？"

"铁路已经在缅甸延伸开来，一端朝向印度，另一端朝向清朝。关于目前存在的铁路的管理和扩张，有一家公司已经在政府的保证下，获得了批准。"

"铁路延伸到清朝还要多久,清朝边境距离铁路终点有多远?"

"这条线路现在是从曼德勒(Mandalay)到萨尔温江(Salween)的滚弄湾(Kunlon Ferry)。到清朝边境的具体距离还不知道。"

索尔兹伯里阁下最近简略地告诉了我他对清朝铁路问题的整体看法。对此,这位总督大人说道:

"是的,索尔兹伯里阁下是正确的。英国应该建造抵达我们边境的铁路,但是他们不能超出边界。清朝人如果开始在那里建造铁路,会很高兴和那些英国的线路连接起来。这样的联合对于双方都有好处,但是这会需要一些时间,现在还做不到。"

这个话题的严肃性从总督对伦敦商会的讲话中可以得到确认。他向伦敦重要的商人和金融家许诺,在他的余生里,他将投入到推进清朝的物质文明发展之中,特别是在铁路交通上。在那个场合,比起在边境连接国外铁路系统,显然他的脑子里有更多的想法,至少有一套连接整个中华帝国的铁路系统,这是他极力主张的发展前景。他重申了西方科学技术和清朝无限自然资源的结合,这一切都指明了在物质进步上新的发展方向。

"更紧密的商业关系的重要性,"他继续说道,"无论是对大不列颠、英属印度,还是对清朝,都是不言而喻的。清朝和大不列颠是两个人口最多、最为商业化的国家,也是两个对于永保和平最为关心的国家,两者在亚洲紧密相邻。大不列颠和清朝的贸易超过了清朝的其他贸易伙伴,而且有着无限扩张的能力。在这样的情况下,两个国家应该共同朝着推进他们各自工业和商业的方向发展。双方有着如此巨大的共同利益,因此双方更需要加强沟通,增进双边的交流,以增强两国之间的商业合作。"

"法国人从东京(Tongking)到龙州(Iung-Chow)段的铁路进展如何?已经完成了吗?"他问。

我回答,我觉得没有,但是我无法确认,他说:"法国人说到龙州的铁路已经完成了。"

总督随后问了我一些关于英国媒体的实际问题,比如有多少通讯员和报道员受雇于主要报纸,他们雇佣何种阶层的人来做外国事务的宣传工作。特使希望知道报纸如何获得人力、内政、军事和政府方面的资源,以及它们如何负担得起相关的高额费用。我解释说,对于大不列颠这样的世界帝国来说,关于外国的信息是非常有价值的,尤其是贸易方面。我们媒体的一大特色就是服务于这个领域。

他问了我一些关于我作为官员和特殊通讯员旅行外国以及相关著作的问题之后,他说:"你是一名出色的散文家。"

来自总督——一位杰出的翰林院的学者的这样一个问题,令人多少有些不安。

"有些人觉得我写得不错。"我这样回答道,总督听了微微一笑。

在采访中,我被问到后来是否又去过东京,也问及了我的年龄(一个清朝礼仪所要求的问题),以及我是否想再次访问清朝的问题。当我回答,我很希望这么做时,总督说他相信我会的。

尽管总督在欧洲旅途劳累,而且有许多事情要做,我仍希望他健康,并且可以在英国看到很多使他感兴趣的事物,特别是在我们庞大的贸易和地方工业中心,在那里他可以很好地领会到什么才是真正的英国。对此,他说:

"我已经听说了英国的很多事。我竭尽所能地去看所有我能看到的,但是我的时间有限,而且年龄也使我必须放弃很多我想做的事。因此,我必须做出一些选择。"

这是非常令人遗憾的。由于停留时间被缩短,总督没有办法按原先安排的那样去参观利物浦或者曼彻斯特。然而,他参观了巴罗、纽卡斯尔、格拉斯哥以及福斯桥。我确信,没有什么比在格拉斯哥和格林诺克所见到的更令他感兴趣的了。有关格拉斯哥崛起的故事,一旦获知,就会给人留下比其他任何地方更为持久的印象。

我们的采访结束了。在休息的时间里,总督示意要站起身,这也是让我离开的暗示。我感谢他的礼貌招待,以及对我说了这么久、这么多重要的事情。总督伸出手和我握手告别,然后我就离开了。

这次采访,相比对李鸿章的一般采访,有更多的特色。它可以看作总督对我本人的一次采访。总督对很多私人或非私人问题的提问,占用了采访的大部分时间,比他表达自己的意见更长。然而,总督的这些特别提问是有价值的,因为它们透露了他思想上的变化。特别有趣的是,它们表明,他知道他想要从一个人那里得到何种信息。在这次采访中,我们这位卓越的清朝客人没有说政客们令人愉快的老套话、漂亮话,没有对国际事务表达任何深刻的见解,这些我们最近已经从大街上活跃的记者们那里听到太多了。至少在这次采访中,总督的提问和意见非常务实,一语中的。总之,记录在此的这次采访,是一次真正的采访。

总督好心地同意坐下画一幅肖像,这幅肖像将在他工作时完成。

离开卡尔顿白金大酒店时,我思考了这位人物的所有经历、所有尝试,以及他的成就和失败之处。他有着不懈勇气,在我们欧洲人很难想象的苦难面前从不胆怯。这是一个顽强的形象,一位代表着3.5亿黄色皮肤人民精神进步的巨人。比照他和我们欧洲政客的终生事业,我对自己说:"是的,他是一位伟人。"

加尔根·柯乐洪(Archibald R. Colquhoun),前《泰晤士报》驻远东特别通讯员

李鸿章琼斯

"李鸿章琼斯"是威尔士的一位父亲给他的孩子取的名字。这个小孩在周日出生，来自默瑟地区。此时给小孩取个中国名真是非常应景。

（英国）
《雷顿·巴札特观察家报》
1896年8月25日·星期二

LEIGHTON BUZZARD OBSERVER AND LINSLADE GAZETTE
AUGUST 25 1896 · TUESDAY

本地闲谈

这里有一个由潘缪尔·戈登（Panmure Gordon）先生的同辈人讲述的关于股票交易、小斗牛犬和李鸿章的故事。潘缪尔·戈登先生是已故的戈登将军的亲戚，他在林斯莱德一带非常有名，是一位有名望的鉴狗专家。可以理解，这位潘缪尔先生想要和那位伟大的清朝人继续维持家族友谊，因此他给李鸿章送去了一只血统纯正、价值不菲的小斗牛犬。过了段时间，从伦敦那边发来了对于这份礼物的确认函，并附有一份有趣的通知，上面说总督自己不吃这类东西，但是陪同他的清朝年轻人发现把这个当早餐无比美味。

DUNDEE EVENING TELEGRAPH

AUGUST 25 1896 · TUESDAY

（英国）《丹迪晚电报》 1896年8月25日·星期二

和李鸿章谈话半小时肯定会被问到的问题

聪明的女士

《威斯敏斯特官报》（Westminster Gazetle）的一位女记者在李鸿章离开伦敦之前，对他进行了一次采访，给了如下有趣报道：

黑色马褂上绣着两颗白色丝绸星星的翻译走进来，说着文雅的英文。我很快发现，即使在一些困难的情况下，他的英语也很完美。

"现在，可以请您进来和总督见面吗？"

我们直接走进了对面的房间。一些站在门周围的仆人退后，剩下的一些人很安静，但看上去很冷漠。走到房间最里面时，特使正坐在一把金色的椅子里，旁边有一张小桌子。他对面还坐着另一个胡须灰白、鹰钩鼻、鹰眼、扎着辫子、穿着清朝褂子的人物。没有黄马褂可以用来辨认出这位大人，但是人们可以一眼看出谁是李鸿章。他从铺着羽毛的金色扶手椅里站起来，高大的形象，笔直而强壮，一点也不老。带着真挚的感情，一只巨大、棕色的手伸了过来。透过眼镜，可以看到两只热烈、坚定、友好的眼睛。特使的握手是非常有力的欢迎，甚至都不需要语言。

"请坐。"翻译说。我退后几步，在李鸿章的对面找到了一把比那把金色椅子小一点的椅子。但是，这不是这位大人的意思。他棕色的手指向另一把空着的、上面有刺绣的豪华大椅。那位同样有灰胡子的人坐在旁边很近的地方。李鸿章坐回他的扶手椅，翻译坐在他和我中间，然后盘问开始了。李鸿章用长而热情的句子开始说话。一本正经的翻译官说：

"总督说他很高兴见到你。好吧，编辑希望你过来采访。你会对国家事务感兴趣，肯定是一位聪明的女士。"（停顿）

"英国每个女人都对国家事务感兴趣。"

英国的女记者在哪儿

"你是英国人?""出生在德国。"这是我对这个简单问题的简单回答。结果很棒,至少对于我这个奇怪的采访者来说,因为我从此开始变成了受访对象。有差不多三分钟,李鸿章沉默着,他的同伴也是。翻译看向他拿着的有象形文字的纸,而李鸿章从放在大理石桌上的一小条面包中拉出了一小片,在沉默中咀嚼着。(顺便提一下,他用放在他旁边的一个盖着的花哨的日本杯子喝茶,并且吃着一些看起来像是那种消化不良时会被强制吃的面包)这时一个仆人悄无声息地走到了我旁边的椅子边,面无表情地站在那里,沉默地等候着命令。

"总督说,"翻译在李鸿章从他的椅子稍微坐起来一点后,说道,"总督说,前阵子有另一位女士来采访过他,那是个美国人。而现在前来采访他的这位女士是德国人。英国女记者都在哪里呢?难道没有吗?"

"是的,有很多,但是我不知道她们此刻在哪里。"我回答道。总督坐着,沉思地凝视着他的到访者,同时咬着一小片看起来非常无趣的面包条。他穿着一件李子颜色的丝绸长袍。他的第四个手指上有一颗大钻石,戴着一顶黑色丝绸的小帽,帽子前面的钻石中镶嵌着一颗大珍珠。他坐着、看着、嚼着、思考着。

关于年龄的笑话

然后,他突然(当然通过翻译)问道:

"你多大岁数了?"

"99。"

"不,不,你肯定不是。"翻译提醒我说,显然他不太愿意翻译这个俏皮话。

"是的,我确定。"我说。(这个大胆是必须的,因为这次对话对我来说太平淡了,必须要在这闪烁着调皮色彩的目光前说出这句大胆的台词。那位有着犹太人似的灰白胡子的老者不安地在椅子里挪动,但他只是坐在一张平椅上而已,而我们两位对话者是坐在金色的豪华大椅子上的。)

"99。"翻译最后翻译了,李鸿章的脸部表情不再平静。

"现在总督想知道真相。"他待人是如此地亲切,最终获得了满意的答案。所有亲切的受访者都会这么做。

"你结婚了还是单身?为什么不结婚?"翻译和两位谈话者现在都笑了起来。李鸿章问这些仅仅是为了使自己开心,其他两人也是。然后他变得严肃:"一位像你这样聪明的女士应该结婚。很多读书人将会很高兴有你这样一位伴侣。难道他们不想吗?"

关于薪资的问题

"你每个月的准确薪资是多少?"对此我没有必要隐瞒。

"那位美国女士,也就是在前几天来的美国女士的薪资更高。为什么会这样?"

"可能她是更好的记者。"

"不,总督说他不这么认为。"

"可能她工作更努力。"

"可能是吧。她没有你笑得这么多。你肯定非常有天赋。"

"非常非常多!"

"你确定你有很高的志气?"

"相当高。我的到来证明了这一点。"

她想转换身份

但是这对话正在变得单调。

"你能否告诉这位大人,当他已经问完我所有他想知道的问题时,应该轮到我来问一些问题?"

"不,你不能,你真的不能。"翻译回答说,看起来非常严肃。

"是的,我必须。"我只能这么回答。"从我的编辑的角度来看,这就像是我的黄马褂,十分重要。如果仅仅是被问,而不是提问的话,那我怎么回去!你最好告诉他。"李鸿章应该知道所有这些是在谈什么。翻译有些焦虑地把这些话告诉了总督。李鸿章大声地笑了起来。可能现在可以轮到我提问了。

"英国使他高兴?给他留下印象了吗?"我问道。

"英国是一个伟大的国家,尤其是商业上很伟大的国家。在商业发展上来说,英国是一个奇迹。"

"其他呢?"

"它的人民也很伟大。"

"是的,在清朝以外,还有格莱斯顿先生这样一位伟大的人物。如果我有幸认识他,我确定我会是一位非常优雅的女士。我接下来应该做什么呢?"

"在这次会面过后,最好的事或许是你去清朝做一次采访之旅。"

进步的清朝人

自从我们开始相互提问以来,这是李鸿章第一次变得非常严肃,几乎是僵硬的那种严肃。他用很慢、很低的声音说：

"我是一个进步的清朝人，但是这样的人在清朝很少。可能你会发现，过来和我说话是一回事，但是采访其他任何一位清朝官员就是另一回事了。最好不要来清朝，因为这可能会失败。你不喜欢失败，不是吗？"

"不，自从我过来坐到这把金色的大椅子上对您进行采访之后，我就不再相信失败这种事，大人。"他热烈的眼神再一次发出光彩，但是不知为何，当中有一些不一样。这番关于进步的清朝人的谈话，让那些围绕在主人旁边、脖子僵硬、视野狭隘、在远古的偏见和错误里日渐衰弱的清朝官员打消了一切开玩笑的心情。这位伟大的清朝特使坐在那里，在灯光下，似乎承受着巨大的重担。此时是晚上7点，这位大人和他的随员晚上要去帝国剧院。一位从剧院过来的拜访者已经等候在门外。李鸿章站起身，手直接伸向我，以东方的礼仪与我握手两次作别，并用英文说了再见。

李鸿章的茶是如何泡的

李鸿章送了一些他私人珍藏的特别茶叶给女王陛下。这位大人收藏了大量的茶叶。他的一名随员说,他在停留期间,除了自己的茶什么都不喝,因此这位大人不能对英国茶的好坏发表意见。很多人可能会对李鸿章的茶叶在他的国家是如何泡的感兴趣。据说在清朝公使馆,一小包茶叶被送给了管理人员,上面详细解释了特使的茶叶是如何泡的。一同送来的还有一个杯子和一个瓷茶碟。泡茶的方法是,必须用一个汤匙将这种绿色的茶叶放入一个杯子,然后倒入即将到达沸点的水。接着将茶碟用作盖子,盖在最上面。以这种方式,茶叶被泡好呈给这位大人。特使一般会先让这杯茶放上几分钟,然后不加任何糖、牛奶或者柠檬皮,慢慢地啜饮。

(英国)《约克郡晚报》
YORKSHIRE EVENING POST
1896年8月25日·星期二 | AUGUST 25 1896 · TUESDAY

本日八卦

李鸿章有意颁发各种等级的双龙勋章给 300 名和他在这次旅行中相处愉快的人士。巴黎、圣彼得堡、伦敦都在竞争制造这些勋章的机会。最终这项使命被托付给了伦敦里根街的制造商。

FALKIRK HERALD　　|　（英国）《福尔科克先驱报》　

AUGUST 26 1896 · WEDNESDAY　　1896 年 8 月 26 日 · 星期三

李鸿章和戈登将军的姐姐

在南安普顿，莫弗特（Moffitt）夫人（戈登将军的一个姐姐）穿着黑色衣服，在两个男孩和一个女孩的陪伴下，被介绍给总督，并向总督呈送了六卷装帧精美的戈登将军最后的手稿复印件。这些手稿是戈登将军在喀土穆城陷落之前送来的。总督很受触动地起身向莫弗特夫人表示衷心的感谢。

在场的翻译补充说："总督方才在问候你。"

莫弗特夫人说："我想谢谢这位大人还记得我的兄弟，并到伦敦他的雕塑前献上花环。"

这句话被翻译后，这位大人用汉语作答，翻译官说："总督说戈登将军是他最亲密的一位朋友，他不能不向他致敬，献上花环也是为了表达总督的尊敬之情。"

莫弗特夫人："你能不能告诉这位大人，我现在还保留着我兄弟寄来的信，在其中一封信中他说这位大人值得任何人为他付出生命。"

总督问了莫弗特夫人的家庭状况，她回答说她有两个儿子。总督说希望能知道他们的年龄，然后被告知分别是 24 岁和 26 岁。他希望知道更多情况，于是被告知一个在美国经商，另一个在印度的埃塞克斯兵团。总督说她有两个好儿子，应该生活得很愉快，并通过翻译问莫弗特夫人："您住在哪里？"

"就在两英里开外的地方，"莫弗特夫人回答说，"在戈登将军的老房子里。"

李鸿章："那是你的财产吗？"

莫弗特夫人说："是的。（并对翻译说）你能告诉这位大人我有他的肖像，而且对此非常自豪吗？"

李鸿章："戈登将军除了你还有什么亲戚在世吗？"

莫弗特夫人："还有一个姐姐，安德森夫人。她住在南安普顿。"

李鸿章："我非常感谢你对我表示欢迎。"

莫弗特夫人："我也非常感谢大人您。"

(英国)《约克郡晚报》 1896年8月28日·星期五
YORKSHIRE EVENING POST AUGUST 28 1896 · FRIDAY

本日八卦：李鸿章可怕的秘密

前印度支那联邦总督蓝珊（Lanessan）宣称，李鸿章必然会带着一个可怕的秘密回到清朝。为了避免掉脑袋，他丝毫不敢在北京说出这个秘密。关于这个秘密的内容，他说：李鸿章从他的世界旅行以及对欧洲的留心考察中，给清朝带回了一个预测——他的国家迟早会被西方国家吞并。在未来，只有一个办法可以阻止清朝被西方攻击和吞并，那就是像土耳其人一样挑拨离间，让西方国家相互厮杀。

(英国)《苏塞克斯郡农业报》
1896年8月28日·星期五

我们需要学习清朝的语言

　　李鸿章已经收拾行囊离开。他和我们一起度过了一段愉快的时光。在他带着对英国的美好印象离开时，他也给英国人民留下了一个好印象。像他这个年纪的人可以完成这么多工作真是不简单。他从来没有流露出疲惫之情，而且在看到什么或有什么可以学习的东西时，他不会放弃，直到他已经亲自检查过或者得到了必要的知识为止。如果清朝有更多像他一样的人，并且能够掌控足够的权力的话，那么中华帝国在几年后将会成为最可畏的力量之一。但是对清朝皇帝和伟大的总督来说，顽固不化的官员还是太多、太强大了。

　　阻止英国在清朝取得成功的一个很大障碍就是英国人不愿学习清朝的语言。但是清朝人并不如此短见。在远东，那些和欧洲人接触的清朝人往往尝试去掌握西方语言。他们的很多年轻人来伦敦或者欧洲其他国家的首都学习他们的语言和风俗。从西方人反对学习汉语的根深蒂固的偏见来说，看李鸿章的签名，可能算得上是一种了解清朝语言的方法了。汉语很难说，写起来更困难。写字或许可以被称为画画，因为笔被刷子所取代，就像符号绘制比赛。

（英国）《赛文欧科斯纪事报和肯特广告报》 1896年8月28日·星期五	SEVENOAKS CHRONICLE AND KENTISH ADVERTISER · AUGUST 28 1896 · FRIDAY

李鸿章离开

李鸿章和他的随行人员在8月22日早上乘坐专列离开伦敦，前往南安普顿。一到达南安普顿，他们就登上了美国航运公司的"圣路易士"号邮轮。他在船舱里接见了前来与他告别的当地政府和南安普顿商会的代表团。在通过翻译回复商会主席的讲话时，李鸿章说道，英国累积的知识、财富和力量，以及英国人民简朴、顽强和坦率的性格，都给他留下了深刻的印象。他谦逊地表示，希望自己也能给这里留下一些不易磨灭的印象。他相信，回到清朝之后，他将再度掌权。这不仅是为自己考虑，也是为了清朝的命运。最后，总督对他在大不列颠期间所受到的欢迎表示感谢。李鸿章之后还接见了莫弗特女士，并和她交谈了一会儿。这位女士是已故的戈登将军的姐姐。随后"圣路易士"号邮轮很快离开南安普顿，出发前往纽约。

两则小笑话

摘自《漫画》(The Comics)："你几岁了？"李鸿章问。

为什么李鸿章会成为一个好的剧院经理？因为他从来不下命令（订单）。

李鸿章阁下到达英国南安普顿。伯吉斯绘制。
刊于（英国）《伦敦新闻画报》第109卷，第2990期，第165页，1896年8月22日。沈弘供图。

1896年8月22日，李鸿章登上"圣路易士"号轮船时的情景。李鸿章在英国逗留了二十天。

在帝国剧院

李鸿章这位伟大的清朝老者在伦敦参加的唯一消遣,或者说是娱乐,就是在帝国剧院。在那里,他和随行人员受到剧院经理极为隆重的招待。希钦斯先生为他们提供了一整层装饰和布置成清朝色彩的包厢。当然,希钦斯先生会向总督说明,他是剧院的经理而不是门卫。李鸿章在剧院门口误把一位盛装的门卫当成剧院经理,并向他礼貌性地鞠躬。总督对他进行了非常细致的"盘问",这些问题几乎涉及了剧院管理的每一点。在复杂的芭蕾舞表演过程当中,希钦斯先生一直站在总督身旁,并向他解释了这一舞蹈的美妙之处。而李鸿章则对芭蕾舞舞女的脚的尺寸非常感兴趣。他认为她们的脚的尺寸有些出格了。他对于电影机也印象深刻。陪同总督一道前来的清朝贵族青年们尝了点帝国剧院的香槟,并试图教女招待们深奥的汉字。这些汉字看起来混杂了某些含义。总体来说,李鸿章在伦敦的最后一晚是相当愉悦的。

对于那些在剧院一直待到最后的人来说,总督能成功地赶上开往南安普顿的早班火车,是非常令人惊奇的一件事。总督确实是一位精力充沛的人物,而且他非常真诚地欣赏我们英国人的团结和理性。很可惜在走之前他没能观看一场板球比赛,但是,他无疑知道关于这项运动的一切。这使一位采访他的人很震惊,因为总督突然说:"你们英国人世代玩这项运动而且擅长此道,怎么会让一个东方人打败了呢?"显然有人已经告诉了他瑞杰(Ranjy)的事。这个印度年轻人周六在被唤醒之时展示出了他的能力。他的得分超乎寻常,这是史无前例的。在这个国家里,两个世纪以来,没有大的郡县比赛可以在一天之内打出这样的球局来!现在他在苏科塞斯的板球场上所向无敌是无可争议的,但最大的遗憾是,在对阵澳大利亚人时他没有更好的表现。约克郡将赢得冠军,也配得上这一胜利。但是如果它明年还想保持这个位置的话,那么它将不得不在人事上做大幅度的调整。

（美国）《奥马哈每日蜜蜂报》
1896年8月29日·星期六

THE OMAHA DAILY BEE
AUGUST 29 1896 SATURDAY

清朝的首脑

崭露头角

前驻华公使杨约翰阁下在《纽约先驱报》上对于清朝总督李鸿章的生平做了详细的论述。李鸿章到访美国备受关注。这些轶事描写是传记式和回忆性的，作者在清朝时同李鸿章私底下和公务上的联系使得这份报道格外有趣。他写道：

李鸿章总督到访美国意味着19世纪最重要的一个人物的到来。这个最古老文明的特使参观了最年轻的文明。对于共和国来说，总督只看到了一角而已，这可能会是一个遗憾。总督是清朝人，但不是清朝皇族的一员。他出身卑微，通过科举考试进了翰林院，晋升为一名杰出的学者。由于身怀所长，他进入了官场。除了品格和智慧，他没有其他任何优势。在太平天国肆乱清朝时，李鸿章获得了一些军官的拥护。他受命投身战事，负责平息叛乱。

太平天国是一场大动乱，清朝经历了无法言说的悲惨，各地遭到抢劫，工业遭到破坏，整个帝国陷入动荡和衰落，扬子江河谷被称为死亡之谷。

在此创造纪录

此时，李鸿章这位年轻的清朝人找到了机会。他镇压了这场灾难，使得中华帝国恢复了和平，他因此获得了皇帝的青睐，被授予总督一职。随后天津突然爆发叛乱，人民陷入一种类似白人恐怖统治的恐慌，流传出"慈善会姐妹偷孩子""挖出眼睛做药"等各种恐怖的说法。所以清朝人愤怒了，冲入法国领馆区，杀害了慈善会可怜的姐妹们，暴动蔓延开来。

清朝发现自己和强大的法国面对面了。皇帝想起李鸿章在战场上的成就，于是命他前往天津。李鸿章去了，取得了随之而来的和平。此时的李鸿章已经成了直隶总督兼北洋通商大臣，统率着清朝北方的军队，同时监管北方的贸易。之后又作为清朝皇帝的特使来到美国。除了巴西皇帝唐·佩德罗之外，在所有到访美洲大陆的外国人当中，总督是声名最显赫的一位。

考虑总督的性格时，我们必须换位思考。他既不是罗马人，也不是希腊人，更不是美国人，而是一个地道的清朝人。他代表着最古老的文明，在我们还在森林里吃着橡果或者进行着野蛮仪式时，他的祖先们就已经有了文学、宗教和科学。他代表着一个保守民族中的自由思想，这种自由观念被传统压制了好几个世纪。作为政治家，他曾几度爬到顶峰。如果说在攀爬时，他曾坠落到灰尘和泥巴中，被抛到了后面，那么这过错并不在他，而在于他的环境。

格兰特平息清朝与日本的纠纷

中日关系及最近这次战争的积怨使得总督十分头疼。争端始于1879年的琉球问题，也就是清朝东部沿海一组群岛的宗主权的归属问题。这些岛屿有一定的自主权，只需每年向清朝做一些规模不大的进贡，清朝并不参与任何管理。除了跟当地无辜居民息息相关的海事权利、军事战略位置以外，这组群岛本身并没有什么特殊的重要性。它们就像挂在中华帝国裙子上的穗子。不过清朝对于其他势力占领它们非常敏感。日本想吞并它，推翻国王控制的整个过程非常隐蔽。

格兰特将军经过清朝前往日本时，总督请他帮忙促使日本天皇关注这一议题。这一请求得到了忠诚的执行，而结果如同我们在外交史里看到的那样，是相互尊重的处理结果，它推迟了一场战争。虽然这场战争最后还是爆发了。我认为这次事件是一位绅士个人缓解了一场国际纠纷，它是格兰特将军辉煌的事业生涯中最大的胜利之一，而这项建议就来自李鸿章。

和日本的战争结果很糟糕。与日本开战从来都不是总督的意愿。我记得总督在招待伊藤博文的一次晚宴上，在场的日本首相流露出最真挚的几乎是谄媚的感情。他们谈论中日间的每一个问题，希望这两个国家能够归到同一个古老的文化圈中来。

伊藤博文从来就不是一个感情外露的人，而是一位非常含蓄的智者。他果断、直接、友好、高效、大胆，但我知道他并不是现在驾驭日本政策的主要力量。这位伯爵能够给总督的最好提案是，他应该来看看日本，并和天皇会面。我敦促总督接受这一邀请。我认为人可以推动雪堆，但是不能推动冰川。我经常想，如果总督接受了伊藤博文的邀约，是不是中日两国就不会发生后来的战争。

中法战争

中法战争使茹费理丢掉了总理的位子，在某种程度上，也包括他的名声。这次战争是总督事业生涯中的一个重要事件。这场战争源于西方势力想一点点地攫取富饶的亚洲。

从道德上考虑，这场战事和政治家并没有什么关系。对于亚洲的竞争，主要发生在英国和法国之间。结果是英国赢得了缅甸，而法国肢解了越南。对于清朝南方省份的争夺遭到了李鸿章的抵制。李鸿章采用精湛的战术，运用了极大的耐心和智慧。在这次事件中，法国希望寻求一个联盟，或者说，希望得到日本的理解，借用日本的港口作为对付清朝的行动基地。

总督在美国政府的协助下，破坏了这一企图，使日本保持了中立。这场战争的结果，实际上是使法国的海军瘫痪了，因为他们最近的一个港口远在西贡。法国随后提议用清朝商船——同样 34 艘——在清朝沿海进行贸易。考虑到法国在清朝贸易上的霸权，这已经是非常明显的掠夺。总督悄悄地给这些商船换上了美国国旗。法国因此采取了非常有问题的复仇——攻击了停泊在福州的一些清朝船只，这激起了全世界的愤慨。战争的结果是总督获得胜利。

"清朝人戈登"在苏丹的衰落和没有必要的死亡使得人们对他的记忆披上了一层神秘主义的色彩。在英雄缺场的情况下，我们的英国朋友给了他一座可以与尼尔森（Nelson）相媲美的神龛。

李鸿章和戈登的关系

戈登成为年轻的洋枪队队长时大约 26 岁。他是英国一名将军的儿子，在 1860 年参加了进攻清朝的战争，协助军队攻占了北京并在那里肆意毁坏圆明园。这是继 1814 年英国科伯恩海军少将烧毁我们的国会大厦和公共图书大楼以来最坏的勾当了。火烧圆明园之后，戈登出发前往上海，从太平军手里拯救了欧洲租界。戈登在李鸿章的要求下加入了中华帝国的军队，成了一名中校，开始为清朝服务。和他一道的还有几百个英国人，此外还有其他的联军士兵、海滨流浪汉、迷途的羔羊、逃避法律的逃犯、冒险家和那些飘荡在亚洲海岸上的奇怪混乱的浪人。

战争持续了好几年。然而这很难说是一场真正的战争，更像是一场温和的割喉。士兵们拖延战争，只是为了能够吃上饭，其中还有很多其他离奇的风俗。这是清朝的一场内战。政府军胜利后，对于太平天国的"王"的惩罚是由李鸿章下令执行的。戈登因此感觉受到了背叛，于是举着一把手枪要去射杀李鸿章。这个说法流传很广，但这个故事太过浪漫。事实是戈登从来就没有掌控过李鸿章的军队，也应该从来都没有到达能够制定规矩的地位，因为李鸿章素来只给予手下有限的权力。如果总督没有取下被俘虏的太平天国的"王"的首级，他就违抗了皇帝的命令，那么他自己的脑袋有可能会丢掉。

格兰特将军和总督

在特拉法尔加广场放置花环向戈登致敬后，总督前往滨河公园在格兰特的墓前放置一个花环，用以纪念这历史性的友谊。

格兰特将军在环游世界的旅行中成了总督的客人。两人几乎当即就成了朋友。当格兰特乘坐美国舰艇抵达天津时，总督招待了他。这次会面非常奇怪。总督认为格兰特将军应该得到皇家荣誉。总督一得知格兰特抵达清朝水域，就立即下令准备欢迎仪式。当战船经过白河河口时，李鸿章的军队已经列阵，每一个炮台射出了二十一声礼炮。水域内的战舰闪烁着五彩的光芒，挤满了码头的战船、加农炮、各色国旗、河岸边密密麻麻的人群组成了一幅不属于特纳这位天才创作的图画。

战船抵达天津港时，李鸿章的豪华游艇开始靠近。格兰特将军上前跟总督打招呼，他们一同在甲板上坐下。在场的还有密密麻麻的清朝军官。毫无疑问，我们这边的陈列也相当壮观。总督好奇地打量了格兰特很久。我们享用了茶、酒和烟，这一切突然有了东方的诗歌意境，或许这已经融入了总督的性格里。他们是朋友，他说，从星宿上说他们会合拍。他们都生于1822年。[1]格兰特掌控军队镇压了南方的叛乱，李鸿章也带领军队平息了太平天国的叛乱，这使得他们很合拍。格兰特面前这位杰出的将领，和他自己一样，也叫做李（Lee），这是多么神奇啊。

那次采访我记得很清楚。能够参与其中，这是我的特权。总督当时身体状况非常好，57岁[2]正是展现敏捷和才华的时候，不像现在受到岁月的侵害。但他仍拥有领导者的精神，个头很高，动作很快，非常果断，头很大，眼神锐敏地直视，礼仪的完美达到了在东方任何其他地方都不会有的程度。

格兰特第二天回访了总督，并受到了极其壮观的接待。总督派出了他的一艘上等游艇。我们驶向豪华的宫殿时，河岸边已经排列着军队，火炮鸣礼，还有拥堵在士兵后面密密麻麻的民众。这场仪式在总督请格兰特将军一道坐下拍照后结束。

总督给格兰特的致辞

在帐中，总督为格兰特安排了晚宴，宴席上有各种奇怪的举动，顾问们也在场，还有很多原始音乐。回顾我当时在《先驱报》上写的，在这里附上总督的演讲并没有什么坏处。当时是新闻，现在已经变成历史，可能还会再次成为新闻：

"先生们，我很高兴能迎接你们作为我们的客人，尤其是能向这位杰出的人物致敬。格兰特将军是一名天生的战士和政治家，是那个我们都知晓的伟大国家的主要管理者。我认为，我们现在可以像对一个世纪以前的华盛顿一样地评价他。他赢得了战争与和平，更赢得了他的国家的民心。他所成就的名望，以及对他的敬佩之

---

[1] 李鸿章实际生于1823年。——译者注
[2] 实为56岁。——译者注

情不局限在他自己的国家内,就像这次环球旅行所证明的那样,清朝也无比欢迎这样一位访问者。感谢将军能给我这个荣耀,也谢谢你们今天给予我的这份荣幸。先生们,现在请你们和我一起为格兰特将军的健康举杯,祝他更加显赫、富足。"

这恰如其分的致辞以汉语说出,因为总督不会说外语。柔和的清朝灯笼和漂亮的色彩为宴会厅增添了许多色彩。在如实的翻译之后,格兰特将军做了回答。这回答同样值得一读。从中我们或许可以找到总督在纽约特意向格兰特的墓地敬献花环的理由。

"我很感激,"格兰特将军说,"感谢总督对我的这些特别关照。就像所有在本国密切关注了清朝事务二十五年的那些人一样,我已经知道了总督作为中华帝国的战士和政治家的历史。我很高兴能够见到这样一个为国家做出如此大贡献的人物。这次对清朝的访问非常有趣。我了解到了很多文明、财富、成就和清朝人民的勤劳,我将带着对他们的友好感情离开这个国家,并期望这会促进最紧密的商业联系,以及与其他国家的交往。希望总督能抽出时间拜访我国,让我能够自豪地回馈我从他这里得到的热情接待。再一次感谢阁下您的接待,而你们,先生们,谢谢你们的友谊。请你们与我一起为清朝的富强和总督的健康举杯。"

谈论国事

格兰特将军一在天津安顿下,总督就成了他频繁的访客。我记得拿破仑和沙皇亚历山大在蒂尔西特[1]的那些著名的会面。当这位贫穷、善良、惧内的普鲁士国王——当世皇帝的曾祖父陷在耶拿的泥地里时,他们坐在一起,规划出对欧洲的最终掠夺,直到天色已晚。总督早早就坐着轿子过来了,他喝着茶平缓心情,然后两人开始漫长的对话。这两位人物惺惺相惜。他们意识到没有人比李鸿章更清楚让清朝政府担心的从来都不是移民问题,而是英国的商业贸易——就像一个世纪前的奴隶贸易。那时,圣诗作家约翰·牛顿牧师作为考伯的朋友和备受赞扬的一位圣人,也会在塞拉利昂偷盗奴隶,并把他们赶到维吉尼亚和其他允许英国贸易的地方。这都发生在本世纪最可怕的战争爆发的时候。

会话很快转到国家事务上,比如我们国家在治理上的一些经济方法。我还记得,格兰特将军经常温和地提起铁路问题,认为这会帮助帝国的中央集权化,铁路将使政府的智囊们到达和管理帝国的任何一个角落。执行铁路政策是出于两方面的考虑:一方面它会增强军事力量,使清朝能够保卫自己,而最主要的是能阻止使清朝萧条

---

[1] 今加里宁格勒。——译者注

的可怕的饥荒。饥荒问题完全是由于统治不当而造成的。一个省闹饥荒，而六小时铁路里程之外却粮食过剩，这是不能容忍的。

然后话题转到了日本，朦胧易碎的关系容易爆发出摩擦。一旦冲突真的降临，会演变成不必要的混乱的战争。格兰特将军一次次地对总督强调，中日之间不应该有战争，这不会帮助西方国家增强它们的势力。没有一场战争不会使征服者和被征服者都不衰弱，而当胜利的分赃到来时，就会有巧言令色的中间人出现。清朝的政策应该是与日本紧密联盟，一步步地走向现代化，打开文明的大门，即使不攻击其他势力，也能抵抗对它主权的任何攻击。

他们的所有会谈我都在场，并记得很清楚。他们接受彼此的方式以及总督的回答，几乎是直白的。清朝面临的问题与其他任何国家都不同。这是地球上人口最多的国家，民族单一，人口超过四亿，同样的语言、风俗和信仰，国土面积和美国一样大。这个国家之所以人口众多，是因为这是世界上最具生产性的国家，有很多河流和丰富的资源。大部分人日复一日地依赖一斗米和一点鱼过活。他们的工业薄弱，薪资微乎其微。对工业的干扰已经存在了几个世纪，手工业被机器所替代，十分之九的人失去他们微薄的收入，甚至失去生计时，政府能做什么呢？举个例子，一条通过亚利桑那的铁路，沿途什么都没有，只有蛇和野狼的干扰，那么这条铁路什么都不是；但是一条从北京通往汉口或者上海的铁路，会通过世界上人口最稠密的地方。荒芜和伤害将这文明古国扯得支离破碎。在清朝所面对的问题面前，即使西方最智慧的政治家也会望而却步。

最后的友谊

总督不仅是出于友谊，更是出于真挚的感情告别了格兰特将军。格兰特为他打开了外面的世界。格兰特以他温和、诚实和敏感的方式，面对并解决了战争和统治中的很多问题。对于总督的提问，没有一个问题是他不能立即给出答案的。他们看上去就像是一个学生在师傅的脚边。总督会抽几口烟，喝点茶水，或者激动地在屋里走动。钱怎么筹集？我们如何和穷人打交道？如何供养军队？我们处在世界货币市场之下吗？如何发展我们的工业？我们会迎来另一场战争吗？我们会再次沦为英国的附庸吗？共和国会有王权的凝聚力吗？与美国这个年轻文明有可能联盟吗？美国将不得不张开她的双臂，而清朝会进入她庄严而自豪的怀抱。

他们再也没有见过面。总督通过拜访滨河公园并在这位杰出好友的墓地上放置花环，回应着将军访问美国的盛情邀请。

| （美国）《圣保罗环球报》 1896年8月29日·星期六 |

山姆大叔的客人

准备工作

纽约，8月28日

今早8点刚过，停靠在斯塔滕岛[1]的美国战舰就已装点上各种颜色，按照惯常的仪式，"纽约"号旗舰升起了星条旗。很快其他船只也忙碌起来，开始打磨、上光、粉刷、卷线、上油、清洗，试图展现山姆大叔的海军最为光彩的一面，以接待李鸿章这位来自清朝的拥有众多头衔的伟大政治家。

"圣路易士"号9点出现在火岛[2]东边的消息一传出，蜂拥的人群就开始穿过渡口或者通过其他路线赶往瓦兹沃斯堡（Fort Wodsworth）、汉密尔顿堡（Fort Hamilton）、斯坦顿岛（Bay Ridge）、隔离区和其他聚集点。因为在那些地方，这位尊贵的国家客人的抵达和受到的接待能被看得最为清楚。其他人群涌向巴特里（Battery），还有一些很早就已经守候在了美国航运码头附近——李鸿章一行人将在那里上岸。纽约港今天早上这番盛大的接待景象，可能是前所未见的，因为在那里驻扎着一艘新的美国海军战舰，它将作为优雅、力量、速度以及权力的象征。

鲁格（Ruger）将军和工作人员所在的"海豚"号停靠在总督岛，准备在"圣路易士"号抵达海湾下方时立即前往迎接。在美国航运码头驻扎着美国第六骑兵团的四支队伍以及一支海军后备队。前者受命护送这位伟大的清朝人通过百老汇街前往华尔道夫饭店，后者将在被庆典般装点起来、插满了美国国旗和镶着黑龙图案的黄色清朝旗帜的码头担任荣誉护卫队。

唐人街也已经在前一日就做好了庆祝准备。原本脏兮兮灰扑扑的房子已经被红、黄、绿等各种颜色装饰得面貌一新，十分引人入胜。居住在此的清朝人穿着闪亮的丝绸或者染了明亮颜色的布料制成的衣服，站在门口或者消防通道上，平静地看着街道上的热闹。从其他城镇赶来的清朝游客游荡在街道之间，寻找着旅店、饭馆或者相互打着

---

[1] Staten Island，美国纽约市的一个岛屿和自治区，位于曼哈顿以南的纽约港内。——译者注
[2] Fire Island，美国纽约市东侧的狭长海岛，有"纽约夏威夷"之称。——译者注

招呼。

迎接活动继续

  10点刚过,"海豚"号载着鲁格将军等人驶入港湾,于10点30分停靠在隔离区内,等候"圣路易士"号的到来。"圣路易士"号于12点30分抵达隔离区,参与迎接的政府官员们立即从"海豚"号巡航舰登上"圣路易士"号,以克利夫兰总统的名义对这位清朝政治家的到来表示欢迎。

  当"圣路易士"号抵达隔离区时,李鸿章正在就餐,他一直待在船舱里。由于这艘邮轮被一支船队围绕着,所以无法开得很快。当它随着那些船只驶进港湾时,在场的船只鸣起了汽笛,还燃放了一些烟花。派遣船只抵达时,现场响起了隆隆的礼炮声,稍后,舰队抵达,纽约的致敬枪炮队为这位尊贵的伯爵发射了十九发英式响炮,这种待遇是前所未闻的。

  参与迎接的美国一行人被迎入位于船尾的客厅,在那里停留了几分钟,等候大使的到来,同时和特使的随行人员做了会面。李鸿章走进客舱,很快和他的儿子一起出现。他穿着具有历史价值的黄马褂、紫色丝绸裤子、黑白毡鞋,戴着一顶黑红色的官帽,帽子后头束着三眼花翎。黄马褂正面有一颗巨大的钻石,周边点缀着珍珠。他戴着眼镜,上前接见来客时,依旧微微倚靠着搀扶他的侍卫。鲁格将军被首先介绍给他,他真挚地与将军握手。将军说:"特使,我在此代表美国政府和克利夫兰总统欢迎您来到我们国家。"翻译将这些话转达给特使,后者对于这番话的回应表明他已经理解了这番话的内容。他用中文说道:"我很高兴到此,谢谢您的好心。很高兴能认识您。"

  随后,欢迎队伍中的其他成员被介绍给大使,并与他一一握手。迎接团队还包括港口负责人吉尔布雷斯、威尔逊将军、麦库克将军、怀特副总统。被介绍给整个接待团队后,特使对鲁格将军说:"总统将在哪里呢?"显然,他想知道在哪里能与总统会面。

  鲁格将军回答说:"下午我与您会面时,将与您沟通所有的安排。"

  特使听说詹姆斯·威尔逊将军是格兰特将军的朋友,曾与他一同作战,拥有英勇的战绩时,几乎按捺不住想要与他对话的冲动。最后他坐了下来,通过翻译向威尔逊将军问话。特使让将军坐在旁边,问了他一些问题,并告诉他,他知道他的英勇战绩。去往美国航运码头的路上,在威廉堡(Castle William)处有鸣枪致敬。与此同时,特使和接待团的众多成员进行了谈话。特使看起来非常平静,说话声音很低,从行人对他的描述来看,他非常亲切迷人。他把眼镜架在鼻子下面,像是为了掩盖日本暗杀者给他留下的伤疤,伤疤就在他左眼下面。特使非常幽默,这在他见到一众记者时表现得尤为明显。他说:"我们清朝没有记者,但我看到在这里有一些。"

问倒麦库克

这位杰出的贵宾和麦库克（McCook）将军聊了一会儿，后者曾在俄国皇帝加冕礼时在莫斯科和特使见过面。对话逐渐转到特使感兴趣的事务上。他用一把烟嘴处镶嵌着琥珀的烟管抽着烟，问了一个有关麦库克将军名声的问题："你在哪成为的将军？"这个问题问住了麦库克，因为他还没有被提拔到陆军上校以上的职位，只是泛泛地被称为将军。特使随后问了几个关于军队的问题。他对于邮轮抵达码头时的盛大接待显然很满意。

跳板还没有放置稳妥时，弗雷德·格兰特少校就已经上来了，特使的脸上绽放出笑容，热情地与少校握手。特使和少校谈了几分钟，然后坐上马车前往华尔道夫饭店。

在码头，海军步兵团担任这一行清朝人的荣誉护卫。现场有大量拥挤的人群，他们被大批警察拦住。李鸿章一行在1点50分时从邮轮上下来，随后在码头上岸并坐进了等候在此的马车。第一辆马车内坐着特使和鲁格将军，第二辆上是李道台、汉纳根大尉和鲁格将军的一位工作人员。第三辆车是李子爵和他的妻子、罗丰禄和一名工作人员。在他们后面的是载着清朝使者、顾问以及他们的随从的马车，他们由一些官员陪伴着。这支队伍由第六骑兵团的一支分队开道离开码头，该团的另一支分队也参与了护送。队伍前头有一支骑警，在热闹的欢呼声中离开。

李鸿章刚在华尔道夫饭店他那间宽阔的套房里安顿下，就有俄国使团的一名人员前来拜访，协商总督与俄国公使的会面事宜。他成功了，虽然会面时间还没有公布，但很可能在明天举行。由于过去和最近发生在东方的一些事情，俄国人的迅速引起了很多猜测，但据说是因为俄国公使很快将被迫离开纽约，因此他想尽早与总督会面。

如果不包括早已在饭店里等候的前国务卿科士达和弗雷德·格兰特陆军上校的话，那么俄国参赞是李鸿章在此地的第一位来访者。随后，一些清朝商人来访并受到接待。曾任驻华公使的熙华德也来拜访李鸿章，向他致敬。李鸿章今晚吃他自己带的厨子做的晚餐，并按他一贯的时间，晚上9点30分就回房休息了。克利夫兰总统明天将在威廉·惠特尼[1]阁下的府邸接见李鸿章。当晚，总督还将在华尔道夫饭店参加一场前驻华公使为他所设的接风宴。一支特别的警察守卫被安排在华尔道夫饭店周围，只要李鸿章还在楼内，护卫就会一直在。唐人街今晚被热闹地装点了起来，一大群人，尤其是很多女士在陪护下趁此机会第一次来到这里，游赏这热闹的街道。

---

[1] William C. Whitney，曾任美国海军部长，在南北战争后为美国海军的重建做出很大贡献。1884年促成民主党对克利夫兰的总统提名。——译者注

《印第安纳波利斯日报》（美国）
1896年8月29日·星期六

在船上——从南安普顿到纽约旅行中的事件

穿越大西洋之旅

纽约，8月28日

美联社特别记者随同李鸿章一行人进行了本次穿越大西洋的旅行。以下是他所记录的旅途中的一些具体故事：

8月22日星期六，12点过几分钟时，"圣路易士"号邮轮满载着乘客离开南安普顿码头，其中很多是来自全球的声名显赫的人物，但是当中没有人比李鸿章更使人感兴趣。李鸿章由他的随行人员和仆人看护着。南安普顿码头上挤满了人，所有的战舰都被装扮得五颜六色。当"圣路易士"号汽笛响起，准备离开港口时，可以看到船头插着黄色的清朝国旗，船尾是星条旗。英国海军后备训练船向总督致礼，而"圣路易士"号上的国旗似乎也做出了回应。港口里有很多游艇，也都被五彩缤纷地装饰起来向即将离开的特使表示敬意。

特使在英国停留期间引起了相当大的关注。码头的不远处停泊着美国装甲巡洋舰"明尼阿波利斯"号。当"圣路易士"号靠近时，巡洋舰上的海员排成了队列。长官们被吸引到甲板上，清朝的旗帜飞舞在前桅，而舰上的礼炮声传达了美国人对于这位清朝特使的敬意。"圣路易士"号驶过时，"明尼阿波利斯"号奏起了《父辈的旗帜》。这在"圣路易士"号的乘客当中引起了长时间的热烈欢呼，他们为这艘象征美国海军的舰船感到深深地骄傲。

与此同时，李鸿章或坐或站地待在甲板上，像一位热心的观众一样观看着这一切，尤其是离他不远处的那些奇怪举动。由于这一天天气很好，阳光明媚，总督在甲板上至少待了一个小时，然后他回到卧房待到了下午5点钟，而后再次在甲板上待了一个小时。李鸿章很少在甲板上活动，除非天气很好、海面很平静，因为他站得不是太稳，正如他所说的："如果我没扶住，可能会摔出很远。"在晚上，他待在房间里和他的儿子以及两位医生谈话。伊文医生是英国人，麦信坚医生是清朝人，但他坚持用英国名字乔治·马克而不用他本来的中文名。

睡觉时也被守卫着

每晚8点50分,清朝仆人们就开始在特使和他的4名守卫使用的卧房里铺好床铺。9点30分时他开始就寝,而4名守卫在相连的房间内守卫着。守卫每三个小时换一次班,整个旅途中都有常规的护卫安排,所以总督没有一刻不被守卫着。抽烟时,有一名仆人会为这位清朝政治家装好烟枪;抽完时,仆人会取过烟枪为他换上新的烟草;使用烟枪时,仆人会替他拿住,当他想要吸一口时,由仆人礼貌地递到口中。

特使不需要担心任何事,因为他周围的人对于他的任何需求都保持高度警觉。总督和他的两位医生,还有首席秘书罗丰禄四个人密不可分。看他们一起开玩笑是一件非常有趣的事情。总督他们非常幽默,对于我们美国的故事和笑话也能欣赏。有一些人英语说得非常好,并且反应非常迅速。

旅行的第一天,乘客当中弥漫着一股激动的情绪,总督和其他人也是。总督出现时,往往是大家回眸的对象。

8月23日周日,李鸿章5点30分就起床了,早餐很快被端了上来。7点时他已经在甲板上了。他坐在了其他人的椅子上,特使经常犯这种错误。他戴着大帽子,包裹在枣红色的毯子里,和平常一样抽着烟,他的两名医生和两名随从在旁伺候着。这个早晨有雾,李鸿章很快回了房间,并在那里度过了一整天。这一天刚好是农历七月十五,按习俗,在这天所有清朝人都会去墓地祭拜祖先。因此这天总督是在室内度过的,一名随行人员说:"总督在冥想中向祖先们致敬。"

值得注意的是给李鸿章提供的饮食,只有他的儿子李子爵和他一起享用,其他所有使团成员都在旁边等候他用餐完毕。早上很有趣,因为总督会就进献给他的新钟表问一些问题,并询问了每天把时间拨回一个小时的必要性。听他和他的英国医生谈话是一件很有意思的事情,当后者领会到他的意思时,总督会开玩笑地碰一碰医生的肋骨。晚上,除了他的医生和儿子,总督不接待任何人,而是早早就寝。

船上的招待

周一全天阳光明媚,特使早早起床,用过早餐后,由他平日的守卫陪同散步了很久。他对孩子们很感兴趣,经常可以看到他和几个孩子在一起。他的翻译们对这些小家伙说着英文、法文和德文,经常使这位与众不同的旅行者感到高兴。这天,大使接见了那些持有邀请卡或者有地位的人士。乔治·威廉将军在总督的房间里待了很久。随后前来拜访的是来自费城的路易士·瓦格纳将军。这次会面在沙龙里举行,双方的对话非常有意思。对话的内容主要是关于美国的重大政治问题的,其中很多问题涉及金银货币，以及总统和副总统的候选人，此外还谈到了当前的杰出人物，尤其是麦金利、布莱恩、霍巴特、福斯特、沃纳梅克、惠特尼和克利夫兰总统。李鸿章问瓦格纳将军是否认识费城的沃顿·巴克先生时，很快得到瓦格纳将军的回答："哦，当然，非常熟。我们是好朋友。"瓦格纳将军说，他听说巴克先生今年春天访问清朝时很惊讶，他在清朝只停留了三天。李鸿章问巴克为何要赶着回去，这是因为他要准备美国总统的选举，所以他必须立即赶回来参加。

总督对"关于美国财富的故事"印象深刻，经常急切地想从他的每个谈话对象那里知道他们的财产状况，尤其是有多少钱才会使他们满足。特使也想知道，总统是否在总督岛或者纽约有宫殿用来接见他，然而我们国家没有他在其他国家所见到的那种宫殿，对他的接待将会按照我们共和国的简朴理念进行。谈到自行车时，特使说，看上去整个世界都在轮子上，如果清朝的道路足够好的话，毫无疑问他的人民也会开始骑车。

用过早餐后，特使在医生和一名侍卫的陪同下在甲板上散了会儿步，但是没过多久他就回房休息了。在那里他一整天都忙着和随行的不同人员聊天，但没有接待客人。这一整天他们的谈话都是关于当前与清朝密切相关的政治问题，以及建设铁路的最好方法的。李鸿章对铁路问题很感兴趣，根据他的推测，清朝目前只有300英里铁路，几年后将会有更多的铁路被修建起来。在华建设铁路的方法可能是邀请外国资本进来，并向它们颁发一定时间内在清朝以固定价格购买的特权许可。

轻微的晕船

当船上乘客在享用午餐和晚餐时，特使试图走一走，但是都没有成功。晚餐送上来时，总督感觉不舒服。虽然菜肴已经准备好了，但他只是简单地尝了一两样，就下令撤下了。这是他登船后第一次感觉不舒服。周三海面并没有浪，因此特使频繁地出现在甲板上。散步时，他经常停下来，拍拍孩子们的脸颊，询问他们怎么样，玩得开心吗。这天他花了很长时间和医生以及罗丰禄讨论他们在美国的停留计划，并对十来名小心看守着行李的人做了一些指示。如果有陌生人出现在行李旁，那么他们将会收到指示，立即聚集在一起，拦住想象中的那些闯入者。

午餐前的一次会面中，特使接受了一个音乐会的邀请。音乐会将在晚上在沙龙中举行。下午，他在女士的大厅里待了一会儿，和一些女士聊了聊天，然后回到了自己的房间。音乐会即将开始时，可以注意到，他的那顶被搬到船上并到处使用的轿子被抬进了沙龙里，放在了靠近钢琴的中间位置。晚上8点45分左右，乘客们都已入座，特使在代表船长的乘务长的陪同下现身，后面跟着他的随从人员和侍卫。在场的观众当即起立，鼓掌欢迎总督的到来。还有一些人激动地发出欢呼。特使笑着鞠了鞠躬，显得很高兴，坐进了他的轿子。在场的每个人都坐下，然后表演开始了。音乐会是在纽约和英国的各种海员协会的协助下举行的。特使对于一切都感到满意，现场的一切都通过罗丰禄翻译给他。直到他就寝时间9点30分快到时，他才借口道别，回去休息。

特使在场时，节目单上的清朝人并没有表演节目，就好像在特使面前唱歌是被禁止的一样。特使一离开，那些清朝人便立即开始表演，并被安可[1]了三四次。在节目最后，罗丰禄用英文做了致辞，引起了热烈的鼓掌。他表达了对于能够见到美国人的喜悦，并提议在将来，努力增进最古老和最现代的文明之间的紧密联系。

李鸿章感谢船长

周二，特使很早就出来散步，和往常一样大概抽了6根烟。9点刚过时，他命人召来兰德尔船长。他们在房间里待了相当长的一段时间。这位伟大的清朝人感谢了船长的照顾以及在船上对他表现出的礼节，感谢了他的服务以及为自己这一行人所提供的住宿，赞扬了他在旅途中的表现，并就他的职责和工作人员的工作表现、薪资等问了很多问题。总督称赞"圣路易士"号是当之无愧的海洋上的皇后，很高兴自己能够幸运地成为它的乘客，所有的美国人都应该为在海上拥有如此优秀的邮轮而感到自豪。

特使随后接见了来自维吉尼亚的约翰·丹尼尔议员和来自费城的西奥多·卡普兰先生。他向丹尼尔议员询问了美国总统以下的管理方式、选举办法、不同部门领导的筛选、整个政府的架构以及可能存在的分歧的处理方法。

这位清朝的旅行者和卡普兰先生谈话时，首先问了他关于造船的各种问题，比如士兵最快多久才能就位、成本以及利润等。他问卡普兰有多少钱以及还想挣多少、投资了多少以及为什么要做这些，随后话题转向一般性的美国财富问题上。清朝特使在女士沙龙里从下午1点坐到2点，之后回到了他自己的房间。3点时，阿伯特（Abbott）姐妹在吉他和曼多林的伴奏下在那里为他演唱了一小时。最后，总督给了两姐妹他自己的照片，并在她们的签名专辑上题了字。

---

[1] 要求再唱。——译者注

与卡普兰先生谈话时，这位清朝的政治家问他为什么要撤回过去几年的一些投资。卡普兰先生给出解释之后，这位清朝的旅行者说道："哦，是的，你不想把所有鸡蛋放在一个篮子里。"总督在此展示了他的知识和对我们的一些谚语的欣赏。谈及清朝的宗教问题时，特使说他们都变得非常随意。

　　在晚间，特使把所有的时间都用来和小孩子玩耍，之后便回去休息。周五，特使心情愉悦地起了个大早，在甲板上待了一早上，直到10点才回去休息了一会儿。然后他又走了出来，对长岛海岸、泽西海滩以及通向海湾的隔离带表现出了极大的兴趣。

前往纽约

布扎兹海湾，马萨诸塞州，8月28日

　　克利夫兰总统在私人秘书瑟伯和总检察长哈蒙的陪同下，于今天下午12点45分离开此地，前往纽约参加对李鸿章的接待。一行人已经在"蓝宝石"号蒸汽游艇上了。

(美国)《盐湖城先驱报》 1896年8月30日·星期日
THE SALT LAKE HERALD AUGUST 30 1896 SUNDAY

李鸿章和克利夫兰总统在惠特尼大厦会面

克利夫兰总统的致辞

纽约，8月29日

在华丽的白金两色装饰的会客厅——威廉·惠特尼位于第五大道的府邸的右侧大厅，美国总统今天上午11点正式接受了清朝皇帝通过伟大的政治家李鸿章转达的敬意。

这位来自东方的特使在10点40分时离开华尔道夫饭店，担当护送的是美国第六骑兵团，陪同人员包括特使的秘书兼翻译罗丰禄和国务卿理查德·奥尔尼。坐在第二辆礼车里的是清朝驻美公使杨儒和他的秘书，以及鲁格将军。第三辆车里的是总督的两个儿子和清朝海关税务司戴维斯陆军上校。杜德维和一名工作人员在最后一辆车内。

李伯爵身着著名的黄马褂和三眼花翎。一行人在11点整抵达惠特尼的府邸。私人秘书瑟伯和威廉·惠特尼出来迎接。几分钟后李鸿章在府邸内受到接待。在场的还有卡莱尔秘书长、罗克希尔助理国务卿、詹姆斯·威尔逊将军、杨约翰和科士达。这次会面的性质在最后一刻由公开转为私人会面，两位受邀到场的媒体代表被禁止参加。

会面时，克利夫兰先生做了如下欢迎致辞：

尊贵的阁下，能从您手中接过您伟大君主的亲笔信，并在此欢迎作为他的代表的您，我感到无比荣幸。

自从我们两国交往以来，发生了很多促进我们友谊关系的事情，最令人欣喜的莫过于您君主的这封来信以及他最杰出的代表到访我国。这位代表在国家事务上是如此的尊贵和显赫，这一切都将使我们两国关系朝着前进和更好的方向发展。

这是世界上最古老的文明与一个西方较新的文明之间的结盟和发展，因而您此次到访格外令人印象深刻。尽管两个国家在很多方面有所差异，通过我们政府和美国人民，我们将对您表示无上的欢迎。

我们感到在您的旅行安排上，没有给予我们足够的时间让您来参观我们国家所取得的成就。然而，这并不会使您疏忽掉，这是一个富裕和丰饶的国家。它是由这些相信付出就有回报的人在很短的时间内创造出来的。这个强大而仁慈的政府由热爱自由、忠诚爱国并富有慷慨精神的人们建立起来，他们爱他们的政府，因为这是他们自己的，由他们自己控制，为他们而进行管理，所以他们能保护它不受伤害。我们衷心地希望您能够在此享受一段安全愉悦的旅行，顺利返回您的国家，那个您负有使命的地方。

李鸿章的回答

李鸿章的回答翻译如下：

尊贵的阁下，能够见到您我倍感荣幸。您的美名早已传遍世界，美国人民将信任交付于您。无论是在对内的统治还是对外的国家事务方面，这都是一个富饶的国家。

与美国保持最亲密的关系，这是我的明君——清朝皇帝的希望。中日战争之后，美国对清朝政府提供了友好的帮助，并保护了在美国的清朝移民，对这些我们都十分感激。

我受我的君主清朝皇帝的特别委派，向阁下呈上这封代表信任的信函，并向您传达他对美国友谊的承诺，希望阁下能够回馈这份感情，协助他一道提升我们两国以及在人类福祉上的友谊交往。我相信阁下能继续友善对待和保护在美的清朝移民，并在清朝政府有需要时提供帮助。

祝愿我们两国人民永享和平。

皇帝的信

李鸿章呈给克利夫兰总统的清朝皇帝的信是一件非常精致的物品。它用羊皮纸写就，包在黄色的丝绸之中，丝绸上有红色、蓝色、绿色和白色的中国龙的图案。羊皮纸像一张大乐谱一样被卷起来。

克利夫兰结束谈话之后，向李鸿章介绍了卡莱尔秘书长、拉蒙秘书长、哈蒙总检察长、惠特尼先生和其他的在场人士。前国务秘书科士达受到李鸿章衷心的问候。本次官方翻译官罗丰禄向克利夫兰总统介绍了李鸿章的两个儿子和其他陪同人员。

此后有一些非正式谈话和友好意见的交换。李鸿章并没有问太多问题，这位尊贵的客人在到达半小时后，就结束了这次会面。随后一行人以同样的次序坐上车，在骑兵团的护送下返回饭店。

克利夫兰总统和奥尔尼、卡莱尔、拉蒙以及惠特尼先生一同享用午宴。克利夫兰先生今天下午乘坐"蓝宝石"号游艇前往灰色山墙（Gray Gables），同行的有奥尔尼先生和他的私人秘书瑟伯。几位之前或者最近几年担任过驻华公使，或者参加过访华使团，或者曾是被委派到通商口岸的顾问，他们今晚将聚集在华尔道夫饭店的阿斯特大厅，与李鸿章一起用餐。

意义重大的聚餐

就某些方面而言，这可能是纽约多年以来最重大的一次聚会。席间，总督没有表现出一丝的疲惫。在令人印象深刻的安静气氛中，他们向李鸿章念了一段传达美国人民感情的致辞，赞扬了他在宣传中美两国亲密友谊方面所做的贡献。

前任驻华公使熙华德叫来莫特（Mott）博士，后者对这位杰出的客人做了最高的赞美。这番致辞被翻译给总督后，总督表现得很开心。李鸿章通过他的翻译说道：

"我无需在此或者再一次表示我对于这次旅行是多么满意、对有机会见到这么多旧时老友有多么高兴。你们赞扬了我为我的国家所做的，也诚挚地告诉我你们对于我在我国政府和西方国家之间，为文明和永久的友谊所做出的努力的感激之情。我只希望回国之后，能够长久保持这份友谊，并促进我在这次伟大的旅行中开始和执行的事务，使清朝在现代科学和国家进步上被平等对待。我恳请你们，我的朋友们，给予我帮助，一种看在旧时的友谊面子上的帮助，一种老朋友的援助。"

在前国务卿科士达、伯顿（J. D. Purdon）和牧师鲍尔温博士做了致辞之后，特使站起来，与此同时他周边的人也站起身。已经到了他说晚安的时候了，他礼貌地鞠躬，表达对于这份在华尔道夫饭店高墙之内给予他的好客之情的感激。

种树

纽约，8月29日

滨河公园委员会委员麦克米伦和伊利昨日拜访市长，请他安排李鸿章在墓园里植一棵树。植树仪式将在周日下午举行，树种将由总督自己选择。他们建议将树种在滨河公园格兰特的墓地旁。

这使人想起，威尔士王子在1860年到访时，曾在中央公园种了一棵树。前国务秘书威廉·惠特尼位于第五大道和第五十七街拐角的府邸，目前已经为克利夫兰在那里会见李鸿章做好准备。

本次会面将在华丽的会客厅举行，总督将和总统一道站在壁炉前。昨日壁炉上方已经插上了两面清朝旗帜，挂上了镀金的美国鹰章，上头垂着星星和彩带。除了这个和棕榈树盆栽外，会客厅和主入口处并没有其他特别装饰，因为房间内部已经被装饰得很华丽，任何额外的装饰将会显得俗艳、不合时宜。

这场会面的邀请全部掌握在国务卿手中，因为这是一场真正意义上的政府接待。这场接待非常正式，不是一件公众事务。这次接待将和在华盛顿接待公使们具有一样的规格。

YORKSHIRE EVENING POST

（英国）《约克郡晚报》 1896年8月31日·星期一
YORKSHIRE EVENING POST AUGUST 31 1896 · MONDAY

本日八卦：伊朗王何时就寝

格莱斯顿先生（当李鸿章在霍瓦登堡时）比较了伊朗王和李鸿章的到访，他认为清朝人更有能力保持清醒。格莱斯顿先生说，当他和伊朗王一起前往温莎旅行时，他发现伊朗王在火车上睡着了。而与此同时，女王在等候这位殿下的到来。这位伊朗王想必是在旅行中喝了大量啤酒。

(英国)《雷顿·巴扎德观察者和林斯莱德公报》

1896年9月1日·星期二

这个老家伙

　　李鸿章上周离开英国前往美国。他没有感激卢顿商会（Luton Chamber of Commerce）在秸秆大都市（Straw Metropolis）接待他的野心。《观众：就寝时报》上有一篇想象中的通过电话与李鸿章进行的对话，其中包含了一些完美的笑料。

　　李鸿章大人问"观众"贝德福德（Bedford）在哪里。

　　"就在这里，大人，在贝德福德郡。"

　　"卢顿（Luton）在贝德福德郡吗？"

　　"在这里。"这是回答。

　　"为什么卢顿商会的主席说贝德福德郡在卢顿？"他说。

　　"好吧，是这样的，如果你想一下的话。"

　　"卢顿能包括贝德福德郡吗？"他问。

　　"现在，李大人，这是不礼貌的。"

　　"那么贝德福德是在卢顿吗？"

　　"不是这样的，大人。北京在香港里吗？"

　　"喔，我明白了。好吧，你想在贝德福德做什么呢？"

　　"什么都不做。"我惊奇地说道。

　　"那么贝德福德郡在卢顿做什么呢？"

　　"回禀大人，编草秆。"

　　"做什么？现在我知道他们想让我干什么了。我不是在郡县议会里走动指挥编麦秆的人。叫我老头（Old Cove），他们的确这么叫。我说，什么是老头？"

　　"一个老头，阁下，就是——就是——一个受人尊敬的绅士。"

　　"那为什么他们不这么说？罗丰禄说他不知道这个。"

（美国）《太平洋商业广告报》 1896年9月1日·星期二

李鸿章怕晕船

李鸿章即将到达纽约

伦敦，8月18日

李鸿章星期六乘坐美国航运的"圣路易士"号邮轮从南汉普顿出发前往纽约。为了避开船只的剧烈晃动，他住在位于船体主甲板上的一间套房。他的两个儿子住在同层的其他套房。

李鸿章在巴黎

李鸿章抵达巴黎当天就有件令人捧腹的事情发生。有那么一瞬间，在场的外交官和套房里的绅士们都被惊呆了。大饭店（Grand hotel）给这位清朝总督准备的套房所在的露台上，已经排满了许多客人和他们的朋友们，他们都想亲眼看看这位著名的东方政治家。楼梯口站着身材高大的门房，他穿着闪亮的制服，就像梵蒂冈教皇的瑞士卫兵。门房的这个形象在所有到访巴黎的人当中非常有名。他对自己的重要性也认识得非常清楚，因此站得笔直，等候那位贵客的到来。李鸿章到达后，非常小心地从礼车里出来。走了几步楼梯后，总督看到了这位不凡的人物，后者的制服上还用沉沉的银链挂着一枚巨大的勋章。李鸿章可能把他误认为是职衔非常高的人物，对他伸出了手，并跟他进行了长时间的热烈握手。与此同时，他还在年纪允许的范围内，尽可能地俯身鞠了个躬。不难想象，这一幕是多么滑稽，而在场的随行人员是多么尴尬。这位身材高大的门房却显得非常高兴，至少在每一个角度都多挺直了1英寸。然而，这只是他自己的看法。

（美国）《罗阿诺克日报》
1896年9月1日·星期二

李鸿章在西点军校

西点，纽约，8月31日

李鸿章今天下午乘坐"海豚"号抵达西点，对军事学院进行考察，但是由于下大雨，他并没有上岸，考察被迫取消。

在去往河边的路途中，弗雷德·格兰特上校为总督介绍了沿途很多有趣的地方。李鸿章问了很多问题。陪同在旁的有汤姆森副总裁、麦库克上校、西华德先生、韦伯先生和所有显赫的来访者。李鸿章通过翻译开始谈论铁路和5%税率。"海豚"号随后经过威廉堡的炼糖厂，格兰特上校由此说道：

"这是一个总共投资了3700万美元、缴纳12%税收的工厂。"

特使对此极为感兴趣，对如何炼糖问得很细。他的每个问题都得到了回答，他看上去对得到的回答也很满意。当船停靠在海军工厂的时候，老木船"弗尔蒙"号的主桅杆上已经悬挂了清朝旗帜，甲板上的炮兵连鸣枪19声。船靠近布鲁克林大桥时，在场的所有清朝人都变得非常激动，包括李鸿章。格兰特上校详细介绍了桥梁的结构、建造时长、成本、利润、两个城市各自拥有的归属权、高度、长度、车辆的电缆系统和自由通行的人行道。特使问这座桥是不是由一个公司建造的。关于所花费的2500万美元，总督想知道建成后十三年内这座桥是否可以收回成本。总督说这是一个壮观的结构，体现出了美国工程师的进步和他们无穷的智慧。

9点时，"海豚"号经过炮兵连，然后在北河处拐弯。那里所有不同型号的蒸汽船都鸣笛致敬。然而李鸿章似乎没有听见这些致敬声，继续和他身边的人说着话。鲁格将军向总督展示过总督岛的地理位置后，波特将军和格兰特上校使总督的注意力转向了高楼，这个城市的底层人民一般称之为摩天大楼。李鸿章询问了这些摩天大楼的成本、所有者、产出了多少收益，以及回报率高不高。被问及对它们的看法时，他说道："它们的确了不起。这么多而且这么高，我对于高度并不惊讶，因为我在自己国家时就已经听说过它们。"

宾夕法尼亚铁路的汤姆森副总裁随后介绍，自己的铁路公司在泽西岸边的一个站点，并解释了乘客和货物如何通过渡船往来于纽约和布鲁克林。特使看起来对铁路问题格外感兴趣，开始与汤姆森先生谈话。总督询问了他的年龄、如何成为公司的副总，以及宾夕法尼亚铁路的意外事件。

汤姆森先生避开了他薪资的问题，对此特使说："欧洲铁路的负责人毫不犹豫地告诉了我他们的薪水，而且他们说，他们从来没有发生过意外，好像所有的事故都发生在美国。"

在格兰特将军的墓地，军旗被打湿了，在场所有人都脱帽站着，直到旗帜在此升起。李鸿章和他的仆人也站着，但他们头上有一些遮盖。仪式结束后，特使转身对旁边的格兰特上校说："我见过彼得大帝的墓，也见过威廉一世和拿破仑的墓，但是我还没有见过一个墓地像眼前这个壮观的墓地一样令人想起这样一位伟大的将军。这比我见过的所有都要伟大。"

"海豚"号的克洛佛船长被介绍给总督，船长随后向总督介绍了他手下的军官。李鸿章问他这是不是一艘战船，询问了它的炮台情况，并检查了呈献上来的子弹和炮弹。他小心地摆弄着。在开始检查之前，一个仆人上来取走了他的烟枪。此时天空乌云密布，看起来非常吓人。"海豚"号没走多远就下起雨来。这雨并没有困扰到总督，他被雨棚严密地保护着。他继续问克洛佛船长关于美国海军数量和规模的问题。

到达溪街时，格兰特上校解释说，正是这点水使得纽约成为一个岛屿。李鸿章点点头，好像理解了他的意思。波特将军和麦库克上校牵住总督的手，向他讲解了对英国的生铁出口。李鸿章认真地听着，然后对麦库克上校说："哦，你是一名律师，可以让一切都看起来是对的。"

李鸿章与"黄孩子"。李鸿章访美时卡通形象"黄孩子"正流行,牵羊的正是"黄孩子"。
刊于(美国)《纽约世界报》,1896年9月6日。

（美国）《每日先驱报》1896年9月2日·星期三

李鸿章受到荣誉接待

纽约，8月29日

李鸿章今天6点就起床了。他的第一位到访者是前国务卿科士达。他和清朝特使之间有着深厚的友谊，特别是科士达先生曾率领使团在中日甲午战争期间出使东方。另一位到访者是李恩富，1878年清朝政府派他到这里学习。他出示了田纳西政府的邀请函，请总督在西行时访问纳什维尔[1]。据报道，特使和俄国公使昨晚举行了会谈。这则消息今早被为清朝效劳的海关税务司杜德维证实。杜德维先生没有透露总督和俄国公使之间的谈话内容。今天的主要行程安排是，克利夫兰总统将在威廉·惠特尼的府邸接见李鸿章。国务卿奥尔尼也出现在华尔道夫饭店。一大早，第五大道上就聚集了大量人群，大家都在等待观看总督一行人前往惠特尼府邸的队列。大批警力接到命令，沿途维持秩序。惠特尼的府邸周围已经被清空了一块场地，在其两边都划出了警戒线。

惠特尼先生的私人秘书里根先生说，接待将会以最简朴的形式进行。媒体昨晚接到通知，被禁止进入会面的府邸。里根先生说，事情的发展使得有必要禁止他们在场。李鸿章和奥尔尼国务卿先在饭店碰头，然后一起出发前往惠特尼的府邸。负责护送的是第六骑兵团的一支支队。总统对李鸿章的接见非常简朴，只持续了二十五分钟。在场的人士包括财政部秘书长卡莱尔、国防部秘书长拉蒙和副国务卿罗克希尔。在正式的寒暄之后，李鸿章对总统做了发言。

总统接见清朝特使的宴会厅内装饰着中美两国国旗。李伯爵进来时，他似乎一眼就认出了克利夫兰先生，边走边看着他。奥尔尼国务卿向总统正式地介绍了这位杰出的来客。克利夫兰微微鞠躬，然后伸出了手。李伯爵握住了他的手，然后开始讲话。

---

[1] 美国田纳西州的首府，位于美国中南部。是重要的铁路中心和内河港口。——译者注

讲话结束后，特使转向他的随从，并从后者那里取过一个包在丝绸里的小包裹。打开后可以看到是一张巨大的羊皮纸，还带着封印。这是李伯爵要献给总统的机密信件。信件被交给了总统，总统接过并将它递给了奥尔尼国务卿。

讲话结束后，总统将李伯爵介绍给了他的内阁成员和在场的其他人士。之后是他们之间短暂的一般性会话。

会面结束后，李伯爵和他的随行人员被护送回华尔道夫饭店。这位阁下一下午都待在旅馆里。接见完李鸿章后不久，克利夫兰总统就乘坐"蓝宝石"号启程返回布扎兹海湾。

(美国)《盐湖城先驱报》 1896年9月2日·星期三

THE SALT LAKE HERALD
SEPTEMBER 2 1896 WEDNESDAY

作为提问者的李鸿章

　　李鸿章作为一位提问者很快赢得了国际声誉。他遇见格莱斯顿先生时，向后者提问题，就好像格莱斯顿先生只是个普通人。李鸿章提问的特点是，他问的问题很直接，这些问题很难被避开，并且被算计好可以获取李本人想要得到的信息。在与前首相的对话中，李鸿章毫不犹豫地提问他是否钦慕索尔兹伯里侯爵。这位伟大的老者的回答表明，他是有资格去钦佩这位伟大的保守领导人的。李鸿章还问他，他一般睡多久，并得到了回答。在切斯特，李鸿章非常急切地想知道格莱斯顿先生是不是一个富人。当接受提问的这位绅士回答说他不知道时，李鸿章问他，是不是人民没有给他钱。

　　在美国，李鸿章继续他的提问。由于克利夫兰总统对他的接待是私人性质的，所以公众可能永远无法知道他向这位美国首脑问了些什么。也许，这次接待由公开变为私人性质，是为了避免它变成一场李鸿章的采访秀，而不是一次接待。

　　去哈德森（Hudson）的途中，总督采访了陪同成员。再一次，他似乎急切地想知道这些人有多少钱。他问宾夕法尼亚铁路公司副总裁汤姆森，他的薪水有多少。就算李鸿章得到了他想要的信息，显然，我们的特派员并没有公开具体的数字是多少。

　　李鸿章的旅行无疑是非同寻常的，而他获取信息的方法也是别具一格的。他的提问非常坦率直接，令人耳目一新。如果税收收入留下记录的话，那么李鸿章本人就能变成确认人民收入的那种无价的财政机构。他也会给记者们一些启发。李鸿章有勇气打破传统，问出一些在高度文明化的人群当中被认为是粗鲁的问题，但这些问题却也是这些文明人很乐意被问及并欣然作答的。李鸿章的理论是，如果听一些粗鲁问题的回答是不粗鲁的，那么问出问题的也就不是粗鲁的。这不能说他没有道理。

　　李鸿章到访美国使人想起这个国家和清朝的关系已经大不如前。曾几何时，美国比任何一个国家都更受清朝青睐。二十五年前，清朝军队中几乎所有的部门都有美国顾问的影子，美国军官对海军影响尤甚。如果清朝要颁发许可给外国人的话，那么美国人是最先收到的。然而，所有这些都变了。德国人成了清朝军队的顾问，在总督的随行人员中就有几个德国人。

北京政府依然对华盛顿政府存有敬意，也承认美国是一股强大的势力。中美之间的外交关系是真挚的，然而，我们的贸易关系却令人不满。我们所拥有的地位已经被其他国家所取代，而这在很大程度上是我们自己的过错。按照欧洲标准，清朝人其实已经有一半是被启蒙了的，而清朝人在美国却遭受了野蛮的对待，最终导致了十一年前发生在石泉城的大屠杀。警察竭尽全力地助长这种苦涩的反华情绪，并获得了全面成功。《排华法案》的通过真是一件极为不光彩的事。数以千计的清朝人被迫离开了这个国家，而这个国家也失去了和他们国家的大量贸易，以及曾经享有的商业优势和特权。当然，也有可能，李鸿章本次到访会对这些局面有一些特殊影响。相比以前，恢复我们和清朝以前的那种商业关系看起来很有希望。对于我们而言，和清朝维持紧密的贸易关系是非常可取的，所以应该给予精心培养。

THE EVENING STAR

（美国）《晚间星报》

1896年9月3日·星期四

THE EVENING STAR
SEPTEMBER 3 1896
THURSDAY

清朝伟人

两国的旗帜

阿灵顿北翼屋顶飘扬着一面清朝的国旗——黄色的背景中有一条红眼的黑龙。今晚这个拥有几亿人口的国家中最伟大的人物将会经过这里。这是清朝国旗第三次飘扬在阿灵顿上空，前两次是来访的清朝公使们下榻于此的时候。大楼中央下方是正在风中展示美丽的星条旗。中美两国的旗帜被精心地安排一起，飘扬得非常整齐，这是非常值得学习的。其中一面旗帜显得有些奇怪，它表现了持续了无数个世纪的迷信；而另一面是和谐颜色的诗歌，是现代进步和启蒙的预示。就寝于这个屋檐下的这位伟大人物，将在这两面旗帜飘扬的波浪下，背负着艰巨的使命，他将给他遥远的祖国带去一些美国的辉煌象征，并协助将这些光明带到并照亮黑龙所象征的黑暗之中。

李鸿章将如何被接待

阿灵顿旅馆为招待这位中华帝国的代表和他的随行人员所做的准备工作已经完成，什么都没有落下，一切都是为了这行人的舒服而考量。李鸿章一行将在8点20分通过宾夕法尼亚铁路抵达这个城市，迈尔堡的骑兵中队将被派遣到这里迎接他们。

坐上礼车之后，李鸿章一行将会被拉到大道上，在军队的护送下，于8点40分抵达阿灵顿旅馆。在来自第二辖区的基夫（Keefe）少尉的指挥下，警视厅一支35人的队伍已经将旅馆门前的车辆和行人清空。礼车将经过靠近第一街的女士通道。总督和他的侍卫们随后将进入为他们准备的二楼房间里。旅馆内总共安排了16间相当宽敞、高大、有品位，而且简洁优雅的客房供他们使用。它们和旅馆其他的房间严格隔绝开来，似乎构成了独立的一栋楼，并禁止随意靠近。李鸿章等人将通过连接到女士客厅的走廊进到旅馆内。届时，女士客厅也将被清空，只剩下两位警察和两名旅馆的工作人员。电梯从这个客厅直通到李鸿章他们将要居住的房间。在总督一行人停留期间，电梯也专门为他们预留出来。

晚上的菜单

李鸿章刚换下他的旅行服，晚餐就已经备好。这将由清朝驻美公使的厨师准备。这位厨师计划给总督准备一点中式饭菜。总督到达时，他已经在阿灵顿旅馆的私人厨房准备餐饮，楼下还有公使杨儒的家仆等人。晚餐将提供珍贵的燕窝汤，这在天朝也非常少见，此外还有加了各种调料的剔了刺的鱼肉，适合天朝享乐主义者的味蕾，鱼肉上还配有洋葱。晚餐的主菜是多油的鸡和米饭。另外各种苇莺（Reed Birds）也会出现在餐点中，它们被随意地撒在小菜上。晚餐还提供各种蛋糕、米饭、咖喱以及精致的奶酪蛋糕，当然，还有茶。

随行人员的食宿

与李鸿章同行的各位先生也将同时用餐。桌子安置在宽敞的私人宴会厅里，正对着第一大街。这个宴会厅非常舒适，宴席选用最好的哈维兰餐瓷，多呈粉色和白色，这些都是少见的珍品。银质餐具也非常华美，它们是莱昂内尔·萨克维尔·韦斯特（Lionel Sackville West）男爵的私人珍藏。餐桌上还优雅地摆放着鲜花装饰。菜单如下：

蓝点生蚝
木犀草酱
甲鱼汤
斑点鳎鱼
黄油煎炸
黄瓜
奶油烤土豆
炒苇莺
烩饭
波尔多白蘑菇
童子鸡
砂锅
利马豆
烤西红柿
莴笋番茄色拉
女王布丁

费城热情的人群

雪莉酒汁

香草冰激凌

蛋糕

西瓜

咖啡

    总督和他的随行人员将享受绝对的隐私，保证不受干扰。除了总督自己的仆人外，阿灵顿的管理人员还将派出特别的侍者在旁。两名警察将从今晚 6 点一直到周六晚 6 点值岗。

目前已知的行程安排

    明早总督将在他的私人会客厅内接见来访者。由于总督习惯早起，到访者可能要比一般情况下的高职位人物的接见时间早一点赶来。快到中午时，礼车将前往位于十四街的清朝公使馆。清朝公使将在那里设宴款待这位清朝皇帝的杰出代表。下午的行程安排还没有得到确认，行程可能还包括参观新国会图书馆、华盛顿海军港和国会大厦。

晚间，前国务卿科士达将在阿灵顿的宴会厅宴请总督。来客包括总督和他的秘书们、显赫的政府官员以及在华盛顿的外交团中拥有高级职衔的人员。这次宴会将是罕见的高规格的，可以和泛美大会（Pan-american Congress）以及为上任国务卿葛礼山[1]外交代表团准备的国宴相媲美。

周六早上，总督将接见来客。当日，他还将参观各政府部门，并有可能前往位于阿灵顿的国家公墓。卡莱尔（Carlisle）副国务卿将负责在财政部的参观活动，而拉蒙（Lamont）副国务卿则负责国防部的部分。

特使的随行人员

总督的随行人员包括36人，其中16位是他的个人随从。第一位是李经方，一般被称为李子爵。他是李鸿章的养子[2]，也是伦敦清朝公使馆的秘书，此外还是清

---

[1] W.Q.Gresham，曾任美国财政部长和邮政部长。1894年以美国国务卿身份与清朝驻美公使杨儒在华盛顿签订《限禁来美华工保护寓美华人条约》。——译者注

[2] 李经方本为李鸿章六弟李昭庆之子，后过继给李鸿章为长子。此处描述与史实不符。——译者注

李鸿章的随从

朝驻日公使。总督的机要秘书罗丰禄曾在英国接受教育，目前是天津海军学校的主管。此外还有四名一等秘书：李鸿章的第二个儿子李经述、于式枚、连春卿（联芳）和林怡游（Lin ho Shu）。使馆的工作人员是黄芪（Hunk-Ki）、黄缙（Huang-ching）、张柳（Chang Liu）、洪冀昌（Hung-Chai-Siang）、罗春生（Lo Chung Sung）、薛邦穌（Sih-pang-ho）、柏斌（Pah Hin），担任特使和来访者谈话翻译的麦信坚医生、汉纳根大尉和伊文医生。

麦信坚医生是一名基督徒。他是广州美国学院（American College）的校长亨利（D. C. Henry）牧师的学生，也由他受洗。亨利医生是詹姆斯·亨利的兄弟，后者是华盛顿一位有名的记者。

一些奇怪的通讯

大量邮件抵达阿灵顿，其中一些信封上的文字很奇怪。今早抵达的一封邮件写着：

给在华盛顿哥伦比亚特区威廉·惠特尼府邸的副国王李鸿章。

盖的是纽约的邮戳。从一张盖有杰克逊小姐邮戳的明信片上可以看出一位伟大的美国鼓手的幽默感。这张明信片的抬头是：

尊贵的李鸿章，华盛顿。

明信片的另一面是新奥尔良一家著名的杂货进出口公司的名称，并打印着如下信息：

我将在9月7日带着所有样品前来拜访您。请预留好订单，直到抵达和交付。

汤姆·泰勒

签名专辑

寄到旅馆给总督的除了大量信件，还有很多签名专辑。它们被送过来，并附有请阿灵顿旅馆经理去讨要这位显赫客人的一个签名的要求。更多的专辑由它们的所有人亲自送来旅馆，并带着同样的请求。已收到的专辑数量，如果呈献给总督并请他一一签名的话，将需要他在这里的所有时间才能签完。因为众所周知，这位杰出的清朝人用毛笔写字。阿灵顿旅馆的经理，如同大家都知道的，从来不会对任何人失礼。今早旅馆有传言，所有专辑将会被寄回给它们的主人，并带有清朝书法。这就跟在 4 ½ 街的清朝商人所做的

李鸿章一行抵达费城。

一样,是由一个擅长签名的人悄悄地按照那些骄傲的专辑主人们的要求来完成这项装饰。

不像宫殿

  白宫的官员很焦虑,李伯爵停留期间会不会参观他们那栋有趣的大楼。他们担心,如果他真的前来,并期待找到符合东方观念的一座皇家风格的大厦的话,那么他会很失望。白宫几乎所有的木匠都在忙碌着,地板上全是席子和油布,席子的边角已经被磨得露出了地板。整个大厦都在进行清理修缮。如果李鸿章来参观白宫的话,根本没人能腾出手来接待他,他将会被护送着穿过这栋建筑,就跟目前所有的游客一样。

李鸿章一行晚了15分钟抵达费城

  费城,9月3日

  载着清朝总督的火车于今天上午8点33分离开新泽西州的宾夕法尼亚车站,比原计划的出发时间晚了17分钟。李鸿章乘坐的专列有5节卧铺车厢——艾欧兰提(Iolanthe)、科迪莉亚(Cordelia)、阿加哈(Aga-ha)、拉雷(Raleigh),以及副董事长弗兰克·汤姆森的编号60的私人车厢。李鸿章由李子爵陪同,此外还有随行人员中的其他成员。

  鲁格将军及其他的工作人员——戴维斯少校、米尔斯队长和康明斯中尉将总督从渡船护送上站台,在那里他们将受到宾夕法尼亚铁路公司副董事长弗兰克·汤姆森的迎接。

格兰特的墓地

（美国）《新闻先驱报》 1896年9月3日·星期四

纽约，8月31日

周日的节目单中最重要的安排是清朝特使参观位于滨河公园的格兰特将军墓地。李鸿章对这位将军怀有崇拜之情，视将军为一位英雄。上午早些时候，一大群人就开始聚集在华尔道夫饭店附近焦急地等待着，希望能够看一眼这位著名的清朝人。代理督察哈利带领125人驻扎在周围，防止人群涌入饭店。

李伯爵对格兰特墓地的拜访被安排在下午3点。在那之前，警察阻断了交通，禁止行人进入第三十三街。可以看到一大群人排列等候在第五大道的人行道上。这位与众不同的到访者将经过的路线旁都安排有警察，包括第五大道到第四十九大街、大马路、滨河路和墓地。代理警督汤普森指挥500人守卫在墓地周围以及滨河公园沿路。

弗雷德·格兰特上校在儿子尤利西斯·格兰特和他来自加州圣地亚哥的兄弟的陪同下，于下午2点20分抵达华尔道夫饭店。住在第五大街旅馆的格兰特夫人——格兰特将军的遗孀，被带往格兰特上校位于东二十五第六十二大街的房中。等墓地的仪式结束后，李鸿章将在那里会见这位夫人。

特使将在将军的墓地上放置一个巨大的花圈，花圈已经率先从总督的房间被扛下了楼梯。这个花圈由李鸿章侍卫团的一名成员小心看护着，并被放入一辆出租车运往墓地。

李鸿章一行人在4点15分时到达墓地对面的滨河路。总督的出现引起了现场一阵诚挚的欢呼。一行人由于侍卫赶着返回车中取李鸿章专用的轿子而耽误了片刻。轿子由四名警察从路边抬进了墓园。总督手里拿着一把雨伞，另一只手拿着一根镶金的手杖。走到台阶上后，李鸿章下了轿。通往墓园的沉重铁门此时被打开。李鸿章取过花圈后，走进了地穴，将其放在了铁制的棺材上。在这之前，他深深地鞠了一个躬。

在棺材边站立了二十分钟之后，李鸿章用汉语说了几句话，并深深地鞠了个躬。

李鸿章拜谒格兰特墓。

走回门边，他对自己重复了同样的话，并再一次鞠躬，然后退了出来。在他坐上轿子后，人群再一次爆发出热烈的欢呼。这应该使他很高兴，因为他温柔地点了点头。

随后，所有人都坐上了车，前往格兰特上校位于东六十二大街的府邸。在那里已经聚集了大概 3000 名观众。这一次，李鸿章拒绝使用轿子，在鲁格将军和格兰特上校的搀扶下，走到铺了地毯的门边，然后进了会客室。接待将在那里举行。

（美国）《太阳报》
1896年9月4日·星期五

李鸿章一行人离开

　　李鸿章已经离开纽约，和他一道的还有他的儿子李子爵、他的侄子——忠诚的罗丰禄[1]，以及其他33位尊贵的人物、守卫、秘书、仆人、堆积成山的行李和三笼鹦鹉。李伯爵一直到最后一刻都保持着微笑，也提了很多问题。当载重的专列开出泽西城的宾夕法尼亚车站时，李鸿章坐在最后一节车厢的最后排，在他左边是罗丰禄，右边的是宾夕法尼亚铁路公司的副总裁汤姆森，在翻译官允许的情况下李鸿章尽可能多地向他问了很多问题。与此同时，在李鸿章不想抽烟时，仆人就在旁为他举着烟枪，并在需要的时候将这柄长长的烟管递进他尊贵的主人口中。

　　华尔道夫饭店的每个人很早就起来了，因为这位伟大的官员和他的随行人员今早7点就要出发，需要大量的人手。此外，这位大人打算主持一场最后的接待，招待李姓族人，并从他们那里接过表达尊敬和情感的象征物。将近5点时，饭店人员就已经开始到处忙碌。在厨房，4个清朝厨子正在准备他们主人在这个饭店里的最后一餐。总督的随行人员忙碌地打包行李，李伯爵本人则安静地坐在他的房间里，烟侍和警卫在旁履行着职责。鲁格将军、米尔斯船长和戴维斯少校也在忙碌地发号施令。这里，那里，到处都可以见到德鲁先生忙碌的身影，他是欢迎李鸿章的仪式指挥。

　　6点刚过，从第五大道方向来了大量的礼车，在三十三街的拐弯处很快出现了一批人。根据专家的看法，他们很少来第十四大街，大部分时间都待在且林士果[2]底下。现场很多清朝人看上去非常开心。他们赶过来，期待着觐见这位李氏家族的族长。他们是来自勿街[3]的35名清朝商人，也就是李鸿章抵达那天就等候在码头上的那批人，也是在总督参观唐人街那个值得记忆的日子里排列在勿街上的那批人。和他们一起的还有一位显得很紧张、领口佩戴着勋章的先生——施肇基[4]公使。

---

[1] 罗丰禄为李鸿章的重要幕僚，并非他的侄子。——译者注
[2] Chatham Square，位于纽约唐人街。"士果"是广场的意思，典型的港式粤语音译。——译者注
[3] Mott Street，位于纽约唐人街。粤语音译。——译者注
[4] 1893年施肇基随驻美国公使杨儒赴美，此时还只是翻译生。——译者注

这些清朝人带来了大量精美的杯子，打算将它们进献给这位清朝重臣。这些杯子被包裹在红色丝绸里小心翼翼地带过来。一个胖乎乎的清朝人带着眼镜遮不住的自满和骄傲，捧着一个雕刻着大量花纹的漂亮的银质花瓶，在一行人中忙碌地走来走去。所有人都在走廊等候总督接见。

6点15分时传来了响动，一位头戴蓝翎[1]的官员出现了，他让这些李姓代表跟着他走。他们由施肇基公使领头通过电梯上楼，前往觐见李鸿章。一见面，他们立即磕了三个响头，接着施公使俯身向前献上花瓶，并恳请他一定收下。

与此同时，李鸿章一直坐着，带着跟在国王、王子和显贵们面前表现出来的一样的温柔笑容。他告诉访客他为他们能在"蛮夷"中取得成功感到高兴和自豪，最后他转向秘书，命他拿出那些奖章颁发给他们。这些奖章比25美分硬币略大一些，上面用汉语刻着他自己的名字和所有的头衔，还有一幅龙的图画。最后这35名李姓族人再次三叩头，退出了房间。而李鸿章开始享用他在纽约的最后一顿早餐。

哈雷督察6点多带着一支警察中队出现了。在旅馆的角落边，聚集了早早起来的一些人，他们期待能够最后看一眼这个国家的贵客。在旅馆对着街道的门廊处，戴着白色帽子的女仆们也偷偷跑来看著名的三眼花翎以及黄马褂最后一眼。旅馆也有很多早起的人。几个漂亮的女孩子放弃了她们的美容觉，来看这位伟人。前一天晚上，总督曾给她们送过玫瑰。稳重的主妇们也比往常起得要早，男人们也一样。

7点20分，李鸿章出现了。他拄着乌木手杖走在一行人的前头，在旁的是鲁格将军。当他看到两位非常漂亮的女孩子时，他的笑容扩大了。他转身看着她们，不知不觉地点了点头，女孩子们立即开心地羞红了脸，并屈身向总督回礼。罗丰禄和麦信坚医生紧随着李伯爵，在后面的是李经方和李经述。而在一行人旁边的则是神色紧张的德鲁先生。

当施肇基公使宣布李鸿章到来时，李姓族人再次列队。在他们的族长仁慈地微笑着经过他们时，他们一动不动地站着，就跟塑像一样。总督一在礼车上落座，李姓族人就立即返回且林士果，从那里驱车赶往渡口。在李伯爵的车中的是鲁格将军、麦信坚医生和罗丰禄。伯爵穿着锦缎制成的黄马褂，与他在此停留期间所穿的大为不同。可能他知道，适合纽约的东西可能并不全部适合费城。昨天早上他所穿的褂子比他停留期间所穿的调子更为柔和。

7点30分，当拉农骑警警长收到哈雷代理督察出发的指令时，这支包含15辆

---

[1] 与花翎性质相同的一种冠饰。无眼，以染成蓝色的鹖鸟羽毛制成。赐予六品以下、在皇宫、王府当差的侍卫，或者一些下级军官。——译者注

礼车和出租车的队伍开始向位于翠贝卡街区的德布罗斯街（Desbrosses Street）的渡口出发。路线是沿着第五大道到第四街，然后经过百老汇到运河街，通过西街，最后到达渡口。

渡口处已有一艘特别安排的渡船在等候。"新泽西"号是一艘崭新的往来于泽西城和二十四街的渡船。船上插着美国国旗，由科特赖特督察和25名警察负责警戒。李鸿章的车开上了渡船，停在一个很容易看到河流全景的位置。船上的还有来自勿街的35名李姓族人，他们将一同前往送别这位大人。

为李鸿章所安排的这些准备工作是前所未有的。即使欧拉莉公主（Princess Eulalie）经过这个国家时，也没有这样的待遇。大货梯铺上了红色地毯，使这位大人尊贵的脚不用踏上普通的地板。从电梯到火车站站台这段路也同样地铺上了地毯。总督一行人进入电梯。电梯上行时，李鸿章向墨菲长官问了唯一的一个问题："这是谁的电梯？"

"铁路公司的，"这位警察很高兴地回答，"这被称作克利夫兰电梯是因为克利夫兰总统是第一个使用它的人。"

宾夕法尼亚车站里面已经挤满了人。每一辆通勤火车到来，都会运来新的围观者。所有人都被挡在门口外。车顶上挤满了铁路方面的人，排在站台上的则是施肇基公使带领的唐人街李姓族人。

一辆专列已经安排就绪，将一行人载往费城。该车包括一节行李车厢、新出厂的4节卧铺车厢，以及副总裁汤姆森的私人车厢。李鸿章的随行人员被安排在卧铺里，而伯爵、他的侄子、儿子、翻译、麦信坚医生、汤姆森先生和鲁格将军则被安排在私人车厢里。该车由850号引擎驱动，这是目前最快的列车。动力系统的负责人是本德，他有着使任何旧列车都能快起来的名声。这辆车的总负责是波特雷指挥官，他和所有助手都穿着崭新的制服。

李鸿章在他车厢的观察间的中间坐下，还没坐稳就开始向汤姆森先生提问。可能他想在到达费城前问出汤姆森的薪资是多少。他周一就尝试过，但失败了。伺候他抽烟的仆人同样没有浪费时间，开始他日常的工作，不时将烟枪递到主人的口中。

8点30分，锣鼓响了三次，火车开动出发。两分钟后，火车绕了一个弯消失在远处。李鸿章已经离开了。人们最后一次看见他时，他仍在提问题。

很多人都很好奇李鸿章在纽约期间政府花了多少招待费。虽然昨天并没有公布具体的数字，但总督一行人在华尔道夫饭店的食宿费无疑是一笔高昂的开支。博尔特先生说不可否认，费用在12000美元左右。

THE MADISONIAN

（美国）《麦迪逊报》 1896年9月5日·星期六

我们的清朝客人

纽约，8月31日

李鸿章抵达并下榻纽约豪华饭店

清朝政治家李鸿章安全下榻华尔道夫饭店。当美国"圣路易士"号邮轮于12点30分抵达检疫站时，鲁格将军代表克利夫兰总统上船迎接李鸿章。随后"圣路易士"号缓缓驶入港湾，被各式各样庆典般装饰起来的船只围绕，并伴有雷鸣般的欢呼和礼炮声。

当"圣路易士"号接近美国舰队时，"纽约"号旗舰上射出了第一发致敬礼炮。"纽约"号是唯一一艘鸣炮致敬的战舰，但其他船只也发出了致敬声。"圣路易士"号经过时，这些船只组成了壮观的队列。这位清朝特使和他的随行人员在邮轮的甲板上饶有兴致地观看着这一切。

踏上美国土地

"圣路易士"号在1点50分时停靠码头。担当护卫的是海军步兵团。码头上早已聚起人山人海。李鸿章一行人坐上马车，队列随后离开码头。开道的是第六骑兵团的一列支队，该团的另一支队在旁护送。在整个队列前头还有一支骑警。一行人在热烈的欢呼声中离开码头。

右上 / 在前国务卿惠特尼的府邸，李鸿章向克利夫兰总统递交国书。

右中 / 唐人街庆祝李鸿章到来。

右下 / 李鸿章拜谒格兰特将军墓。

刊于（英国）《哈珀斯周刊》，1896年8月29日。

队列的路线是前往西大街和博林格林街（Bowling Green），经过百老汇到第四大街，然后穿过华盛顿广场，抵达位于第五大道的华尔道夫饭店。这条路线由警察守卫着，旁边聚集了大量的观众。大批彩旗列于道路两侧，其中不乏中式旗帜。本次接待的一大特色是有"白色中队"，它在港湾中慢慢驶向"圣路易士"号。这批清朝客人对此极为感兴趣。

俄国大使到访

李鸿章刚到华尔道夫饭店，俄国参赞就前来拜访，安排他与俄国大使之间的会面。俄国方面的努力成功了，虽然会面时间还不确定，但被认为会在当天举行。由于过去以及最近东方发生的一些事件，俄国人的快速反应在饭店人群中引起了很多猜测，但也有说法是俄国公使很快会离开纽约，因此他希望能够尽早与李鸿章会面。

如果不包括早已在饭店里等候的前国务卿科士达和弗雷德·格兰特陆军上校的话，那么俄国参赞是李鸿章在华尔道夫饭店的第一位来访者。随后，一些清朝商人来访并受到了接待。曾任驻华公使的乔治·埃德蒙德（George F. Edmunds）男爵也来拜访了李鸿章，并向他致敬。

《名人新闻》

李鸿章将以国家贵宾身份在这个国家停留。鲁格将军负责李鸿章停留期间的接待事宜。

上图／访英期间，李鸿章在卡尔顿府接受伦敦《泰晤士报》前驻华记者柯乐洪采访。刊于（英国）《图片报》，1896年8月22日。

左图／昨天以国宾的身份到访的清朝总督李鸿章，刊于（美国）《纽约时报》，1896年8月29日。

CHELTENHAM CHRONICLE（英国）《切尔滕纳姆纪事报》1896年9月5日·星期六　SEPTEMBER 5 1896 · SATURDAY

插图新闻

我们的美国表兄弟们正在以他们最盛情的方式招待李鸿章，对此这位精明的清朝人无疑会很享受，而且还会把这个盎格鲁—撒克逊族的伟大旁支与它的家长做一番比较。若能进入这个伟大头脑里面，精确地找出他对于到访过的各个国家的看法，这会是一件相当有趣的事。在美国，如果他不累的话，那里的人们会向他展示一些比他在已经离开的那个"虚弱的老欧洲"里看到过的更大的奇迹。

抵达美国后，他实实在在地被记者们包围起来了。他眨着眼睛，看到聚集在邮轮旁的各式船只，每一艘的甲板上都站满了媒体记者，细致地询问他的随行人员每一个细节问题。这些记者们以荒谬的篇幅描述发生的每一件事，可能还会以更大的篇幅去报道那些没有发生的无数事件。可以理解，在旅行中，李鸿章相当一部分注意力给予了那些接受过他询问的人们。他将以清朝皇帝的名义，向他们授予奖章。如果我们通过订单上勋章的数量来估算的话，那么将有将近三百枚不同等级的勋章会被授予出去。这些著名的双龙勋章总共有五个等级，每个等级又细分为多种级别。关于谁有可能会成为幸运的获得者，流传着各种故事。

一位被传唤到卡尔顿白金大酒店去为那位大人整理辫子的著名理发师，相信自己肯定是其中一位。而在特使居留期间为他供应鸡肉的肉贩也认为他有机会获得一枚勋章。对于李鸿章的财富，美国人在他们的报纸上有各种令人震惊的说法，但这些或多或少都缺乏真实性。李鸿章的一位随行人员就这个问题接受了很长一段时间详尽而友好的盘问，最后，他承认这个问题无法回答。但他也说，没有任何国家的富人可以做到李鸿章为他的皇帝所做的——在十天内替皇帝付清给日本人的赔款。这位清朝人还说，李鸿章的茶园里雇佣了差不多40万人，他有1000多个经理。按照旧罗马兵团的原则，10个主管每人管1000人，这10个人直接对李鸿章负责，他们每个人的薪资大约有18000镑。这也解释了为什么李鸿章在听到像格莱斯顿先生这样伟大的人物，做了很多年英国首相却并没有很富有后，流露出了极大的震惊。最后，为了在这里给大家提供一个关于李鸿章财富的直观看法，我们可以引用一位年轻贵族所说的："比你的每月100万英镑还多。当他去世时，他会把几乎所有的财产都留给皇帝。如果慈禧太后届时还活着的话，那就是留给她。她是李鸿章最好的朋友，因此她将接收其中很大一份。"

慈禧太后的好朋友李鸿章

THE HERALD

（美国）《先驱报》 1896年9月5日·星期六

THE HERALD SEPTEMBER 5 1896 SATURDAY

李鸿章在华盛顿

游览华盛顿

华盛顿，9月4日

在日出前，李鸿章已经起来为这一天的参观做好了准备。他决定首先前往国会大厦，陪同他的是美国前国务卿科士达和总督自己的随行人员。李鸿章一行人在国会大厦停留了不到一小时。警卫官布莱特上校被介绍给他们，随后一行人被领入大理石大厅、总统房间、议院、最高法院、圆形大厅、国会图书馆和众议院大厅。

前国务卿科士达担任国会大厦之行的向导，他试图说服李鸿章参观新的图书馆大楼，并告诉他这是该城中最好的建筑。"已经建成了吗？"李鸿章问道。在得知该楼尚未完工时，他拒绝了这个提议。

李鸿章看上去对图书管理员斯波福德更感兴趣，并在旧图书馆里做了短暂停留。斯波福德告诉来访者，这个图书馆里有75万册书籍，其中大概有600部中国图书在架上。

"你多大岁数了？"李鸿章问斯波福德，并得到了回答。李鸿章接着说："你的脑子里装了很多书。"

"外面还有更多。"斯波福德先生回答说。对此李鸿章不予置评，并没有要求更多的解释。

李鸿章对华盛顿的等身肖像表示出了极大的兴趣。他希望能够登上华盛顿纪念碑，并问那里的空气好不好、有没有电梯。

此行当中李鸿章穿着著名的黄马褂，他的随身侍卫按照官衔依次跟随在后面。从国会大厦，一行人驱车来到清朝公使馆。杨儒公使为接待这位贵客做了大量的准备工作。公使馆大楼装饰得气派非凡。在李鸿章一行人到达、接受公使及其家人的热烈欢迎之后，李鸿章和杨儒进行了长时间的私人会谈。随后是欢迎仪式，前来的公使们和使馆人员相互寒暄。中午，总督和他的随行人员在客厅参加了午宴。没有外国人在场。

贵客到来

安大略省渥太华，9月4日

亨利爵士今晚出发前往尼亚加拉大瀑布迎接李鸿章。这位清朝特使预计将在周一抵达那里。他将接受鸣枪十九响的欢迎礼。亨利爵士将陪同这位特使前往北湾。接下来的行程将由何塞博士作为加拿大政府代表担任向导一职，护送李鸿章前往温哥华登上回清朝的邮轮。汉密尔顿第四炮兵连在亨得利少校的指挥下，受命在尼亚加拉大瀑布欢迎李鸿章的到来。炮兵连将协同第十三兵团的一百人担任荣誉护卫。此外，军乐团也将参与接待。

预期的效应

上海，9月4日

李鸿章的欧洲之旅已经被广为报道，此行可能会对清朝政府未来的外交政策产生重要影响，中华帝国可能会很快全面开放对外贸易。这位清朝政客在伦敦时，随行的一名官员说，此行的重要目标是促使欧洲政府同意清朝提高关税。他补充说，对此俄国、德国和法国都倾向于同意，但是索尔兹伯里侯爵想要更多的时间来考虑，并提出了几个对应的提案。至于提案内容，只有少数人知道。

另一方面，有关人士表示，清朝政府的意向很明晰，政府有意采纳索尔兹伯里的提案。作为同意提高关税的前提条件，索尔兹伯里要求取消所有内地厘金税并在清朝全境范围内开展自由贸易。出于贷款方面的考虑，提高关税被视为极有必要，并被认为是眼下最安全的方式。

如果英国援助清朝需要的款项，作为回报，清朝将从英国船坞订购大量的战舰、巡洋舰和鱼雷艇，未来英国军官可能也会参与重组清朝军队。本来重组军队这项任务是交给德国军官的，但李鸿章在德国可能并未达成他想要的交易。当然，这只是英国的看法，在未来的事务中很多将会被修改。因为很多事情还取决于李鸿章回国后的行动，以及他呈给清朝皇帝的报告的性质。

最后，一般认为，清朝政府已经决定采取实质性的行动来尽快拓展清朝境内的铁路建设，基于外国关税收入而建立的外国铁路董事会被委任进行这方面的事务。众所周知，清朝皇帝非常倾向于开展铁路服务、开放内地的自由贸易、取消所有厘金税和改进铁路体系，李鸿章的这次旅行可能是觉醒中的清朝迈入新生和繁荣、对世界贸易市场开放的一个重要手段。

李鸿章今天受到前国务卿科士达的设宴款待，来宾包括四位内阁成员、军队将军和几位贵族官员。宴席在阿灵顿旅馆举行，占用了三间大客厅。宴会厅装饰精美，长桌上摆上了美丽的玫瑰、清朝紫苑、黄花以及蕨类，这些是中美两国的代表颜色。美国海军军乐团被安排在其中一个会客厅中。宴席进行过程中，在凡库利的天才指挥下演奏了中美两国的乐曲。本次宴会的来宾名单如下：李伯爵、李经方阁下、秘书罗丰禄、李鸿章的儿子李经述、随行医生伊文和麦信坚、清朝公使杨儒、墨西哥驻华盛顿公使罗梅罗议员、卡莱尔秘书长、拉蒙秘书长、弗朗西斯秘书长、哈兰法官、马里兰州州长朗兹、迈尔斯将军、鲁格将军、秘书处助理罗克希尔、福州和宁波海关税务司杜德维、威尔逊将军、约翰斯顿博士。

宴会开始时,李鸿章在科士达将军的搀扶下坐上贵宾席。餐点是由美国厨师准备的,非常简单而雅致,但是没有太大特色。这些杰出的来宾之前已经用过餐,所以只是象征性地吃上一点,更多的只是抿一抿嘴边的香槟酒。

宴席结束时,福斯特先生做了致辞,表达了他对于能够陪同李鸿章一行人参观美国的欣喜之情,并对本次旅行的短暂表示遗憾。对此,总督回应如下:"对于我的老朋友科士达阁下给予的热情接待,我表示高度认可。谢谢他在我离开前,使我有机会参观这个国家的国会大厦,对此我再一次表达感激之情,感谢美国政府和人民对我以及我所代表的清朝皇帝的热情招待。自建立条约关系后,中美两国间的友好伙伴关系日趋发展,我敢说,这份友谊在美国政府和人民对我热情和真挚的欢迎中,被提升到了新的高度。

"很遗憾,由于时间关系,我无法像我希望的那样在这个国家做长时间的停留,进一步领略这个国家的成就和进步。在我短暂的停留当中,这里的人民所享有的自主和自由,农工商业的繁荣和发达,他们在经典、历史、哲学和诗歌著作中表现出的特色,科学发明和对提升人类幸福感的应用,他们在公共建筑上展现的艺术品位,历史人物和事件的塑像,我的老朋友科士达展示给我的所有这些,都使我深受震动。我将把这些珍贵的印象带回清朝,不单作为关于西方文明的丰硕的知识储备,更要把它们作为启蒙我所代表的百万民众的手段,促进这些文明的方式和成果,以及西方的现代化在清朝的传播。

"我想补充说,科士达以他的各种才能,在清朝最关键的时刻给我提供了最宝贵的帮助。美国,无论是作为国家还是个人,都是清朝非常需要的伙伴,清朝对于美国而言也是如此。所以,先生们,我提议为清朝的朋友——科士达敬酒。"

晚宴持续了将近一个小时。结束后,客人们在交谈中又停留了一个小时。李鸿章随后回到自己的房间休息。

受封

伦敦,9月4日

李鸿章的秘书罗丰禄被授予皇家维多利亚勋章。

李鸿章的服饰

  昨日拜访克利夫兰总统时，李鸿章穿着他最好的那件黄马褂。这件华丽的橘黄色褂子有着太阳般的光泽，绽放出光芒。长长的丝绸料子上有着精致的光泽。这件衣服的确是光彩照人，金光闪烁。

  在跟随伯爵进入车厢以及回惠特尼先生的府邸途中，奥尔尼国务卿似乎被这件衣服迷住了。跟李鸿章其他的黄马褂一样，这件奇妙的衣服是由一块布料剪裁而成的。女士们可能会说，前后都看不到一道缝、开口、节点，或者其他任何用来挂东西的地方。这件褂子仅由一枚奇怪的小金扣和环线扣着。袖子裁到手肘处，用以露出里面那件华丽的海蓝色底衫。底衫的料子是清朝的一种锦缎，极其柔软，上面点缀着各种清朝的鲜花图案。领子翻出了黄马褂，在喉咙的地方形成一道蓝色。在金色的外套下面，李鸿章穿着一条由厚重的绸料制成的酒红色衬裙。衬裙开口处露出里面天蓝色的丝绸衬裤。深色的衬裙在膝盖处有一排金扣，由一些黑色的环线绕成了扣眼。

  这位阁下穿着和离开邮轮时同样或者类似的鞋子，闪亮的黑色缎面发出漆革的光泽，像火枪手的手套一样绕着脚踝。他的官帽也是黑色的，是毡料制成的，在一圈英式头巾的上面有翻起的沿子，在靠近冠顶处向外凸起。帽顶饰有玛瑙，并由一圈金色陪衬，这使帽子看起来更像白炽灯泡。很多小红线在帽子后头垂下，束着一束很长的黑色马尾，中间插着两根孔雀翎，一直垂到这位伟人的肩膀处，在45°角的地方由苹果绿的绸料绕着形成一种毛掸子的效果。

  与他在伦敦的习惯相反，李鸿章没有佩戴任何饰品。在那里，据说他在黄马褂上佩戴着勋章。但是昨天，除了金色的扣子以外，没有其他任何装饰。在马车上，有一把伞举过他的头顶。这是一柄合着的、有着钢柄和扁平的原木把手的伞。

  拜见完克利夫兰总统后，李鸿章回房打了个盹，吃了午饭，然后开始穿衣打扮，为接待斯特朗（Strong）市长做准备。李鸿章穿上一件华贵的长袍，风格看起来就像是公主的披风和浴衣。猩红的丝绸上绣着精致的金线，顶上还有红绸做成的一颗奇怪的小扣子。

李鸿章的晚礼服和早上的那身差别不大，只是黄马褂的料子略有不同。这个区别显然决定了这一身是作为工装外套还是燕尾服。如果是华丽的绒料，它将取代阿尔伯特王子的位置；如果是缎料，那么就适合参加晚宴。在昨晚为他所举行的晚宴上，李鸿章的装扮是完美的。他的黄马褂是漂亮的橘黄缎料。他穿着和早上同样的衬裤。

——《纽约日报》

《印第安纳波利斯日报》(美国)
1896年9月6日·星期日

李鸿章

李鸿章对于《伦敦问询报》(London Queries)来说应该是一笔宝贵财富。
——《芝加哥邮报》

我们原以为李鸿章会来这里参观,但是他跳过了芝加哥。
——《芝加哥邮报》

如果现在李鸿章只有一个机会问布莱恩一些问题!唷,我的老天爷!
——《纽约论坛报》

站在安全的距离看李鸿章问海伦·库加她的年龄问题,这会非常有趣。
——《芝加哥论坛报》

如果李鸿章问格罗弗·克利夫兰总统抓了多少鱼,记者会无法报道出答案。
——《匹兹堡纪事电讯报》

据说李鸿章在3点30分吃他的第一份早餐。显然他是再一次回到了童年。
——《布法罗信使快报》

李鸿章问所有人:"你赚多少钱?"他可能在寻找他在新闻上读到过的财阀。
——《费城公共记录报》

李鸿章在诽谤新闻记者方面非常不体谅人。我们应该知道,他们使他的到访变得备受欢迎。
——《费城北美报》

李鸿章的外交政策看起来和他说出的大部分重合，这使得一些喜欢怀疑的人猜测他肯定有别的含义。

——《芝加哥记录报》

看来在清朝，处于高位的官员问他们的下属问题，似乎是一种礼貌。这解释了李鸿章为什么经常问"你今年有何打算"。

——《纽约世界报》

当李鸿章说"清朝、日本和美国必须解决财政问题"时，他显然忘记了威廉·詹宁斯·布莱尔已经好心地自愿承担了帮助这个世界缓解那些琐碎的责任。

——《辛辛那提商业论坛报》

拜访格兰特的墓地时，李鸿章的问题并没有什么好让人奇怪的："这什么时候建完?"上千人已经一次次地问过这个问题了，但是从来没有得到过答案。

——《费城询问报》

我们很高兴看到他，我们对他说欢迎和一路顺风。但是我们不要他的苦力，也不要他那不值钱的铜币或者银元。我们崇拜伟大的清朝人，他是其中最伟大的；但是我们不要廉价的清朝劳工或者廉价的清朝货币。

——《芝加哥先驱报》

我们把清朝政府想得很好，是因为一个人的天才和性格会成为这个国家的总体形象。如果清朝还有其他像他这样友善、尽职奉献的人，清朝帝国和清朝人可能会受到祝贺。李鸿章万岁。

——《纽约太阳报》

THE SACRAMENTO DAILY RECORD-UNION
SEPTEMBER 6 1896 · SUNDAY

（美国）《萨克拉门托联合日报》
1896年9月6日·星期日

清朝总督李鸿章访问美国财政部

华盛顿，9月5日

今早9点30分左右，李鸿章在他的随从人员的陪伴下来到财政部。总督在此地的访问持续了一个半小时，一行人显得极为感兴趣。卡莱尔秘书长发表了诚挚的欢迎辞后，李鸿章表达了想看看金库的愿望。在财政部副秘书长摩根和前国务卿科士达先生的陪同下，一行人参观了位于地下的金库。储藏着金、银和证券库的巨大的

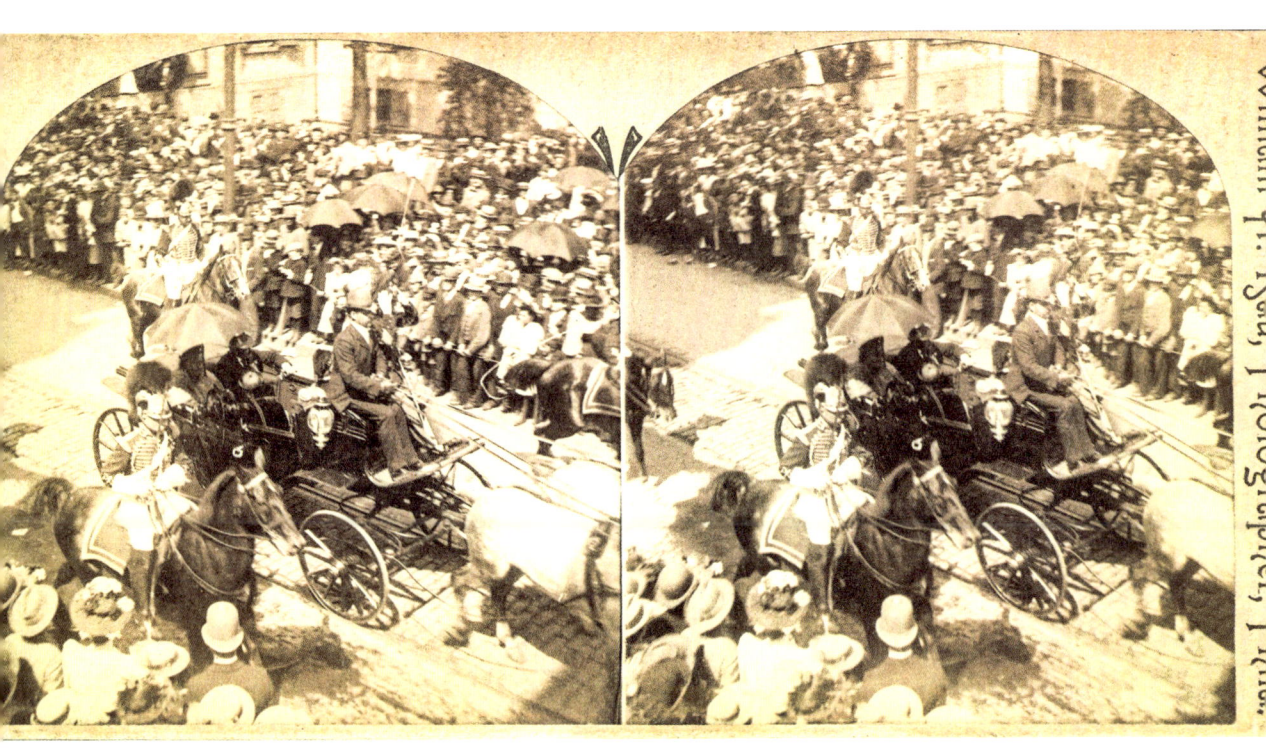

李鸿章一行访问美国造币厂。

钢门被打开，里面的库藏被一一介绍给总督。

总督的好奇心和兴趣被激发了出来，他的提问和他们给出的回答涵盖了相当广泛的内容。一行人从金库走到上面一层，然后参观了负责发行和赎回的部分。在那里秘书向总督解释了美元从雕版、印刷、铸币到流通的全过程。总督看上去很高兴，离开大楼时，他向陪同的政府官员们表示了感谢。

卡莱尔秘书长随后陪同一行人到了雕刻和印刷局，这是他们接下来参观的地方。本次参观的时间由于下雨而被缩短，卡莱尔秘书长将总督一行人护送回财政部，他们从那里出发返回阿灵顿旅馆。

相比迄今为止参观的一切，总督对于华盛顿总统的生平和性格印象尤为深刻。今天他还命人摘录翻译了这位第一总统的告别演说。他让人准备一个漂亮的花圈带去弗农山庄，放置在华盛顿总统的墓地上。花圈现在已经被送到了清朝公使馆那里。李鸿章指示公使，作为皇帝的代表，对花圈要表现出敬意。

5点30分，一行人乘坐马车赶往车站。和往常一样，由鲁格将军负责护送，参与护送的还有第六骑兵团的四支支队。

6点，火车出发前往尼亚加拉大瀑布。预计将于明天上午11点20分抵达大瀑布，一行人将被护送到波特堡，并参观美国国家公园。星期一早上，他们将过河，然后前往温哥华，从那里登船回国。

李鸿章对美国人民的告别讲话交由美联社在今晚播出：

"历史上最重要的三位人物分别是拿破仑、中国皇帝尧和华盛顿。拿破仑创造出了一个很快被摧毁的帝国，尧创造出一个帝国后自己进行统治，而华盛顿建造了一个伟大的国家，然后让位给其他人去统治。"

（美国）
《费城晚报》
1896年9月8日·星期二

李鸿章在加拿大

尼亚加拉大瀑布

尼亚加拉大瀑布，9月8日

　　李鸿章一行昨日经过吊桥进入加拿大。可能是由于瀑布的激流声，在喧嚣的一晚后，他早早就起床了，这也是他的习惯。零星地吃了点鱼、米饭和鸡蛋后，他准备好出发了。但是，这比美国人预计的出发时间要早一个小时或者更多。于是随从们直接去专列上就座，而李鸿章则和一小群人坐上一辆礼车，穿过位于尼亚加拉的通向克利夫顿饭店（Clifton House）的桥离开。

　　在这里，亨利·德乔利和帕马利先生代表本地政府，用热烈的言辞欢迎这位贵客，而美国的护送团则与他作别，并祝他旅途愉快。加拿大人随后将李鸿章带到他们的车子里，穿过加拿大公园前往丹佛林岛。总督通过翻译说道，站在美国那边看到的尼亚加拉瀑布没有加拿大这边让人印象深刻。午时刚过，一行人登上了专列，出发前往多伦多。

在多伦多

安大略省多伦多，9月8日

　　载着李鸿章和随行人员的专列于昨天下午准时抵达该城，停靠在展览场的对面。这位清朝的政治家受到议会和名流的接待，然后被护送前往盛大展台前的站台，在那里安大略省副省长柯克帕特里克致了欢迎词。李鸿章通过翻译做了简短的回应。在场的大批人群使总督感到很高兴，尤其是人群的欢呼声让他十分满意。4点左右，李鸿章登上前往北湾[1]的火车，此后他将一直向太平洋海岸进发。他的目标是尽快安全平稳地抵达太平洋海岸。总督对加拿大的参观，大部分是通过列车车窗完成的。

---

[1]加拿大安大略省东北部的一座城市。——译者注

THE ARIZONA REPUBLICAN

（美国）《亚利桑那共和报》 1896年9月11日·星期五

一个坏印象

就最近对李鸿章的接待，《奥尔巴尼日报》(The Albany Journal)不无正当性地表示了抗议。自从清朝政治家到访美国的消息传开后，华盛顿就派出许多聪明人前往各处，做各种安排，试图使这位东方的客人"印象深刻"，并提议在纽约港集结所有可用的战舰。

假想的情况是，李鸿章会走上"圣路易士"号的甲板，观看美国军舰"令人印象深刻"地展示伟大美国的强大和威武，用自己的国力来震撼这个伟大的民族，并给它提供鲜明的对比和特权。

这些派遣员设想，可怕的舰船的数量应该非常多，而且它们要尽可能重复地从总督眼前经过。然而，在"圣路易士"号驶进纽约湾时，李鸿章一直待在客厅里。纽约港枪声震天，他却根本就没有露面。蒸汽船的汽笛声和炮声响彻纽约湾，但李鸿章连一丝笑容都没有。威廉堡向他开炮致敬，但他什么都没有说。显然他并没有打算像华盛顿的政客们所设想的那样对此"印象深刻"。

格兰特将军访华时，李鸿章曾用最高的规格接待他。但是当这位伟大的清朝人来美国时，用来使他印象深刻的却是一些廉价的花招。

《奥马哈每日蜜蜂报》（美国）
1896年9月11日·星期五

李鸿章预测麦金利将当选

温尼伯，9月10日

昨天，李鸿章用一次过路式的快速旅行来向温伯尼[1]致敬。下午2点整，这位阁下乘坐一辆由六节车厢组成的专列抵达该地。他使用了厄恩斯克立夫私人车厢。尽管天气不佳，大群人仍聚在加拿大太平洋铁路的车站观看这位杰出人物的到来。该城的清朝人在火车进站时，发出巨大的欢呼声。很多人试图和李鸿章说话，但是总督命人发布消息说，他将不会出现在公开场合。总督在温尼伯停留了一个小时，然后启程前往班夫，在那里他将作短暂停留，然后再次启程前往温哥华。

《圣保罗先锋报》(The St. Paul Pioneer Press)的一个记者采访李鸿章时，他问这位记者："你是一个美国人，呢？你是什么（党派）呢，共和党人还是民主党人呢？"

"民主党人。"记者回答道。

"哦！那太糟糕了。"总督笑着说，"民主党要失势。麦金利会成为下一任总统。"

在温尼伯和凯诺拉（Rat Portage），阿伯丁伯爵派出的一些重要官员受到了总督的接见。阿伯丁是加拿大的总督。官员们告诉李鸿章，阿伯丁总督很高兴能传达维多利亚女王陛下授予李总督巴斯骑士勋章的消息，而李鸿章的儿子李子爵被授予骑士勋章。随行的罗丰禄大臣也被赐誉。李鸿章指示他的秘书立即致电阿伯丁伯爵，表达了他和他儿子对于这一最高荣誉的感谢。

---

[1] 加拿大第八大城市，西加拿大的重要交通枢纽，据美国边境仅96公里。——译者注

| (英国)《哈珀斯周刊》 1896年9月12日·星期六 | HAPER'S WEEKLY SEPTEMBER 12 1896 SATURDAY |

李鸿章访美

　　拉法叶（Afayette）于1824年访美之后，美国便不再有像李鸿章一样卓越突出的访客了。有人会说在此应提到威尔士王子殿下的来访。但王子的卓越是因其出身，年轻的他当时只是一位友善的访客。李鸿章的卓越则来自他的成就，这种卓越历经了无数磨炼。他是高龄的过来人，作为特别大使与全球范围内从最古老到最新式的诸多国家都要建立友谊。此外，他是第一位被美国邀请款待的政坛元老（Grand Old Man）。更为难得的是，清朝人本来便有慎终追远的传统，对于已故的格兰特将军，他也可说是相当崇拜了。这在某种程度上解释了美国人为何对这位拥有清朝第一名臣、太子太保、内阁总理大臣及其他各式官衔的中堂大人的热烈欢迎及盛情款待。

　　这个国家对他的到来做足了准备。欧洲派往清朝的联络员曾告诉过我们他的怪癖，他的幽默，他的礼节备至，以及从日常琐碎事物的细枝末节到宪制政府和现代体制的大原则对于大众的影响——他对于目之所及一切事物的好奇。我们都知道，他完全可能会问斯特朗市长、鲁格将军和宾夕法尼亚铁路公司副总裁汤姆森之类的人物他们的薪水多少，而他们大概也不会对此感到惊奇。我们也猜得到，在儒家礼仪的审慎反省下，因为对现代文明的产物——女性解放的思想的好奇，他会一路上问自己遇到的每一位女性的年龄；而即便是从我们自己的经验看来，一个普通现代女性都能镇定自若地应对这类小问题。没有记录显示被询问的女士因此而焦虑，但即便是男人们在李鸿章鹰隼似的目光审视下都会慌张不已。

①/ 在李鸿章下榻的纽约华尔道夫饭店，李鸿章自带的厨师正在做中国菜。

②/ 纽约码头欢迎李鸿章的人群

③/ 瞻仰格兰特将军墓。

④/ 李鸿章的马车经过华盛顿凯旋门。

⑤/ 纽约唐人街张灯结彩欢迎李鸿章到来。

纽约对他表示了热烈的欢迎。战舰队伍连同众多更小一些的船舶，整装集合于李鸿章所在船只即将停靠的港湾。李鸿章由一队政府派遣的规格相当高的骑兵护送，穿越数英里的人群来到华尔道夫饭店的房间。一个人只要在李鸿章穿过街道时看他一眼，便足以看出此人的友善品性和谦逊。他看上去和蔼、平静、文雅至极。在其行为举止中，含有一种纯然的伟大品质。他看起来似乎并未东张西望，这很有可能只是因为他让自己的随从们代替自己去尽可能地观鉴吸收去了。身处于李鸿章的高位，可以说他在所有的仪式活动中都显得非常有礼有节。他态度不卑不亢，第一眼看去很容易将他联想为学者和政治家，而非与战争相关。然而，除拿破仑之外，邮票上现代最杰出的战士们的外表一向都文雅温和。格兰特和毛奇便是两个例子。

李鸿章在纽约待了六天。马不停蹄转个不停的他，看上去也享受这种生活。他的首要职责是拜访总统。克利夫兰先生从他的夏季度假房赶回来与李鸿章在惠特尼勋爵寓所正式会面。市长也去酒店拜访了他。到了晚上，李鸿章参加了由前任英国驻华公使们和曾经的美国公使们所举办的欢迎宴会。正是在这次晚宴上，作为清朝延续了几个世纪的保守主义的代表，拥有在清朝象征至上荣耀的三眼花翎和黄马褂的宠臣李鸿章通过在演说中声称西方文明"最适生存"，展现了他对进步论的信仰。在同一天，他又公开接受采访，抢先于美国记者的提问，说他对于本次旅程兴奋不已，而且他非常喜欢美国。

后面一天，这位清朝重臣参观了格兰特将军墓，并在石棺上献花圈表达了自己的敬意。之后他到格兰特夫人的居处拜访了她。接下来的一天，他沿着哈德逊河来到前战略要塞旧址上的西点军校。倾盆大雨使他难以在户外观看军校学员的检阅仪式，从这一点来看那天是个遗憾，但这位特使仍与军校领导们热烈交流、开会。

之后是整个行程中最繁忙的一天。各个传教团的代表们感谢李鸿章对于他们在华利益的保障。正如代表们对基督信仰的宣示，李鸿章在回复中宣示了他的儒家信仰，并称赞了传教团的工作。之后李鸿章接受了商会的午宴款待，又转至唐人街接受了那儿的华人们沉默的致敬，以及成千上万踊跃而来的好事者的热烈欢迎。他离开后，这些清朝人燃放烟花爆竹，以这样一种此前我们从未听闻过的方式来纪念庆祝。他又去了联合广场（Union Square），那儿正在举行一场城市灭火设备的展览，警察和街道卫生部门派遣的代表们正在游行。可以说，即便是一个擅长煽动群众的总统候选人，他在联合广场能吸引到的人都不如这位不动声色的沉默老人来得多。不出意料，白天的奔波令李鸿章格外疲惫，以至于不能亲自参加晚上在戴尔莫尼克餐厅（Delmonic's）举行的欢迎会，而是派了一位随从官员代表他去参加。

李鸿章在大都会的最后一天拜访了布鲁克林，然后与美国记者们进行了一次正式会面，接着又对斯特朗市长进行了一次官方拜访。在布鲁克林，他接受了工会的款待。他特别注意到了竖立于工会楼前的他的老朋友格兰特将军的新雕塑。接受记者们的采访时，他从自己的角度，适时表达了我国《排华法案》的不公正，声称从经济角度来说这是不明智的，而从政治角度而言也不符合美国人民标榜的自由。他的批判完全出于一种正当精神。接下来一天的清晨他来到费城，在此结束了他的美国之旅。

在大都市停留期间，成千上万的人都曾目睹过李鸿章其人。一眼看去，他的三眼花翎和黄马褂装扮显得滑稽可笑。但随着拜访日一天天过去，李鸿章的伟大变得毋庸置疑。可以看到，大众对他的敬意变得广泛而深入。我们都深深地相信，这次访程某种程度上对清朝来说至关重要，它对于清朝来说是一个转折点，若是现在的李鸿章能够年轻二十五岁，清朝将重获新生。以这样的目光来看，这位伟人的来访不免带上了悲剧色彩，它不可避免地记录下了大清帝国文明最终的衰落。而为了民族的延续，清朝又必将牺牲它的传统制度。李鸿章深谙此道，正因如此，他没有向记者说到清朝的未来，而是说道：

"然而，政府之运转，属之于民；清朝必须坚持其主权。"

李鸿章再次化身为"东方俾斯麦"。俾斯麦鞠躬尽瘁统一了德意志。同样的，清朝的主权完整和民族的发展也是李鸿章的目标和渴望。

富兰克林·马修斯（Franklin Matthews）

（美国）
《科学美国人》（增刊）
1896年9月12日·星期六

SCIENTIFIC AMERICAN (SUPPLEMENT)
SEPTEMBER 12 1896·SATURDAY

李鸿章

　　当清朝皇帝从草拟的名单中选择能够代表大清帝国参加俄国皇帝加冕礼的人选时，他选择了李鸿章。李鸿章阁下在个性、外表、成就等各个方面都足以胜任这一任务。他虽然出身贫寒，但仍然成了最高贵、最优秀的清朝人。他之所以能够不断升职并最终成为大清帝国中官职最高的人，完全有赖于其纯良的品格和多方面的才能。在西方文明国家，这些素质将会使其拥有者得到信任，并因此可望获得嘉奖。但是在一个政府机构已被腐败和背信弃义的病毒感染了的东方国家，这些素质是对一个如同李鸿章一样的政治家的最高赞颂。尽管曾两次被解职，但今天他的荣誉和财富都在他73岁时达到顶峰。

　　此次参加俄国皇帝加冕礼，他需要从东方来到西方。如他所说，就像文明从东方传向西方的征程一样，他从文明的发祥地中国向西而来。而这成为他环球旅行的好机会。

　　俄国这个接待他的民族正在缓慢地抛弃独裁统治的镣铐，但其主要力量并不是来自民众的抗争，而是源自统治者的觉醒。尽管俄国在个人权利和自由方面进步缓慢，但确实在进步。在德国和法国，尽管军费给税收造成了很大的压力，但仍使他见识了西方文明更加全面的胜利。在英国他看到了工业技术的应用是怎样让一个民族的财富和地位实现极大增加和提高的，而将工业技术引入清朝也是他毕生为之努力的事业。现在，他正在美国——一个代表了西方式发展最新和最高程度的国家。在这里他长达三千英里的参观之旅也接近了尾声。李鸿章现年73岁，1823年出生于长江北岸的安徽省，最能代表美国的战士格兰特将军与他诞生于同一年[1]，对于这位美国将军，李鸿章怀有深厚的敬意。

　　李鸿章出身贫寒，很早就进入家馆就读，最终考入翰林院。在翰林院就读期间，他展现出了非同寻常的能力，并凭借学识成了一名官员。他在翰林院期间获得的作为一名优秀学者的荣誉，之后使这位总督大人受到长期赞誉。太平天国叛乱，是他人生中的一次巨大机遇。这次由洪秀全发动的叛乱是一场旷日持久的灾难。洪秀全

---

[1] 格兰特将军出生于1822年。——译者注

是一个落第秀才，他在睡梦中见到了上帝，得到了"神的召唤"，于是创造了一种混杂了儒教和基督教教义的信仰，在身边聚集了一批追随者，并开启了一场以劫掠和杀戮而闻名的叛乱。叛乱发展得很快，政府无力平息。而李鸿章实现了对叛乱的第一次成功阻击。叛乱的队伍接近时，他招募了一支志愿军，对其进行训练后，向叛军发起了猛攻，使之陷入了混乱。之后他立刻应召进入军队担任参谋，最终成为一省巡抚兼陆军统帅。在战斗早期，清军中有一支由沿海地区的外国居民组成的特殊队伍，因在战斗中的胜绩引发了关注。这支队伍的领导者是一名叫华尔的美国人，后来他的职位移交给一位叫做白齐文（Burgoyne）的美国人，再之后职位传给了隶属于英国皇家工兵团（Royal Engineer）的海军上尉戈登。这支可敬的军队由数千人组成，在戈登的领导下不断扩张和改进。在李鸿章的领导下，他们与清朝军队通力合作，最终平息了太平天国叛乱。

与太平天国叛军斗争的十四年，不仅赋予了李鸿章英勇的品格，并且通过麾下的外籍军团，他接触到了西方的理念。他感觉到，如果想要在外国侵略和国内叛乱时保全自己的国家，必须引入西方的武器和战术。1865年，太平天国叛乱最终被平定。1870年，他被任命为直隶总督。直隶省有1700万人口，辖区包括了清朝的首都北京、可以出海的天津港。

除了保卫皇帝和朝廷、维护好大运河以及实物赋税安全转运的职责，直隶总督还需负责公共防卫、主管对外和海上贸易、接待国外和国内官员，另外还要处理作为一省长官需要处理的各种各样的管理事务。在其司法管辖权内，从某种程度上来说，他就是一个皇帝。但是他的每一项法令都会受到核查，并且皇帝对其拥有否决权，因为皇帝才是一切权力的源泉。

随后，他被摄政的慈禧太后授予文华殿大学士。他曾于1883年去职归家葬母，但于当年被召回并官复原职直至中日战争爆发。

在天津，李鸿章接待过格兰特将军，两人自此结下了深厚的友谊。这份友谊最终延续到了格兰特将军身后的家人身上。在为清朝来访者举办的宴会上，李鸿章先生发表了一篇演说，从中可以看出他对格兰特将军的高度评价。

他在讲话中说："格兰特将军作为一名政治家和军人的杰出才能，以及在他主政一个伟大国家时所受的爱戴，我们都了然于心。我认为，我们现在可以用百年前评价乔治·华盛顿的话来评价格兰特将军：在战争中他是第一人，在和平时他是第一人，在同胞的心中他也是第一人。他的名望和对他的钦佩及敬意不仅局限在美国国内，他的名字将会出现在世界各地来证明这一点。"

李鸿章先生在纽约和伦敦两地，亲自到格兰特将军和戈登将军安息之地进行祭奠。从中可以看出，他对于像两位将军一样拥有纯粹品质的人，心怀持久的敬意。

如果当初李鸿章总督的意见能够占上风，1894年惨烈的中日战争根本就不会发生。他一直想要与日本建立友好关系，因为他十分清楚，日本拥有训练精良的现代化陆军和海军，而清朝陆军的理念和装备都已经过时。清朝海军尽管船只精良，但因为缺乏人才和弹药，并没有做好战争准备，两者相遇必然会给清朝带来灾难性的后果，这是他不愿意看到的。因为这位伟大政治家的不懈努力，清朝在陆军、海军和国防建设方面的进步都是有目共睹的。而在战争末期，也是因为他的外交能力，大大减轻了和平条约中各条款对清朝的约束力。

清朝军队在朝鲜和清朝满洲南部遭遇的惨败，以及清朝舰队在鸭绿江海战中遭受的毁灭性打击已经成为历史。尽管这一结果应该归咎于整个国家，而不应归咎于某一个人，但李鸿章还是被剥夺了一切头衔和权力，包括著名的黄马褂——这是皇帝能够赐予臣子的最高荣誉。不过当日本军队准备乘胜向大清帝国的首都北京进军时，北京当局在惊惧之中，再次将黄马褂赐还给了李鸿章这位帝国忠诚的能臣，并将他官复原职，派往日本全权处理和谈事宜。在日本下关港，李鸿章受到了高规格的欢迎，但不幸的是，他在下船时被一名狂热的日本人射中了面部。直到今天，他的颧骨上还嵌着一颗子弹。考虑到他的年纪，医生并不建议将这颗子弹取出来。和平条约是由李鸿章总督和日方代表伊藤博文共同起草的。这位年长的特使（李鸿章）回国后，再次被降级，理由是他（全世界的人都这样认为）出卖了自己的国家。但是今年，

李鸿章与格莱斯顿阁下在霍瓦登堡。

李鸿章与索尔兹伯里侯爵在哈特菲尔德花园。

在需要确定一名人选足以代表清朝去参加俄国皇帝的加冕礼时,清朝皇帝只能找到一个拥有足够国际声誉、适合此行目的的人,这个人就是李鸿章。所以,他的官职再次得以恢复,同时被恢复的还有他的伯爵爵位和特使的职位,他再次被赐予黄马褂——相当于清朝的嘉德勋位——长途跋涉去访问西方各国。

在如此有限的篇幅中,很难详细描述出李鸿章在其到访的欧洲各国受到的接待规格之高。可以这样说,他所受到的接待显示出他受到尊敬是理所应当的,他的出现无疑引发了广泛的关注。我们的插图选取了李鸿章与英国两位最重要的政治家会面的照片,其中一位是现任英国首相索尔兹伯里侯爵,他现在仍然在职;另一位是格莱斯顿先生,他在长期的政坛工作之后,正在享受退休生活。李鸿章先生的照片均拍摄于招待他的主人们的乡村庄园,发表于《黑与白》。

李鸿章先生此次出访是以参加俄国皇帝加冕礼的名义,但除了这一明确的目的外,他到访其他国家的目的尚没有公布。在英国传出的消息是,他意图提高清朝的关税,并且提到了关于清朝移民问题的《排华法案》。这些都表明,他此次出访的目的是通过个人接触,以评判的眼光观察可能影响其国家福祉的国际问题。在法国短暂逗留期间，他接触了很多重要的政府官员，其中包括富尔总统。在英国期间，他在外交部大楼会见了英国首相索尔兹伯里侯爵，在奥斯本觐见了女王。他考察了朴茨茅斯的造船厂，并出席了舰队阅兵。因为对戈登将军真挚的祭奠仪式，他赢得了民众广泛的热情。最终，他乘坐前往美国的蒸汽船"圣路易士"号，离开了英国。8月28日星期五，李鸿章先生在纽约港登岸，新海军舰队的战船鸣炮二十一声，向其致敬。美国政府和纽约市代表到港欢迎。一队美国骑兵热情地将他们护送到了华尔道夫饭店，饭店已经为招待李鸿章先生一行做好了准备。第二天，李鸿章总督在惠特尼庄园拜访了美国总统并发表致辞，以下为致辞的主要内容：

"与美国保持最亲密的关系，这是我的明君——清朝皇帝的希望。中日战争之后，美国对清朝政府提供了友好的帮助，并保护了在美国的清朝移民，对这些我们都十分感激。"

"我受我的君主清朝皇帝的特别委派，向阁下呈上这封代表信任的信函，并向您传达他对美国友谊的承诺，希望阁下能够回馈这份感情，协助他一道提升我们两国以及在人类福祉上的友谊交往。我相信阁下能继续友善对待和保护在美的清朝移民，并在清朝政府有需要时提供帮助。"

"祝愿我们两国人民永享和平。"

美国总统在回应该致辞时，提到了中美两国之间正在增强的友好情感，他说："尽管两个国家在很多方面有所差异，通过我们政府和美国人民，我们将对您表示无上的欢迎。我们感到在您的旅行安排上，没有给予我们足够的时间让您来参观我们国家所取得的成就。然而，这并不会使您疏忽掉，这是一个富裕和丰饶的国家。它是由这些相信付出就有回报的人在很短的时间内创造出来的。这个强大而仁慈的政府由热爱自由、忠诚爱国并富有慷慨精神的人们建立起来，他们爱他们的政府，因为这是他们自己的，由他们自己控制，为他们而进行管理，所以他们能保护它不受伤害。"

随后，李鸿章总督接见了纽约市市长。当天晚上，他参加了由曾在清朝生活的美国侨民为其举办的宴会。

第二天，李鸿章先生拜谒了他的好友格兰特将军的墓地，并敬献了花圈。随后，他拜访了格兰特夫人，并告诉她，过去每年他都让驻华盛顿的清朝官员代其敬献一个花圈到格兰特将军的墓地。

周一，李鸿章一行访问了西点军校。第二天的日程以在全董事会的祝贺演说开始，之后在商人俱乐部（Merchants'Club）举行了午宴。在午宴上，李鸿章先生的清朝翻译偶然听到一位商人说曾经参加过哈佛大学的赛艇比赛后，微笑着说，他就是当时那场比赛中获胜船上的舵手。这位翻译是那一年哈佛大学的一批清朝留学生中的一位。

作为对传教士协会演说的回应，李鸿章先生在讲话中将东方的儒教和西方世界的基督教联系在一起，意义非凡。从中我们得以一窥一位儒家学者的宗教理念。他的讲话充满了趣味，让人意犹未尽：

"就我个人感受而言，从哲学角度来看，基督教和儒家并没有太大差别。它们的指导原则一个是积极的，一个是消极的。从逻辑上讲，这两种表达形式是否传达了同样的真理，这需要留给那些拥有更高哲学修养的人来考究。目前可以肯定的是，就根基而言，这两种伟大的学说并没有太大差别，是在同一根基上建立起来的两个道德系统。人是由灵魂、智慧和身体组成的，我认为教会组织在清朝所做的艰苦的、值得尊敬的工作，没有忽略三部分中的任何一个。

"关于灵魂，我不想讲太多，对于这一未知的谜团，孔夫子只拥有人世间的认知。对于智慧，你们已经建立起许多教育机构，在保证国民能够学到西方科学和工业知识方面，这是最好的方式。而在身体方面，西方社会建立了医院和药房，在拯救国民灵魂的同时，也救治了国民的身体。我还要再说一句，在几个省处在饥荒之中时，你们对于灾民的极力救助，使很多人免于灵肉分离（挽救了众多生命）。"

也许最有趣的对话，发生在李鸿章总督在华尔道夫饭店会见纽约报界代表时。基于广泛的话题，他与大家展开了自由的交流，展现了他对美国、美国政府和人民相关知识的精通。在谈及《排华法案》和对清朝劳工的驱逐时，他言辞坚决，但并不做作。下面是对李鸿章总督对该问题的回答的逐字逐句的翻译：

总督先生说："《排华法案》是世界上最不公平的法案。所有的政治经济学家都承认，竞争促使全世界的市场迸发活力，而竞争既适用于商品也适用于劳动力。我们知道，《排华法案》是由于受到爱尔兰裔移民欲独霸加州劳工市场的影响，因为华人是他们很强的竞争对手，所以他们想排除华人。如果我们清朝也抵制你们的产品，拒绝购买美国商品，取消你们产品销往清朝的特许权，试问你们将作何感想呢？"李鸿章总督抛开了清朝高官的身份，设想自己是一名国际主义者，分析美国的利益。"你们把廉价的华人劳工逐出美国究竟能获得什么呢？廉价劳工意味着更便宜的商品，顾客以低廉价格就能买到高质量的商品。"李鸿章总督说，美国自诩代表了最为先进的现代文明，但在这个案例中，美国的劳工和劳工市场都是不自由的。

毋庸置疑，李鸿章总督的来访，将会起到强化中美两国之间良好关系的作用。还可以确定的是，当我们正在努力扩大两国间的贸易总额时，我们应该与这位精明、警觉、具有远见卓识的，只是在美国短暂访问就能赢得各方的尊敬和赞美的政治家积极合作。

（美国）《盐湖城先驱报》 1896年9月13日·星期日

THE SALT LAKE HERALD SEPTEMBER 13 1896 SUNDAY

李鸿章的美国笔记

作为大家好奇心的焦点，李鸿章"这个世界上最著名的人"在到访这个国家时，已经被彻底地研究过了。在他到达之前，就有一个接一个的专栏介绍他。当他真正抵达我们的海岸时，专栏量急剧增加，介绍了他的成就、长相、学识、习性以及穿着。这大量的材料给了美国读者们关于这个人物的精确观念。李鸿章只是按照西方的标准和观念被呈现，显然没有人尝试去看到这幅景象的另一面，去了解这位伟大的清朝人是如何看待西方世界的。

可以确定的是，总督已经被多次问及他对于美国和美国人的印象。对这些问题，他总是以东方的礼貌给予回答，在大部分一般性问题上非常谨慎地表达。了解一下这个世界上首屈一指的头脑如何看待我们的一些小事情、惯常的习俗和日常应用，是一件非常有意思的事。进入这个清朝统治者的头脑里，去看清朝人眼中的西方文明，这在很多方面也是反常规的。由总督首席秘书罗丰禄负责的这次旅行的记录，以及对于李鸿章本人的一次次访问，使这一切成为可能。总督暂时放弃了他最喜欢的角色——一个带着"最大的问号"的提问者，相反，他作为一个回答者，回答了一些关于如何看待美国事务的问题。

除了通过翻译官的解释之外，总督还学到了很多。那种认为李鸿章对于英语一无所知的印象是错误的。虽然他和美国人的所有对话都是通过翻译完成的，但李鸿章自己可以说一些英语，而且可以准确地跟上一些英语对话。为何他假装对英语一无所知，这令人很难理解，除非视为是清朝人的一种奸诈计谋。可能他是考虑到，如果所有都通过翻译传达给他，那么这会是一件增加他体面的事情；而且他可能觉得没有什么理由要跟拜访他的人说英文，而不是后者在见他之前就学一些汉语。

李鸿章的日记由他的翻译官解释给作者，其中频繁提及了美国闻名世界的那些伟大发明和机械制造上的成就，尤其是在造船和发动机制造上。

从总督的日记来看他对我们机械成就的观察，显得更为私人化。他评论说美国人经常很匆忙。他在笔记中多次提及美国人的这个特点，并将它和清朝的生活方式做了对比。李鸿章本人，众所周知，5点半起床，定时就餐，而且只吃精心选择和准备的食物，晚上8点休息。他也注意到，美国人非常匆忙，他认为这是因为他们没有喝好的茶叶的缘故。

总督的私人观察表明，他对于美国政府系统的效率抱有怀疑。他认为有太多的党派、太多的官员，而官员失职的代价却很小。

"一个主人，"这位来自清朝的哲学家说，"会小心地监管他的仆人，但是一个人有一千个主人的话，每个人会让别人去承担责任。"显然总督选择一个主人的体制。

"英国人（指盎格鲁—撒克逊人）对他们的城市非常自豪，这是很好的事。"他再次观察后道，"他们保持城市整洁、美丽，但是他们的旅行方式不像清朝城市里那么舒适。"

他没有解释英国的交通方式在哪方面没有效率，但是他的看法可以理解，因为总督相信轿子比电车更舒适。与此相关的一件有趣的事情是，这位伟大的清朝人如何给西方世界最伟大的三座城市排序。在回答哪座城市让他最满意、印象最深刻时，他立即回答说："伦敦，这是最漂亮的、最伟大的。其次是纽约，然后是巴黎。"

总督没有解释为什么他对这三个城市如此排序，只是说他考量到这些城市的居民和物质上的富裕。

这位帝国来访者的笔记里经常提及盎格鲁—撒克逊式幽默。他显然在理解这些幽默上有一些困难，但这也使他极为感兴趣。根据这位特使的观察，尽管美国人也喜欢开玩笑，但他们是非常礼貌的，他还引用了参观格兰特墓地时一些人的举动来举例说明。

"他们珍视先祖的遗骸，"他说道，"把它们保存在雄伟的墓地里，而墓地则被安置在城市中最漂亮的地方。"

李鸿章接着提到，美国人把脱帽作为一种礼貌的象征，清朝的风俗当然是鞠躬。就清朝的传统来说，鞠躬能表达出顺从，而简单的摘帽却不能。显然这是总督本人不能理解的，即使他提出很多问题，也不能解决他的困惑。这里有李鸿章的另一些观点。这些内容是不公开的，之所以被记录，只是出于总督自己的满足感或者为以后做参考：

"就文化而言，英国人比一些欧洲人要优越，比一些要低劣，但是他们无法与清朝相媲美。很多事情上都显示了这一点。在清朝，几乎每一个高级学生都被教导要读英文原著，了解英国历史以及伟大的英国人物。英文书籍在清朝也有出版。但除非是为了商业或者外交用途，根本没有英国人学习汉语，英国学生甚至没有想过清朝的经典值得学习。他们对清朝的伟大人物也一无所知。在他们看来，只有两个伟大的清朝人——我算一个。但是如果我没有来到他们中间的话，他们根本不会听说过我，另一个是孔子。"

这些评论中无疑有一些深刻的观察，显示出总督对关于他个人的很多评价也做了仔细的思考，并且断定西方世界对于清朝历史总体上是无知的。这番评论的最后将白人总结为自负。事实上，这位清朝人非常坦率地说出了其他人也在想的事情。

顺便提及，在讨论拜访他的来访者的事务时，这个清朝人从未放弃这种坦率，虽然这经常使他本人也感到惊讶。一件相关的事情是，在伦敦时，《伦敦周刊》的一位记者拜访总督，总督问了一个他常问的问题："你的薪水是多少？"

"我年薪 600 磅。"记者回答道。总督停顿了一秒，稍作思考，可能是将这一数目换成了清朝货币，然后继续问道："那不是很大的一笔数目吗？"

新闻记者回答说，对于一个有能力、有经验的记者来说，他不认为这是很大的一笔数目。总督带着相当的严肃和很大的兴趣，问出了下一个问题："你认为你自己有能力而且有经验？"

当即，这个访问者差点站不稳了，但是他很快恢复镇定，并回答说他认为自己是伦敦最好的记者之一。这个回答看起来使总督高兴而且满意。

另一个李鸿章一直感兴趣的主题是女性问题。从抵达圣彼得堡开始，他就开始认真地研究西方世界女性的地位，并对不同国家的女性做了比较。可以稳妥地说，对这个题目他有足够的材料来写一本书，如果他回去之后想写一本的话。在俄国皇帝加冕礼上，他看到来自欧洲各个国家的女士们，那时他认为英国女性是最漂亮的。直到现在，他仍是这么认为。他对于和有地位或者非比寻常的女性谈话向来非常欢迎，并且经常能够谈到底。在伦敦和纽约，李伯爵注意到一件新奇的事情。参加招待会或者晚宴时，女士们总是遮盖着手和胳膊，但却露出了肩膀和胸部。

"在清朝，"他说，"完全是反过来的，手不会被遮住。我在英国的方式里看不出有什么更好或者更雅致的。"

访问纽约时，他没有错过那些穿着灯笼裤、骑着自行车的新潮女性。总督询问该如何称呼她们，得知她们被称为"新女性"。随后，当总督被问及对于女性骑自行车的看法时，他说道，清朝也有很多骑自行车的人，但是没有"新女性"。这当然是在礼貌地表明他的清晰观点了。

在驶往美国的邮轮上，在总督的请求下，有两位年轻的美国女歌手为他演唱了

右图 / 李鸿章访美可能造就一个现代的中国。刊于（美国）《马蜂杂志》。

大量的流行曲目。在音乐问题上，透露总督东方口味的一件有意思的事情是，他唯一点名的曲子是《你别走，露》。他看起来很喜欢这首曲子，自己柔声重复着曲名。演唱结束时，李伯爵表达出了对这首歌的喜爱，咕哝出了"divine，beautiful[1]"，并通过翻译向歌手表达了感谢。他也向这两位年轻的女士提了无数的问题。

她们多大了？她们能得到多少钱？她们为什么要登台？她们的职业会让她们在自己国家享有较好的地位吗，还是会被看不起？

这些和其他很多类似的问题，总督都得到了回答。然后总督仔细地打量这一对姐妹。"优美，非常优美，"这是他的评价，"还很漂亮。"

然后总督通过翻译问道："为什么你们国家的女性比清朝的女人要聪明那么多呢？"他自言自语地补充说，"我好奇这是不是因为她们没有裹小脚？"

总督生活中这些迄今尚未公开的、有趣的一幕，被他的秘书透露了出来。这些可能解释了李鸿章对女性的兴趣以及他关于她们的合适地位的自由想法。

"李鸿章，"一个秘书说道，"现在已经 73 岁了。他在 40 岁左右的时候成亲，而他的妻子四年前过世。你们可能也能知道，这在清朝历史上是极为少见的。她密切关注着时事，在中华帝国内，她一般被认为在家庭事务上发挥了一半多的作用。在重要的事情上，总督总是向她咨询，而且经常听从她的建议。李鸿章的晋升和财富在他婚后加速，而在妻子过世后，他犯了几个代价很大的错误。他的随行人员当中，有人小声议论说，李鸿章不会反对再娶一个妻子，一个年轻漂亮的英国或者美国妻子将会使总督和皇帝两个人都高兴。"

大众对于李鸿章的家庭生活所知甚少。在这个问题上，他的秘书的证言非常有趣。"总督是一个懒惰的人，"秘书说道，"如果不是出于职务的需要，他是不会费心出席所有为他准备的庆典活动。出席活动时有仆人不停地在旁伺候，这不是出于他的身体考虑，而纯粹是因为他懒。当他需要任何东西时，只是他要求即可得到，但总体来说，他的仆人们的工作很轻松。如果他对他们中的某人发火，那么那个人会被立即辞退，但仍会留在总督的薪资名册里。实际上，他一辈子都能从总督那里领取养老金。"

右图 / 出访欧美归来，李鸿章在北京接受一位美国记者的采访。刊于（英国）《莱斯利插图周刊》第 91 卷，第 2300 期，1900 年 12 月 1 日。沈弘供图。

---

[1] 神性的，美丽的。——译者注

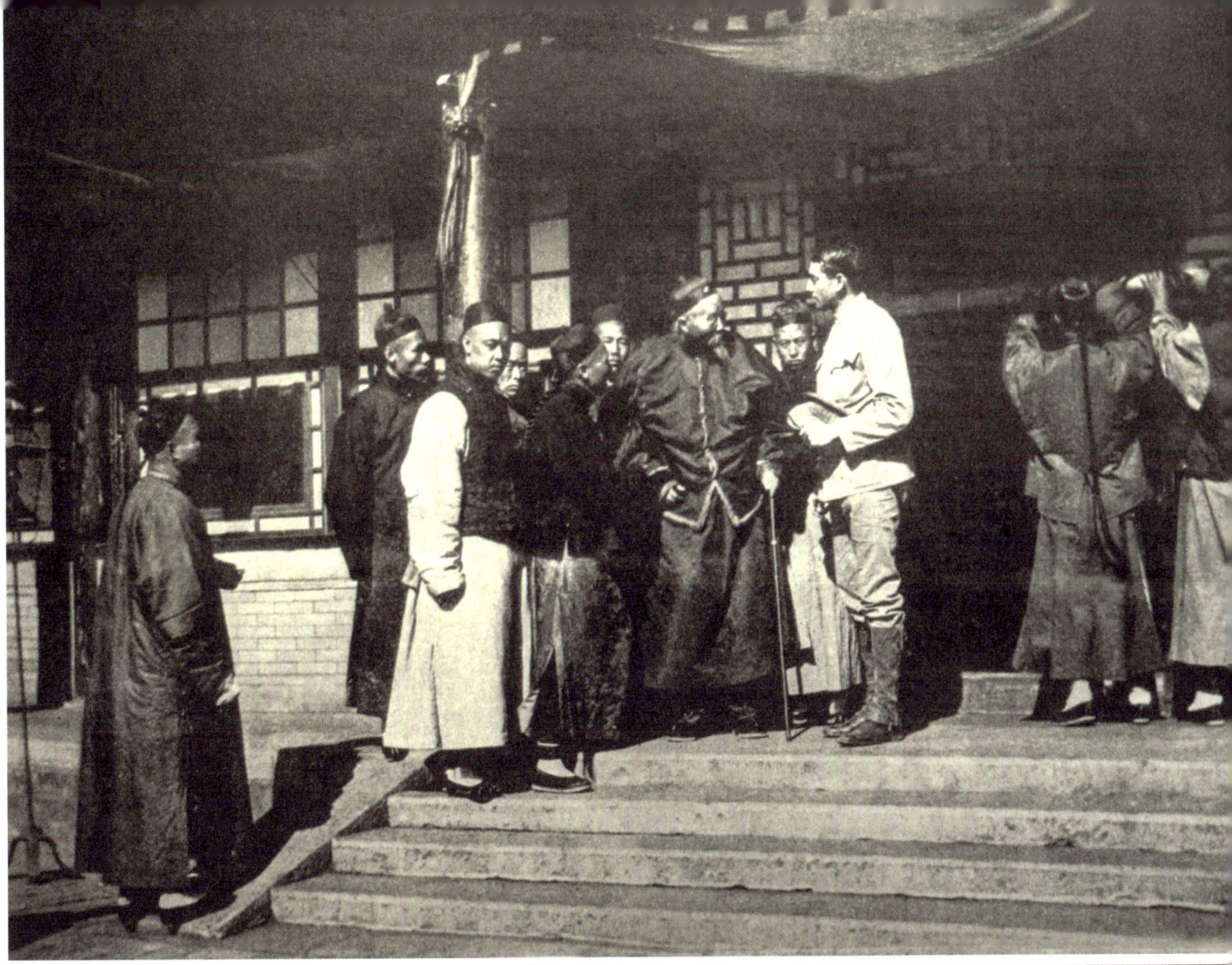

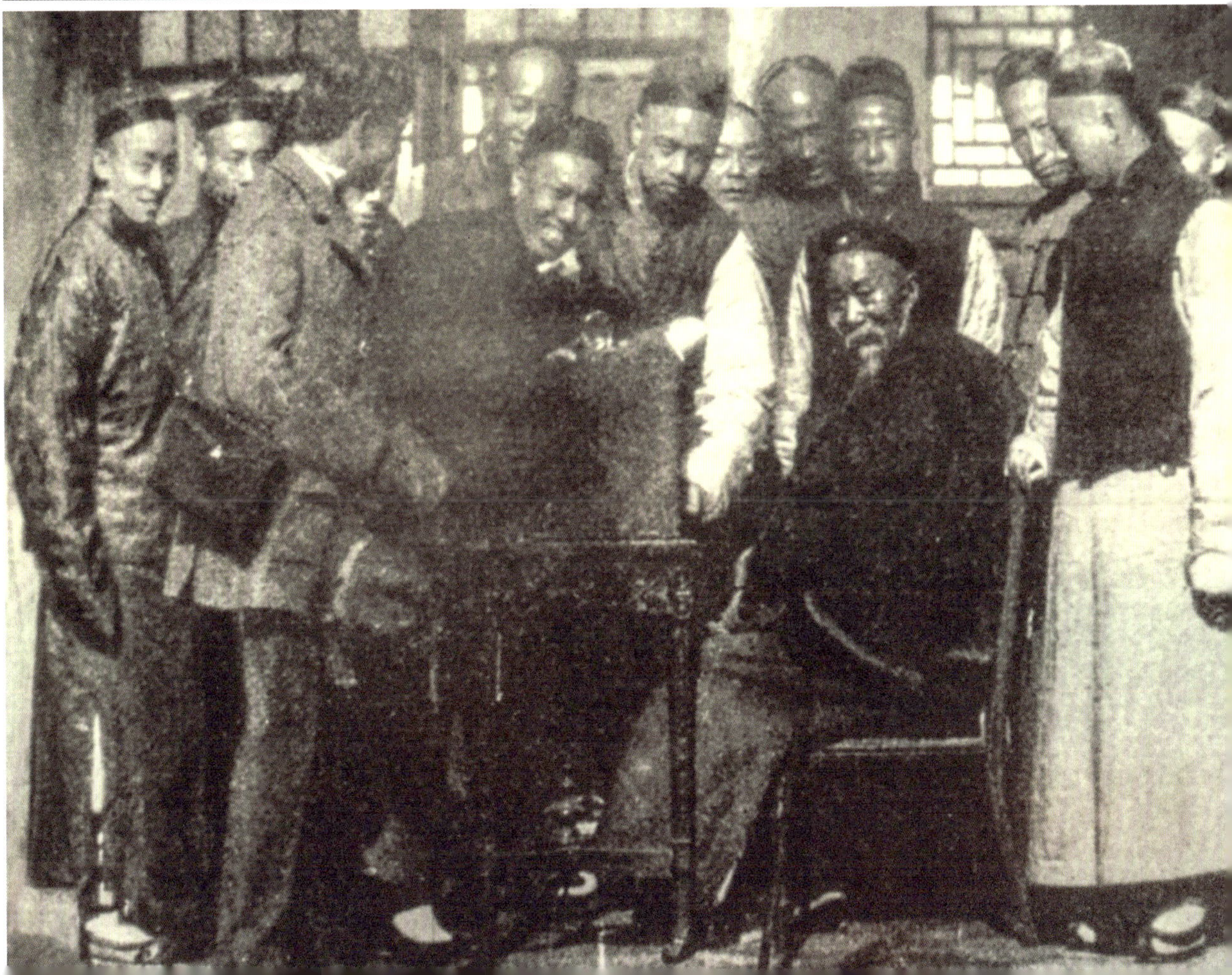

(美国)《旧金山呼声报》1896年9月13日·星期日

THE SAN FRANCISCO CALL
SEPTEMBER 13 1896
SUNDAY

如果李鸿章来旧金山

无论身在何处,只要一会面,这位清朝皇帝的私人代表都会通过翻译问大量难缠的问题,这使得欧洲和美国的大人物们感到不安。李鸿章已经拒绝了亲眼看看这座商业世界的西部大门,拒绝了进一步启蒙自己和了解他的同胞在最受他们欢迎的新世界殖民地上的生活。这位"清朝的俾斯麦"的秘书可能还会给出一些其他的理由来绕过旧金山,比如这会使总督劳累,影响他的健康,此地的清朝人可能会向他寻求保护,他们的合法性遭到美国人的反对而且没有像欧洲人一样被平等对待。李鸿章并不受苦力们的爱戴。他们宣称他通过清朝廉价的劳动力积累了巨额的财富,他是清朝军队遭受失败的原因,他供给清朝的士兵受谴责的武器,他把别国扔掉不要的那些武器买下来,并靠着这些发了大财,然后派遣苦力去对抗那些手握现代武器的人。

除了这些,还有更多积累起来的反对总督的理由。李鸿章很有可能害怕将他自己的生命放在苦力当中,所以我们不应责备他不想参观这个苦力阶层人数最为庞大的美国城市。但是如果李鸿章真的来旧金山的话,那么他无疑会避开唐人街,而且不需要用很多的护卫围绕着他。

如果他来旧金山,他将受到市政、军事当局和商务委员会的接待,他会被安排坐上四匹马拉的华美马车,穿过市场街前往旅馆。他会从车里探出头,观察这个城市,并且立即开始提问题。他会看到花哨的旗帜立在街道两旁。

"是为我而特意挂出这种颜色的吗?"他会问。

"那是布莱恩的旗帜。"有人会回答。

"他是谁?"

"竞选总统的民主党候选人。"

"加州的总统?"

"不,全国的。"

"啊,真奇怪,我在东部时都没有听说过他。那里的每个人都在谈论麦金利先生。

他还不是你们的总统吗？"

"不，他要到明年三月。"

伯爵会好奇是什么让他的马车颠簸，并且会看一眼鹅卵石。

"你们加州人都好忙。"他会评论道，"每个人都在赶路，以致没有时间把石头从街道上移开。为什么不停下来一会儿，清理干净街道不会使旅途和交通更为便利吗？我看到你们很多人骑两个轮子的机器，这些机器肯定应在更好的路面上行驶。你们所有的街道都像我们现在经过的这条这样吗？"

"哦，不。我们有几条世界上铺得最好的道路。"

"只有几条？"

"是的，这只是开始。"

"你们没有在我来之前完成，这太糟糕了。我的老骨头经不起更多颠簸。"

在欣赏高塔、尖塔和有很多装饰的窗户时，得知这些建筑的特点后，李鸿章可能会赞叹："精美的教堂！我惊异为什么你们的传教士不选择待在这里拯救自己的人民。这里难道没有他们能干的工作吗？可能这些豪华的大楼里没有给他们所有人提供足够的房间。然而，我听说传教士，一般来说，在这个国家比在亚洲住得久。那支军队是什么意思呢，敲着锣扛着旗？"

"那是救世军。"

"怎么？这附近在打仗？"

总督高涨的兴致得到满足，他可能会笑着评论说："既然在自己国家有这么多此类工作可做，为了大家都好，你应该召唤你们的传教士从东方回来。"

经过一晚的休息，他会被护送到市政厅的头头那。

"啊，我看到的是市长吗？"

"如假包换，阁下。"这位大人可能会回答，而其中某个委员可能会补充："苏特罗（Sutro）隧道的建造者、悬崖小屋（Cliff House）的拥有者和像章鱼一样永不妥协的人物。"

"是的，是的，"李鸿章会说，"那你肯定是加州最富有的人。"

"我不敢说出我有多穷。"

"什么？这么伟大的人物，在这么高的职位，依然受穷？美国肯定是个有趣的国家。你们怎么称呼这个华丽的地方？"

"苏特罗高地。"

"所有的岛屿都不属于你吗？"

"一般是这么认为的。"

"那是什么使你贫穷的呢？"

"税。"

"这不对。统治者应当从被他统治的人那里得到进献。税应该使你富有。"

一行人正要登上苏特罗高地的最高处，著名的人物们站在这位骄傲的高地拥有者的旁边，而照相师按照约定抓拍这一群人。可以想象，李鸿章的守卫会突然靠近这位照相师。这位伟大的清朝人可能正在瑟瑟发抖，对市长口齿不清地说：

"你为什么要引导我到这里？"李鸿章可能会质问。"看这里！"就在这时，他做出绝望的挣扎，试图逃出照相机的拍摄范围，那相机本来是坚定地瞄准着李鸿章和市长的。

后者，可以想象，情急之下会抓住伯爵一只飞舞的绿色丝绸袖子，把他喊回来。这会儿他安抚下这位著名的清朝人，为了打消他的疑虑，解释说所有参观高地的伟人都要经过一个相似的程序——在苏特罗旁边拍照。然后这位清朝官员会调整表情，甚至试图微笑，在市长抓住他的手臂时，他允许自己被加入到苏特罗派的牺牲者名单当中。

在开往清朝的邮轮即将起航之前，理所当然，李鸿章会被采访，并被问及他对于这个国家的印象。结果会是下面这样：

"我觉得怎样？我认为这是一个伟大的国家。你们有最快的铁路、高楼和神奇的发明。"

"如果将我们与欧洲国家对比呢？"

"你们可以和其中任何一个对比，我在这里所见到的都是伟大的。"

"你决定在这个国家下购买船只的订单吗？"

"你们造了很好的船。我们会对此予以考虑。"

"英国可能会为中华帝国造一些，不是吗？"

"可能。"

"你此次漫长旅行的主要目标达成了吗？"

"肯定，是的。"

"你方便说一下目标吗？"

"当然，看和学。"

"在美国你所观察到的，你认为最精彩的是什么呢？"

"新闻记者们的神经。"

"你想进口一些去清朝吗？"

"啊，不。清朝不想招来革命，而且，李鸿章目前只想继续当李鸿章而已，他已经有孔雀花翎和黄马褂了。再见。"

THE RECORD-UNION

SEPTEMBER 14 1896 · MONDAY

（美国）《联合记录》

1896 年 9 月 14 日·星期一

李鸿章特使乘坐专列抵达温哥华

温哥华，9 月 13 日

今天早上 11 点，旅行中的特别大使李鸿章乘坐"车福"（Che Foo）号专列抵达温哥华。整个城市都兴致勃勃地准备着向他致敬。在他到达之前，已有大量人群前往火车站和码头，大批杰出人物也等候在港口。

清朝人在通向码头的桥边竖起了一座漂亮的拱门，排成长长的队伍，沿途等候着向这位伟大的总督鞠躬。一支听起来像风笛的清朝乐队，在李伯爵下车时奏起了清朝音乐。由四匹白马拉着的马车已经披上了国旗，等候将总督从车站拉往不远处的码头。队伍出发时，有四个人将李鸿章著名的大红座椅抬着搬上了马车，此外还有一些乐队在旁。港口的海军分队在总督后面列队，跟随的还有穿着画一样的长袍的清朝代表团。

这位伟大的总督看起来对同胞的致敬感到很高兴。当他面带微笑地经过时，在场的清朝人双膝下跪然后起身对他拱手鞠躬。总督那张机敏而友善的面孔放射出光彩。总督的黄马褂在这阴天里成了最明亮的焦点，他珍贵的三眼花翎也从帽子后面垂了下来。"中国皇后"号邮轮的跳板上已经铺了红色的饰物，上面有黄色的国旗。当总督坐着红色轿子经过跳板时，主桅上升起了清朝的龙旗，从"科莫斯"号上响起了九发礼炮声。欢呼声平息下来，场面显出一种东方式的庄重。港内所有船只都被五颜六色地装点了起来，船顶的设备和苍白的天空形成了对比。

许多杰出的市民持有登船的通行证，他们挤在甲板上想要在这位伯爵登船的时候亲眼看一看他。在这一天，所有常规的社会秩序被颠覆了。在人群中，清朝人到处都抢在了他们白人兄弟的前头。

甫一登船，李鸿章就在沙龙里接见了前来的清朝人，并且听取了他们写在一张红纸上的致辞。李鸿章对此次穿越北美大陆的旅行感到很满意。"中国皇后"号将于明天下午 2 点起航。这期间李鸿章将一直待在船上。明天他将在船上接见各种代表团。

（美国）
《太平洋商业广告报》
1896年9月18日·星期五

THE PACIFIC COMMERCIAL ADVERTISER
SEPTEMBER 18 1896 · FRIDAY

李鸿章行程

华盛顿，9月5日

科士达为李鸿章设宴。最后的行程是：李鸿章在日落时分离开西区。5点30分，一行人在骑兵的护卫下离开阿灵顿旅馆，前往宾夕法尼亚车站。前国务卿科士达将李鸿章送上火车，并做了告别。鲁格将军和他的手下护送总督到美国边境。6点，火车出发前往尼亚加拉大瀑布，在那里加拿大代表将接待他们。

纽约，9月7日

9点刚过，李鸿章通过吊桥离开美国这个有很多清朝人非法或者合法进入居留的国家。他乘坐一辆加拿大太平洋专列（这是第一辆以这种方式进入美国的火车，目的是迎接李伯爵）离开美国。今天下午，火车将抵达多伦多，在那里他们劝说李鸿章参加多伦多展览，但是这位精明的老外交官希望尽可能地避开公开场合，所以他非常可能不会接受这个邀请。由于特使想尽可能快速而安全地抵达太平洋沿岸，所以他对于加拿大的考察大部分是透过车窗完成的。

Niagara. Li Hung Chang crossing to Canada on New Suspension Bridge.

THE HAWAIIAN GAZETTE
SEPTEMBER 18 1896 · FRIDAY

（美国）《夏威夷公报》 1896年9月18日·星期五

李鸿章和传教士

在回复美国圣公会时，李鸿章总督说道：

"以我明君清朝皇帝的名义，请接受他对于美国传教协会在清朝所提供的保护表示的感谢。

"我们所做的，以及我们分内所做的只是很少的一些，不算什么，这只是我们政府的职责而已。传教协会并没有从我们的人民手中赚钱。他们不是阴谋外交的秘密间谍，他们的工作不带有政治意图。最后，如果允许我多说一句的话，那么我会说，他们并没有干涉我们或者攫取地域权力。

"就我个人感受而言，从哲学角度来看，基督教和儒家并没有太大差别。一个是以积极的方式表达着黄金法则（Golden Rule），另一个是对这些原则用消极的方式加以表达。至于这两种表达形式是否传达了同样的真理，这需要留给那些拥有更高哲学修养的人来考察。

"目前可以肯定的是，就根基而言，这两种伟大的学说并没有太大差别，是在同一根基上建立起来的两个道德系统。"

左图／李鸿章通过尼亚加拉河上的吊桥。

（美国）《麦迪逊报》
THE MADISONIAN
1896年9月19日·星期六

李伯爵的意见

班夫，9月14日

加拿大政府代表何塞博士在李鸿章路过此地时，与他进行了一次长时间的会面。会面当中，他们讨论了约瑟夫·张伯伦。

"你认为张伯伦是一位伟人吗？"总督被问道。

"是的。"

"阁下，您的意见是什么呢？"博士继续问道。

"我同意你的看法，我相信他会成为英国的首相。他很有才干。"

在讨论财政问题时，总督问了很多问题。随后他也被问及对于美国的银元问题的看法。他回答道：

"我的意见显然与你的不同，因为我是从清朝的角度来看。如果美国选出了一个'银元总统'（A Silver President），这无疑会对清朝有利。因为这会提升清朝银元的价值，依此类推，会对所有伟大的银元国家有利。"

温哥华，9月10日

李鸿章预计将于下周六抵达此地，本地的清朝人已经开始为他们的这位同胞准备盛大的欢迎活动。加拿大太平洋火车站站前已经竖起了一座巨大的拱门，还备好了大量的烟花爆竹。

当然，依例还会有一番演讲。由于清朝没有派遣公使到加拿大，在这里的清朝人要求任命一名本地公使。随着加拿大和东方的大量交易在此港进行，贸易委员会敦促温哥华委任一名公使到此。李鸿章将待在"中国皇后"号的B号客舱内，直到周一下午该船起航。这是船内最大、装饰最优雅的房间，是为总督特别预留的。

华盛顿，9月10日

为向李鸿章伯爵致敬，亚洲美国海军基地司令麦克奈尔上将受命在横滨指挥并集合海军中队和可用的舰船，在伯爵抵达该港时向他致礼，并表达美国在亚洲水域的海军代表们权利范围内的敬意。

与李鸿章一同旅行

受雇于清朝政府的福建和宁波海关税务司杜德维目前正在明尼阿波利斯[1]。他昨晚通过苏路（Soo Road）由温哥华直接到达此地。

杜德维先生目前是大家非常感兴趣的人物。从清朝的角度来看，他是陪伴总督李鸿章穿越美国和加拿大的两名外国人之一。虽然杜德维先生是美国人，但在过去三十年间，他已经在清朝安家。过去几年里，他作为海关税务司，一直受雇于清朝海关总署。他在1895年2月曾离职了一段时间，直到1897年才再次履行职务。在美国，杜德维先生也在马萨诸塞州的西牛顿安了家，目前他的家人仍居住在那里。

当李鸿章打算访问我国时，总督请求皇帝任命杜德维先生担任他的秘书，陪同他做这次穿越北美大陆的旅行。这个请求很快得到了批准。这位贵客即将抵达纽约时，杜德维先生加入了总督一行人，并陪同护送他们到太平洋海岸。他将留在那里直到特使离开前往清朝。杜德维专员受雇于该城瑞福利鲁伯公司的弗雷德·戴维斯的表兄弟。杜德维本打算在明尼阿波利斯和戴维斯一起度过一天，到这里后却发现他的亲戚不在这个城市。有位记者告诉他，他昨晚在弗兰克·福尔摩斯位于亨内平大道1222号的府邸看到过他，他在这个城市里时就待在那里。

杜德维先生表示，他和总督一起度过了一段非常愉快的旅行时光，并送别这位卓越的清朝人离开美国。根据杜德维先生的说法，总督带着赞扬的心情，认为美国是地球上最伟大的国家之一。

"李鸿章的到访会对我们的对华事务产生何种影响？"杜德维先生被问及。

"在很多方面都会有显著的影响，"他回答说，"特别是在铁路问题上。我们的铁路系统让总督印象最为深刻。载着他从华盛顿到尼亚加拉瀑布的列车被认为是世界上最好的火车，这对总督来说是一个惊喜。横穿加拿大的旅行也充满了各种惊喜，加拿大太平洋铁路打开了他在铁路事务上的视野。"

杜德维先生解释说，李鸿章返回清朝后，将呈上在这次旅行中考察各个国家的

---

[1]美国明尼苏达州最大城市。与圣保罗毗邻，组成著名双子城。——译者注

见闻报告,他作为特使的职责也到此为止,将不再担任这一职务。

"然后,非常有可能,"杜德维先生继续说,"他会继续担任直隶总督。就清朝政府而言,这也是非常聪明的一步,因为该省已经取得了很大进步。有可能李鸿章的建议会被批准和施行,在北京和汉口之间将会建一条铁路。

"总督频频询问铁路官员和雇员的薪资问题,可能会使很多美国人发笑,但这些都是真诚的提问,而相应的回答也给了他大量的信息。他唯一的想法只是确认美国劳动力在这里的价值,这样他就能判断在他的国家里,应该值多少。

"更有可能,与我刚才提及的铁路提案相关的是,美国的熟练技工在这个计划中很有必要。你们自己可以看到,李鸿章在薪水问题上收集了多少信息。当你们在嘲笑的时候,他已经取走了有价值的信息,有时候甚至还和你一起发笑。

"李鸿章是,而且永远是幽默的爱好者。他对遇见的很多显赫人物的提问,只是为了制造欢笑而已。他自己也一直在笑,并且总是心怀好意的。我记得在温哥华发生的一件事,特别有趣。那个城市的市长和市议员,竭尽所能地想使总督的到访变得愉悦。就总督而言,他对于市长他们的努力自然也很感激。最后,总督获得了一个向市长提问的机会,于是开足了马力。他问市长是怎么担负起招待他的开销的,还问他觉得自己会不会当选,以及其他很多类似的问题。这一切使贤能的市长十分困惑,但是也为总督、在场的市议员及其他人士带来了很多欢乐。李鸿章有着敏锐的幽默感,且非常擅长使用它。"

"对于他的国人在这个国家和加拿大的生活待遇,他有什么印象?"杜德维先生被问道。

"嗯,"他说,"关于清朝人在这个国家的生存条件,他什么都没有说。他表现得很满意,然而,这只是就他在不列颠哥伦比亚[1]所见到的而言。他在那里当然会跟他国人有更多的联系,相比其他旅行,可能会做出更好的判断。在温哥华,有几个邻近城市的清朝人代表团在那里等候着他,他特别高兴地接待了他们。他对所有这些团体都做了简短的讲话,告诉他们,他们住在一个好国家,应该做守法的公民。他告诉他们,他和祖国母亲都为他们感到自豪,他们应该证明他们是所居住的国家里的好公民。"

"有一件事他没有一次不提到,"杜德维先生说,"那就是吸食鸦片问题。他告诉他们,这是他们最大的诅咒,也是他们最应该克服的。我认为,虽然他没有对居住在美国的清朝人说什么,但显然他对他们在这里和在加拿大的印象很好。"

杜德维将在明尼阿波利斯待到明晚,届时他将经由苏路前往蒙特利尔。

---

[1] 加拿大的一个省。——译者注

李鸿章的计划

西雅图,华盛顿,9月16日

前往温哥华迎接李鸿章的西雅图华人委员会代表——马克(Mark Ten Suie)、陈戈禾和李叶川,现在已经回来。他们受到了总督的接见和欢迎。总督告诉了他们他的一些尚未公开的计划和目的。李鸿章告诉他们,在克利夫兰总统任期结束之后,他有意使他的儿子李经方继任清朝驻华盛顿公使。李经方现年四十五岁左右,据说是一名外交官,精通英语,并担任他父亲的秘书。

离开美国海岸前,李鸿章告诉马克他们,在他此次环球旅行中很多国家都招待了他。当中,俄国对他表示出了比其他国家更多的理解,美国其次,英国再次。

很多人费尽心思想从李伯爵那里获取关于向美国西北派遣清朝公使的信息,但是李鸿章对陈戈禾这位土木工程师和美国铁路建造者提及,他将很快传召他回清朝帮助政府实现建设铁路的伟大计划。李鸿章宣称,他的目的是在维多利亚建清朝领事馆,并有可能稍后在西雅图建立公使馆。

离开温哥华之前,李鸿章召见了几名华人领袖,他们从北美各地赶往此地,前来向李鸿章致敬。李鸿章给了他们一些建议,并教导他们不要吸食鸦片和赌博,过诚实的生活,遵守美国法律,尤其是要学会说英语。不仅因为这对他们在当地的生活有很大帮助,更能在物质上帮助他们回清朝生活,而这应该是每一个在外国的清朝人的目标和希望。

THE HAWAIIAN GAZETTE

《美国》《夏威夷公报》1896年9月25日·星期五

李鸿章欢呼"哟嚯"

李鸿章会见各界人士

温哥华，9月14日

李鸿章习惯早起。尽管总督今早5点就起来了，但直到"中国皇后"号出发的那一刻，他一直都在忙碌地接见各代表团。一些清朝代表团很早就受到接见。8点30分，总督接见了贸易董事会成员。李鸿章向他们询问了关于该省的工业、木材、矿物、渔业等出口的问题，也和他们讨论了铁路建设，并说用于清朝铁路建设的大量材料将从加拿大进口。

总督随后接见了市议会的代表们。议员们做了欢迎致辞，并得到了妥善的回复。总督对市长向清朝人提供的保护表达了感谢，并说他已得知加拿大需要人口。然后，各国公使们前来拜见总督，并代表他们各自的政府向他表示欢迎。李鸿章请他们向他们的政府传达他对于他们所表示的欢迎和无数邀请的感激之情，虽然其中大量邀请他可能无法接受。

总督同日本公使能史（Nosse）先生说了很长时间话，并且请他向日本外交大臣写一封信，传达他对于此次无法访问日本的遗憾，以及对于伊藤博文男爵因健康状况欠佳而被迫卸任感到的遗憾和难过。

"中国皇后"号下午3点左右起航

除了加拿大政府代表何塞博士和加拿大太平洋铁路代理人拉兰德先生这些陪同人员，还有十二个来自旧金山和波特兰等地的清朝人接受了总督颁发的奖章。

邮轮上即将出发的一幕非常生动。码头上挤满了人，他们发出大声地欢呼，虽然烟花的响声几乎淹没了其他一切声响。哈德·戴克船长率领女王陛下的"科莫斯"号军舰和其他几位来自加拿大太平洋铁路的工作人员，一起护送总督到维多利亚港登上"中国皇后"号。

不会为李鸿章举行接待仪式

温哥华，9月9日

　　基于当前此地的反华情绪，温哥华议会拒绝了清朝商人提出的公开庆祝李鸿章到来的要求。加拿大太平洋铁路公司已经从蒙特利尔给他们的代表下达指示，不允许任何人擅自觐见清朝总督。李鸿章将从火车站被直接护送到"中国皇后"号邮轮上。途中，李鸿章将经过当地清朝商人不计成本竖立起来的巨大的拱门。

| （英国）《赛文欧科斯纪事报和肯特广告报》 1896年10月3日·星期六 | SEVENOAKS CHRONICLE AND KENTISH ADVERTISER OCTOBER 3 1896·SATURDAY |

女王的礼物

科博尔德—艾丽丝（Corbould-ellis）夫人是一位微型肖像画画家。她受到委托，画一幅女王的微型肖像画，用于镶嵌到一件珠宝里。女王打算将这件珠宝送给清朝皇帝，以回赠李鸿章带来的礼物。

（英国）《约克郡官报》
1896年10月31日·星期六

李鸿章回到了清朝

　　李鸿章现在已经回到了他自己的国家，但是一些有趣的消息通过电报传回了欧洲。根据宫廷诏书，这位前总督被即刻提拔为总理衙门大臣，但因为到被毁的圆明园觐见慈禧太后，同时也受到处罚。对于进入圆明园这一冒犯行为，李鸿章看起来是有罪的，而且罪过很大。但是，考虑到他同时又受了皇帝的优待，他应该不会受到很重的处罚。必须记住，这种冒犯在那些清朝人看来，无疑是一种可怕而无法原谅的放肆。颁发一道这类性质的圣谕——在名义上的惩罚上面再加一些优待，几乎已是东方的一种习俗。这是一种非常古怪的方式，即使在清朝也是件不寻常的事情。在目前这个事情上，李鸿章被怀疑是在背后违抗皇命。虽然这位伟大的官员所犯的冒犯行为，不过是去向慈禧太后致敬而已，而这无疑是必须的。

　　显然，让李鸿章为这个在欧洲人眼里看起来是很自然的礼节行为负罪，其实是为了让那位清朝君主的权力不受轻视。最要紧的是，从一个清朝人的角度来看，考虑到这位殿下和他的养母之间的紧张关系，在公众的眼中，李鸿章无疑是在皇帝那里失宠了。刚从外面的野蛮国家回来的李鸿章，和那些国家维持着紧密而友好的联系。从清朝的礼仪上说，这在某种程度上是极其可憎的。因此，李鸿章将他亵渎的脚踏上天子的住所这个不可冒犯的地方，被认为是一项无法被轻易饶恕的罪行。

　　我们不难猜测，这一次和他前几次差点掉脑袋的情况近似，而对于加诸他身上的这个惩罚，李鸿章无疑会非常困扰。当他被剥夺了黄马褂、三眼花翎以及各种官职（我们知道，所有这些在那以后已经还给了他）时，他并没有被愤怒或者绝望所吞噬。他选择在欧洲承担那个伟大使命，并被提拔为总理衙门大臣行走，这些都证明他是一位真正的人物。无论他有何种缺点，他都是这个国家不可或缺的人。我们没有必要为李鸿章所谓的丢脸而耿耿于怀。对我们而言，更重要的是皇帝授予他的荣誉。因为在新职位上，他无疑将能施加和运用各种或好或坏的影响。这不仅对整个欧洲，对于这个国家来说更是至关重要的。在如何确保获得清朝政府的特惠、参与重组它的军队、重振它的海军方面，将会有很大竞争。

在与日本的那次灾难性的战争之后，铁路建设以及推进和发展工业已经迫在眉睫。在清朝，没有人比李鸿章更适合处理这些问题。尽管罗斯伯里伯爵已经说过，没有其他国家会比大不列颠更适合或者更有能力确保租界的安全，我们仍然不能期待从清朝得到很多支持。在李鸿章做了这次伟大的旅行之后，现在很多守旧官员对于引入西方观念和成就的反感已经被扫清，而这方面的阻力将来可能还会继续减弱。李鸿章手头上的事情很多，他在尽力保护他的国家不被其他国家吞食。虽然他是一名精明睿智的外交家，但他在俄国有一个敌人，这将转移他大量的注意力。俄国在清朝脆弱的时刻，进一步成了它的保护者。俄国会为它所提供的服务要求一些补偿，这是太自然不过的事情了。尽管如此，我们必须保护好大不列颠的利益，而李鸿章被认为是倾向于大英帝国的。他在未来所居的官位，必须被有效地利用来促进和提升英国在这个国家的贸易发展和政治利益。

李鸿章外套

时尚皇帝沃尔德·柯克（J. Waldere Kirk）从纽约带来此处的新款李鸿章外套，据说已经吸引了大众的目光。如昨天所报道的，这件衣服正在引发持续的关注。这位时尚皇帝昨晚短暂地参观完圣荷西[1]后，在皇宫酒店登记入住，并受到了人群的围拥。当他穿过走廊最终回到房间时，所有人的目光都追随着他。

柯克先生是一位有着英俊外表的年轻人。穿着他最好的西服和宽大的李鸿章外套，他抓着手杖，自信地走着，他的身影肯定会吸引女士们回头。这并不会使柯克先生不悦。在他的一生中，他一直是女士们的倾慕对象。

关于衣服和其他的物件，柯克先生一直是他自己的模特。或者如他所说，它们是他自己创造的，他不愿将它们托付给其他任何人，即使那些柯克先生亲密熟知的人也不会被考虑。就像贝尔和其他的权威，在服饰的裁剪上，他不会使用任何人，除非他们认同他的想法。

"在这些事情上，"这位创造流行的绅士说，"我们引领，从不跟随。"

这是他的口号。过去这几天，已经有大批旧金山的裁缝前来拜访这位尊贵的客人，想要亲眼看看他的服饰。柯克对他们所有人都保持着礼貌。

虽然柯克没有展示他的李鸿章外套，但他展示了自己设计的其他适应不同场合的服装，也展示了服装的无限多样性和魅力。除了这些服装和一位显赫的绅士在旅途中所需的其他饰物以外，他还展示了十四双鞋子，这些被装在一个很大的旅行箱里，一直跟随着他。

这位尊贵的客人所拥有的戒指和领夹，每一件都镶嵌着稀有珍贵的宝石，它们的美妙之处难以言表。可以说，和其他方面一样，柯克先生对此也相当着迷。新的戒指和领夹每日闪耀在每一个合适的场合。

这件李鸿章外套最大的一个特点是后背尺寸的随意和宽大。柯克带着天生的自

---

[1] 美国加州旧金山湾区的一个城市，地处圣克拉拉谷地（硅谷）。——译者注

豪感创造出这件服装。

"我喜欢它，"柯克说道，"因为在必要的情况下，这件服装可以装下两三个和我一样尺寸的人。没人拥有和这件一样的服装。这是我用美丽的深褐色料子做的。我敢打赌，没人会有一件这样的衣服。"

毫无疑问，在这位皇帝如此快乐地霸占着的时尚领域，无人敢入侵。柯克先生可能会在此地停留一周。

沃尔德·柯克和他的新作品——李鸿章外套

1898

（美国）《真民主党人报》
1898年10月1日·星期六

THE TRUE DEMOCRAT
OCTOBER 1 1898 · SATURDAY

英国指责李鸿章被俄国用金钱收买

英国和俄国之间由于清朝政府在境内铁路的许可问题上的态度而引发的摩擦，成了当前所有外国外交官关注的焦点。考虑到美国在远东的巨大利益，这里也在密切跟进着事件的进展。在中日战争结束之际，英国和俄国都在密切关注，伺机增强它们在清朝的势力，介入并通过"条约许可"掌控那些被日本军队占领的地区。在直隶以北的地区，俄国取得了旅顺港和周边的区域；而在海湾以南，英国获得了威海卫的控制权。

目前，清朝只有一条铁路。这条铁路由李鸿章所建，并处于清朝政府的控制之下。目前英国和俄国之间的矛盾是由清朝政府和香港银行建造天津经由山海关到牛庄的铁路合同所引发的。这家银行几乎全由英国资本家控制，虽然也有一些美国人持有股票。规划中的这条新铁路是清朝发展中的铁路系统的重要组成部分。

清朝太后公开解除了皇帝的所有权力。顾问大臣们将直接听命于太后，而李鸿章实际上控制着整个总理衙门。

传言英国驻北京公使窦纳乐爵士在总理衙门前指责李鸿章背叛清朝，投靠了俄国。据说李鸿章威胁要拒绝窦纳乐爵士的所有要求。

李鸿章再度掌权，作为首相直接听命于西太后。这是由于皇帝的软弱造成的。皇帝被认为不适合处理重要国务。太后是一位很能干的女性，她劝说皇帝辞退翁同龢。后者曾是这几年反对改革和发展的党派的首领和门面人物。

对此，外国人和维新派很高兴，没有采取更多激进或者必要的改革行动。皇帝最后被迫看清形势，解除了这位老人的职务。很多满族人同情翁，但是害怕这次撤职意味着新一轮的变革。

翁被清除出朝廷后，太后毫无障碍地重获她往日的地位，成了十八个省的实际统治者。各省份的总督、道台以上的所有大臣都被要求向她直接汇报，并听命于她。太后已经展示出对李鸿章的恩宠，后者再次掌权成为总理衙门的实际控制者。这肯定给了年迈的李鸿章很多安慰，特别是现在他可以胜过翁了，后者曾在中日战争时

李鸿章在家中。威廉·桑德斯拍摄。

期叫嚣着要李鸿章的脑袋。

王文韶是内阁中的一个软弱人物，他是从直隶总督的位置上被召唤过来的。恭亲王在临终之际指定自己作为他在内阁的继任者。王文韶无趣且十分保守。他吸食很多鸦片，而且年事已高，应该活不了多久。

重新上位的李鸿章总督激怒了在华的英国人。他被英国人视为俄国人耍的另一个诡计。李鸿章一度是英国最有力的朋友，而现在却在能力范围内竭尽全力地帮助俄国人。

慈禧太后是一位顽强的女性。虽然她已经63岁，但她是清朝新女性的典范。在将近四十年的时间里，她一直是清朝最有权势的人。光绪皇帝是太后的继子。太后在她自己的儿子过世后，就领养了光绪并训练他，以便使他处于自己的掌控之下。光绪皇帝现在27岁，他被从权力场上公开地撤下，是他亲爱的继母给他准备的一份生日礼物。

多年以来，太后一直在收受生日礼物，这使她成为地球上最富有的女人。在她的每一个生日上，清朝人民都把财富进贡给她。对日战争期间，太后表示，人们也需要有他们自己的钱财，所以她高兴地表示将拒绝通常的礼物，许诺只拿一半。

在美国如此受欢迎的李鸿章总督，总能在太后那里找到最坚定的盟友和最慷慨的资助。太后曾对李鸿章很生气，剥夺了他的三眼花翎和黄马褂，但很快他就再次获得这些，并赢得了她的礼赞。所以通常来说，当李鸿章官运亨通时，可以表明是太后在上面掌权。年轻的皇帝很少展示他的男子汉气概，试图成为真正的皇帝。不久，李鸿章陷入麻烦，但是这麻烦并没有持续太久，因为太后压制住了她的继子，就像她现在所做的那样。

总理衙门就是清朝的外交部。在这个国家里唯一可以与之相提并论的，可能就是美国的国务院。据说慈禧太后最近在总理衙门安插了很多弱小的人，以便李鸿章全权掌控总理衙门。

受英国支持的窦纳乐爵士和受太后支持的李鸿章之间的冲突想必很严重。

"你将清朝出卖给了俄国！"

"我会使你被撤职！"

与此同时，总理衙门里弱小的人们在他们刺绣的袍子里瑟瑟发抖。

| LES ANNALES POLITIQUES ET LITTERAIRES OCTOBRE 2 1898 DIMANCHE · N°797 | （法国）《政治文学年鉴》 1898年10月2日 星期日·第797期 |

与李鸿章在北京的一次晚宴

这天晚上（1895年11月16日），法国公使馆举行了一场盛大的晚宴。赴宴宾客之中有李鸿章和总理衙门的大部分成员。他们的到来引起了关注，因为这些大人物，尤其是李鸿章，从来都不习惯参加城里的晚宴，一般都会以各种巧妙的借口回绝。在清朝，每件枝末小事都有其政治外交上的含义，李鸿章的出现意味着清廷在礼节上的高度尊重，是善意和友好的明证，也是法国恰当的外交政策所带来的成果，这个成果现在让它在清朝帝国的权力中心有了举足轻重的影响力。

虽然李鸿章在中日战争惨败之后被剥夺了直隶总督的头衔，脱去了黄马褂和三眼花翎，但他已经开始重新得到当权者的宠幸。现在他是总理大臣，重新获得了这些权力的象征。最近，在受到皇帝的接见之后，他重新拿回了三眼花翎和黄马褂，这意味着他在权力斗争中取得了胜利。

这位曾经的直隶总督的长相众所周知：他那幅被印了好几千份的肖像画，被大部分配有插画的报纸翻印。每个人都能想起他高大魁梧、精神矍铄、思维敏捷的形象。但图像不能传达出他那时而温柔时而霸道的动作，还有他那双极为灵动的眼睛——他的眼睛很好，时不时地从圆框眼镜上方透出锐利的眼神。虽然他给人的印象更像是一个巨贾而不像一个大人物，但无论如何他绝非平庸之辈。这位商业巨擘的资本估计至少在8000万到1亿两白银（3到4亿法郎），显然他是个极有商业天赋之人。如果说他这笔钱是靠他那微薄的薪水一铜板一铜板地攒下来的话，那我对这一点很怀疑。在清朝，高官的收入也很低：每年最多在2万到2.5万法郎间。如果清朝的官员要靠固定工资来发财的话，那他们可是很值得同情了。然而，他们对此一点也不抱怨。

李鸿章是带着他的儿子一起来的。请读者不要把这个儿子跟他那个过继来的儿子搞混了。两个儿子都姓李，但我不知道为什么欧洲人单单要把这个继子叫做李大人（Lord Li）。那个继子曾经跟在他父亲身边作为第二全权公使参加过《马关条约》的谈判。而这个小儿子是个20岁的年轻人，长得很好。他穿着北京最时髦的衣服，说一口流利的英语，并特意拿出一副美国人的做派。当天，他心情颇佳，乐于交谈。他对我说，他的梦想是去欧洲，住在巴黎。我能想象得出他将会在那里取得成功，还能想象到他在欧洲的开销肯定会花掉他父亲的一大部分存款。

父子两人待到 11 点之后才离开。李鸿章甚至可能想待得再晚一点，但是他次日 6 点就得进宫"吃供肉"。在这里得解释一下，按照清朝农历，第二天是冬至，按规矩，皇帝要在前一天夜里通宵举行虔诚的仪式，具体的顺序和步骤如下：首先他会前往一个叫做"斋宫"的地方，在那里他要长时间地注视祖先的牌位。之后，他会前往另一个地方，那里有他父亲的肖像，他要在那个神圣的肖像前沉思。皇帝沉思完毕之后，要在早晨 5 至 6 点之间前往第三个圣殿，给祖先上供。这些仪式结束之后，那些"肉"，也就是各种各样的可以吃的供品，会被分发给朝廷里的显要人物，包括李鸿章。就是因为这个，李鸿章半夜回到衙门之后，还得赶在天亮之前起床穿好朝服去吃"祖先的牛排"。皇城跟安南朝廷一样，皇帝向来都是在普通人还在睡觉的时候处理国事的。孔子曾经说过，君主要夜以继日地关心他的人民。这话还真被皇帝照着字面逐字遵守。皇帝半夜就起床了，不久之后，大臣们就来了。有些人住得很远，在路上要花超过一个小时的时间。之后朝会便立即开始了。只有皇帝的叔叔——80 岁的恭亲王和 75 岁的李鸿章受到特别优待，可以睡懒觉，他们只在 5 至 6 点之间现身。

在这个国家，一切都充满着矛盾，一切都流于形式。太后要庆祝六十大寿，庆祝活动本来应该在 1894 年举行，但是不得不推迟到战争结束之后才举行。一场 3 万人的检阅活动（说是 3 万人，实际上是 3 千人）拉开了庆祝活动的帷幕，9 个团的弓箭兵和一个团的火绳枪步兵参加了检阅。检阅结束之后，步兵们就把枪放到了当铺里，等到下次操演再赎回来。至于骑兵们，他们早早就把马卖了，然后按照 3 吊钱（约 1.5 法郎）一匹的价格租马来用。

庆祝活动主要在皇宫里的皇室成员间举行，持续三天。参加活动的只有王子、公主和达官贵人们。庆祝活动包括一出长达三十六小时的戏曲表演，这个时间就算对身体最强壮的戏曲爱好者来说都太长了，但回避活动是不可能的。在庆祝活动结束之前离开皇宫会招致不幸。如果对太后提供的消遣活动表现出一点也不享受的样子的话，那就有可能被人说成是触霉头。不过，你们也许要对我说，一定要好好活下去啊！大概吧。庆祝活动上有丰盛的美食来填满因看戏而被掏空的肠胃。只不过，要参加活动，就必须提前向典礼总管交上一笔数额相当可观的钱，具体金额按照来宾的级别高低和财产多寡计算。一开始，大家都勒紧了裤腰带，但饥饿把狼引出了

李鸿章

树林，更把钱逼出了钱袋子，最后大家都不得不从命缴纳银两。李鸿章交了两万两银子，合八万法郎！就为了一个三明治，这价钱可够贵的。这事当然不是他告诉我的，是一个在宫里工作的人告诉我的，他的工作让他可以清楚地知道宫中都发生了什么。私下里跟你说，告诉我这件事的人是个太监，我不知道为什么要搞得这么神神秘秘的。皇宫里有好几百个太监，泄露秘密的这个人完全不用担心被发现。听完他的故事之后，我惊讶地说道：

"这不可能！您是开玩笑的吧？！这个事情很快就会被人发现的，皇帝和太后会怎么想呢……"

"太后？所有的钱收来都是给她的。我是说她总管分钱。"

马塞尔·莫尼耶（Marcel Monnier）

1900 ❖❖❖

（美国）
《环球报》
1900年3月24日·星期六

THE SPHERE
MARCH 24 1900 · SATURDAY

近期意图毒弑李鸿章的事件

近期，英文报纸很少提及对于李鸿章——这个在大清帝国半个世纪的历史中扮演着最重要角色的男人的谋杀事件。据路透社发来的电报称，有人意欲毒弑这位昔日的"东方的俾斯麦"，但这一重磅新闻却并未在英国大众间得到预料之中的反响。然而，若此新闻在几年前爆出，当时的整个世界肯定会为之一惊，欧洲外交界会为之轰动，更会决定远东局势的评论风向。

在当时，贵为清廷首辅的李鸿章指引着这个东方最强大的国家的前途。在此之前，他在戈登等人的协助下取得的功绩，使他赢得了广泛赞誉。在大众的眼中，正是他镇压了太平天国运动。而根据另一个广为"常人"（近来这类人被赋予了如此神奇的

李鸿章。摄于1898年7月18日，75岁的李鸿章此时刚从日本回到天津。注意图中李鸿章左眼下的弹痕。

李鸿章的小儿子李经迈

先见之明)接受的说法，李鸿章促成了通商口岸的开放以及随后变为现实的外贸交易。我并不是含沙射影说他从未参与这些事情。李鸿章作为北洋大臣，其权责使得他在通商口岸、外贸中拥有决定性的影响力，但要记得，这也正是他能以一种不难看的姿态中饱私囊的缘由。

此后，李鸿章的日子却一直不好过。他成了中日甲午战争败北的替罪羊，五年前他的权力落至最低点。成功发动宫内政变罢黜光绪皇帝的慈禧太后，意志坚强而顽固任性，作为李鸿章的老朋友，她施展手段，使李鸿章以受派欧洲专使这一听似光鲜实则卑微的职权之名，摆脱千夫所指的绝境。尽管从那趟历史性的外交之旅回来后，李鸿章仍然不受圣宠，但时局形势似乎自此越来越偏向他了。近来，他又升任两广总督，当下其权势鼎极一时。然而，我们应该记住，现在的他是一个年迈的老人，上次我见他时（那已经是两年多以前了），他必须由身边随从扶着行走。

李鸿章两次从鬼门关前逃脱。第一次，他的袭击者正是戈登，而在了解来龙去脉后，每一个拥护公正的人都会赞成戈登此举。事情的过程是这样的。当太平天国运动进入尾声，苏州城的太平军将领正做着最后的抵抗，戈登要李鸿章同意只要打开城门投降便宽恕这些将领。第二天早上戈登惊讶地发现，李鸿章先邀请这些将领进入他的帐篷，接着在他们对李鸿章感恩戴德时，残忍地屠杀了他们。戈登盛怒不止，手携上弹的左轮手枪沿着城墙追赶李鸿章，李鸿章跑至朋友家中才躲过一劫。

　　而更近一次对李鸿章的谋杀则发生在1895年中日和谈时的日本马关。李鸿章被一个日籍战争狂热分子开枪直接击中面部。从这张复制的人物照片上还能看出李鸿章左眼下的弹痕，子弹一直未被取出来。

　　尽管有许多缺点，李鸿章同时也有许多优良的品质。他顾家爱家，促进了家族发展。和其他清朝人一样，面对陌生人，如果他们没有任何强人所难的意图，他便表现得至为谦逊。同时他还极其好客，其关切几乎到了令客人尴尬的程度。

阿尔弗雷德·埃德蒙兹（Alfred Edmonds）

李鸿章的妻子、女儿和儿媳

回复梁启超

在一封被认为是出自李鸿章授意的信函里，充满了对于改革者的同情和赞美，同时还斥责了西太后的背信弃义。这封信函引起了本地清朝人的广泛兴趣。这封不同寻常的信函，是对梁启超最近发给李鸿章的信件的答复。这封信的内容已经被公开。信件上的署名是那位伟大的清朝政治家的孙子，还盖有他的私人印章。

在这封信是出自李鸿章授意还是伪造的问题上，保皇党人分裂成两派。数日前，他们决定举行一次会议充分讨论这个问题，以及是否应该秘密保存此信，以免这些内容使李鸿章陷入麻烦。目前，这封信的消息已经走漏，太后的爪牙已经知晓了它的内容，因此保密已无必要。

这封信有四千多字，信中回顾了清朝过去三十五年的外交史，肯定了李鸿章的地位，鼓励改革者们继续他们的工作，甚至断言，如果他们能谨慎而耐心地工作的话，有望不久后取得成功，而太后年事已高，肯定不久于人世。如果太后确定是她最信赖的李鸿章写了这些内容的话，那么不难猜测她会采取何种行动。

在梁启超给李鸿章的信件当中，这位改革者提醒说，李鸿章在一年前就对改革派表示同情，并许诺帮助改革者。对此，梁启超说："然而你现在却在迫害进步党派的成员。"信中还提到了多年前的一些清朝事务。下面是这封来自改革者的奇怪信函中最有意思的一部分内容的翻译：

"在过去三十多年里，李鸿章信奉开放清朝，接受外国思想，然而他一直在孤军奋战。李鸿章在镇压太平天国期间，就接受过英国将军戈登的帮助，最终平息了那次叛乱。在那次战争中，李鸿章学习到，相比国人，外国人的技术更加熟练，他因此得出结论，清朝必须向外面的世界学习。但是其他人与他意见相悖，而他一个人是做不成什么的。

"十五年前，发生了与法国的战争。战争伊始，李鸿章就提出和平建议。他告诉其他清朝人，法国对他们来说太过强大，他们的士兵更加训练有素。然而，清朝的官员们仍想发动战争，结果是清朝失去了一部分领土和大量战船。同样的事情在对日战争前再一次发生,当时李鸿章也曾试图阻止。

"李鸿章一直坚信,要用国外的方式来教育清朝人,但他在官场中孤身一人,举步维艰。如今,他年事已高,已不能去做年轻的改革者们为他们祖国所做的那些工作,只能对他们的工作表示同情。下令处决改革者的不是李鸿章,也不是他的人在追捕改革者。这么做的人是太后,而李鸿章是无法阻止她的。那次,改革者们在上海遭受枪击和迫害,凶手不是李鸿章的人,而是太后的。

"李鸿章在官员中依然孤单地坚信着外国的教育,但是这位老人一个人能做什么呢?他希望年轻的改革家们继续工作,并祝愿他们能够取得最后的成功。他断言,如果清朝有朝一日拥有了优秀的政府,那么这肯定是通过这批年轻人的努力而得来的。这些年轻人现在正在海外,为改革的目标而工作着。

"要继续努力。改革者们不必急于一次做完所有的事情。请他们耐心地工作,可能不久,他们就可以更为自由地活动。太后年事已高,她肯定不会活得太久。"

这封与众不同的信件自然在保皇党人中间激起了极大的反响。它被递交给梁启超,后者向他的朋友和保皇党人展示了这封信。这位勇敢年轻的改革者目前正在考爱岛,为他所代表的那种理想而进行着宣传工作。

很多人认为,这封信是李鸿章授意的,不过是由他的一位亲属执笔,以免影响到自己。另外一个看法是,这位狡猾的老政治家正在试图和两方面都搞好关系,所以他想和改革者们提前搞好关系,以备将来他们的计划获得成功。

右图 / 西班牙画报上的李鸿章彩图。加泰罗尼亚开放大学 (UOC) ALTER 研究组供图。

（美国）《托皮卡州刊》 1900年6月30日·星期六
THE TOPEKA STATE JOURNAL JUNE 30 1900 · SATURDAY

李鸿章再次出现在清朝政坛前沿

李鸿章再次成为清朝的领袖

李鸿章最后的日子本该在平静和归隐中度过，但是他的好朋友慈禧太后说她需要他。李鸿章因此再一次出现在世人面前。自从这位前总督1896年8月那次轰动性的全球旅行之后，我们便很少听到他的消息。然而，不时有他掌权或者失宠的传言传来，这些快速变换的荣辱肯定使这位年迈的外交家倍感焦虑。

四年前，他的黄马褂和三眼花翎被剥夺，接着有消息说他有生命危险。但是，一直宠信他的西太后发动了一次政变，使他重回高位，也使她自己牢牢掌控皇帝宝座。

过去两年间，李鸿章虽然没什么动静，但仍被认为对天朝有着决定性的影响。随后他渐渐地掌权，官阶高升，享受西太后的专宠。虽然媒体和民众一度对他抱有敌视的看法，但也在慢慢友好起来。是的，在他这个年纪，李鸿章再一次跃居高位。

最新的消息是，这位年迈的政治家再次成为清朝的领袖，恢复到年轻的皇帝执政前的他所拥有的那种高位。他坐在西太后的右边，和她在一张桌子上吃饭，与她交谈，给她建议，在各方面都表现得像个真正的领袖。

清朝的麻烦

义和团只是清朝遭受的众多麻烦中的一个。朝廷在与外国人打交道上本来就困难异常，这时义和团插手进来更是让形势更加艰难。清朝政府和英国的矛盾早已非常公开，此外还有和美国在外交上的分歧，而真正的麻烦是俄国——这也是最严重的。如果她不对此多加留心的话，极有可能扰乱清朝，然而谨慎从来就不是清朝的品格。

李鸿章是负责清朝国防的一位主要首领，战争的重担将落在他肩上。这会毁灭或者成就他，当然，前提是这位77岁高龄的老者还能承受住毁灭和成就的话！

李鸿章在美国旅行时，是他的奇怪举动，而不是他卓越的观察力使他与众不同。他的逻辑能力是健全的，理性思考能力也很好。问题是，他来到了一个比清朝先进一千年的国家，他在这里所看到的一切都使他头晕目眩。这位清朝的瑞普·凡·温克尔[1]四处张望，问各种问题，显得像学生而不是一位老师。

关于李鸿章的生平，在很久以前有一段罗曼史。一位绅士访问清朝时，握住李鸿章的手，通过翻译表示，很高兴能够见到他。这位绅士向李鸿章问了一些问题，在这位年迈的清朝人做了回答之后，他向后者描绘了他的祖国。

他描述了街道上飞驰而过的汽车，告诉他有一种没有桅杆的船，描述了轻轻一碰就能迸发出光芒的电灯，还描述了城市的地下排水系统。这些听起来就像童话故事，而李鸿章发誓，某天他要亲自前往目睹这一切。

他在美国的访问

当这位年迈的清朝人准备来参观这个国家时，那位曾拜访他的美国绅士已经过世。这位忠诚的老者前往他的墓地，在墓前虔诚下跪，向这位指引他来美国的著名人物表达敬意。现在还有李鸿章在格兰特墓前的照片留世。其中一张照片被摆在一张二十年前在清朝拍摄的照片旁边。在那张照片上，格兰特将军与这位清朝政治家并排而坐。

这段友谊和对太后的爱慕，是除第一位妻子外，李鸿章生命中最重要的两段感情。它们贯穿了这位蒙古人种[2]大员的一生。其中，对太后的感情是最为强烈的，它将持续到李鸿章闭眼之时。

关于这段友谊，在清朝有大量的流言。据说有一次西太后从北京出逃，李鸿章就伴随在旁。后来的调查表明，这位陛下的确曾离开北京城，而李鸿章也确实与她一道，但是同行的还有其他数百人，包括几乎所有的内阁成员，流言就此不攻自破。

爱慕太后

这位可爱的女士目前正处在麻烦之中。而李鸿章在一生辛劳之后，此刻正陪在她身边，再一次为她提供帮助。他和她一同前往会见顾问大臣，为她的观点辩护，帮助接待外国代表，从早到晚地陪伴和侍奉在这位清朝的女王左右。

太后赐予她的这位顾问的头衔尚不可知。除了他的真名，他有诸多头衔，包括李大使、太后的高级顾问、国家首相，以及一等伯爵。这些都是这位当世最显赫的人物的正确称呼和头衔，而李鸿章是不敬的称呼。

他在美国时，认识他的人士都宣称，这位到访者的正确称呼是"章"，这是他的

---

[1] 19世纪美国小说家华盛顿·欧文所写的同名短篇小说的主人公。——译者注
[2] 即黄种人，世界四大人种之一。——译者注

名字。其他人则认为称他为"鸿"更妥当，因为这能显出他在家族中的辈分。值得注意的是，他的清朝同伴则称他为"李"，他在唐人街也一直被称为"李"。

这位差点成为皇帝的人物是有趣的。他来自显赫但并非权贵的家庭。李鸿章的父亲通过了科举考试，这在清朝是士绅和文人头衔的象征，但他从未担任一官半职。李鸿章于1823年2月15日出生于安徽省。他顺利通过了所有考试，并在最终的考试中获得殊荣，成了翰林院的一员。翰林院相当于清朝版的法兰西科学院。

李鸿章最开始是作为一名士兵为政府效劳的。太平天国发动了可怕的叛乱，这些都发生在李鸿章的学生时代终结之时。爱国主义精神激荡着这位年轻人，他由此作为团练首领进入战场。

历史记录下了李鸿章跃升为战场总指挥的几次重大事件。他采纳外国的方法，应用外国的设备，使用外国的战术。美国水手华尔和英国士兵戈登，成了这位清朝将军的中尉。华尔在指挥对敌进攻时战亡，戈登随后继任。在美国，几乎没人记得华尔，而戈登是英国最受赞誉的英雄之一。上次访问英国时，李鸿章拜访了这位中尉的墓地，并为他献上了饱含敬意的花环。

从镇压太平军的那一刻起，李鸿章就仕途亨通。他被赏赐了黄马褂，并被任命为总督。从那开始，无论在国内还是对外事务上，李鸿章都成了主宰清朝的人物。然而，他不得不与他的国家和私底下的敌人战斗。他被指控背叛了这个已经统治了中国很久的满族王朝。最终，李鸿章赢得了一个又一个的胜利。无论对内还是对外，他的政策都是机会主义式的，这使他能够一直掌权。然而，他也有一段不光彩的时期——一次是1870年天津教案之后，另一次是五年前第一次战败于日本后。他的头衔、荣誉和权力，都被太后收回了。

李鸿章被认为是当今最有进步意识的清朝人。他被一些人叫做"世纪末的蒙古人"。他支持清朝引入和采纳西方的方法，成立由外国学者教授欧洲语言和现代科学的学校，建立由欧洲教官指挥的陆海军和医学院，引入电报、铁路和其他现代发明。他的敌人宣称在这些自由进步的观念下，他是有自私的意图的——一切只是为达到目的而采用的手段。李鸿章的格言其实是"清朝人的清朝"。

一位美国绅士曾这样描写他："这位77岁的老者，健康状况良好，体力充沛，身高6英尺，身材壮实，坐姿笔直，非常有气场。他面庞刚毅，带着顽强的脸部线条，嘴唇很薄。他的皮肤是暗黄的，布满皱纹。眼珠是黑色的，眼神非常有穿透力，它们总是保持警戒，看起来似乎可以看透任何人的心思。新月状、灰白的胡须给予了他一副半军人的英姿。"

| LA VIE ILLUSTRÉE JUILLET 13 1900 VENDREDI · N°91 | （法国）《生活画报》1900年7月13日 星期五·第91期 |  |

清朝事件

　　清朝事件如今披上了一丝悲剧的色彩，能够传到欧洲的少量报道都在介绍困在北京城的欧洲人的绝望境地。实际上，几天来被成千上万的清朝人骚扰的他们很难再抵挡这帮不断向他们涌来的野蛮人的攻击。人们不禁为外国公使以及公使馆的工作人员的未来担忧。带领清朝人民攻击洋人的义和团像屠夫一样，使用各种酷刑和最残忍的手段来与所谓的"洋鬼子"决一死战。

　　我们从6月30日发自上海的一封电报中已经获悉，用于基督教徒避难的英国公使馆在大批义和团成员的围攻下已经快弹尽粮绝了。另一封电报简练得惊人，上面写道："被大批民众围攻的外国人就像原始屠宰场里的牲口一样被屠宰了。"而就在这些恐怖行为进行之时，就在英国全权公使窦纳乐以及法国驻华公使毕盛似乎都惨遭杀害之时，欧洲外交官们却还在犹豫着、迂回着、谈判着，为的却是文明世界最大的耻辱。

　　德国、英国、法国、俄国和日本等国组成的同盟对彼此都不太信任，所以就算他们准备惩罚清朝人，也不愿意其他国家动手。即使洪秀全没有意识到外国之间的嫉妒之心是使其免受惩罚的最好屏障，他的那些参谋也会明白其中的道理，进而大肆利用。为避免俄国不悦，法国没有允许日本调集部队到清朝；而英国则恰恰相反，为了获取日本的支持，极力赞赏日本天皇调集部队。

　　德国公使被杀使得德国独自爆发出激烈的抗议。为什么法国政府几日来没有采取任何措施来控制这种局势呢？难道我们和这个屠杀我军士兵、侮辱我国国旗，甚至可能杀害我国公使的国家不是处在战争状态吗？我们在清朝所需的不是一个谈判专家，而是一个孤拔司令，一队装备足够精良的士兵，来消灭这些与我们的文明势不两立的敌人。在这个紧要关头，西方各国应该放下自己微不足道的欲望。现在的问题比瓜分领土更加紧迫：应该尽全力把这些野蛮矮小的黄种人牢牢地限制在他们的高墙之下。

　　今天的清朝人已经不是1860年时的他们了，而成了一群更加善战、拥有欧式装备的部队。这一点可多亏了德国和英国谈判家，而我们也向他们提供了足以炸飞我国海军陆战队队员的大炮。目前我们面临的危险是巨大的，希望政府不要以担心妨碍世界博览会为名而掩盖这一危险。

海军少将泽列诺伊与李鸿章在清朝驻圣彼得堡使馆前的合影

中间端坐者是俄国海军少将泽列诺伊（Zelenvy）与李鸿章，周围站着的是随行的使团成员、俄国军官及公使馆工作人员。李鸿章左侧是他的养子李经方。

海军少将泽列诺伊与李鸿章在清朝驻圣彼得堡使馆前的合影。丘希尔—法拉维尔（Chusseau-flavier）拍摄于清朝驻圣彼得堡使馆前。[1]

---

[1]根据黎鸣的考证，后排左起：胡春利（音）、黄建欧（音）、卡普·巴尔·诺尔基上校、麦信坚（随团医生）、柏斌、史特·罗特姆·马尔契科、基特·索夫·卢丹夫斯基、张柳、联芳。二排左起：（待考）、薛邦鲢、塔克什讷（同文馆培养的俄语翻译）、林怡游（福建船政学堂派往法国的留学生、使团翻译）、李经述、波尔赫·别尔诺、波尔赫·瓦卡波、李经方、柯乐德、罗丰禄、洪冀昌。张柳、柏斌、洪冀昌曾随李鸿章赴日参加《马关条约》的谈判，当时张柳为随员，柏斌、洪冀昌为学生。——译者注

李鸿章与俄国敖德萨市市长、退役海军少将泽列诺伊

李鸿章及随员同俄国敖德萨市市长、退役海军少将泽列诺伊一行合影。

李鸿章及随员同俄国敖德萨市市长、退役海军少将泽列诺伊一行合影。

《呼声晨报》(美国)

1900年7月14日·星期六

对使馆区的大屠杀

联军与义和团的战斗

伦敦，7月14日凌晨5点

在最近6小时的对战中，哥萨克收缴了6挺克虏伯机枪，而义和团损失了3000人。

悲惨的预言盛行：《快报》驻天津通讯员7月发出的电报称，义和团每日都在驱逐联军。通讯员说，拳民们占有优势地位，他们在有利地点架设了12挺机枪，变换着位置对使馆区的街道进行不间断的扫射。《每日邮报》驻圣彼得堡通讯员报告，在天津郊外最后6小时的战斗中，哥萨克收缴了6挺克虏伯机枪，并杀死大量逃逸中的义和团拳民。清朝方面损失了3000人，被杀害的人员中包括科克（Kek）将军。

李鸿章仍在广东

昨日收到的电文对伦敦目前已知的北京形势并无任何补充。据说可以确定的是，李鸿章仍在广东。他会待在那里，直到联军打败端王的军队，然后起身前往北京，和庆亲王、荣禄及其他亲外的总督们一道，帮助协商和平条款。李鸿章认为，目前他在广东能最好地控制和指挥总督们，并遏制广东的形势进一步恶化。

所有外国人和传教士都已从温州撤离，抵达宁波。一大批义和团拳民出现在温州，并威胁要消灭外国人和传教士。他们还分发旗帜、彩带和其他带有排外标语的饰物。

李鸿章正派军前往北京

柏林，7月13日

据7月12日发自广东的半官方电报消息，李鸿章在7月6日收到落款为6月17日的朝廷公文。公文敦促各省总督派遣军队以最快速度前往北京帮助平息叛乱。公文中明确提及了端王。据可靠消息，作为对这封公文的回应，李鸿章正派出几千人的部队前往北京，其他省份的总督应该也在派遣军队。

| BLACK AND WHITE | （英国）《黑与白》1900年7月14日·星期六 | BLACK AND WHITE JULY 14 1900 · SATURDAY |

当今最伟大的清朝人——李鸿章

以儒家观点来看，李鸿章是一个模范孝子。当他83岁的母亲于1882年离世时，李鸿章暂停所有职务，并依照传统风俗，向清朝政府请求退隐三年去为母亲守孝。然而，当时李鸿章的职责重大，因此请求未被允许。但在其他某些时候，李鸿章更是颜面扫地。他被无中生有地认为是帮助外国侵略者的汉奸，因此在旅欧归来后被剥夺了黄马褂和三眼花翎，但他很快就又得回了这两样赏赐。他富可敌国，权势滔天，维护着南方省份的安定局面。

当今最伟大的清朝人。戴维尔（L. Daviel）根据伦敦格罗夫纳街（Grosvenor Street）约翰·汤姆逊（J. Thomson）的照片绘制。

THE MORNING CALL | （美国）《呼声晨报》
JULY 15 1900 SUNDAY | 1900年7月15日·星期日

中国维新会请愿希望李鸿章镇压义和团暴乱

本市中国维新会（The Chinese Empire Reform）成员非常担心东方的严重局势，并表示将竭尽所能地减轻对在华外国人的迫害。该协会每日电报清朝各省，请求他们施加影响，以阻止屠杀那些未能及时撤离清朝前往安全地区的外籍人士。他们在电报中称，义和团拳民发起的这次起义，得到了清朝当局的宽恕，这是对条约的严重违背。他们要求保护在华的外国人，就像清朝人在美国受到保护一样。

这个进步组织的本地成员代表是在加州的清朝商人阶层中的优秀分子。在昨晚的一次采访中，协会主席表达了对于清朝官员懒政的愤慨。他认为，若非端王和慈禧太后密谋同意消灭外国人，并无知地相信所有问题都可以以这种残忍的手段来解决的话，那么义和团拳民在运动伊始便能得到轻松控制。

在尝试以人道主义方式拯救在华的外籍人士时，昨天早上的报纸报道了对他们目前在新加坡的领袖康有为的暗杀行动，对此这些改革者对清朝政府表示了强烈愤怒。以下是该协会发往清朝的电文：

致李鸿章，广东：

我们在此获悉义和团拳民正在屠杀外国人。这是对条约的严重违背。我们恳请大人令各省巡抚保护他们辖区内的所有外国人，就像我们在此地受到保护一样。请您镇压这野蛮的暴乱，以使和平和商业繁荣得到恢复。

中国维新会敬上
1900年7月13日，旧金山

DAILY INTER MOUNTAIN

（美国）《每日山间报》
1900年7月20日·星期五

JULY 20 1900 · FRIDAY

授予李鸿章的荣誉

伦敦，7月20日

《每日快报》上海通讯员来电：

在香港，可以感受到人们对于授予李鸿章荣誉的极大愤慨。在上海，李鸿章被认为是所有这些敌对的排外运动的组织者。

对义和团杀死洋人视而不见的李鸿章

上图／1900年1月15日到达广州前,李鸿章与香港总督合影,左三戴眼镜者为唐绍仪。

下图／与联军打太极的李鸿章。刊于法国《侧影》（La Silhouette）杂志,1900年8月12日。

一位刚抵达本地的清朝商人讲述了大屠杀的可怕细节。他说,他看见欧洲女人被大叫着的拳民驱赶到街道上,他们剥掉她们的衣物并将她们砍成碎片,零碎的躯干被扔到人群之中,赢得阵阵喝彩。有一些拳民被外国人杀死了。

这位商人还说,他看见清朝士兵用标枪将白人小孩高高挑起,而他们的同伴则瞄准这些孩子开枪。因为他给出的其他细节实在太过恐怖,在此不做复述。

看上去,义和团的领袖已经有了一个计划,他们高额悬赏消灭在华的外国人,而端王的士兵已被许诺会获得享受白人女性身体的机会。

| LA DOMMENICA DEL CORRIERE | （意大利）《周日邮报》1900年7月22日 发行第2年·第29期 | LA DOMMENICA DEL CORRIERE LUGLIO 22 1900 ANNO 2 · N. 29 |

李鸿章

我们刊登了一张"东方的俾斯麦"——李鸿章的最新肖像画。他是清朝最有权势的男人。李鸿章参与了清朝大大小小的事务，并且游历过欧洲，后来受到朝廷冷落，顶着两广总督的头衔去治理广东。当时广东的局势无疑需要李鸿章，他的到来卓有成效。李鸿章成功镇压了广州的叛乱，抑制了欧洲各国的野心。李鸿章被认为是世界上最富有的人，据说他在北京中央政府任职期间，全部积蓄加起来超过了10亿两白银。虽然李鸿章和义和团一样仇视外国人，但他狡猾、敏锐、富有远见，既可以识破圈套陷阱，又善于把握政治资源。他还善于发现群体中最脆弱的一面，也知道如何激起和消磨他人的斗志。

李鸿章成功地使广东归于平静。他在任期间，广州一直按照他规划的方向发展。

这个男人现在可能坐在戏院里听着戏曲，和其他官员一起商量如何扑灭肆虐的大火，怎样拨乱反正，让广州回到正轨，或是在鞭策军队镇压义和团。不过李鸿章已经意识到战争就快结束了，虽然各国军队仍然占领着清朝领土，但他们已经不想继续为这场战争的花费买单了。

现在，对欧洲人和基督徒而言，李鸿章仍是清朝政府给他们的一颗定心丸。

左图 / 李鸿章近照

右图 / 李鸿章在广州。

(美国)《呼声晨报》 1900年7月24日·星期二

THE MORNING CALL
JULY 24 1900
TUESDAY

一名清朝官员来信讲述大屠杀

大屠杀与俄国的应对之策

伦敦，7月24日，凌晨4点

《每日快报》上海通讯员发自7月23日的电报消息称，收到一名山东官员的来信，内容如下："本月初，外国公使们已多次尝试从北京发出消息，但是由于城中监控严密，带信人被抓住后处决。7月4日，有400名非常疲倦的外国人滞留在北京。而一整夜，机枪都在不停地扫射。据悉，所有使馆人员和外国人都被杀害，尽管伪造的电报并不承认这一事实。"

《每日邮报》驻圣彼得堡通讯员报道了俄国战争议会的不同看法。陆军大臣库罗帕特金将军希望能够派遣十万人前往镇压满洲的叛乱，而俄国皇帝尼古拉二世希望将行动限制在防御和前线地区的缓和上。让南方的联军和北方的俄国人这两支强大的队伍与清朝人对抗，叛乱注定失败，俄国皇帝这么说。

李鸿章涉嫌两面派

一则私人消息称，李鸿章发誓，他此次前往北京的目标是组织清朝正规军和联军一起镇压义和团。

对此，《泰晤士报》编辑部暗示，李鸿章正在玩弄古老的土耳其宫廷游戏。他提出了那种对于不同势力来说会看起来有不同程度和方式的建议。该报宣称，"麦金利总统已经请求调停。这一请求正在被加速处理，而华盛顿会非常小心，不会采用任何极端的政策"。

近来，每日都有印度军队抵达香港。昨日共有三支运输队抵达，其中两支已离港出发前往塘沽。

李鸿章敦促太后快速镇压拳民

7月23日经由德黑兰从上海发出的电报称,李鸿章昨日发文请奏太后,如果太后有此意向的话,那么请她加快镇压义和团拳民。他会派遣军队前往北京,虽然他兵力不足。他还在电报中请主管大运河的总督为他的军队准备好路线,因为他不打算经由塘沽前往北京。

李鸿章还发电报给日本天皇,说:

"中日两国一衣带水,不应该走向战争。您应该设法帮助我们。如果清朝被毁灭,你们也会失败。我们请求您不要派遣更多的军队。请让西方各国转变意图,成为调停者,找到一个和平终止这一事件的方法。如果有答复,请保持机密联系。"

（美国）《北普拉特半周论坛报》 1900年8月3日·星期五	THE NORTH PLATTE SEMI-WEEKLY TRIBUNE AUGUST 3 1900 · FRIDAY

李鸿章和他的私人军队

任何欧洲政治家想要在国家发生重大事件的关键时期召集起一支私人军队，虽然这么做是为了政府，那么他很快会发现，自己陷入了严重的麻烦之中。然而，这一情况并不适用于李鸿章。

有一段时期，这位清朝最伟大的政治家忙于召集和武装一支庞大的军队。这支军队由他亲自指挥和承担军费，没有人知道他的意图是好的还是坏的。一位40岁左右的政治家勤勉地工作，为个人组建军队，这在历史上可能还是第一次。

然而李鸿章是这方面的老手。据说在他的私人文件中，留存有一张庞大的名单，上面记录了那些跟他有利益关系或是支持他的人的名字。当他开始筹建军队时，这些人立即成了这支军队的核心。可以理所当然地说，李鸿章的私人军队是由装备精良的勇士组成，且拥有良好的指挥体系。

年轻时，这个政治家就组建了几支私人军队。虽然他不是一个有天分的军事指挥官，但在挑选将领时，他能一眼认出对方是不是一名能干的将领。他的这种能力对清朝来说是件幸事。此外，他还得到了许多优秀的士兵。李鸿章旗下的那些士兵们知道，他们的报酬是有保障的，他们的食物不会是臭的。如果他们做了任何出色或者有价值的事情，他们的雇主肯定会慷慨地奖励他们。

作为一个对军事感兴趣的人，李鸿章从一开始就是新式军备的鼓吹者。如果在对日战争之前，他的建议可以得到贯彻，那么清朝可能就不会如此轻易地被打败。可以确定的是，鉴于他巨大的财富，李鸿章已经为他的私人军队配备了大量新式装备，而且后勤上有充分的保障。李鸿章的私人军队肯定由被他列入名单的那些教官严格训练多年，而那些教官可能以前就效劳于他。大清帝国的每一位高级军官都曾受惠于李鸿章。正是仰仗李鸿章，大清帝国才得以保全。

清朝军队的主体，即广为人知的"八旗"，是一种特殊的祖传职业。八旗之间实行强制性的通婚政策。这是非常严酷而有效的制度。这位老谋深算、年届八旬的总督手下的士兵们不会受此困扰，他们没有这些繁文缛节，尤其是在处理重大事务时。

在清朝，其他一些总督也有军队，但是他们基本不能与李鸿章的勇士们相媲美，他们缺乏纪律而且装备很差。一般来说，伟大的总督们总是留有一些装备精良而且可靠的士兵在旁，这些人装备有克虏伯枪械和最新式的毛瑟枪。但是大部分总督的军队都散布在广大地区里，而且几乎没有受过训练。李鸿章的军队里装备有至少十四种不同的来福枪，此外还有弓和箭。其中，一种看起来很奇怪的来福枪，叫做"Gingal"，差不多有10英尺长。

(美国)《堪萨斯鼓动者报》 KANSAS AGITATOR
1900年8月3日·星期五 AUGUST 3 1900·FRIDAY

狡猾的李鸿章

外交上的老狐狸

清朝"伟大的老者"是外交上的一只老狐狸。"以夷制夷"是在清朝很流行的一句格言,这句格言由李鸿章创造。他也是各国势力在寻求遏制排外叛乱的方法时第一个想到的人。

一个农民的儿子

在二十五年的时间里,李鸿章一直是东方最耀眼的政治家。他在外交上与俄国皇帝、俾斯麦、格莱斯顿以及索尔兹伯里这几位人物相争锋。格兰特将军进行环球旅行时说,他在漫长的旅行中遇到的最伟大的三位人物是李鸿章、格莱斯顿和俾斯麦。反过来,李鸿章也非常敬仰格兰特。格兰特在五十年里,一直是美国坚强的领袖。在这位伟大的战士进行环球旅行时,李鸿章给予了他许多优待。他离开清朝后,李鸿章说道:"格兰特将军和我镇压了两次历史上最大的叛乱。"李鸿章指的是太平天国,这可能是世界上已知的农民起义中规模最大的一次。

李鸿章出身于耕读之家,现年77岁。他在1850年镇压太平天国时,开始进入清朝官场的前沿。事实上,在镇压造反的太平军方面,他并没有贡献多少。他巧妙地说服了美国将领华尔和英国将军戈登去为他作战,然后窃取了这些功劳,向朝廷写了一封长长的邀功信。在当中,他毫不掩饰地说这是"我的常胜军"。长达十三年的时间里,清朝南方的省份都在洪秀全的控制下陷入动荡之中。洪秀全由于未能通过清朝进入官场所要求的科举考试,怀恨在心,宣称受到启示,将推翻清朝,成为皇帝。他开始宣传他的使命,劝说追随者们改信基督教,虽然对基督教他只有一些模糊的认识。洪秀全的追随者逐年增加,但是直到1850年,粗枝大叶的北京政府才意识到他的威胁。

成就于太平天国叛乱

在接下来公开的叛乱中,这名新领袖赢得了暂时的巨大成功。凭借一支训练有素的军队，洪秀全攻占了好几个省份，并渡过长江抵达南京这座帝国古老的首都，在那里高呼称帝，登上皇座，与北京形成对立。

在这场危机发生时，一位年轻而优秀的学者刚通过了两场考试，列在了官员的候选名单之中。这位年轻人纠集了他的朋友和亲戚，在他受太平军威胁的老家组建了一支军队，挫败了太平军的锐气。他的胜利为他赢得了大清帝国军队将领的位置，然后他升任战场总指挥。在由美国水手和冒险家华尔、英国人戈登（在苏丹马赫迪起义中牺牲）先后指挥的外国军队的帮助下，李鸿章这位清朝军队的新领袖在一场激烈的战争之后，镇压了太平天国。

在一次征战当中，李鸿章差点成为戈登的牺牲品。由于戈登许诺保全的太平军首领被李鸿章下令处决，这位愤怒的英国人拿着左轮手枪冲出去要杀了他。这位受到惊吓的清朝人预先躲进朋友家里，等到戈登的怒气平息，方才勉强保命。

当太平天国在 1865 年结束时，李鸿章成了两江总督。1870 年，李鸿章从一个外省的总督被提升为直隶总督，北京和天津都在这个省里。在和英法联军的战争中，联军的一万八千人攻占了北京和天津，并从清朝人手里获得了租界。1854 年对于李鸿章个人来说很幸运。李鸿章坐拥直隶这座清朝的门户二十五年，抵挡住了那批如今正在改变这个古老帝国命运的外国人的激烈进攻。与此同时，他迫使他的国人逐渐采用现代发明。这位剑锋般的人物期望着一个文明的、发展的清朝。然而，他的思维也是很难改变的，这个国家又有太多偏见的束缚。几乎是冒着生命危险，他建造铁路、架设电报线、开矿、建陆军和海军学院、资助医院、升级军备、订购现代战舰、建造防御工事以及做那些只有他敢做的事情，并将现代文明介绍到自己治理的省里。无论对清朝人还是外国人，他都成了所有希望看到清朝立于世界富强民族之林的人的希望。

一位能干的外交家

管理国家事务时，李鸿章给了自己的私人财富格外的关照。他毫不犹豫地利用他的高位富有起来。他的财富是从外国人的口袋里取得的，因为那些外国人想要从他那里获得各种许可。如今，李鸿章被认为是世界上最富有的人物。他实际上拥有在华的所有铁路和电报线。在灾难性的中日战争后，李鸿章参加了与日本的和平谈判。这是一个不讨好的工作，几乎可以肯定地说，他会遭到北京政府的厌恶。但是年迈的政治家接下了这一任务，将他令人惊奇的聪明脑瓜中的所有资源都运用到了这项任务中，为清朝争取了可能的最好的条款。

日本方面率领这次谈判的是伊藤博文男爵。这位男爵曾在类似的场合里与李鸿章争锋。关于这次谈判的谈话记录和采访报道集中于这两位外交官之间的较量。这些文字给人以有趣的阅读体验，涵盖了这次谈判的每一个点，汇集成了一本对于那些关注远东形势的外交官们来说最好的外交手册。

（法国）《笑报》	LE RIRE
1900 年 8 月 18 日 星期六 · 第 302 期	AOÛT 18 1900 SAMEDI · N°302

直隶总督李鸿章

心里装着成千上万的阴谋诡计，
李鸿章却对公使们笑容可掬。
公使们高兴地对他说：
"亲爱的鸿章，大家都把您当作和平的使者。"
然而天有不测风云！
您从和平使者化身为战争之音，
和风瞬间变风暴。

直隶总督李鸿章。
莱昂德尔先生绘制。

（美国）《呼声晨报》 1900年8月24日·星期五

THE MORNING CALL AUGUST 24 1900 FRIDAY

德国拒绝承认李鸿章为和谈代表导致严重后果

（本报专电）本报总部，威灵顿旅馆（Wellington Hotel），华盛顿，8月23日

德国拒绝让李鸿章为和谈代表，这给目前的清朝局势带来了严重后果。其他各国对此事的态度尚无定论，但如果最后有一两个对清朝形势感兴趣的国家支持威廉皇帝的政策，那这个结果并不使人意外。

日本大使前田隆平（Takahira）先生昨天向美国代理国务卿艾迪表示，日本政府会同意美国的建议。当然，这只是他的个人意见，日本官方尚未发出消息。英国也是如此。然而，当权者认为这两国肯定会同意总统的建议，协助请求任命李鸿章为和谈代表。

各大国之间若非有巧妙的外交手段来恢复他们迄今为止的和谐关系，那么他们可能会反对彼此。若裂痕持续扩大，那么有关清朝问题的和平讨论将不再可能。

负责华盛顿事务的德国人冯·史登伯格（Baron Von Sternberg）男爵今天拜访了美国国务院。根据一名高级官员的消息，男爵和艾迪先生就柏林政府对任命李鸿章的回复问题进行了交涉。而另一名被认为是权威官员的证言表示，威廉皇帝已宣布，在全面考察其信用、权力和资源能力前，德国政府不可能同意李鸿章的请求。

对此，艾迪先生回复说，李鸿章能否担任和谈代表，关键在于清朝政府能否确保有效地停止北京以及清朝其他地区的敌视排外活动，而不在于李鸿章本人的信用度。一位内阁成员补充说，如果李鸿章能够给出确切的保证，保证秩序会得到恢复，而且叛乱不会再发生，那么一名美国公使将会被派往清朝，而且美国会要求各国加入这一行列。届时，李鸿章将会向他们证明自己的信用和效率。

美国政府官员担心清朝政府不再拥有使威廉皇帝满意的权力。值得注意的是，美国委婉地指出，清朝的代表必须由一个"负责任的、有授权能力的政府"任命。美国官员认为李鸿章的可信度是令人满意的。根据德国方面的看法，清朝政府很早之前就已违背承诺，因此各国有权怀疑清朝此后给出的任何承诺。李鸿章在他8月21日的备忘录里表示的"确认没有更多的排外活动"的说法遭到反驳。报道显示，在北

京以及天津近郊还有针对各国的进一步的反对行动。清朝是否存在一个有能力协商和谈的政府，这是令人怀疑的。而各国需要首先确定的是，指派李鸿章的清朝政府是否有足够的权力能够使条约得到切实的推行。当然，前提是谈判各方能够最后签署那些条约。麦金利总统的目标是积极争取各国之间的一致行动，给清朝带去和平。

（美国）《呼声晨报》 1900年8月26日·星期日

据悉李伯爵已出发赶往北京

华盛顿，8月25日

清朝官员今天表示，他们的和谈代表李鸿章已经启程前往北京或者天津。这一消息虽然未经官方证实，但基于目前对清朝局势的判断，官员们认为这一消息属实。如果这则消息被证实，这可能会给李伯爵、联军指挥以及各国的公使们带来很多人员调动的机会。

自北京沦陷之后，除了两则通过李鸿章传达的消息外，清朝政府已完全静默。对于艾迪先生上周三发给他的询问，截至目前，伍廷芳公使没有收到任何回复。三天时间已经过去了，这已足够李鸿章安排他的下一步行动。在目前的情况下，可想而知，这位总督已经收到了美国和德国方面的回答。同样，其他国家也可能和他有所接触。否认李鸿章作为中方代表的提议，不但会影响目前谈判的成果，还会给局势带来更多的不确定因素。在此期间，李伯爵将会寻求满足美国和其他国家提出的条件的方法，而后者将会努力在未来取得一些共识。

1900年前去谈判的李鸿章,摄于北京。

PUNCH

（英国）《笨拙》
1900年9月12日
星期三

PUNCH
SEPTEMBER 12 1900
WEDNESDAY

清朝难题

卫兵："谁在那边？"

李鸿章："您的朋友！您知道我的——一个人好与人为善的朋友！"

卫兵："嗯嗯！那就赶紧签署我们的条约吧！"

清朝难题

(美国)
《克里坦登报》
1900年9月13日·星期四

清朝伟大的老人李鸿章

朗斯维尔·怀尔德曼领事讲述了总督波澜起伏的一生中的有趣事件：

自从格兰特将军把李鸿章伯爵比作"清朝的俾斯麦"后，西方世界已经按格兰特先生的这个评价接受了他。西方外交不时地依赖他来处理恼人的东方问题。而现在，这位李伯爵正在处理最近这起清朝近百年来最严重的动乱。

从东方发来大量报道，说有一些外国公使提议让这位受人尊敬的清朝人暂时待在北京以外，也有人建议扣押他为人质，以确保外国公使馆的安全。然而西方国家要么不相信这些说法，要么只是对李鸿章予以谴责。无论是对那些在遥远的距离外了解清朝形势的人士，还是对那支在必要的情况下才会进入清朝领土的联军来说，和平都依赖于李鸿章的努力。

这些可能是真的，但即使这是真的，再来读一读美国驻香港的领事朗斯维尔·怀尔德曼（Rounsevelle Wildman）对这位清朝伟大的老人的敬意，也是非常有趣的。波士顿的洛思罗普公司正在出版怀尔德曼先生的一本题为《中华开门》（China's Open Door）的书。在书中，作者用精准的词汇提到了他对李伯爵的看法。他追溯了这位伟大的清朝人和东方外交的关系，从李鸿章开始指挥乡勇镇压太平天国一直谈到今年义和团的爆发。

在怀尔德曼先生的故事中我们可以看到，李鸿章作为一个总督，向在上海的清朝商人提议组织常胜军。这支军队在华尔和戈登的指挥下，最终平定了太平天国叛乱。怀尔德曼讲述了李鸿章在这次镇压行动中的一个故事：

"攻占太仓和昆山为前往苏州城扫清了通道。随后，戈登许诺在攻占苏州后，所有叛军将领将会免于一死。然而李鸿章对他这位下属的这个保证并不在意，很快处决了所有叛军将领。当李鸿章这一嗜血的背叛行为传到戈登那里时，戈登气急败坏地抓起一把来福枪前往总部去射杀李鸿章。然而总督在戈登抵达之前就收到了消息，不等戈登上门，就快速地转移了营地。这一插曲，让我想起有一天和一位途经香港前往广东的著名清朝人谈话时他提到的话。他说，两广总督李鸿章曾抗议我们对他的国人不公，将他们驱逐出了菲律宾。李鸿章对我说的最后的话是：'请转告欧提斯（Otis）将军，李鸿章请他善待清朝人。'鉴于总督本人的历史，对于他语气中的这份关爱，我无法忍住不笑。"

再一次回到李鸿章以及他和清朝外交的关系上，怀尔德曼先生说：

"在外交上，东方处于起步状态，不是西方的平等对手。梅特涅或塔列朗遇见李鸿章时，可能与他平起平坐，但我对此很怀疑。东方人的外交思维是不考虑将来只顾眼前地愚弄对手。清朝人和清朝医生都在愚弄他们的神明，采用的手段是最简单的，那就是在比他们优越的人眼前拉一根羊毛。清朝人或者菲律宾人只能理解一种外交，那就是残忍的武力。"

除了作为一个"修理者"，李鸿章从来没有展示过什么伟大的能力。作为总督，现在他也不能镇压西江（West River）上的海盗行为，而是为他在陆上的交易向英国寻求政策保护，并对被囚禁的公使和外国人玩弄手段，做一些时紧时慢的承诺。为了保证被封锁的北京外国公使馆的安全，英国政府正在认真考虑将狡诈的老总督李鸿章作为人质扣押在上海，以保护在京外国人的安全。这个消息并不令人奇怪。

李鸿章已成为东方政治领域的一股重要势力多年，为清朝政府处理了很多敏感的事务。作为对清朝政府搁置和拖延处理1875年英国领事马嘉理先生被谋害一事的抗议，威妥玛降下英国公使馆在北京的旗帜打道回府时，是李鸿章接受了这一不愉快的任务，平息了英国人的怒火。当中法两国在北部湾的归属问题上产生矛盾时，也是李鸿章受命与法国签署和平条款。根据怀尔德曼先生的说法，这次和平条约的签署，全靠李鸿章的权谋。条约上并没有写明日期，而这个事实导致了此后两个国家的流血事件继续发生。

怀尔德曼先生将清朝目前的形势归咎于李鸿章。在推翻光绪皇帝时，有人曾为了清朝的人民，热心地提议和下令采用西方的观念进行改革。对此，怀尔德曼先生说：

"士绅们争论说，皇帝对于改革，可能会执行到一种可以预见的程度——抛弃筷子，并开始每日沐浴。事实上，忠诚的改革者也是操之过急了。几个月以后，光绪皇帝已经成功地安排好对自己动手，整治腐败的官僚，编制军队，撤换文人。最后，改革的程度甚至已经惊吓到了普通民众。对此，领导和指挥所有对抗的是狡诈的太后和与她同样狡诈的党羽李鸿章。"

怀尔德曼先生继续说：

"他们只花了几天就废除了光绪的所有尝试，这个严酷的老女人和她忠心耿耿的仆人'星期五'（李鸿章）正在快速使人相信，他们生活在武则天的时代。"

当清廷解除李鸿章在京的职务，将他派往广东担任两广总督时，西方世界对此的理解是他已经失宠了，这是太后采用的请辞的手段。但怀尔德曼先生对此有不同的理解，并解释如下：

"尽管她表现出微笑和全部的信任,太后从来没有原谅光绪,特别是他的那些二十世纪的观念对她造成的冲击。太后是在争取时间,为她的宫廷事变做着精心准备。早在 1900 年 1 月,李鸿章就被派往广东担任两广总督之职。因为,作为一个老派的朝廷刽子手,西方世界已经看透了他。1900 年 1 月 24 日,从北京传来光绪皇帝已经被废的消息,端王尚未成年的儿子溥儁取代了他的位置。一场不满的风暴席卷了中华帝国。几天后的报道传出,光绪皇帝已经死了。李鸿章带着他本能的逃避天性,不肯宣布自己站在任何一方,因为眼前这桩交易看起来太过黑暗。名义上,这位年轻的皇帝依然坐在他祖先留下的宝座上,但是人们做了各种事情来降低他的声望,将他塑造成一名入侵和夺权者。如果太后没能察觉到这点,那么西方文明国家给予她的压力将不会缓解。事实上,这也加速了中华帝国的解体。"

关于义和团动乱的首领们,怀尔德曼先生说:

"目前义和团起义的首领什么都不是,他们只是太后宠信的弟子而已。然而从尝到第一口鲜血开始,他们就忘记了初衷,这些暴徒已经从心甘情愿的工具变为了狂野的、没有思考能力的野兽。不难想到,像李鸿章这样的治理者,已经从现在安顿下来的政府那里获悉第一要务,但是事情已经发展到如此地步,所有的权威都被蔑视,连光绪都处在叛乱者的刀刃下。"

西方世界对于李鸿章这位东方偶像的看法与怀尔德曼先生给出的评价,形成了令人震惊的对比,这是千真万确的。

丹尼尔·克里夫隆

| DAILY INTER MOUNTAIN | （美国）《每日山间报》1900年9月14日·星期五 | DAILY INTER MOUNTAIN SEPTEMBER 14 1900 · FRIDAY |

和李鸿章的一小时

如实谈论形势——为清朝的财政担忧

上海，9月12日，星期三（版权归美联社）

李鸿章今天通知美联社的代表，他将启程前往天津。如果形势需要的话，他将在9月14日前往北京。庆亲王和他已获得太后和皇帝的全权委托，与各国进行谈判。李鸿章还说，此外没有其他谈判代表了。

美联社代表与李鸿章的会面持续了一小时。会面变成了对美联社代表的采访。李鸿章问了大量关于在天津的战斗、对北京的解救，以及各国在华军队的数量、部署的问题。他还问及了清朝人的战斗能力以及北京如何被守卫，还有哪一批清朝人作战最优秀。李鸿章对在京的妇女和孩子遭受的困难表示了同情。在谈话期间，他对美联社的代表说，在这次事件中，康格和窦纳乐公使似乎承受了很多苦难。当被告知康格先生瘦了七十磅时，李鸿章露出了笑容，并说"马肉可不好吃"。李鸿章还问这位代表，是否看到过很多虐待清朝人或者杀害妇女之类的可怕的事情。当被告知，暴行基本都发生在俄国人当中时，他说这"无疑是因为缺乏纪律"，并转向劫掠的话题，非常迫切地想知道联军从清朝国库获取多少银两。当被告知日本据说从北京的户部官员那里攫取了五千万银两时，李鸿章说"传言肯定在真实的数目上多加了两位数"。

考虑到他的年纪和阅历，在整个谈话过程中，李鸿章显得精神不错。他对最近发生的所有这些麻烦表示遗憾，并说除了"秉公平息这些叛乱"外，他没有其他愿望。

在另一部分谈话中，李鸿章说他很不满，新闻报纸对他总是有偏见。他断言，这种对他的反对出自上海的英国报纸，而它们影响到了全世界的报纸。通讯员表示美国人对他从来没有偏见，对此李鸿章说："那他们为什么不接受我担任谈判代表？"

李鸿章的任务是调停并取得那些清朝政府想要的安排，在外交上招架住各国。他说："清朝政府对和谈有自己的看法，而其他国家也有各自的想法。我们将聚集在一起进行协商。"

被问及是否预料到会被要求割让租界作为战争赔偿时，李鸿章回答说："我在和一些政府沟通时，没有发现他们有寻求土地的意向。"

处理联军撤军诸多事宜的李鸿章。
刊于（英国）《笨拙》，1901年8月7日。

美联社的记者说："海外人士对于这次事件很好奇，希望太后对在义和团围攻使馆区期间颁布的那些前后矛盾的懿旨做出解释。"

李鸿章沉思了一会儿，然后非常小心地说道：

"起初，太后误信了谗言。有人告诉她义和团拥有神力，可以刀枪不入，足以抵御西方各国。后来她意识到以上说法都是谎言。至于某些报刊上说慈禧太后强行下令与各国宣战，这种说辞并不正确。

"我国是君主制，任何人都不能对慈禧太后提出异议。然而，和其他国家的君主一样，她也要考虑臣子的意见。有些时候，这些人给出了错误的建议，她便会被误导。"

美联社的记者离开时，翻译对他说："总督希望你不要给美国报纸留下关于他的坏印象。他说他年事已高，是参加议和的大臣中最年长的一位。他谈判经验丰富，是唯一一位可以帮助外国政府和清朝政府的人选。他希望可以找到一个令各方都满意的解决方案。"

| (法国)《朝圣者报》 1900年9月23日 星期日·第1238期 | LE PÉLERIN SEPTEMBRE 23 1900 DIMANCHE · N°1238 |

清朝全权议和大臣

清朝政府负责议和事宜的主要特使是狡猾的李鸿章，我方代表是驻华公使毕盛先生。我们采访了李先生：

"清朝政府对和谈有自己的看法，而其他国家也有各自的想法。我们将聚集在一起进行协商。"

关于以慈禧名义发布的向各国宣战的诏书，李鸿章思考了一下解释道：

"起初，慈禧太后误信了谣言。有人告诉她义和团拥有神力，可以刀枪不入，足以抵御西方各国。后来她意识到以上说法都是谎言。至于某些报刊上说慈禧太后强行下令与各国宣战，这种说辞并不正确。

"我国是君主制，任何人都不能对慈禧太后提出异议。然而，和其他国家的君主一样，她也要考虑臣子的意见。有些时候，这些人给出了错误的建议，她便会被误导。"

最后，李鸿章表示自己年事已高，是参加议和的大臣中最年长的一位。他谈判经验丰富，是唯一一位可以帮助外国政府和清朝政府的人。他希望可以找到一个令各方都满意的解决方案。

而最大的一个问题应该与我国传教士及遇害的清朝教民有关。离开北京的时候，我们已经决定，如果到了冬天我们还不能攻陷北京，就遗弃西什库教堂。

年迈的李鸿章和正值壮年的毕盛先生准备开始谈判。

ILLUSTRATION EUROPÉENNE

（法国）《欧洲画报》 1900年9月23日 星期日·第38期

ILLUSTRATION EUROPÉENNE SEPTEMBRE 23 1900 DIMANCHE · N°38

庚子事变

李鸿章生活照。（英国）《黑与白》清朝通讯员艾蒙（J. C. Hemment）拍摄。

1900, THE PHOTO DIARY ABOUT CHINA OF AN AMERICAN PHOTOGRAPHER
《1900，美国摄影师的清朝照片日记》
James Ricalton 詹姆斯·利卡尔顿

清朝最伟大的政治家李鸿章在他的天津衙门

这位能干的亚洲政治家、当今世界上最富有也是最有名的人正坐在他的天津府衙内精美且镶着贝雕的椅子上，对着立体摄像机摆姿势。他可以通过帕克斯博士的翻译跟我们轻松交流。使他充满魅力的并不是无尽的财富和巨大的成就，而是他的微笑、朴实和谦虚。他的左眼有点低垂，好像一直在微笑。厚厚的织花缎子外套、镶嵌贝雕的柚木桌子等都是清朝富人的装备。

李鸿章对清朝的现代化做出了很大贡献，虽然现在他被剥夺了官职，赋闲在家，但实际上帝国的重要岗位仍被他掌握着。他生于1823年，有着纯正的汉族血统，通过科举考试获得进士身份。在平定太平天国的作战中，他利用欧洲模式训练、装备了一支部队，因军功获得了军队要职。在他的努力下，清朝派出留学生到美国学习，建造了铁路和电报线，鼓励并支持清朝人开办工厂，购买了四艘铁甲舰并组建了现代海军。他属于改良派，积极地在世界上为清朝争取权利。

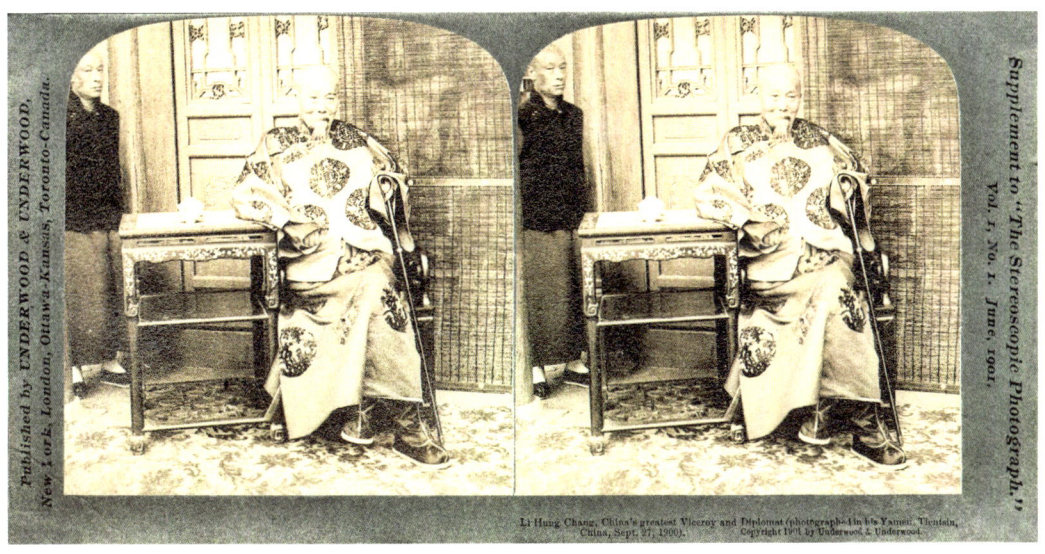

李鸿章在天津北洋大臣兼直隶总督府衙内。1900年9月27日，安德伍德公司制作。

李鸿章与随行的俄日军队

（法国）《小日报》（插图附加版）
1900年10月14日 星期日·第517期

LE PETIT JOURNAL (SUPPLÉMENT ILLUSTRÉ)
OCTOBRE 14 1900 DIMANCHE · N°517

　　清朝的这场运动还在进行着，联军目前似乎只能任由这些狡猾的清朝人欺骗他们。他们早就事先安排好如何放慢谈判进程，因为他们知道即将到来的糟糕的季节可以阻碍联军接下来的军事行动。

　　四十年前的清朝人以为可以用龙吓唬欧洲人，不曾想自己一听到欧洲人大炮的声响便撒腿就跑。在一些人眼中，现在的清朝人还和四十年前一样。尽管持有这种想法的人不乐意承认，但不可否认的事实却是，如今欧洲军队要对抗的是一个人口众多的国家，而且他们的军队中有相当一部分士兵配备了先进的武器。这一切都是精通贸易的英国人和德国人的功劳，他们为清朝人提供做工精良的大炮和步枪，而现在清朝人却将枪口对准了他们。

　　我们固然会重创清朝人，可却无法彻底征服清朝。因此，俄国人提出了一个最明智的建议：通过谈判有条件地撤军。我们一定要认清事实，切不可抱有幻想。同时，我们一定要认识到，帮助德国人占便宜对我们没有一点好处，为普鲁士皇帝做出过分的牺牲是愚蠢无知的。

　　我们应该根据清朝人的言行挽回我们的面子，同时要特别提防李鸿章这个诡计多端的外交家。他早前访问欧洲的时候，很多人都上了他的当，他还想在远东继续玩他的把戏。他建议欧洲各国代表阻止军队登陆，佯称这有助于谈判的进行，还好代表们没有听从他的建议。他声称自己是合法的谈判代表，但是他的对手却有理由对此表示怀疑。最近他要求赴京举行和谈，联军表示将由俄日军队护送他进京，这么做表面上是出于对他的尊敬、确保他的安全，实际上是为了监视他的一举一动。

李鸿章与随行的俄日军队

HAPER'S WEEKLY

（美国）《哈珀斯周刊》 1900年11月24日·星期六

HAPER'S WEEKLY
NOVEMBER 24 1900
SATURDAY

李鸿章在天津衙门

左图 / 李鸿章在他的天津衙门。(美国)《哈珀斯周刊》特照。由总督特别授权,1900 年 9 月 27 日拍摄。

右图 / 李鸿章在他的衙门房间内。

下图 / 清朝最伟大的人在他的天津衙门内。

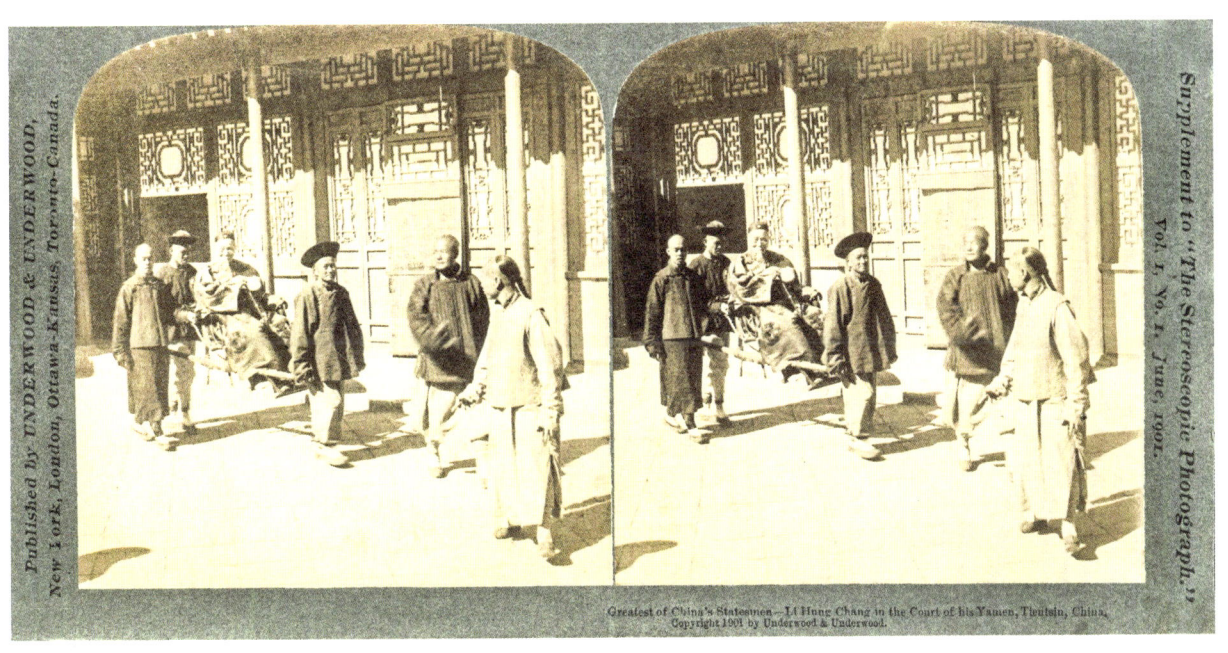

（美国）《刘易斯顿日报》 1900年12月13日·星期四

LEWISTON DAILY TELLER
DECEMBER 13 1900 THURSDAY

李鸿章很失望

李鸿章前往美军司令查菲（Chaffee）将军设在寺庙里的总部，拜访了这位将军。在会面中，李鸿章恭维了查菲将军的部队，尤其是骑兵。李鸿章说："我认为你和你的骑兵可以打败我和我的骑兵。"

有消息指出，美国可能会抽调士兵用于镇压强盗、义和团拳民和其他类似的扰乱分子，但在谈话中，查菲将军展示了外交手段。

李鸿章说："我看得出，你不喜欢抽调你的军队这个主意。"对此查菲将军回答说："如果你在镇压叛乱分子上遇到困难的话，我可能会抽调我的士兵，前提是叛乱所在的这些地区处于美国的控制下。我会借给你所有你需要的。"

"那么，其他地区不行吗？"李鸿章问道。

"不行，"查菲将军回答说，"除非那些地区被指定给美国。"

李鸿章表示，对于这个回答他非常失望。

LA ILUSTRACIÓN ESPAÑOLA Y AMERICANA
DICIEMBRE 30 1900 · DOMINGO

（西班牙）
《西班牙与美洲画报》
1900年12月30日·星期日

来自清朝的东西：一张册页的故事

　　大概四月，当大家认为外交官的唯一任务就是欣赏花香（即便是北京的花香）时，我就将一张纯净的、洁白如橘花的册页寄送到了西班牙驻京大使馆。包装在纸板里的册页，仿佛摩西般在水中漂流了近一个半月。我是四月底将它寄过去的，估计它六月初到达北京。当时电报天天宣称，驻京外交官员不得不做出牺牲，除非奇迹出现。苍白的册页不走运了！我经常想念册页的命运，令我伤悲甚至时而令我羡慕。当时我想象着跟随它的路线，穿过东方的港口一直到北京的城墙，想象着它在惊讶地对比它之前出发的西班牙东岸与现在到达的天朝。然而，想起纯净的、洁白如橘花的册页在北京面临的恶劣事件，我想象到了册页感到的恐惧和震撼。

　　它到底如何？我十分担心、想念它。也许它被血腥的短刀刺穿了，碎裂了，墨与血混合在一起，被扔在了地上。象征和平的册页，它原来的使命是归入我的签名簿，一本平静如思想与艺术的签名簿。"它还活着吗？"我常常想。活着的话，沉默的它对在北京发生的令人恐惧的事件感受如何？

　　而在最料不到的昨天早晨，邮递员给我带来了北京的来信。凶恶的一切已经过去了，联军进入了天朝，代表文明的武装力量取得了和平归来了。这张册页勉强经历过大事后终于自北京归来了，如同摩西逃避了屠杀。

　　收到它时我想，世界如此小，时光如此短。什么都会到达，包括这张在北京经历了最恶劣的围攻的册页。假如它能说话，它将说出如此多的事件，如此多的令人恐惧、担忧、流泪、悲伤的事件！另外，它还将说出如此多的快乐！一看到它就能知道它经历过的苦难。出发时，它洁白如雪；归来时，它发黄了、碎裂了、正反都写着字了。

　　写着字了！奇妙的签字！大清帝国大臣李鸿章以及欧洲年长的外交官葛络干的签字，他俩要协商黄种人与文明世界之间的和平条约。下面还有萨尔瓦戈大使的，他代表令清朝人愤怒的"夷国"意大利。最后有北京主教樊国梁神父的签字，他是罗马天主教教会驻华代表，受到过亚洲人的野蛮攻击的传教士首领。一张如此奇怪的册页！

我们再仔细检查一下。李鸿章的题字以令人无法看懂的文字向我们展示了大清外交的复杂性和纠结性。葛络干的题字中包含着他在被围攻时谱写的一首名为《义和团曲》的华尔兹舞曲中的一段。这首乐曲令我们想到西班牙民族的英勇和活力，在当今西班牙衰落和悲伤时还会产生葛络干这般杰出的民族人物，他在死亡阴影下还能够谱写音乐。萨尔瓦戈贵族性的书法象征热爱文艺的意大利民族，充满对思想的热爱。萨尔瓦戈在信中，首先庆祝我有关清朝的文学作品得以刊发，表示这部作品令他非常满意。最后，樊国梁神父引用《圣经》的语录使我们想到他为基督教传教的神圣使命，令我们感到永生的救赎比生命珍贵，正如《便西拉智训》里所说："虚空的虚空，凡事都是虚空。"

费尔南多·德·安东·德尔·奥尔梅特

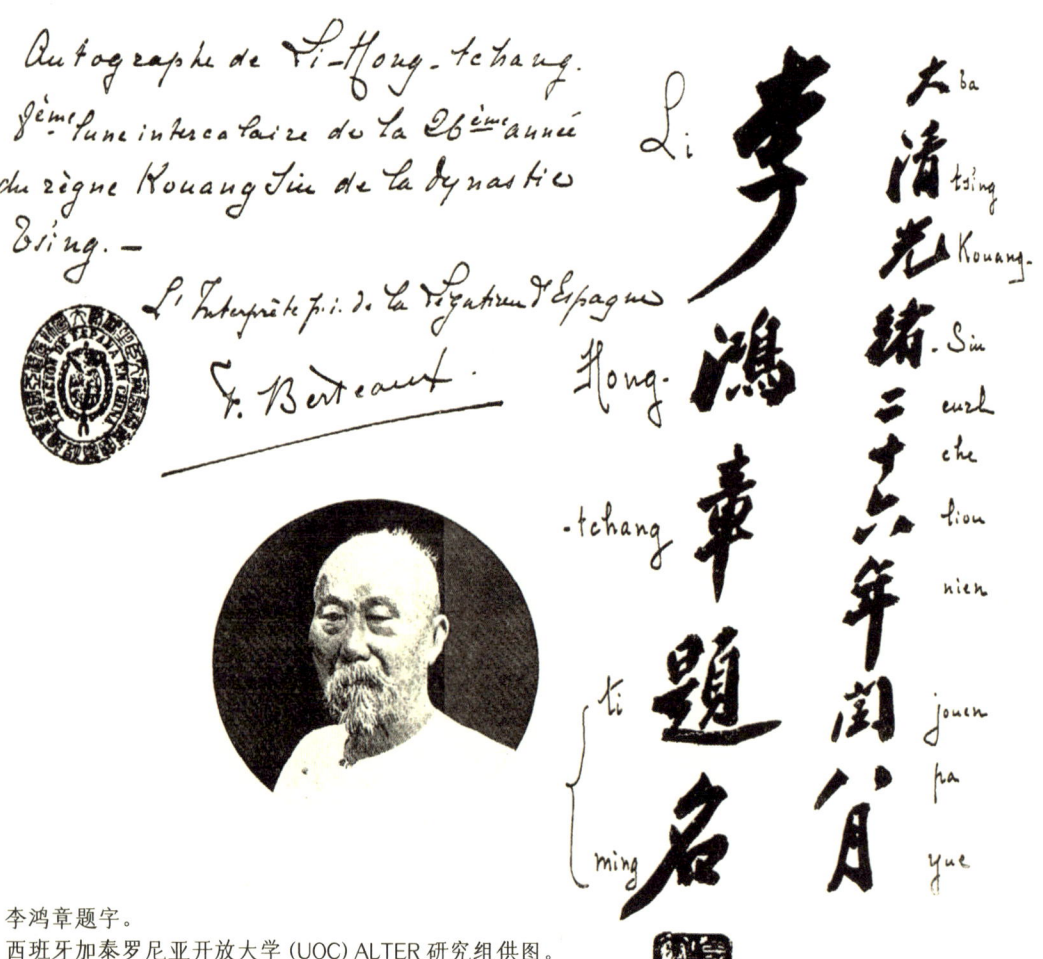

李鸿章题字。
西班牙加泰罗尼亚开放大学 (UOC) ALTER 研究组供图。

1901

(法国)《虔诚者报》
1901年6月2日
星期日·第1274期

LE PÈLERIN
JUIN 2 1901
DIMANCHE · N°1274

北京的一场盛宴

　　5月12日，在华伦大街落成之际，毕盛先生和华伦将军在皇家花园组织了盛大的晚宴，晚宴之后又在皇家湖面上举行了一场夜晚欢庆活动。各国使节、瓦德西元帅及其他外国高级军官出席了此次活动，庆亲王、李鸿章和其他几位清朝高官也参加了晚宴。华伦将军举杯祝贺文明国家的团结及清朝政府快速地恢复了京城的秩序。庆亲王对此表示感谢，他感谢联军对清朝采取的正确措施，以及为避免清朝陷入混乱的局面而做出的努力。他在致谢中还提到了各位将军和各国外交使节。

右图 / 北京的一场盛宴。华伦大街落成之际，在北京为外国军官和各国驻华使节组织的一场宴会。

PUNCH

（英国）《笨拙》
1901年6月5日
星期三

PUNCH
JUNE 5 1901
WEDNESDAY

老字号

慈禧太后（对李鸿章）："他们是不是说我们错了？嗯哼，还想从我们手中夺权！我们才是在老地方站稳了脚跟的人。"

老字号

各国有望赞成清朝发行债券

伦敦，6月14日

从可靠消息获知，各大国极有可能一致同意取消对清朝的赔款借债，而同意英国提出的发行债券的建议。原先的赔款借债具有联合或者部分保证金资质。

北京，6月14日

法国总理已经收到控制着安平和深州地区的巴尧（Bailloud）将军的消息，并向李鸿章提出了对前深州道台的抗议。这名道台现在是参与处理安平天主教问题的专员。法国要求免除这名道台的职务。

这名道台被指控是有名的义和团支持者。对此，李鸿章已经回复，虽然本地士绅极力为这位专员辩护，但他已下令对这名前道台进行调查。与此同时，法国士兵销毁了乡绅们呈递给官方的联名书。

那些天主教问题严重而清朝军队无所作为的地区，都需要巴尧将军的保护。

醇亲王按计划将被派往德国，为杀害克林德男爵向德国皇帝请罪。这一计划今日被推迟，以便亲王能够按德国政府决定的日期抵达柏林。

（美国）《比林斯公报》 THE BILLINGS GAZETTE

1901年11月8日·星期五 NOVEMBER 8 1901·FRIDAY

清朝将会怀念李伯爵

北京，11月7日

今天早上11点，李鸿章在安静中死去。他的生命力逐渐消失，在一段时间后，他失去了意识，但仍显示出极顽强的生命力。他在午夜聚集起所有力量，半清醒过来，并吃下了一些营养品，看上去也能认出他的亲人们。

外国医生昨天很早时离开他，说已经没有什么可以做的了。他的私人医生屈永秋（Watt）[1]大夫随后接手。外国医生和清朝医生之间的争辩对这位病人来说，已经没有任何影响了，因为他早已丧失复原的希望。

在衙门的庭院里，一些纸做的马车和马匹被焚烧，用来将他的灵魂带去天上。聚集在衙门外狭窄街道上的官员们说，已经结束了。很快出现了一堆人，扛着昂贵的上了漆的漂亮柚木棺材。李鸿章曾带着这具棺木环游世界。在从广东赶往北京处理义和团这个麻烦时，这具棺材也被带了过来。自那以后，它就被放在本地的一座寺庙里。

在传统的仪式之后，遗体将于明早入殓。周日将会有一个安设灵堂的仪式，所有清朝官员将在那时表达他们的尊敬，而掌权的外国公使们将另择一日悼念李鸿章。

这位政治家将被安葬于他的出生地，一个叫做磨店的安徽省的小村庄里。具体下葬日期尚未敲定。

---

[1] 屈永秋（1862-1953），英文名 Watt Wing Tsas，广东番禺人，中国早期西医，清末曾任御医，民国初年任总统府总医官。——译者注

| THE MORNING CALL NOVEMBER 9 1901 SATURDAY | （美国）《呼声晨报》 1901年11月9日·星期六 | THE MORNING CALL |

和俄国公使雷萨尔的激烈争执加速了李伯爵的死亡

争执的起因

北京，11月8日

和俄国公使雷萨尔（Paul Lessar）关于满洲条约的激烈争执，似乎是导致李鸿章死亡的直接原因。这次外交事件导致的这个悲剧性高潮，也使日本暂时性地挫败了俄国的计划。两周前，日本使团在条约方面取得了可靠的进展，因此正式要求清朝大使将它们列为书面条款。这些条款涉及日本在满洲情势变化上的一些要求。

清朝大使拒绝了日本的这一要求。日本政府因此试图由东京方面与南方的总督们交涉，让他们对西太后施加影响。与此同时，西太后指示李鸿章与相关国家的大使们就条约内容进行交涉，询问他们是否同意签署相同的条约。

随之而来的致命的大出血

李鸿章拜访了雷萨尔先生，向他解释了这些条款。这位俄国公使强烈反对李鸿章向其他国家的公使们透露条约内容，随之而来的是一场风暴式的争执。李鸿章带着强烈的情绪回到家中，并出现大出血。他的医生们认为，这是由本来就虚弱的身体过度操劳导致的。

这些在北京发生之时，南方的总督们正在向太后递上奏折，反对日本的条约。收到奏折后，太后发电报给李鸿章，反对他签署条约。这个电报在李鸿章陷入昏迷后抵达。当雷萨尔先生试图用李鸿章的印章在条约上落款时，直隶布政使周馥从保定府赶来。他作为李鸿章的临时继任者，接管了这些印章。

美国使馆是今天北京唯一降半旗的。吊唁者和李鸿章的家人将在明天依照习俗，焚烧纸制的供品，以供他在另一个世界享用。街道上也挂上了招魂幡。衙门里的侍从全都穿上了丧服，上面有很复杂的刺绣装饰。今天，府邸里传出丧乐。

李伯爵的继任者

特旨下达，指派袁世凯（山东巡抚）为直隶省总督，并任命王文韶主持总理衙门，一位内阁成员将接替李鸿章担任大使一职。这三位官员受命前往北京就职。另一道圣旨册封李鸿章为侯爵，谥号李文忠公，这是死后的封号。李鸿章的财产将由他的长子支配，他将负责供养家族其他成员。

LE MONDE ILLUSTRÉ	（法国）《世界画报》 1901年11月16日 星期六·第2329期	LE MONDE ILLUSTRÉ NOVEMBRE 16 1901 SAMEDI · N°2329

李鸿章

这位高深莫测的清朝人，平静地躺在华丽的散发着难闻的油漆味的巨大棺材里，这段最后的旅程和1896年出使欧洲一般无二。当年，为了彰显天朝大国的风范，他在欧洲人民的惊讶声中淡定自若地乘坐轿子走在欧洲的街道上。按照清朝的习俗，寿衣越奢华，死者就越能得到阎王判官的尊重和照顾。棺材需要32人抬，这表明李鸿章拥有极高的荣誉，他去世前的最后一个头衔是全权大臣。

谈判持续了一年多的时间，最后，这位生性极度谨慎的封建帝国守卫者在议和大纲上签字盖章，这一举动摧毁了他一生所有的政治荣耀。签完字，他的身体也被抽空了，按照清朝人的说法就是，他吐出了最后一口气。接下来，我们将详细介绍他血腥而又荣耀的一生。

李鸿章生于1823年，父亲是一名默默无闻的读书人。李鸿章24岁考中进士，进入翰林院。1853—1867年，他以镇压太平军起家，行事心狠手辣，踩着众多的尸骨爬上了高位。1870年，他因成功处理天津教案而被任命为直隶总督兼北洋通商事务大臣。

1875—1889年，他深受慈禧太后的喜爱，成为处理外交事务的首席顾问。李鸿章虽然不喜欢欧洲人及其文化思想，却不反对现代化进步。他意志坚定，精明能干，持之以恒地积极推动政府各机关部门的工作。

他认为，清朝之所以衰弱，不在于文化，而在于军事。因此，他希望可以训练出组织良好、武器优良的现代化陆军和海军。平定太平军叛乱的过程中，他见识到了外国武器装备的威力，目睹了英勇的外国将领——如英国人戈登、法国人日意格、伯勒东（Le Brethon）、买忒勒（Tardif de Moidrey）、德克碑（d'Aiguebelle）以及舍德兰（Schedelin）——和左宗棠并肩作战，一步步夺回浙江。

李鸿章聘请欧洲教官训练其位于直隶的三万大军，四处购买枪支弹药和大炮。除此之外，他还充分调动各方力量修建军工厂，进行军事研究或者海军建设。他还创办军校，派遣代表团去欧洲考察。中法战争结束后，由于战争进行得十分艰难，李鸿章。根据皇家街上的皮鲁（Pirou）拍摄的照片绘制。

伊藤博文

李鸿章决定在全国二十一个省进行军事改革。但因传统思想的束缚以及李鸿章中途挪用公款，这次改革以失败告终。其实，从中日甲午战争中也不难看出，清军缺乏训练，装备不良，部分官兵甚至配备着长矛和老式枪支，滑稽又胆小，他们完全不懂航海，更不懂海上作战。

话虽如此，1875—1895年间，李鸿章还是带领这支军队在其他方面取得过一些胜利。

李鸿章深受中国传统思想的影响，始终秉承儒家学说，从内心深处鄙视欧洲文明。尽管当时基督教义已经影响到上层社会的思想领域，但他坚决不去了解基督教义。不过，他推崇军事，喜爱先进的军事装备，试图通过花钱购买、派遣人员出国学习，以及激发同胞的积极性等方式获得现代化的武器装备。

一方面，他劝说清朝的企业家和资本家投身于工业、矿业、航海业、铁路建设中去，并答应给予他们优惠政策和资金支持。同时，为了可以在机械化上更进一步、提高经济上的竞争力，他还签署各种契约，改善海关和灯塔，开办语言科学学校，修建电报网等。

另一方面，他发现外国商人试图垄断清朝市场，其中英国尤为贪婪成性。于是，李鸿章开始积极向俄国靠拢，并将满族人的发源地满洲地区广阔的冰雪草原拱手让给了俄国。

李鸿章是一个无人可比的外交奇才，比如说，他经常出尔反尔，广泛进行舆论宣传，善于利用各方矛盾寻求利益最大化。三十年间，他没少在各种协议上签名。李鸿章作为议和大臣，曾与英国、日本、法国、俄国等国家就甘托克、缅甸、朝鲜、北圻，清朝的台湾、伊宁、满洲等地进行谈判，也曾指挥军队，与这些国家兵戎相见。他用尽一切办法捍卫国家主权及领土完整。

总理衙门设立于1861年，由庆亲王主持。李鸿章成为总理衙门大臣之后，总理衙门就不再只是一个横在各国使臣与清朝政府之间的传声筒，而可以代表清朝政府直接与各国使臣进行沟通。

李鸿章最出色的外交成果就是修改1895年与日本缔结的《马关条约》。为了让日本同意修改条约内容，李鸿章用尽各种手段，还借助国际舆论施压。欧洲各国政府纷纷将矛头指向作为战胜国的日本，日本一时陷入外交绝境，不得不接受清朝政府提出的修改条件。

近年来，李鸿章却显得有些进退失据。参与戊戌变法的维新人士将早期积极参加洋务运动的李鸿章视为顽固的保守派。而1898年9月慈禧太后发动政变后，李鸿章却被深受保守派影响的慈禧太后弃用。

李鸿章逝世时天津的宅院,可以看到李鸿章房间的窗户。

李鸿章出生和即将安葬于此的安徽小镇

李鸿章的义子、主要继承人李经方(左)和李鸿章的前任秘书、清朝政府驻伦敦公使罗丰禄(右)

义和团运动将这位外交家的外交生涯推至顶峰,他再次挽救了清朝政府。但是,条约的签署却令他悲痛万分。他不希望清朝沦为各国的势力范围,而条约却使得清朝不得不向各国彻底敞开大门。

路易·科勒德(Louis Coldre)

李鸿章的义子李经方和罗丰禄(左)

LA FRANCE ILLUSTRÉE	（法国）《法国画报》
NOVEMBRE 16 1901 SAMEDI · N°1407	1901年11月16日 星期六 · 第1407期

李鸿章

李鸿章逝世了，享年78岁。他身着丧服，庭院内堆满了朋友送来的实物大小的纸轿子。根据清朝习俗，这些物品会被烧掉，从而承载逝者升天。

这个高瘦矫健、精明狡猾、无所畏忌、坚毅顽强的老人，在长达半个世纪的时间里，每天至少工作15个小时，留下了30亿的财富。他掌握着3.5亿清朝人的命运多年，在远东的历史长河中具有举足轻重的地位。尽管多次被罢黜，甚至一度面临死亡的威胁，但他总是可以凭借非凡的精力和与生俱来的惊人毅力，重回皇帝身边，对朝政产生重大影响。他是一个血统纯正的清朝人，一个极其高深莫测的人物。他虽然对试图支配清朝的西方国家心怀怨恨，但也会根据具体情势选择妥协退让。无论如何，李鸿章都不是一个平凡之人，注定会有一番大作为，被人们称为"东方的俾斯麦"。

1823年2月15日，李鸿章出生于安徽合肥一个并不富足的读书人家庭，这意味着他只有通过科举考试才能走上仕途。他24岁考中进士，两年后进入翰林院供职。

太平天国为他提供了青云直上的契机，因为镇压太平军有功，他担任过很多省份的督抚，最终成为直隶总督兼北洋大臣。1883年起，坐镇天津的李鸿章取代总理衙门，全权处理对外通商和外交事宜。

中日甲午战争打响后，他每天都宵衣旰食，但清朝军队实力不济，在战场上屡战屡败。面对朝野上下异口同声地指责，他从未替自己辩解。日军即将危及满族人的圣城奉天时，他被任命为全权大使，前往日本进行议和谈判。《马关条约》签署后，他一度失去了朝廷的宠幸，不久他又重新受到重用，代表清朝政府参加沙皇的加冕仪式。1896年远赴欧洲的外交使命完成后，他再度失宠，不久却又重新执掌总理衙门。不久前的庚子事变中，疾病、衰老丝毫没有影响到他旺盛的精力与昂扬的斗志。

不论那时还是当下的清朝政府都尤其需要李鸿章这样富有经验的政治家。他的逝世对清朝政府来说无疑是一笔巨大的损失。

李鸿章

(法国)《画刊》

1901年11月16日
星期六·第3064期

李鸿章

  赢得国际知名度并不是常见的事，然而李鸿章却得到了这一罕见的优待。在过去的半个世纪里，他的名字经常出现在世界各地，以至于他在法国也几乎成了家喻户晓的人物。正因如此，这位有名的清朝大臣的死也格外引起我们的注意，就好像我们刚刚失去了一位老友一样。接下来，我们会提到五年前李鸿章访问我国时，一些人实际了解以及另一些人通过注视他的画像而洞察到的他的奇怪个性。

  从他身上我们看到了一位高大、瘦削而又强劲有力的老者。一身过于肥硕的衣服披在他瘦骨嶙峋的身体上，因为年龄而日渐低垂的肩膀上顶着一颗奇怪的头：像羊皮纸一样干瘪多皱的黄色脸庞，突出的颊骨，凹凸不平的额头，闪烁不停的小眼，带有蒙古褶的眼皮，灰色的胡须和薄薄的嘴唇。他佩戴有三眼花翎的圆帽，显示了他品阶之高。

  我们想起当年报纸中对这位贵宾的行为举止的报道，想起了他对我国文化习俗和过分讲究之处表现出的蔑视，想起了他的粗俗、不拘礼节、自由放任。

  这是一个平凡的清朝身影？是屏风里的狲狲？是哗众取宠的异国木偶？不，不是的：这是一位最高贵、最有声望的政治家！

  其实只要我们近距离仔细端详一下这副奇特的面容，我们就能迅速辨认出关于他性格、习惯等方面的蛛丝马迹：他清澈的双眸虽然小，却闪烁着智慧的光芒；那额头显示了他持久的毅力，而那些皱纹则是长期的脑力劳动以及对权力和仕途忧虑的结果；尽管外表看上去很和善，但嘴唇上的褶皱经常显露出一种轻蔑讽刺的微笑或是令人忧虑的狡黠。简而言之，人们感觉面前的这位大人物既灵活又顽固，既耐心又坚毅，既大胆又小心，既平易近人又有些让人不可捉摸。

  李鸿章大约于1823年生于安徽合肥，出身十分低微，父亲是一个小资产者，没有考中进士，甚至根据另外一个版本的说法，他的父亲还当过细木工匠。所以李鸿章日后的成功都是靠个人的奋斗。他奋斗的价值对国家的影响也许还有待争辩，但可以肯定的是，他自身的奋斗于其个人是非常有利的，这保证了他的财富、他的权势以及他的幸福。

在成功应考并掌握了文人所需的知识后,就像我们最杰出的获奖者一样,开始的时候他只是一个微不足道的司书,直到30岁还是一个下等官吏。但是,1853年的太平天国运动给他提供了一个大展拳脚的机会。当时全国上下都召集军队来帮助平息这场祸端,我们这位不起眼的文官却率领了一支地方民兵。很快这支部队的行动范围得到扩大,力量也在壮大,总的来说,正是李鸿章指导了这场漫长而艰苦的战役。1865年,在英国人戈登、美国人华尔和白齐文的努力下,太平天国被镇压;而李鸿章既善于利用这些外国势力,同时又巧妙地将其控制住。

从此以后,他便举世无双,开始了他真正的仕途。他一路过关斩将,一直升到最高等级,先后成为两江总督、直隶总督、天津的军火库总管、北洋大臣和文华殿大学士,还成为军机处的编外人员。他基本上承担了首相的职责,负责处理外交事务和与外国的商贸往来,在外交谈判中将他敏锐的洞察力和各种能力尽显无余。他在最重要的文件下方签上自己的名字。远东地区发生的所有重大事件无一不与他的名字、他的影响和介入相关。

当然了,像这样的职业生涯也是起起伏伏的,并非一帆风顺;但就算有意外也是暂时的,远不会触及他的荣耀。每当他重返舞台,穿着黄马褂顶着孔雀翎,熟悉的人们便会相视一笑,知道他凭借与慈禧太后多年来特殊的友谊又得以被召回。

人们没有忘记1896年夏季李鸿章的欧洲之旅,尤其是他对法国的访问。就像之前访问俄国、德国、比利时以及之后访问英国一样,他在法国期间唯一关心的就是兵工厂、造船厂,以及这些武器装备的价格和技术方面的介绍。

在德国,李鸿章与俾斯麦进行了一次会晤,《画刊》在其1896年7月11日的报纸上将这一事件定格在了一幅相关照片的复制品上。一位是"丝绸宰相",一位是"铁血宰相",两人手牵手,个头差不多,不过俾斯麦依然强壮英俊,而李鸿章则有些虚弱衰老。这两位都有过得宠又失宠的经历,人们猜想,他们之间如果交流一些关于权力的变迁方面的深刻见解也是蛮有意思的事情。他们很有可能会避开这样的话题,不过依然惺惺相惜。

李鸿章的这趟功利主义之行让人们多少了解了这位既捍卫传统,又支持向着现代文明发展的复杂又令人困惑的清朝大官。

有趣的是,太平天国运动标志着他仕途的起步,而四十年后的义和团运动又标志着他事业的终点。也许,为了平定义和团的这场叛乱,他动用了太多的欧洲势力。他在最近的几次谈判中竭尽所能地搅乱联军,耗尽了他最后的一点体力。任务一完成,他就像燃尽的蜡烛般熄灭了。

给李鸿章作传的作家将他与历史上的著名人物相提并论,比如黎塞留、俾斯麦、

李鸿章

马基雅维利等。这位资深官员不仅是一位清朝人,而且是一位绝无仅有的清朝人。

我记得亨利·海涅曾经说过,整个清朝都有点可笑,甚至包括那儿的风。这话有失偏颇:无论如何,清朝还是一个伟大的帝国,李鸿章也是一位伟大的政治家。

埃德蒙·弗兰克(Edmond Frank)

（美国）《呼声晨报》
1901年11月17日·星期日

THE MORNING CALL
NOVEMBER 17 1901
SUNDAY

旧金山清朝领事谈李鸿章

旧金山清朝领事谈李鸿章

李鸿章的死结束了他忙碌而有益的一生。从任何一个方面来看，无论是作为一个政治家、一个能干的管理者、一个业务员，还是作为一个公民，人们对李鸿章的崇拜和尊敬之情都毋庸置疑。在任何事情上，他都能有所担当，并带着优雅的平衡、良好的教养、热情以及经验丰富的头脑去完成它。他对于人性的认识和做事的动机都相当深奥。作为个人，他受所有认识他的人喜爱。他拥有罕见的、高雅的礼仪风范，这使他的社交生活充满魅力，令人很难抵御。他令人耳目一新的幽默使任何一个碰见他的人都感到轻松自在。他的死使他的国家失去了一位勤奋、忠诚和能干的公仆。无论中外，许多人都在哀悼这位真诚的朋友。

何优（Ho Yow）

费起鹤（Fei Chi Hao）和邝辛西（Kuang Hsing His）谈论这位伟人

我们见过已逝的李鸿章。他在四个月前开始生病。这是一位无论精神还是体格都很了不起的人物。他是一个好人，是清朝不希望失去的一位人物。李鸿章捐赠了不少钱。冬天，他买了温暖的衣物派送给他们国家中挨冻的穷人。

你问他是什么样的人？对于外国人和高级官员来说，他很友好。但李鸿章本人也是一位高官，所以他对待底层像对待仆人一样，这没有什么不合适的。他是这么做的，这也是他应该做的。

他很富有，他是清朝最富有的人。我们不知道你问"他身价多少"是什么意思。如果你指的是他的财富，那么我们必须回答说，我们不想拿钱来衡量在清朝像他那样品格的人物。我们不知道李鸿章有多少财富，皇帝可能从来不准他说出他收到了多少赏赐。这是我们国家的习俗。

但是我们知道他很富有。当他的第一位妻子过世时，他下令烧掉她所有的衣服。

就现在来说，这是很富有的人当中才有的一种习俗。在妻子的葬礼上，穷人只花小钱做一些纸衣服去烧掉。但是李鸿章如此富有，因此能烧掉他妻子穿过的衣服，而这些衣物价值不菲。同样，他的朋友——帝国的高官们，也送来了昂贵的衣服用于在葬礼上焚烧。这是非常奢华的仪式。

李鸿章花很多钱来满足他的妻子。当她的衣物被焚烧时，可以看出，它们都绣着最漂亮的金丝。这些是烧不掉的。穷人家的孩子们因此跑去收集这些带回家给他们的穷爹妈。他们在灰烬中争抢这些金丝。

加州大学东方语言学教授傅兰雅谈李鸿章

李鸿章是一位我十分熟知的人物，虽然我从来也不想熟知。他是一位伟大的外交家。哦，是的，但是一位外交家并不一定就是能让人想跟他当朋友的人，即便他很伟大。

我曾见过他几次，但和他只是泛泛之交。会面时，他是一位真诚而热情的人。他很有幽默感，热衷于跟人开玩笑，将我们拉入谈话。从来没有人像他那样问出如此多的问题，他似乎喜欢榨干每个他碰见的人，然后对他的"受害人""开玩笑"，如果可能的话。

他是一位有伟大见识的人物，这个毫无疑问。

李鸿章——黄皮肤的拿破仑

清朝在吊唁它伟大的政治家。它的那位"黄皮肤的拿破仑"去世了。不仅对于他的人民，对于所有认识他的人来说，李鸿章都是伟大的。他高明的外交手段、开明的思想，以及对那些在很多方面落后了他一个世纪的人民的智慧和耐心，都使他在相当长一段时间里非常著名。

这里有一些与他私下认识的人对他的看法。其中一位是何优阁下，这位阁下本人也是一名清朝外交家。另一位是斯蒂芬·波塞，一位热忱的新闻记者，他在报纸上塑造人物就跟雕塑家在大理石上做的一样，非常逼真，忠于原型。波塞去年夏天给李鸿章做了一篇文字速写，那时经常有关于李鸿章去世的不实报道传到世界的这一边。伯克利的傅兰雅教授对此作了一些补充。乔治·布隆莱"大叔"追忆了他如何教李鸿章喝威士忌。此外，两名现在在旧金山的清朝学生曾与这位伟大的政治家见过面，并在英语课堂上回忆了他。

如果不是李鸿章阁下，我们这些当代历史的记录者可能与北京毫无瓜葛。李鸿章的身影充斥于整个舞台，在舞台上，他的同仁代表着清朝。还有11名其他国家的外交官用那些难以言说的权力，与之抗衡。

不时经由上海或者纽约传来电报，汇报这位伟大的人物已经离世。我因此常驱赶我的蒙古马，向他的庙宇冲去。然后我发现，他正吃着简单的午餐零食，数目有一打；有时候他坐着沉思，手中还握着笔，向不在场的朝廷发去文书。一位秘书说："这位大人很快会休息。他已经吃了一个小时了。"又或者说："这位大人从天亮就开始撰写文书。他肯定很快就要休息了。"

有这样一位人物和你住在同一个街区里，这是一种很大的荣耀，使人觉得值得待在这里，即便他已经瘫痪。但是我不认为这就是真正值得或者相当安全的。因为一天后，这位强壮的清朝人的儿子就在雕刻精美的柚木棺材中躺卜，对着门酣睡了（这个棺材是他十分热衷于展现给陌生人的物品，就像有些人热衷于展示一把舒适的客厅椅子一样）。他将被运回南方他先人的墓地里，安徽省一个叫做磨店的小村庄。

在联军攻破京城之前，清廷出逃。和往常一样，总督被召来面对这一系列错误判断的后果。就这样，他并不十分情愿地来到北京。可以确定的是，正如苦涩的经验使他知道的那样，清朝帝国对他的感激不过是简单的恩宠而已。当他从日本回来时，全世界都知道他的代价是什么。他在那里被击中脑袋，在为日本统治者谋取福利的刺杀行动中流血。

然后他失去了他的黄马褂、三眼花翎，以及其他所有高等官阶的象征。在朝堂上，没有一个人不在攻击他。他要觐见陛下不得不先通过紫禁城守门人的传达，而在获准觐见之前，他就已经知道，等待他的只有羞辱。

晚年李鸿章，源自丹麦大北电报公司瓦德马尔·蒂格森（Valdemar Thygesen）拍摄和收集的庚子事变相册。

在俄国军队的护送下，李鸿章进入北京后，在落脚地贤良寺西院跟随从与俄国军官合影。

他的工作是智力上的享受

如果他将目前的谈判进行到底，我不知道朝廷会从他那里拿走什么。可能是他剩下的一年或者两年的生命，因为总督现在已届八十高龄。可以肯定的是，这是端王，还有其他很多有影响力的清朝亲王和总督们的主意，对此李鸿章心里很明白。像其他人一样，我经常惊奇总督为何会同意接受议和这一使命。他并不是特别地爱国，至少不是在我们对这个词的理解上的那种爱国。

有人认为他这么做是希望得到赏赐，其他人则认为，在对皇位长达六十年的效劳中，服从已经成了他的第二本性。然而我认为，他接受这一并不令人钦羡的使命，是因为这一任务会给他一种智力上的享受。体力上来说，这位清朝的伟大老者已经处于半死状态，但在智力上，他仍然使人惊奇。他喜欢不断地磨炼智力，进行精神上的博弈，与十一个来自欧洲、美国、日本的代表开展斗争。这些人组成了一个混乱的、不和谐的团体，这个团体被称为"对清朝的八国音乐会"。

促使他来到北京的另一个原因，是再一次住进贤良寺的想法。在北京时，他一直住在那里。他第一次来到这里是六十年前，当时他作为一个微不足道但前途无限的年轻人来参加考试。后来，他再一次来到这里，这次是宣布太平天国被镇压的消息。无论他名声好坏、有没有身穿黄马褂，贤良寺的住持总是对他表示欢迎。

他最初使用的那间地下室一样的小会客室，已经被扩建成一座府邸，里面有十二个房间。修缮的款项也是由他捐助的。随着他的发迹，他赠予这座寺庙的礼物也日益增多。事实上，要不是有他，这座寺庙早已衰败不堪。他成了这座神龛里最主要的资产。寺庙的主持给我的印象是无能的，但是总督喜爱他们，而他们也给他提供了很多乐趣。

有人告诉了他一件和尚败坏名誉的事情，而总督调侃地回答说："这不可能。我认识他的父亲和祖父，他们都是好人。"那些熟悉佛教经典的人可能很惊讶，为何穿黄袍子的和尚会有儿子和孙子，但这是居住在贤良寺里的和尚的命运。

这个和尚事实上非常惧内。如果不是总督本人这么说的话，这种话我是不想说的。这些人活得非常快活，完全没有日后要成为佛的人的那种六根清净。他们只有一些简单的祝祷和戒律，圆滑、无动于衷的神情透露出他们只有一些基本的顾念和微弱的思想。然后，终于到了他们的俗世生活被天神严格审核的时候了。这些天神的严厉考核，要远胜于愤世嫉俗的总督给予他们的。

你我，甚至是寺里的和尚也不会注意到，寺庙里有一张红色的小桌子，上面有黑色的文字。在新年到来前的十一个月里，这张桌子被扔在一个布满灰尘的房间或者院角。在新年到来之际，这张桌子被搬了出来并打扫干净，摆上香，供奉上食物。供品是黏糖和一些同样黏稠的薄饼。如果有需要，这些面饼可以作为膏布。在新年前的十天里，供品一直被摆放在那里，向神灵表达敬意，而总督，会在放声大笑中告诉你为什么和尚要这么做。

嘲笑清朝迷信

"你看到的小桌子上，"总督说，"刻有这座寺庙的守护神和掌管者的名字。在新年的前四天，和尚们相信这些守护神会从天上下到此地，考察居住在这座庙里的和尚们的修行情况，听取他们的忏悔。从天上到这里的单趟路程就需要花费一天工夫，而他们必须在除夕夜前返回到天上去，所以只有二十四小时来听取这些弟子的忏悔。这是相当短的时间——太短了，如果要讲出他们所有的过失的话。"

总督在大笑中说道："但也够和尚们忏悔了，如果他们不是那么狡猾的话。你看，他们供养给这些守护神很多饼和很黏的糖果，好使他们的心肠软化，替他们说好话，

'这些总归是些好人'。但是，有些怀恨的神灵并没有被软化，当他们回到天上想要说出实情时，才发现张不开嘴或者分不开牙齿，因为他们吃了太黏的食物。"

我希望你能听到总督在讲这个故事时的笑声。你可以看到对于一个瘫子来说，他在一些方面是非常健康的。而且你可以看出，就出身和教养来说，总督并非出自高贵等级，而是一个来自百姓的人物。他瘫回椅子里，大笑地拍着手，还把脚抬了起来。

然后，他大喊一声"李立（Li li）！"一个侍从就带着一个用红色法兰绒盖着的罐子跑过来，这是总督的痰盂。随后，另一名随从奉上他的长烟枪，点着，先吸上一两口，然后再递给他的主人。这时，另一个命令被下达，四五个侍从出现在宽阔的前厅里，携带着炭炉。

总督可能是世界上最富有的人，但是他讨厌屋子里有超过一个炉子燃着。他的炉子和苦力们用的一样，花费50美分，每天的炭火费大概是10美分。在这种寒冷的日子里，无论总督去哪里，炉子都跟着走。那些打算在冬天与总督会面的聪明人，会穿着双层法兰绒，套着外套。总督完全不介意对方不解下外套。他自己穿着上好的蓝袍子，上面偶尔有一些钻石纽扣。这些扣子有时会掉下来，这时你可以看到，他会如此动怒，以至于你不知道他是在跟一个人还是一只熊谈话。

因为这位尊贵的客人，贤良寺在北京非常有名。这座寺庙位于皇城内，大约在使馆街背面半英里的地方，占地十公顷，建筑风格朴实无华，和北京其他的寺庙看上去并无二致。这个地方的特点是，每个庭院里都有一棵巨大的树，呈三角形。你可以理解，最初迈入这座传奇的寺庙时，总督的地位是多么低下。现在，他前来北京为四亿人民磋商和平，门上却写着"这座寺庙是无名氏 [约翰·多伊（John Doe），一位有名的美国古董商] 的财物，任何擅闯者将受罚"。在门房里，日夜不断地坐着一支俄国士兵组成的守卫团，这些高大健壮的西伯利亚枪手曾保护总督免受外界侵害，也因此，上海有传言说总督已经变成了俄国的代理人。

贤良寺的第二道门由总督自己的侍卫团把守。侍卫团有一百来号精心筛选出的士兵，他们在总督抵达北京后，很快从广东赶来。总督的卧室位于第二个庭院的一侧，非常简陋。

没有人像总督这样频繁地被新闻报道杀害，并被媒体随后复活，就算是马赫迪或者是经历丰富的奥斯曼迪戈马（Digna）也比不上，而报道上的那些故事并非全无根据。

总督的晨起洗漱

每天早上，特别是太阳刚升起时，总督是处于半死状态的。他的四肢是冰冷的，只是躺在炕上的一团惰性物体。他浑浊的眼睛一动不动，几乎感受不到他的呼吸，需要一个医生才能断明他是死了还是活着。在这一个小时里，他的活力处于最低状态，他的存在感也是相当低的。每天早上，他都要借助侍从的照料和对大脑以及心脏的电击力量，才能缓慢地从类死的睡眠中活过来。在非常有智慧的、从广东过来的清朝医生麦信坚先生的指挥下，日常的苏醒过程开始了。总督的手臂和腿由仆人们用浸过酒精的法兰绒揉搓，与此同时，一种白色的含有杏仁精华的东西被塞入他不情愿的喉咙。

当总督半睁开眼时，面前已经摆好一个水煮蛋，他小口地喂食。然后麦信坚医生会对他实行电击，一下又一下，最后，一种类似生命活力的东西注入这具灰色的、枯萎的身体里。然后，两名侍从会帮他穿上衣服，整个过程就像是把枕头塞进枕套里。另外几个侍从搀扶着他的肩膀，在他们的帮助下，他走到了书桌前。这时他沉睡的能量复苏了。你可能很难认出眼前这是同一个人。他在椅子上端坐着，阅读，反复地阅读电报，一刻不停地口述着回复，下令给在旁排成一排的秘书们，直到这些助手们——虽然他们是如日中天的青年人——被主人强大的工作力量折磨得累了。

这时，有些事情发生了。很难说清楚是什么。有时候，虽然不是经常，在他一天的工作完成前，有一种精疲力竭的感觉渗入进来。他总能感受到这种警告。或许有一天，他终于不需要再专注处理事务，可以一言不发地扔下工作。

他的手下很明白他的状况，于是给他带来了一本孔子的典籍，由一位文学巨匠漂亮地手抄而成。说来可笑，黑暗中的清朝仍然有文豪。这件抄本是总督允许自己享受的唯一奢侈品，他沉迷于这一类审美——拥有这些装帧精美、抄写得非常艺术的清朝先贤的著作。

从现在开始的一两小时内，他完全入了迷。他带着数学家的精确和艺术家在临摹一位已故大师作品时的那种爱慕，抄录着文字。在他看来，这种耐心的、机械的工作是最好的休息。不用思考外来的入侵者、出逃的朝廷和摇摇欲坠的帝国，那个对他的建议毫不理睬却被放到他的肩头来支撑的帝国。

贤良寺里，一切工作在顺利进行，直到午餐时间到来。总督合上书，然后转向他自己的抄写，开始回想一些先贤的金句。就像所有和他同等聪慧的人物一样，总督是一个美食爱好者。就餐时间对麦信坚先生来说是一个关键的时刻，对于总督来说也是，如果你可以说服他本人相信的话。

一出常见的室内悲剧

事实是，总督仍然保有健康的胃口，就像一个长身体的少年，只是他的消化器官停止了运作。然而，总体来说，就餐还是进展得不错。他们给了总督一些长串的、黄色的、面粉状的东西，看起来就像通心粉。马克先生告诉总督，如果他光吃这个不吃别的东西的话，那他可以多活几年，甚至更多。但是总督咕哝着，固执地表示他不想付出那样的代价。平常的话，他就吃着那串面粉，就像接受惩罚的人不得不做的那样。但是，当他的朋友——一位住在一条街外并且全北京都知晓他那完美的厨子的盐务委员向他递上一碟菜肴，希望得到他的认可和欢心时，拖拉战开始了。据这位盐务委员所知，这碟菜肴是用猪肉做的。这碟菜被放在他面前时，醉人的味道完全迷醉了他的理智，而众所周知，总督爱理智胜过爱他的生命。马克医生请求、威胁、拖延，甚至跪下来请求允许将这冒犯的菜肴和盐务委员的厨子扔到大街上。而总督，就像伟大的许诺者亨利·克莱[1]所做的那样，建议了一条中间路线：让他吃猪肉，而医生可以把送菜来的人扔到街上，给他们一顿板子吃。

最后医生甩手不干了，从整个事务中金盆洗手，若有所思地看着外面的棺材。总督大发雷霆。猪肉已经在20英尺以外，他自己是够不到的。总督一个接一个地叫来仆人，命令他们将它拿到他面前的桌子上。这些仆人颤抖着，流着汗，直到他们的长袍粘在身上，就像浴袍一样。他们焦虑地望向医生和总督，然后是那盘猪肉。他们立场坚定地遵守着总督本人在理智并且不饿时的严格命令。总督变得哀怨起来。他说，他从未想到会活着看到这一天。他宁可死，现在所有爱他的人都死了。然后一个圆滑的侍从胖乎乎的脑袋碰到地上磕头，一下子冲去了碗那里，而马克医生则在总督的脖子上调整着餐巾。

午餐后，如果天气良好，总督会在他的四角庭院里走个一百来步，如同他宣称的，要使自己在阳光下取暖，或者如同马克医生带着尖酸的讽刺断言，这是缓解对猪肉的痛苦消化过程。这婴儿般的漫步，也需要借助四名身材魁梧的心腹的帮助。他们从肩膀下搀扶住他，引导他晃晃悠悠、不稳的步伐。这宽敞阴凉的庭院，是一个安静而令人愉悦的地方，虽然距离总督本人的嘈杂，甚至是喧嚣的房间只有一步之遥。

有一天，总督注意到一名拜访者被噪音分散了注意力，表示很抱歉。"但是就我来说，"他承认道，"我不能生活在没有噪音的地方。这是一个老人的弱点，所以请原谅。我不是曾经那样的工作者了，有点动静能使我的思想集中在手头的工作上。如果一切都很安静，我的脑子会跑神，我甚至可能会睡着。"

---

[1] 美国参众两院历史上最重要的政治家与演说家之一，辉格党的创立者和领导人，美国经济现代化的倡导者。——译者注

(法国)《画刊》
1901年11月23日
星期六·第3065期

L'ILLUSTRATION
NOVEMBRE 23 1901
SAMEDI · N°3065

《北京议定书》(《辛丑条约》)的签订

9月7日,参与远征清朝的各国全权公使与清朝全权代表一道在西班牙公使馆签署了《北京议定书》。和约的主要条款是:

惩治相当一部分附和过义和团的官员,清朝政府赔款4.5亿两白银(相当于24.75亿法郎),禁止武器进口,拆除大沽炮台,在北京划定使馆区,由外国军队把守北京至山海关通道的部分战略要地,设立外务部取代总理衙门,联军部队于9月17日撤离北京,9月22日撤离直隶省。

左图 /"天真而温和"。清朝官员:"虽说太后西狩未归,但先生们敬请放心,她老人家无疑会在第一时间筹措出相应款项!"刊于《笨拙》杂志,1901年1月16日。

右图 / 各国全权代表在西班牙公使馆签署《北京议定书》。

十一国公使与清朝政府代表在西班牙使馆内签订《辛丑条约》。邻圆桌左起：荷兰公使克罗伯、日本公使小村寿太郎、意大利公使萨尔瓦戈、比利时公使姚士登、奥匈帝国公使齐干、西班牙公使葛络干、俄国公使格尔思、德国公使穆默、英国公使萨道义、美国公使柔克义、法国公使鲍渥、联芳、李鸿章、庆亲王奕劻。

1904

（美国）《霍尔布鲁克守护者报》 1904年9月10日·星期六

李鸿章的预言

在义和团叛乱发生不久，李鸿章便每天前往拜访俄国使团，这被认为是对俄国占领满洲的默许。与此同时，其他各国领事们反对俄国攫取满洲。

"那日本呢？"阿克曼（Ackermann）先生补充问道，"日本会说什么？"

李鸿章这位老者喊道："日本能说什么？天皇的士兵难道不是世界上装备最好的吗？他们一直接受训练，就是为将要到来的一些大麻烦做准备。没人知道日本帝国的军备资源如何。它的海军在增强势力，而常备军的规模也很巨大，后备军团更是不可胜数。总之，日本在准备着。"

"你认为，有朝一日日本会与俄国开战？"

"日本从清朝手里拿走旅顺港之后，俄国又从日本手里夺取了这个港口。在你们国家有一个说法——'扯平'。我听说世界上最伟大的士兵格兰特将军，曾使用过这个词。这是我唯一想说的。"